KB097030

수카르노와 인도네시아 현대사

수카르노와 인도네시아 현대사

초판 1쇄 펴낸 날 2018년 9월 15일

지은이 | 배동선
펴낸이 | 김삼수
편 집 | 신중식·신아름
디자인 | 권대홍

펴낸곳 | 아모르문디
등 록 | 제313-2005-00087호
주 소 | 서울시 마포구 월드컵로10길 27 세화회관 201호
전 화 | 0505-306-3336 팩 스 | 0505-303-3334
이메일 | amormundi1@daum.net

ISBN 978-89-92448-72-7   03910

※ 이 도서의 국립중앙도서관 출판예정도서목록(CIP)은 서지정보유통지원시스템 홈페이지(http://seoji.nl.go.kr)와 국가자료공동목록시스템(http://www.nl.go.kr/kolisnet)에서 이용하실 수 있습니다.(CIP제어번호: CIP2018026173)

수카르노와
인도네시아 현대사

배동선 지음

아모르문디

역사를 통한 또 다른 세계와의 만남

인도네시아를 비롯한 동남아는 전 세계 어느 곳보다 한류 문화를 지속적으로 발전시킬 수 있는 지역입니다. 동남아인들은 이제 한류를 통해 접한 한국의 발전상을 하나의 기준처럼 여기고 그것에 도달하고자 하는 듯합니다. K-팝과 박항서 축구 열풍 같은 문화적 소통과 스포츠 교류를 계기로, 동남아 젊은이들 사이에서는 "우리도 한국만큼 할 수 있다"는 자각이 빠르게 확산되고 있습니다. 이런 인식은 동남아의 주요 대학마다 한국학이 인기를 끄는 배경이기도 합니다.

동남아의 모든 국가가 가난하지는 않습니다. 싱가포르와 브루나이처럼 국민소득이 5만 달러가 넘는 나라도 있습니다. 인도네시아의 경우 2억 6천만 국민 중 상위 20퍼센트의 소득이 우리나라 전체 국민총소득과 맞먹습니다. 한국과 함께 G20에 속한 인도네시아의 경제에 대해 전문가들은 우리나라 경제보다 낙관적이라고 전망합니다. 인도네시아는 세계 4대 인구 대국으로 국민 평균연령이 29세입니다. 소비의 중추인 중산층도 빠르게 증가하고 있습니다. 소비시장의 잠재력이 거대하다는 뜻이지요. 우리가 기회를 잘 살린다면, 풍부한 천연자원, 역동적인 시장성, 저렴하고 성실한 노동력 등 인도네시아가 지닌 경제적 강점을 이용해 상생적(相生的) 동반자 관계를 더욱 공고하게 다져나갈 수 있을 것입니다.

인도네시아의 정치사를 일별하면 우리나라와 유사한 부분이 많이 발견됩니다. 국가 형성 과정의 혼란, 향료 무역 독점을 둘러싼 열강들의 과도한 경쟁, 가혹한 식민통치, 이익단체로 성장한 지역 군부, 이슬람세력과 군부의 갈등, 독립 후 식민 종주국에 대항한 긴 혁명기, 독립영웅들의 부상과 몰락, 그리고 그 과정에서도 끈질기게 발전시켜나간 민주주의 역사까지도 우리와 크게 다르지 않습니다. 이 책은 인도네시아 초대 대통령이자 네덜란드로부터의 독립을 이끈 수카르노의 일생을 큰 줄기로 인도네시아 현대사의 중요한 굴곡을 탐색하고 있습니다. 수카르노는 17,508개에 달하는 섬에 300여 종족이 모여 사는 다문화 사회를 국가(negara)와 민족(bangsa)과 국어(bahasa)라는 보편적 개념으로 아울러 통일국가의 지평을 열었으며, "사방에서 머라우께까지" 5,200킬로미터에 달하는 세계 최대 해양 국가를 완성하였고, 1955년 반둥 회의를 성공적으로 개최하여 제3세계 비동맹운동을 이끌어 국가 위상을 드높였습니다.

공정무역의 효시가 된 '커피 공정무역'은 네덜란드 출신의 막스 하벨라르(Max Havelaar) 라벨의 커피로부터 시작되었습니다. 그 무대가 130년 전의 인도네시아입니다. 저는 인도네시아에 사는 두 문인과 함께 네덜란드 작가 물타툴리(Multatuli)가 쓴 『막스 하벨라르』라는 작품을 번역하였는데, 그중 한 분이 이 책의 저자 배동선 작가입니다. 그 지루하고 오랜 작업 과정에서 저는 배동선 작가가 탁월한 능력을 겸비한 열정적인 '인도네시아니스트'임을 확인하였습니다. 이 기회를 통하여 배 작가를 칭찬해 드리고 싶습니다. 저자는 인도네시아에서 생활인으로서 마주해온 일상적 풍경 속에서 역사의 흔적을 예리하게 포착하였습니다. 저자가 들려주는 이야기를 따라가다 보면 어느새 인도네시아의 역사와 문화가 더욱 생생하고 흥미롭게 다가오는 경험을 하실 수 있을 것입니다. '국부' 수카르노가 앞장서 헤쳐온 험난한 이 나라의 현대사를 만나보시기 바랍니다.

한국외국어대학교 명예교수
『인도네시아사』 저자 양승윤(梁承允)

저자 서문

이 책을 처음 쓰기 시작할 때만 해도 일이 이렇게 커질 줄 몰랐습니다. 자카르타의 길들도 당연히 고유한 이름을 지니고 있는데 몇 년씩 그 길을 오가면서도 의미를 모른다는 건, 외국인으로서의 한계와 인도네시아에 돈 벌러 왔다는 본래의 목적을 감안하더라도 너무 생각 없이 살아가는 태도라는 자책감을 지울 수 없었습니다.

물론 그 도로를 달려야 할 일이 없는 한국의 독자들에게는 아무 상관없는 이야기일 수도 있습니다. 하지만 '충무로'가 충무공 이순신 장군에 대한 존경심을 담고 '퇴계로'가 퇴계 이황의 사상을 기리는 도로인 것처럼, 자카르타를 비롯하여 인도네시아의 주요 도시들이 마치 약속이라도 한 것처럼 중앙 도로에 수디르만, 탐린, 수카르노, 하타, 야니, 가똣 수브로토 같은 이름을 붙인 것에는 특별한 의미가 있을 것입니다. 매일 오가는 거리 이름을 통해 인도네시아 사람들의 역사의식과 가치관을 살짝 들여다볼 수도 있겠다는 생각으로 독립전쟁의 영웅 수디르만 장군과 소년 장교 다안모곳 소령의 이야기를 써본 것이 꽤 오래전 일입니다. 자카르타의 변화가인 '수디르만 거리'는 수많은 다국적기업 지점들이 모여 있는 인도네시아의 경제 중심지고, 서쪽 외곽으로 이어지는 '다안모곳 거리'에는 현지 교민들이 일 년에 한 번씩 운전면허증을 갱신하러 가는 면허시험장이 있습니다.

하지만 인도네시아의 독립 영웅이자 초대 대통령인 수카르노의 이야기는 그렇게 한두 꼭지 정도로 끝낼 수 있는 성격이 아니었습니다. 인도네시아 역사에 수많은 왕국과 위대한 제왕들, 영웅들이 등장하지만 수카르노가 그중 가장 훌륭한 사람은 아닐지언정 가장 중요한 인물이라는 점에는 이견이 없을 터이기 때문입니다. 그에겐 많은 공과(功過)가 있고 역사적 평가도 상당히 엇갈리지만, 350여 년간 지속된 네덜란드 강점기를 끝낸 독립투쟁을 선두에서 이끈 인물이 바로 그였습니다. 실제로 많은 도로명이 수카르노와 정치적·역사적으로 관련된 사람들의 이름을 딴 것입니다. 그의 일생을 들여다보고, 그와 협력하거나 반목했던 사람들과 그들 사이에 벌어졌던 사건을 추적하는 데에만 많은 양의 자료를 읽고 번역해야 했습니다. 그 과정에서 결국 저는 수카르노라는 한 인물에 대한 소개가 아닌, 그의 생애 전체를 아우르는 인도네시아 현대사를 쓰게 되었습니다. 처음부터 인도네시아 현대사를 쓰려 했다면 아예 엄두도 못 냈을 일입니다.

수카르노가 집권하던 시절에 인도네시아가 현재의 모습 대부분을 갖추었으니, 이 책은 현대사의 매우 중요한 부분을 다루고 있는 셈입니다. 저는 교과서나 논문처럼 딱딱하게 서술하기보다는 인물과 사건을 중심으로 흥미롭게 풀어나가려 했습니다. 인도네시아의 수많은 섬들이나 언어, 민족의 다양성 같은 것은 이 책을 읽는 독자들에겐 사실 그리 중요하거나 특별하지 않을 것입니다. 그리고 그런 것들은 전문적으로 연구하는 분들이 따로 있습니다. 인도네시아만을 연구하거나 동남아 이웃 나라를 포함하여 비교 연구하는 정치학, 지리학, 인류학자들이 얼마든지 계시고 요즘은 더욱 늘어나는 추세입니다.

발리를 방문하는 신혼부부나 관광객들을 제외하고, 지난 수십 년간 인도네시아행 비행기를 탄 사람들 대다수는 자발적이든 등 떠밀려서든 대체로 상업 활동을 목적으로 왔습니다. 그들은 현지 생활과 사업을 위해 상당한 수준의 시장 조사를 했겠지만 인도네시아 역사와 문화에 대한 인문학적 소양마저 갖추었으리라 기대하기는 힘듭니다. 물론 인도네시아 역사를 굳이 모르더라도 경제활동에 큰 지장이 있을 리 없습니다. 출장을 나온 사람들이나 교민들이 인도네시아에서 맞는 휴일을 알차고 안전하게 즐기는 데는 먼저 다녀간 이들이 남겨놓은 유명 여행지 및 산간 오지에 관한 정보와 사건사고에 대한 뉴스만으로도 충분할지 모릅니다. 지난 세기까지만 해도 오지로 취급받던 인도네시아에 대해서도 이젠 기행문과 여행 정보가 인터넷에 차고 넘칩니다. 회화책과 문법책도 쉽게 구할 수 있습니다. 하지만 그 이상의 정보를 얻으려면 앞서 언급한 연구서들로 훌쩍 건너뛰어야 할 만큼, 인도네시아의 역사와 문화를 다루는 일반 서적은 그리 많지 않습니다. 이는 물론 그런 서적들을 내놓기에 한국 시장이 너무 작다는 반증일 수도 있습니다. 그런 까닭에 이 책의 출판을 맡아준 출판사의 결정에 고마움을 표하지 않을 수 없습니다.

이 책을 쓰면서 저는 가능한 한 기본에 충실하려 애썼습니다. 어떤 목적으로든 이 책의 내용을 참고하고 인용하려는 사람들을 위해서라도 야사나 잡설보다는 정사에 기반한 여러 자료를 수집해 번역했고, 자카르타와 반둥에 있는 역사박물관들을 수차례 방문하여 검증했으며, 남부 자카르타 암뻐라에 있는 인도네시아 공화국 국립기록보관소(Arsip Nasional Republik Indonesia)에서 사진과 자료를 뒤지기도 했습니다. 그 과정에서 한글 자료가 전혀 없는 인물이나 사건에 대한 우리말 자료를 남긴다는 것에 보람도 느꼈습니다. 한편 도로명은 물론 건물, 회관, 학교, 군함 등의 이름으로 붙여진 인도네시아 위인들에 대한 정보를 제공하자는 애초의 취지에도 충실하고자 했습니다. 몰라도 상관없지만 알게 된다면 인도네시아를 좀 더 깊이 이해할 수 있는 통로가 되리라 생각합니다.

인도네시아의 도로명에는 위인의 이름뿐만 아니라 고대왕국과 위대한 제왕, 재상의 이름도 등장합니다. 그래서 도로명만 완전히 꿰뚫는다면 현지 역사와 문화 상식에 관한 한 어느 정도 전문가 반열에 올라섰다고 말할 수도 있을 것입니다. 그리고 인도네시아 현대사를 알게 되면 그들의 자긍심이 왜 그토록 드높은지, 우리와 얼마나 비슷하고 또 다른지도 미루어 짐작할 수 있을 것입니다. 아무쪼록 이 책이 인도네시아를 마음에 품은 이들에게 이 나라와 이곳 사람들을 좀 더 알아가는 통로가 되길 바랍니다.

2018년 9월 자카르타에서

배동선

차 례

1부   네덜란드 강점기와 태평양전쟁

1장   정치인 수카르노의 등장 ⋯ 28

2장   일본군 점령과 수카르노의 독립운동 ⋯ 40

2부   인도네시아 독립전쟁

3장   독립전쟁의 서막 ⋯ 76

인도네시아 현대사 연표

마나도

술라웨서

말루꾸

이리얀자야
(서파푸아)

암본

ㅏ사르

플로레스

쿠팡   동티모르

머라우께

1976년 동티모르 합병
1997년 아시아 통화 위기
1998년 수하르토, 하비비 부통령에게 대통령직
　　　　이양
1999년 국민협의회 정·부통령 선거(간선)에서
　　　　와히드 대통령, 메가와티 부통령 당선
2001년 와히드 대통령 탄핵,
　　　　메가와티 부통령이 대통령직 승계
2002년 동티모르 분리독립

2004년 헌정 사상 최초의 국민투표로 대통령 선거
　　　　실시, 유도요노 대통령 당선
2005년 주민투표로 지방자치단체장 선거 실시
2008년 수하르토 사망(1월 27일)
2014년 조코위도도, 8대 대통령으로 선출

프롤로그 :
인도네시아 고대왕국과 네덜란드 동인도회사

왕국 열전

인도네시아는 적도를 동서로 길게 걸쳐 남태평양을 머리 위로 떠받드는 형태의 섬들로 이루어져 있다. 그 수는 대략 1만 8천 개이다. 큰 섬으로는 자바와 수마트라, 파푸아뉴기니의 서쪽 절반인 서파푸아, 그리고 보르네오라고 알려진 깔리만탄과 셀레베스라고도 불렸던 술라웨시 다섯 개를 꼽는다. 관광지로 유명한 발리나 롬복, 동티모르가 있는 티모르, 플로레스, 할마헤라 같은 만만찮은 크기의 섬들도 있다. 이슬람교를 믿는 자바인이 대부분일 것 같지만, 광대한 지역에 흩어진 수많은 민족들이 각각의 언어와 문화를 가지고 있어 매우 다양하고 폭넓은 스펙트럼을 지닌다.

현대 인도네시아의 국가 상징물인 가루다 휘장에 'Bhinneka Tunggal Ika'('다르지만 우리는 하나'라는 뜻의 산스크리트어)라고 적혀 있는 것도 그런 이유에서다. '다양성 속의 통일성'을 뜻하는 이 슬로건은 인도네시아 공화국을 수립한 건국의 아버지들이 쉽게 통합될 수 없는 민족적·문화적 다양성을 한 국가 안에 담기 위해 많은 고민을 했다는 증거다.

이 지역에 고대왕국들이 일어나면서 본격적인 역사시대로 들어선 것은 7세기 스리위자야(Sriwijaya) 왕국 때의 일이다. 스리위자야 왕국은 2018년 아시안 게임을 자카르타와 함께 개최하는 수마트라 남부의 도시

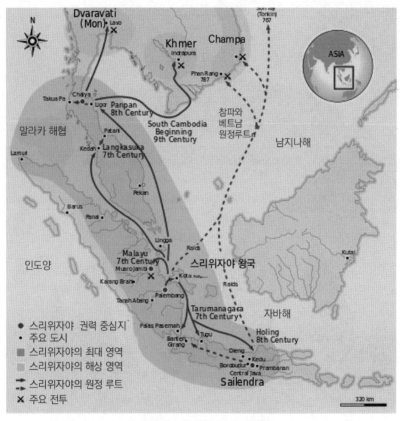

스리위자야 왕국의 영토와 영향권

빨렘방(Palembang)을 중심으로 싱가포르와 말라카 해협을 지배하며 10
세기까지 번영한 불교왕국이었다. 스리위자야 왕국이 자바에서 일어난
세력에 굴복해 쇠퇴하자 15세기경 말라카 왕국이 이 지역의 패권을 승계
했다. 한편 중부 자바에서는 8세기에서 10세기 사이 마따람(Mataram)
왕국이 번성했다. 이 왕국은 힌두교를 믿는 산자야(Sanjaya) 왕조와 불
교를 믿는 사일랜드라(Sailendra) 왕조가 번갈아 지배했는데, 이 시기에
마글랑 지역의 유명 사적인 보로부두르 불교사원과 쁘람바난 힌두교 탑

마따람 왕국 시절 세워진 보로부두르 불교사원(위)과 쁘람바난 힌두교 탑들(아래)

들이 세워졌다. 마따람 왕국은 마자빠힛(Majapahit) 왕국이 패권을 차지
하면서 소멸되었다가, 15세기에 같은 이름의 이슬람 왕국으로 부활해 수
라카르타와 족자 술탄 왕조의 뿌리를 이룬다.

마자빠힛은 가장 번성한 힌두 왕국으로 수마트라와 발리는 물론 깔리
만탄, 술라웨시, 말루꾸, 파푸아 지역을 직접 다스리거나 강력한 지배력
으로 통제했다. 본래 농업국가였지만 다른 지역과 활발히 교류하며 쌀을
수출하기도 했다. 13세기 말, 쿠빌라이 칸의 몽골군이 동부 자바 싱가사

리(Singhasari) 왕조를 침략하였다. 싱가사리 왕조는 일찍이 스리위자야 왕국을 멸망시키며 위세를 떨쳤으나, 몽골의 공격에 위기를 맞았다. 설상가상으로 결사항전의 의지를 다지던 꺼르타느가라(Kertanegara) 왕이 속국인 끄디리(Kediri) 왕국의 자야깟 왕에게 살해당하는 사건이 벌어졌다. 꺼르타느가라 왕의 양자 라덴 위자야(Raden Wijaya)는 마두라로 피신해 저항하다가, 마침 진격해 오던 몽골군과 손을 잡고 끄디리 왕국을 멸망시켰다. 이어 라덴 위자야는 몽골의 지휘관들을 암살하고 몽골군을 기습해 심대한 타격을 입혔다. 적들을 패퇴시킨 라덴 위자야는 마침내 1299년 마자빠힛 왕국을 열었다.

마자빠힛 왕국은 14세기 중반 하얌 우룩(Hayam Wuruk) 왕 재위 기간 에 전성기를 구가하며 오늘날 인도네시아 강역에 필적할 만큼 영토를 확장했다. 이후 16세기 후반기에 들어 이슬람 세력에 의해 왕국이 무너지면서 마자빠힛의 왕족들은 피난민들을 이끌고 동부 자바를 거쳐 발리로 넘어갔다. 이것이 오늘날까지도 발리에 힌두교가 융성한 원인이다.

네덜란드 동인도 회사

유럽 열강의 제국주의가 인도네시아 지역까지 확장된 것은 16세기 무렵이다. 아시아로 통하는 육상 실크로드가 15세기 중반 동로마 제국을 무너뜨린 오스만 튀르크에 의해 봉쇄당하자 유럽의 열강들은 아프리카 대륙 남단의 희망봉을 돌아 인도양을 거쳐 중국해로 들어가는 항로를 개척했다. 무역을 통한 일확천금을 꿈꾸며, 또는 종교적 열망을 품고 아시아에 기독교를 전파하기 위해 왕가나 귀족들의 후원을 받아 동쪽을 향해 나아가는 대항해시대(大航海時代)가 열린 것이다.

이 지역에 제일 먼저 진입한 것은 포르투갈이었다. 포르투갈은 말레이 반도 남부를 중심으로 세력을 키워 1511년 말라카 왕국을 함락시키고 무

1726년 암스테르담의 네덜란드 동인도회사 조선소

역기지를 건설해 오늘날 싱가포르와 수마트라 사이의 말라카 해협을 선점했다. 그들은 말루꾸 제도까지 진출했지만 토호들의 반격과 네덜란드의 추격을 견디지 못해 17세기 초반 대부분의 점령지를 양도하고 물러났다. 점령지 대부분을 넘겨받은 네덜란드는 동인도회사(Dutch East India Company)를 통해 이 지역을 식민지로 삼는다. 네덜란드는 자야까르타(Jayakarta)를 공격해 점령하고 유럽식 도시 바타비아(Batavia)를 건설하면서 이곳을 동인도 식민지의 교두보로 삼았다.

네덜란드보다 2년 앞서 영국 상인들이 연합해 만든 영국 동인도 회사는 네덜란드 동인도 회사의 강력한 경쟁사였다. 네덜란드 동인도 회사는 상인들을 주축으로 의회도 참여하여 공신력을 높였지만 충분한 자본이 확보되지 않자 일반인들의 투자를 받아 1602년 설립되었고, 투자자들에게는 증서(주식)를 내주었다. 이것이 근대 주식회사의 원형이 되었다.

네덜란드 동인도회사는 후추 무역을 중심으로 동인도, 스리랑카, 일본, 타이완, 페르시아, 아프리카 남단(지금의 남아프리카 공화국) 등에 상관을 설치했다. 전성기였던 1670년대에는 상선 150여 척, 군함 40여 척, 직원 5만 명, 그리고 1만 명 규모의 군대를 거느린 거대 조직으로 발전했다. 그들은 동인도에서의 무역 독점권뿐만 아니라 조약 체결권, 군사행동 결정권 등을 쥐고 국가에 준하는 권력을 휘둘렀다.

네덜란드 동인도 회사는 중부 자바의 군소 술탄국을 정복하여 쌀을 비롯한 각종 작물들을 착취하고, 급기야 마따람 왕국마저 멸망시켰다. 하지만 끝없는 전쟁을 통해 누적된 천문학적 손실과 구성원들의 부패 그리고 다른 열강들과의 경쟁으로 인해, 1799년 12월 31일 적자를 이기지 못하고 파산하고 만다. 이에 네덜란드 정부가 식민지 지배의 전면에 등장하면서 이 지역은 '네덜란드령 동인도'라 불리기 시작했다.

동인도를 잠시 영국이 지배하던 시절이 있었는데, 나폴레옹이 유럽을 전란 속으로 몰아넣던 때였다. 1811년 영국은 네덜란드령 식민지에 진입해 영국 동인도 회사 직원인 토머스 스탬퍼드 래플스(Thomas Stamford Raffles)를 자바 통치관으로 파견했다. 화산재 속에 파묻힌 인도네시아 고대 유적 보로부두르 사원을 발굴한 것도 래플스의 업적이었다. 유럽의 전란이 끝나고 동인도를 네덜란드에 반환하게 되자 그는 말레이반도 남단의 싱가포르를 영국을 위한 무역항으로 개발하기 시작했다.

1824년 영국과 네덜란드는 동인도와 말레이반도의 식민지 경계를 정하는 협정을 맺었다. 영국은 오랫동안 지배했던 수마트라의 벤쿨렌(지금의 벙꿀루Bengkulu)에서 철수하고 네덜란드 역시 말레이반도의 말라카를 영국에 양도하고 철수함으로써 동인도는 네덜란드가, 말레이반도는 영국이 지배하는 구도가 고착되었다.

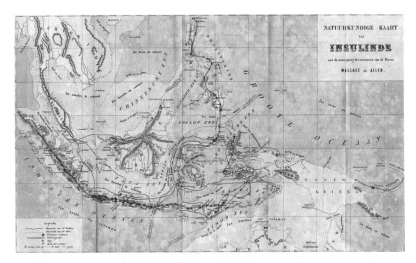

1869년 작성된 네덜란드령 동인도(Insulinde) 지도

식민지 정복전쟁

19세기에 들어와 네덜란드의 동인도 침략을 주도한 인물들 가운데 안드레아스 빅토르 미힐스(Andreas Victor Michiels, 1797~1849)가 있었다. 미힐스는 나폴레옹 전쟁 막바지에 워털루 전쟁에 참전했고, 동인도를 장악했던 영국이 철수한 후 동인도로 건너와 승승장구한다. 그는 1830년 자바에서 디포네고로 왕자(Pangeran Diponegoro)를 따르는 반란군과 싸웠고, 1837년 수마트라에서 뚜안꾸 이맘본졸의 반란을 진압하면서 그 공으로 대령으로 진급해 서부 수마트라 주지사에 오른다. 미힐스는 동인도 네덜란드군 임시 총사령관이 되어 1849년 발리 왕국을 침공하는 과정에서 전사했다. 그의 이력에 카운터파트너로 등장하는 디포네고로 왕자와 뚜안꾸 이맘본졸은, 이 시기를 대표하는 반네덜란드 항쟁의 주인공들이다.

디포네고로 왕자는 족자 술탄의 장자였으나 왕위 승계를 사양하고 물

러나 있었다. 술탄 하멩꾸부워노 4세
가 재위 기간(1814~1821)에 네덜란
드에 유리한 정책을 펼치다가 자바에
기근과 역병이 휩쓸고, 하멩꾸부워노
5세가 즉위하고도 세금 인상과 기근
등으로 날로 상황이 나빠지자, 디포
네고로는 쁘라렘방 자야바야 예언서
가 예견한 "지상이 혼란할 때에 강림
해 세상을 평정하는 공의의 여왕 라
뚜 아딜(Ratu Adil)의 현신"으로서 사
람들로부터 추앙받게 된다. 1822년

디포네고로 왕자의 초상

머라피 화산이 폭발하고 1824년 콜레라가 창궐해 자바 섬이 혼란에 빠지
면서 그는 더욱 큰 민중의 지지를 얻었다.

마침내 디포네고로 왕자가 봉기를 일으켜 네덜란드군을 매복 공격하
고 병참로를 끊자, 네덜란드는 데콕(De Kock) 장군을 파견해 요새를 강
화하고 병력의 기동성을 높였다. 심대한 타격을 입은 디포네고로군은 네덜
란드와의 협상에 임한다. 이런 상황에서도 디포네고로는 술탄이 지배하는
자유국가를 만들어 칼리파로서 자바를 통치할 것임을 분명히 했다. 그러
나 1830년 3월 28일 네덜란드군의 거짓 휴전협상에 속아 체포되어 유배
지를 전전하다가 1855년 1월 8일 마카사르의 포트 로테르담 요새의 감
옥에서 세상을 떠났다. 그는 25년 동안 옥고를 치르면서도 동인도 민중
의 변함없는 정신적 지주였다.

한편 '뚜안꾸 이맘 본졸(Tuanku Imam Bonjol, 뚜안꾸라는 직책의 본
졸 지역 이슬람 지도자라는 뜻)'이라 불렸던 무함마드 샤합(Muhammad
Shahab)은 본졸국을 세운 후 샤리프가 되어 파드리 계율을 엄격하게 관

철시키려 했다. 파드리 운동은 도박, 닭싸움, 아편 남용, 폭음, 흡연 등의 잘못된 관행들을 없애고 이슬람 본래의 순수함을 되찾자는 운동이었다. 그러나 전통주의자들은 지역의 전통이 존중받고 유지되어야 한다고 주장했고, 이 대립이 급기야 물리적 충돌로 이어졌다. 이들이 네덜란드의 군사적 개입을 요청하자, 총독부가 전통주의자들 편에서 총칼을 들고 나섰다. 네덜란드는 1832년 뚜안꾸 이맘본졸을 체포하지만, 그는 3개월 만에 탈출해 본졸의 작은 요새에서 저항을 계속했다. 3년간의 공성전 끝에 네덜란드는 1837년 8월 16일 협상을 빙자해 그를 불러냈다가 불시에 체포한다. 그는 서부 자바의 찌안주르와 암본을 거쳐 술라웨시의 마나도로 유배되었다가 1864년 11월 6일 92세를 일기로 생을 마감했다.

이후로도 네덜란드군이 1874년 수마트라 북단의 아쩨에서 수도와 왕궁을 점령하자 아쩨 전역에서 지하드, 즉 무슬림들의 의무인 성전(聖戰)을 불러와 결과적으로 1903년까지 처참한 정복전쟁과 소규모 전투가 이

1900년경 수마트라우타라 주 메단의 사탕수수 플랜테이션

어졌다. 발리와 롬복의 토착 왕국들은 전투원 전원이 전멸할 때까지 전투를 멈추지 않는 발리식 옥쇄 뿌뿌딴(puputan)으로 네덜란드군에 맞섰지만, 압도적 화력의 차이로 패배할 수밖에 없었다.

네덜란드는 1826년 파푸아뉴기니(오늘날 서파푸아), 1848년 발리, 1849년 보르네오(깔리만탄), 그리고 1872년 수마트라의 대부분을 점령했지만 천문학적 전쟁 비용으로 만성적인 재정 위기에 시달렸다. 이를 타파하기 위해 차, 커피, 담배, 사탕수수 등 특정 작물에 대한 강제 경작제도가 1830년 시작된다. 이는 농민들이 농토의 3분의 1가량을 강제로 할당해 1년 중 120일 이상 지정된 작물을 재배하는 것으로, 대규모 플랜테이션으로 발전하면서 할당 면적과 기간이 잘 지켜지지 않고 총독부와 현지 귀족이 결탁해 부패와 착취를 낳았다. 결국 민중의 생활은 더 어려워졌고, 고향을 이탈해 타지에서 생계를 찾거나 반군에 가담하는 등 사회 불안이 가중되었다. 이로 인해 동인도와 네덜란드 본국에서 거센 비난이 쏟아졌고, 네덜란드는 1870년에 강제 경작제도를 폐지하게 된다.

인도네시아 민족주의의 흥기

20세기에 들어서 네덜란드 총독부에 대한 동인도인들의 무장봉기는 거의 막을 내렸지만, 민중을 교육시켜 더욱 조직적으로 식민통치에 대항하려는 민족주의 운동이 일어났다. 이는 1901년 러일전쟁에서 일본이 거둔 승리에 고무된 것이기도 했다. 1908년 지식인들이 교육 목적으로 조직한 부디 우또모(Boedi Oetomo) 운동이 시작되었다. 또 1912년 동인도 토착 상인들의 이익을 도모하는 이슬람상인연합(Serikat Dagang Islam)이 설립되는데, 쪼끄로아미노토(H.O.S. Tjokroaminoto)와 아구스 살림(Agoes Salim) 등 민족주의자들이 합류해 정치색을 띠면서 이슬람연합(Sarekat Islam)으로 명칭을 바꾼다. 그리고 전통 보수 이슬람 단체인 나들라뚤 울라마(Nahdlatul Ulama)와 쌍벽을 이루는 진보적 색채의 이슬람협회인 무함마디야(Muhammadiyah)가 1912년 족자에서 설립된다. 두베스 데커르와 찝또 망운꾸수모(Tjipto Mangunkusumo) 박사, 끼하자르 데완따라(Ki Hajar Dewantara) 등이 그해 12월 인도네시아당을 만들어 인도네시아의 완전한 독립을 촉구하다가 1913년 네덜란드로 추방당하기도 했다.

참정권을 요구하던 이슬람연합의 압력에 네덜란드 식민정부는 1918년 별다른 실권이 없는 폴크스라드(Volksraad)를 설치했는데, 이는 일면 일제강점기 친일파들의 참정기구였던 중추원과 비슷한 기구였다. 한편 추방에서 풀려난 끼하자르가 인도네시아로 돌아와 1922년 학생광장(Taman Siswa)이라는 조직을 만들었으며, 모하마드 하타(Mohamad Hatta), 수끼만(Dr. Sukiman) 등 젊은 민족주의자들이 1924년 대학생 모임을 만들어 교육을 통한 인도네시아의 독립을 도모했다.

1926년에서 1927년에는 서부 자바와 수마트라에서 네덜란드에 대항하는 공산당 봉기가 일어났으나, 이는 인도네시아 민족주의자들을 수세로 몰아 많은 이들이 체포되어 유배지로 압송되었다. 이런 일련의 과정을 통해 1927년 7월, 인도네시아 민족당(Partai Nasional Indonesia)이 설립되면서 이 당의 주축인 수카르노가 세상에 이름을 알리기 시작한다.

1부

네덜란드 강점기와
태평양전쟁

1장 정치인 수카르노의 등장

엘리트 청년 수카르노

수카르노(Sukarno)는 1901년 6월 6일 수라바야에서 출생했다. 그는 일본이 패망한 1945년부터 1967년까지 23년간 대통령을 역임했다. 우리나라의 박정희 대통령을 넘어서는 재임 기간이다. 하지만 그의 후임 수하르토(Suharto) 대통령이 철권독재 32년으로 이 기록을 간단히 넘어섰다.

수카르노는 인도네시아 독립운동 지도자 중 단연 발군이었다. 그래서 네덜란드 식민정부의 집중적인 탄압을 받아, 제2차 세계대전으로 일본군이 진주할 때까지 10년 넘게 옥에 갇히거나 유배를 당했다. 그는 동료 민족주의자들과 함께 민중의 힘을 모아 일본의 전쟁 행위를 지원하며 적극적으로 부역했고, 일본이 패망하자 1945년 8월 17일 각별한 동료이자 만만찮은 라이벌인 모하마드 하타와 함께 독립을 선언했다. 그와 하타는 각각 초대 대통령과 부통령으로 취임했다.

제2차 세계대전이 끝나면서 네덜란드가 동인도의 식민지를 되찾으러 군대를 이끌고 돌아오자, 수카르노가 국민과 민족지도자들을 규합해 저항하며 군사적·외교적 역량을 발휘한 끝에 1949년 마침내 인도네시아는 독립을 쟁취한다. 수카르노는 정치적으로 매우 영민했으므로 일본 패망과 독립전쟁, 그리고 수많은 반란과 분쟁으로 이어지던 격랑의 시대에 정치적 헤게모니를 놓치지 않았다.

혼돈의 의회 민주주의 시기에 수카르노는 1957년 '교도(教導) 민주주의'라 칭하는 통치시스템을 개발해 정치적 불안과 반란을 종식시키려 했다. 1960년대 초에는 군과 이슬람의 반발에도 불구하고 인도네시아 공산당을 비호하면서 인도네시아를 좌경화의 길로 들어서게 했고, 소련과 중국의 후원을 받으며 '반제국주의' 기치 아래 일단의 공격적인 대외정책을 펼쳐 나갔다. 그러나 1965년 '9월 30일 쿠데타'로 인도네시아 공산당이 철저히 와해되고, 수카르노는 정치생명에 치명상을 입은 끝에 새로운 독재자 수하르토에게 등 떠밀려 1967년 하야한다. 독립과 건국의 영웅이었던 수카르노는 남은 인생을 가혹한 연금 상태로 지내다가 1970년 6월 21일 숨을 거둔다.

롤러코스터 같은 그의 인생 경로를 따라가 보는 것은 격동의 인도네시아 현대사를 되짚어 보는 좋은 방법 중 하나일 것이다. 우선 그의 이름에 대한 오해부터 정리하자. '조국을 내전으로 몰고 간 선동자들'이라는 기사(〈조갑제 닷컴〉 2005. 11. 23)에서도 볼 수 있듯, 일각에서는 그의 이름을 아흐맛 수카르노(Achmad Sukarno)라고 표기하고 있다. 하지만 수카르노 대통령의 이름은 '수카르노'일 뿐이다. 그의 이름이 서방 세계에 잘못 알려진 것은 당시 동양 이름에 익숙지 않던 유럽 독자들을 위해 한 영국인 기자가 마치 성과 이름이 따로 있는 것처럼 임의로 작명해 붙여 놓았던 것이 이런저런 문서에 인용되며 전파된 결과다.

수카르노의 아버지는 라덴 수끄미 소스로디하르조(Raden Sukemi Sosrodihardjo)라는 이름의 귀족 출신으로 자바에서 초등학교 교사를 지냈다. '라덴(Raden)'은 일반적으로 귀족이나 왕족의 이름 앞에 붙는 경칭이다. 어머니는 힌두교 지역인 발리의 불레렝 지역 출신 브라만 계

수라바야의 대입준비학교(HBS) 시절의 수카르노와 정치적 스승 쪼끄로아미노토. 쪼끄로아미노토를 만나지 않았더라면 수카르노 역시 친네덜란드 성향의 지식인에 머물렀을지도 모른다.

급인 이다 아유 뇨만 라이(Ida Ayu Nyoman Rai)였다. 수카르노는 고귀한 신분으로 1901년 6월 6일 네덜란드령 동인도 동부 자바 최대 도시인 수라바야의 빤데안로 4가 40번지에서 태어났다. 당시 그의 이름은 수카르노가 아니었다. 어린 시절 생사를 오가는 중병을 앓으면서 자바의 전통에 따라 '수카르노'로 개명했다. 이름을 바꾸면 중병을 앓게 하는 역신이 다시는 그 사람을 찾아 돌아올 수 없다는 민간신앙에 따른 것이다. 어린 시절 병약하지 않았더라면 그는 오늘날 전혀 다른 이름으로 기억되고 있을지도 모른다.

1916년 그의 아버지는 그를 수라바야 소재의 네덜란드 대입준비학교에 보냈는데, 그곳에서 수카르노는 민족주의 지도자이자 이슬람 연합 '사레깟이슬람'을 세운 쪼끄로아미노토를 만난다. 그는 수카르노가 묵고 있던 하숙집의 주인이기도 했다. 1920년 그는 쪼끄로아미노토의 딸인 시티 우타리(Siti Utari)와 결혼했고, 그 이듬해 반둥에 소재한 테크니스 호게스쿨(지금의 반둥공대)에 진학해 토목과 건축을 공부했다. 대학 시절 수카르노는 그곳 하숙집 주인인 사누시의 아내 잉깃 가르나시(Inggit Garnasih)와 로맨스에 빠지는데, 잉깃은 수카르노보다 13살 연상의 유부녀였다. 훗날 대통령직에 올라 국가를 책임지게 되는 그는, 아이러니하게도 아내에 대한 책임만은 참으로 가볍게 여긴 자유로운 영혼의 소유자였다.

1923년 3월, 수카르노는 민족지도자의 딸 시티 우타리와 이혼하고 하숙집 여주인 잉깃과 결혼하는데, 그때 잉깃은 전남편과 헤어진 상태였다. 하지만 그 후 20년 가까이 유지된 잉깃과의 결혼생활도 결국 파국을 맞고 수카르노는 파트마와티(Fatmawati)와 재혼한다. 수카르노의 결혼 행진곡은 그 후에도 계속 울려 퍼져 여러 명의 아내를 맞게 되는데, 어떤 이들은 열한 명의 부인을 거론하지만 그중 아홉 명만 이 책 후반부에서 소개한다. 물론 그가 뿌린 염문이 전부 결혼으로 귀결된 것은 아니기에 수카르노의 연인들까지 모두 거론하려면 별도의 지면이 필요할 것이다. 그는 일부일처제에 묶이지 않고 최대 네 명의 아내를 허용하는 이슬람교의 일부다처제 전통을 보다 자유분방하게 해석하며 살았다. 그중 세 번째 부인 파트마와티는 인도네시아 제5대 대통령인 메가와티 수카르노뿌뜨리(Megawati Sukarnoputri)의 친어머니로 후대에 '정실'로 인정받지만, 결혼 기간만 본다면 잉깃 가르나시가 가장 길고, 보고르궁의 안주인으로서 수카르노의 임기 말까지 가장 안정된 내조로 두드러진 영부인 활동을 한 사람은 네 번째 부인 하르띠니(Hartini)였다.

다시 그의 반둥 시절로 돌아가자.

수카르노는 1926년 대학 졸업 후, 그해 7월 대학 친구와 함께 반둥에서

'수카르노와 안와리'라는 건축설계
및 시공회사를 설립했다. 그는 반둥
시내 쁘레앙어 호텔의 건물 보수공
사에서 저명한 네덜란드 건축가 찰
스 프로스퍼 볼프 슈마커(Charles
Prosper Wolff Schoemaker)의 조
수로도 일했는데, 실무를 익힌 후
오늘날 반둥의 가똣 수브로토 거리,
빨라사리 거리, 데위사르티카 거리
에 많은 민간주택을 설계했다. 그가
독립운동에 뛰어들지 않았다면 유
명한 건축사업가로서 명성을 떨쳤

수카르노의 두 번째 부인 잉깃 가르나시

을지도 모른다. 수카르노는 훗날 대통령이 되어서도 건축에 대한 열정을
놓지 않고 자카르타의 독립선언 기념비, 거둥뽈라 건물의 주변 지역, 스
마랑의 청년 기념비, 말랑의 광장 기념탑, 수라바야의 영웅 기념비 같은
랜드마크들은 물론 중부 깔리만탄의 빨랑까라야(Palangkaraya) 신도시
설계에 직접 참여하기도 했다.

수카르노는 고등 교육을 받은 엘리트로 특히 언어에서 두각을 나타냈
다. 그는 고향 방언인 자바어를 비롯해 순다어, 발리어 등 인도네시아 주
요 방언은 물론 네덜란드어에 능했고 독일어, 영어, 프랑스어, 아랍어,
일본어 등을 큰 어려움 없이 구사했다. 한 번 본 것을 사진처럼 명료하게
기억하는 놀라운 기억력과 남다른 두뇌 회전에 힘입은 것이었다. 또한
그는 건축뿐 아니라 정치적 성향도 극히 '현대적'이었다. 자바의 전통적
봉건주의를 퇴행적 행태라 여겨 경멸했고, 그것이 인도네시아가 네덜란
드에 짓밟혀 착취당하는 이유 중 하나라고 생각했다. 그는 서구 열강의

제국주의는 '사람이 다른 사람을 착취하는 악행'이고 인도네시아의 심각한 빈곤과 낙후한 교육 문제는 네덜란드의 착취로 인한 것이라고 믿었다. 훗날 수카르노는 인민들에게 민족적 자긍심을 불러일으키기 위해 매일 입는 의복에서부터 자카르타의 도시 계획에 이르기까지 사회주의적 정치 철학에 입각한 자기 생각을 오롯이 담아내려 했다. 수카르노가 추구했던 '현대적'인 것이란 특정 민족과 인종에 얽매이지 않고, 그 방식이 우아하고 아름다우며 동시에 반제국주의적인 것을 의미했다.

인도네시아 민족주의의 선구자로

수카르노는 쪼끄로아미노토로부터 민족주의 사상을 배웠고 반둥 공대 시절엔 유럽인, 미국인, 민족주의자, 공산주의자, 종교인, 정치인 등 다양한 인물과 사상을 접하면서 자신만의 인도네시아식 자급자족 사회주의 정치 철학을 태동시켰다. 이 사상을 그는 마르해니즘(Marhaenism)이라 칭했다. 이는 반둥 남부에서 만난 농부 마르핸이 얼마간의 자기 땅을 경작하여 풍족하진 않지만 자기 가족들을 먹여 살리기에는 충분한 수확을 거두며 만족하던 모습에서 착안했다. 또한 수카르노는 대학에서 네덜란드 학생들이 지배하던 기존의 스터디 클럽에 대항하여 인도네시아 학생들만의 스터디 클럽을 만들었다. 수카르노는 네덜란드인들이 인도네시아에서 향유하는 모든 것을 인도네시아인들도 당연히 누려야 한다고 생각했다. 그는 대통령이 된 후에 이와 유사한 행보를 국제적인 스케일로 계속 확대해 나간다.

수카르노는 1927년 7월 4일 자신이 조직한 알게메네 스터디 클럽의 친구들과 함께 독립 지향 정당인 인도네시아 민족당(PNI: Partai Nasional Indonesia)을 설립해 스스로 당수가 되었다. PNI는 인도네시아의 독립을 추구하며 인도네시아인의 생활을 위협하고 악화시키는 제국주의와 자본주의를 배격했다. 또한 PNI는 이슬람 근본주의 대신 세속주의를 선택했는데, 이는 네덜란드령 동인도에 산재하는 수많은 인종과 다양한 종교들 사이의 단합을 추구하여 통일된 인도네시아의 성립을 가능케 하기 위한 포석이었다. 수카르노는 청일전쟁과 러일전쟁에서 승리한 후 급격한 근대화를 통해 아시아의 군사강국으로 등극한 일본이 서구 열강들과 전쟁을 벌이게 되면 인도네시아는 일본의 지원을 받아 네덜란드로부터 독립을 성취할 수 있을 것이라 내다보았다.

1920년대 초 쪼끄로아미노토의 사레캇이슬람이 해체되고, 알리민과 무쏘가 주도한 1926년 공산당 반란에 대한 네덜란드 식민당국의 무자비한 진압으로 수천 명이 목숨을 잃고 5,800명 이상 투옥되거나 유배당하면서 인도네시아 공산당(PKI)이 지하로 숨어들자 공산당 지지자들이 대거 PNI로 유입되었는데, 그들 중엔 고학력 젊은이들이 많이 포함되어 있었다. 당시의 젊은 지식인이라면 누구나 그렇듯 이들도 인종차별과 속박 정책으로 권력을 유지하는 네덜란드 식민당국이 인도네시아인으로부터 박탈해간 정치적 자유와 번영의 기회를 되찾으려는 열망을 품고 있었다.

PNI의 활동이 점차 네덜란드 총독부의 관심을 끌면서 수카르노의 연설이나 회합은 총독부 비밀경찰 요원들에 의해 자주 방해를 받았고, 자바 전역에서 펼쳐진 일련의 기습적 단속을 통해 1929년 12월 29일 마침내 수카르노와 PNI의 주요 당직자들이 체포되기에 이른다. 수카르노는 족자(Jogyakarta)를 방문하던 중 체포되어 1930년 8월부터 12월 사이에 반둥 란드라드 법원에서 재판을 받는데, 재판 중 발언 기회를 얻은 그가 식민주의와 제국주의를 비난하며 토해낸 일련의 연설들은 '인도네시아는 고발한다'라는 제목으로 널리 알려졌다.

1930년 12월, 수카르노는 4년의 징역형을 선고받고 반둥의 수까미스낀 형무소에 수감된다. 그러나 동인도는 물론 네덜란드 본국의 자유주의

1930년 반둥 재판소 앞의 수카르노(왼쪽에서 세 번째). 법정에서의 변론을 통해 그는 전국적인 지도자로 부상하게 된다.

자들도 그의 연설에 열광하면서 언론에서는 수카르노의 주장과 그의 재판을 광범위하게 다루었고, 그 영향으로 수카르노는 수감 1년 만인 1931년 12월 31일 석방된다. 이 사건을 통해 수카르노는 단번에 전국적인 민족 영웅의 반열에 올랐고 그 인기가 하늘을 찔렀다. 귀한 태생과 고학력 배경의 잘생긴 동인도 젊은이가 법정에서 네덜란드의 압제자들을 향해 열변을 토하는 모습이 많은 사람의 마음을 흔든 것이다.

그가 수감되어 있는 동안 외부 압력과 내홍을 겪으며 지리멸렬해진 PNI는 총독부 당국에 의해 해산당한 후 두 개의 정당으로 나뉘었다. 대규모 궐기를 촉구하던 사르또노(Sartono)의 인도네시아당(Partindo)과 모하마드 하타, 수딴 샤리르(Sutan Sjahrir)가 주도하는 인도네시아 민족

교육당(신인도네시아 민족당)이다. 하타와 샤리르는 막 네덜란드에서 돌아온 해외유학파 민족주의자들로서 근대 교육을 통해 무지한 인도네시아인을 인재로 키워내 네덜란드 식민 세력에 더욱 효과적으로 대항할 수 있도록 한다는 장기 전략을 추구했다.

출소한 수카르노는 이 두 당의 재결합과 통일된 민족주의 전선의 구축을 촉구했지만 여의치 않자 1932년 7월 28일 인도네시아당에 전격 입당해 당수가 되어 즉각 대규모 궐기대회를 조직했다. 그는 하타가 주장하는 엘리트 기반의 장기적 저항 방식에 동의하지 않았다. 하타가 장기적 저항 방식을 택한 것은 인도네시아의 독립이 자신의 생전에 도래하지 않을 것으로 생각했기 때문이었다. 하지만 수카르노는 무력을 통해서라도 당장 진정한 변화를 가져올 수 있는 정치의 속성을 하타가 간과했다고 믿었다.

이 시기에 수카르노는 자신과 당에 경제적 도움이 되기 위해 '수카르노와 로스노'라는 건축회사를 다시 열어 사업을 병행했고 당 기관지인 『피키란라얏』에 사설도 싣는 등 바쁘게 보냈다. 수카르노는 반둥에 기반을 두고 자바 섬 전역을 순회하며 다른 민족주의자들과 인맥을 쌓았는데, 그의 활동이 활발해지자 또다시 총독부 비밀경찰의 압박이 거세졌다. 그는 1933년 중반 『인도네시아의 독립 쟁취를 위하여』라는 제목의 출판물을 간행했다가 반역 혐의로 쫓기던 중 1933년 8월 1일 모하마드 후스니 탐린(Mohammad Husni Thamrin)을 만나러 바타비아에 갔다가 네덜란드 경찰에 체포되고 만다.

모하마드 후스니 탐린은 1884년 네덜란드령 동인도 바타비아의 유복한 가정에서 태어났다. 그는 총독부에서 구청장을 역임한 아버지처럼 총독부 여러 부처에서 관료로 근무하다가 선박회사 직원, 바타비아 부시장을 거쳐 식민지 의회인 볼크스라드의 의원으로 선출된다. 수카르노와 하타가 일본의 힘을 빌려 인도네시아의 독립을 추구했듯이 탐린은 네덜란드와의 협력을 통해 궁극적으로 인도네시아의 독립을 얻어낼 수 있다고 믿었다.

탐린은 의회의 민족주의분파들을 모아 빠린드라(Parindra)라고 줄여 부르는 대(大)인도네시아당을 결성했고 나아가 자신의 빠린드라당을 포함한 국내 8개 민족주의 단체를 연합해 더욱 거대한 '인도네시아 정치연대(GAB)'를 결성하여 주류 정치권 한복판에서 네덜란드를 상대로 준법투쟁을 벌였다. 그러나 1941년 일본의 침공이 임박하자 그는 평소 일본인들과 친분이 두텁다는 이유로 가택연금을 당했다. 두말할 나위 없이 그동안 정치적으로 미운털이 박혔기 때문이었다. 그 과정에서 건강을 해친 그는 병상에 누워 있는 동안에도 여러 차례 총독부 경찰의 가택수색을 당하는 수모를 겪다가 결국 세상을 떠난다. 수카르노가 그를 만나려던 1933년은 탐린이 볼크스라드 의회에서 네덜란드를 향해 인도네시아의 권익을 큰소리로 부르짖던 시절이었다.

다시 수카르노의 이야기로 돌아가자. 지난 반둥 재판을 통해 수카르노가 민족 영웅으로 떠오른 전례가 있었으므로 이번만큼은 발언 기회를 허용치 않으려 한 강경파 주지사 용케이르 보니파시위스 코르넬리스 드용게(Jonkheer Bonifacius Cornelis de Jonge)는 그의 재량을 한껏 발휘해 재판도 없이 수카르노를 곧바로 유배시켰다. 그리하여 수카르노는 1934년 아내 잉깃 가르나시와 정치적 동료들과 함께 머나먼 플로레스섬의 엔데라는 도시로 보내졌다. 이 시기에 수카르노는 운신의 폭이 크게 제한되었음에도 현지에서 어린이 극장을 설립하는 등 나름대로 활발히 활동했는데, 어린이 극장 멤버들 중엔 훗날 정치가가 되는 프란스 스다(Frans Seda)도 있었다. 그러다가 플로레스에 말라리아가 창궐하자 네덜란드 총독부는 수카르노와 그 가족들을 1938년 2월 수마트라 서쪽 해

벙꿀루 유배 시절의 수카르노의 자택

변의 벤쿨렌(지금의 벙꿀루)으로 옮겼다.

벙꿀루에서 수카르노는 지역 무함마디아 조직의 수장인 하산 딘과 교분을 쌓고 무함마디아가 소유한 현지 학교들에서 종교 지도를 할 수 있도록 허락받았다. 학생 중에는 당시 15세였던 하산 딘의 딸 파트마와티도 있었는데 나중에 수카르노와 불꽃 튀는 로맨스 끝에 그의 세 번째 부인이 된다. 그의 전기 영화 〈수카르노(Sukarno: Indonesia Merdeka)〉(2013년, 하눙 브라만티오 감독)에서는 잉깃이 수카르노의 절절한 만류에도 불구하고 자신의 불임을 눈물로 자책하며 스스로 떠나가는 것처럼 묘사되지만, 실제로는 전남편과의 결혼생활은 물론 자신과의 20년에 걸친 결혼생활 동안 잉깃이 아이를 낳지 못한 것을 들어 수카르노가 자신의 불륜을 정당화했다고 전해진다. 어느덧 30대 후반에 들어선 수카르노가 그렇게 벙꿀루 유배지에서 잉깃의 가슴을 갈가리 찢으며 어린 파트마와티와 로맨스를 즐기던 1942년, 동남아 각지에서 연합군을 차례로 격파하며 남하하던 일본군이 급기야 네덜란드령 동인도를 침공해 들어오기 시작했다.

2장 일본군 점령과 수카르노의 독립운동

태평양전쟁의 발발

인도네시아 민족회복운동이 한창이던 1929년 초, 수카르노는 태평양 지역에서 전쟁이 발발해 일본이 진주하면 결과적으로 인도네시아의 독립을 가져다줄 좋은 기회가 될 거라고 생각했다. 저명한 민족주의 지도자 모하마드 하타 역시 같은 생각이었다. 이 예상은 13년 후 현실로 나타나는데, 1941년 12월 진주만 공습으로 태평양전쟁을 일으킨 일본군은 이듬해 2월 네덜란드령 동인도를 침공해 파죽지세로 네덜란드군을 격파하며, 무서운 속도로 인도네시아의 전략적 요충지들을 거쳐 남하했다.

수카르노와 그 일행은 벙꿀루에서 다시 300킬로미터 떨어진 서부 수마트라 빠당 지역으로 이송되었다가 급기야 호주로 후송될 상황에 처했다. 네덜란드 총독부가 일본군에 밀려 호주로 도망가 망명정부를 세우면서 수카르노 일행도 함께 후송시켜 연금 상태를 유지하려 한 것이다. 본국이 나치에게 침탈당하고 식민지가 일본에 공격받는 상황에서도 네덜란드는 유력한 민족주의자들의 목줄을 틀어쥔 채 놓지 않았고, 나중에라도 반드시 식민지를 되찾겠다는 집착을 버리지 않았다. 그러나 일본군이 예상보다 빠르게 진주해오자 집요하게 수카르노를 구속하던 총독부 군인들은 부리나케 도주해버렸고 수카르노는 얼떨결에 자유의 몸이 되어 일본군의 진주를 맞게 된다. 훗날 수카르노는 당시의 심정을 이렇게 기록했다.

"알라를 찬양하라. 알라는 죽음의 골짜기에서 마침내 나에게 길을 보여주셨다. 그렇다. 인도네시아의 독립은 오직 대일본제국의 힘을 빌려 성취될 수 있을 것이다. 평생 처음 나는 스스로를 아시아의 거울에 비춰 볼 수 있었다."

오늘날 한국과 인도네시아가 일본을 바라보는 시각에 상당한 온도 차가 있는 것은 사실 당연한 일이다. 일본 강점기에 일본군과 맞서 싸운 인도네시아인들도 수없이 많지만, 수카르노를 비롯해 대다수의 민족주의 지도자들에게 당시 무적일 것만 같았던 네덜란드군을 격파하며 진주한 일본군은 권능의 구세주였다.

한편 수카르노를 특별 관리하고 있던 일본군은 수마트라 지역 주둔 사령관을 통해 각별한 예의를 갖춰 수카르노에게 접근했다. 일본군의 속내는 수카르노가 일본의 이익을 위해 인도네시아인들을 조직하고 선무(宣撫)해주는 것이었다. 수카르노 역시 일본을 인도네시아 독립의 발판으로 삼으려는 마음을 오래전부터 품고 있었으므로 그들의 이해관계는 거기서 일단 맞아떨어졌다. 1942년 7월 자카르타로 돌아온 수카르노는 일본군의 요청대로 모하마드 하타를 포함한 민족주의 지도자들을 재규합했다. 자카르타에서도 일본군 제16군 사령관 이마무라 히토시(今村 均) 중장이 수카르노를 비롯한 민족주의 지도자들을 직접 만나 일본의 전승 지원을 위해 그들이 인도네시아 인민들을 선무해줄 것을 정중히 요청했다.

350년간 폭압으로만 일관했던 동인도 주둔 네덜란드군을 거침없이 격파한 일본군의 진주에 당시 인도네시아인들의 마음속에 경외감과 동경은 들불처럼 번지며 뜨겁게 타올랐을 것이다. 당시의 수카르노처럼 말이다.

이것이 인도네시아가 태평양전쟁 당시 가혹한 일본의 지배를 겪고도 일본에 대해 우리와는 달리 사뭇 관대한 감정을 갖고 있는 가장 큰 이유다.

19세기 말, 일본은 근대산업 국가로 변모하는 데 성공한 유일한 아시아 국가였다. 아시아 대부분이 미국이나 유럽 열강의 지배하에 있을 때 일본은 독립을 유지한 몇 안 되는 나라 중 하나로, 얼마 후 러시아를 러일전쟁에서 완파하며 놀랍게 향상된 군사력을 증명하기도 했다. 그들은 일종의 상권개념인 '아시아 공영권'을 주창하며 동남아에도 눈길을 돌렸다. 일본은 20세기 전반기 동안 아시아 전역에서 점차 그들의 영향력을 확대해서, 1920년대부터 동인도와도 교역 관계를 개설했다. 그 형태는 작게는 마을의 이발소, 사진관, 방물장수 등 개인 사업자들로부터 크게는 백화점, 사탕수수 무역으로 상권을 장악한 스즈키, 미쓰비시 같은 대기업들까지 총망라했다.

동인도 지역의 일본인 거류민 인구는 6,949가구로 정점을 찍은 1931년 이후 네덜란드 총독부와의 갈등으로 감소세로 돌아섰지만, 일본 정부는 일단의 거류민들을 공작원으로 활용해 현지 민족주의자들, 특히 무슬림 정당 인사들과 교분을 쌓도록 했고 그들을 일본으로 초청해 호의를 베풀었다. 인도네시아의 민족주의를 고취하는 것은 일본이 추구하는 '아시아인들을 위한 아시아'로 가는 길이었고 인도네시아인들이 네덜란드에 반기를 들게 하는 것이 자국의 이익과도 맞아떨어졌기 때문이다.

네덜란드의 착취와 차별 구도가 조만간 종식될 것이라는 일본인들의 약속에 대다수의 인도네시아인은 희망을 품었으나, 식민정권의 비호 속에서 특권을 누리던 화교들만은 그렇지 못했다. 1930년대 일본이 만주와 중국을 침공하기 시작하자 동인도의 화교들이 막대한 규모의 항일전쟁 지원 기금을 모금했다는 사실에서도 일본에 대한 그들의 우려를 미루어 짐작할 수 있다. 물밑에서 활동하던 공산주의자들에게도 일본은 타파해야만 할 또 하나의 파시스트 국가일 뿐이었다. 네덜란드 정보국으로서도 잠재적 적성 국민인 일본인 거류민들을 눈여겨 감시한 것은 두말할 나위 없다. 일본에 대한 현지의 이해는 그렇게 극명히 나뉘었다.

1941년 11월, 종교정치조직인 인도네시아 인민대표회의와 무역연대 단체들이 일본의 전쟁 위협에 대비해 인도네시아인을 동원하자는 청원서를 네덜란드 총독부에 제출했다. 그러나 총독부는 공식적인 인민대표 단체의 청원이 아니라며 간단히 거부해버렸다. 불과 4개월 후 동인도 전체가 일본군 손아귀에 떨어지리란 것을 오만한 네덜란드 총독부는 상상도 하지 못했다.

일본군이 진주만을 기습 공격한 다음 날인 1941년 12월 8일, 네덜란드는 일본에 전쟁을 선포했다. 일본이 아닌 네덜란드가 선전포고의 주체였다니 좀 의외이긴 하다. 이듬해 1월, 동남아 전역의 연합군 부대를 조율할 목적으로 아치볼드 웨이블(Archibald Wavell) 장군 휘하에 미국·영국·네덜란드·오스트레일리아 연합사령부인 아브다콤(ABDACOM, America, British, Dutch, Australia Command)이 설치되었다.

당시 네덜란드령 동인도에는 헤인 터르 포르턴(Hein ter Poorten) 장군 휘하의 네덜란드군 8만 5천 명이 있었지만, 네덜란드인 장교들과 현지인 병사들로 구성된 이 부대들은 훈련 상태나 장비 면에서 일본군과 맞서기엔 턱없이 부족했다. 네덜란드군을 향해 진격해오던 일본군 주력은 이마무라 히토시 중장의 제16군으로 제2, 38, 48사단 및 제56 혼성여단을 휘하에 두고 막강한 해군 화력을 등에 업고 있었지만, 병력 규모는 네덜란드군의 절반 정도에 불과했다. 그러나 싱가포르와 필리핀을 연이어 함락시키며 연합군을 대파한 일본군의 위용에 공포에 질린 동인도의 네덜란드군은 싸우기도 전에 이미 심리적으로 패배한 상태였다. 고위관료들은 침공이 시작되기 몇 주 전부터 가족, 개인 비서들을 대동해 호주

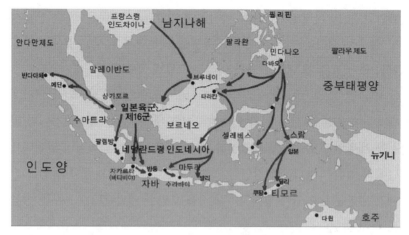

일본군의 인도네시아 진주(1942년)

로 망명했고 정치범들도 후송되기 시작했다.

당시 동남아 현지 연합군 대부분은 본국이 나치에 점령당했거나 나치와의 전쟁에 거의 모든 역량을 쏟아붓고 있었으므로 머나먼 태평양에서 최강의 해군력을 보유한 일본군에 맞서기란 승산 없는 게임이었다. 이런 분위기가 팽배해져 일본군이 상륙하기도 전에 현지 치안시스템은 급격히 무너져 내렸으며, 라이벌 집단 간의 유혈 충돌이 벌어지면서 살인과 납치, 실종 사건이 빈번하게 벌어졌고, 그 과정에서 많은 화교와 네덜란드인의 생명과 재산이 파괴되고 약탈당했다.

일본군의 침공은 신속하게 전개되었다. 1941년 12월 15일 브루나이 침공을 시작으로 영국령 사라왁의 유전지대에 상륙했고, 24일에는 쿠칭, 이듬해 1월 11일에는 북부 보르네오의 타라칸까지 진주했다. 같은 날 셀레베스 섬(오늘날의 술라웨시) 북단 마나도에서도 해군 소속 공정부대 투하를 시작으로 일본군의 강습이 시작되었다. 이후 1월 24일에는 발릭빠빤의 유전지대가, 2월 10일에는 반자르마신이 함락되면서 자원의 보고 보르네오 섬 전체(오늘날의 깔리만탄)가 일본군 수중에 떨어졌다. 하지만 일본군은 아직 사용 가능한 유전을 확보하지 못한 상태였다. 원유 확보는 남방작전을 수행하는 일본군의 최대 과제였으므로 정유시설을 파괴하면 그 일대의 모든 유럽인을 참수하겠다며 엄포를 놓았지만, 로열더치셸의 민간 원유기술자들은 이런 경고를 비웃으며 일본군이 도달하기 전 유정과 정유시설을 모조리 파괴했다. 독이 오를 대로 오른 일본군은 이제 인도네시아 최대 유전이 있는 수마트라의 빨렘방을 향했다.

일본은 2월 13일에 육군 정진부대원들의 낙하산을 빨렘방 상공에서 흩뿌리며 쁠라주 지역 인근 로열더치셸 석유회사의 정유시설 탈취작전을 전개했다. 네덜란드군은 이번에도 시설 파괴를 시도해 일부 저유탱크에 화재를 일으켰지만, 정유시설 대부분과 유정들에는 아무런 피해도 입히지 못하는 결정적 실수를 범하고 말았다. 2월 14일 방카 섬에 도착한 일본군 제38사단도 15일 선발대를 먼저 빨렘방에 보내 정진부대가 확보해놓은 유전의 경계를 강화했다. 2월 15일 ABDA연합 해군은 카렐 도르만(Karel Doorman) 제독의 지휘 아래 5척의 순양함과 10척의 구축함을 기동하여 일본군 주력 전단을 가로막으려 했지만 여의치 않았고, 일본 해군 항모 류조와 지상 활주로에서 이륙한 항공기들의 집요한 공격을 버티지 못해 남부 수마트라로 철수해야만 했다. 일본군 주력이 18일 뒤따라 빨렘방에 진주해 가장 중요한 작전 목표였던 유전지대와 정유시설을 포함한 주변 지역을 완전히 점령함으로써 빨렘방 전투는 일본군의 승리로 막을 내렸다. 수마트라 북단의 아쩨에서는 이 전투에 고무된 아쩨인들이 네덜란드 총독부에 반란을 일으켰다.

세계 전사의 한 부분을 화려하게 장식한 이 빨렘방 전투에 대해서는 그사이 연구가 많이 이루어져 구체적인 전투 상황들이 공개되어 있는데, 여기서는 이 전투 초기에 수마트라 동쪽 해상에서 벌어진 작은 전투를

일본군 순양함과 맞서 싸우는 영국 해군 수송선 리워호(역사화)

하나 소개하고자 한다.

2월 13일 아침, 싱가포르와 네덜란드령 동인도를 오가며 병력과 장비를 운반하던 토머스 윌킨슨(Thomas Wilkinson) 중위의 영국 해군 수송선 리워호(HMS Li Wo)는 난데없이 나타난 대규모 일본군 전단과 마주쳤다. 이들은 일본 육군 제16군의 주력인 제38사단 229보병연대를 싣고 프랑스령 인도차이나(오늘날의 베트남)의 캄란만을 출항하여 빨렘방으로 향하던 일본 해군 오자와 지사부로(小澤治三郎) 소장 휘하의 상륙전 공격 선단이었다. 이들은 8척의 수송선과 이를 호위하는 경순양함 센다이호, 그리고 4척의 구축함으로 구성된 작은 선단을 앞세웠고 지원선단은 경항모 류조와 4척의 중순양함, 1척의 경순양함, 그리고 3척의 구축함으로 편성되어 있었다. 그뿐만 아니라 지상 활주로에서 이륙한 일본 해군 소속 항공기들과 일본 제3공군비행단이 선단을 공중 엄호했다.

원래 양쯔 강에서 수송선으로 사용되다가 징발된 리워호는 달랑 4인치 포 1문과 중기관총 2문으로 무장하고 있었지만 일본군 순양함들의 맹렬한 사격을 뚫고 일본 수송선단을 타격해 한 척을 불덩어리로 만들고 다른 수송선 여러 척에도 손상을 입혔다. 이 전투는 리워호의 총탄이 바닥날 때까지 90분간 계속되었고, 선장 윌킨슨 중위는 리워호가 완전히 파괴되기 직전 가장 가까운 일본군함으로 돌진해 그대로 들이받는 강단을 보였다. 이 전투에서 전사한 윌킨슨 중위는 훗날 그 무훈을 기려 빅토리아 크로스(VC) 훈장이 추서되는데, 이는 태평양전쟁 당시 네덜란드령 동인도에서 벌어진 모든 전투를 통틀어 유일한 VC 훈장이었다.

빨렘방 전투로부터 불과 2주 후인 2월 27일에서 3월 1일 사이, 자바해와 순다해협 해상에서 네덜란드령 동인도의 운명과 태평양전쟁 초반 판세를 가르는 자바해전이 벌어졌다. 깔리만탄과 셀레베스의 점령지 비행장에서 벌떼처럼 날아오른 엄청난 숫자의 전투기들이 보내오는 항공정보를 취합 분석해 가며, 대규모 전단을 이룬 구축함과 순양함을 앞세운 채 제16군을 태운 일본군 병력수송선들이 마카사르 해협을 지나 말라카카해로 진입하기 시작했다. 네덜란드 해군의 카렐 도르만 제독이 이끄는 연합군 전단이 이를 막아섰으나 대부분 제1차 세계대전에서 활약하고 고물이 되어버린 미국, 영국, 호주의 구식 군함들로 이루어져 있었기에 패배는 불을 보듯 뻔했다.

몇 차례의 해상교전에서 연합군은 크게 밀릴 수밖에 없었다. 네덜란드군 기함 드루이터가 격침되며 카렐 도르만 제독이 전사하자 연합군 주력이 급속히 와해되었다. 연이은 전투에서 영국군 중순양함 엑시터마저 격침되면서 대부분의 전력을 상실한 연합군의 남은 구축함들은 전역을 이탈해 탈출을 시도했지만 대부분 도중에 일본 해군에게 격침되고, 호주 프레맨틀 항에 무사히 입항한 것은 불과 몇 척 되지 않았다.

침몰하는 영국군 중순양함 엑시터호와 카렐 도르만 제독

자바해전을 마지막으로 1942년 동남아 해상에서 연합군의 해군력이
완전히 와해되자, 일본육전대는 1942년 2월 28일에서 3월 1일 사이 거
의 아무런 저항도 받지 않고 자바 섬 북쪽 해안 4개 거점에 상륙할 수 있
었다. 네덜란드의 해상 전력은 이 전투를 마지막으로 아시아에서 완전히
제거되어 전쟁이 끝난 후에도 결코 이를 회복하지 못했다.

미군과 영국 공군은 호주로 퇴각했고, 영국의 원조를 받은 네덜란드군
은 자바 섬에 상륙한 일본군과 치열한 육상전을 펼쳤다. 이 과정에서 일
본군은 수많은 연합군 포로들과 그들에게 동조한 인도네시아인들을 무
자비하게 처형하며 파죽지세로 주요 전투에서 승리했다. 선택의 여지가
없었던 ABDA 연합군의 헤인 터르 포르턴 네덜란드군 사령관은 A. W. L
자르다 판 스타르켄보르흐 스타하우버르(Tjarda van Starkenborgh
Stachouwer) 총독과 함께 1942년 3월 8일 일본군에 전격 항복한다. 한

편 일본은 이로써 세계 주요 곡창지대 중 하나인 자바 섬을 손에 넣고 네덜란드령 동인도 전역을 점령하면서, 1940년 기준 세계 제4위의 석유생산 지역을 확보하게 되었다.

인도네시아인들은 처음엔 열정적으로 욱일승천기를 흔들며 "일본은 우리 형님 나라다", "대일본제국 만세!"를 외치며 진주해 들어오는 일본군을 환영했다. 일본군의 진주에 고무된 인도네시아인들은 동인도 곳곳에서 봉기해 네덜란드인을 비롯한 유럽인들을 살해했고 그들의 은신처를 일본군에게 밀고하기도 했다. 자바 섬의 지옥문이 유럽인들에게만 열린 것은 아니었다. 350년간 인도네시아를 철권으로 강점했던 네덜란드가 절대 망하지 않으리라 믿으며 철저히 부역해왔던 인도네시아인들 역시 그 대가를 치러야 할 순간이 마침내 도래하고 말았다. 저명한 작가 쁘라무디아 아난타 뚜르(Pramoedya Ananta Toer)는 "일본군이 도착하자 거의 모든 사람들이 희망에 들떴지만 네덜란드에 부역한 사람들만은 그렇지 못했다"라고 기록하고 있다. 그리고 수카르노와 하타는 이제 적극적 일본군 부역자의 길로 기꺼이 들어서려 하고 있었다.

일본군 점령과 인도네시아인들의 투쟁

일본군은 현지 엘리트들의 지위를 보장해주는 대신 그들을 통해 일본의 국내 산업과 전쟁 수행을 위한 물자를 동인도에서 조달하려 했다. 네덜란드와 서구 열강을 압제자로 인식하고 있던 인도네시아의 엘리트 민족주의자들과 정치가들은 연합군을 무찌른 일본군에 협조를 아끼지 않았다. 수카르노 역시 기꺼이 대중 앞에 나서서 일본을 지원하도록 촉구하면서 이를 대중에게 민족주의 이념을 전파하는 기회로 삼았다. 그것이 그 상황에서 할 수 있는 최선의 애국이라 생각했다. 일제강점기 조선에서도 소위 민족지도자라 자처하는 이들이 그런 순진하고도 무책임한 생각으로 일본 제국주의의 주구가 되어 수많은 동포를 남태평양 전선의 총알받이나 강제수용소의 전범이 되도록 떠밀고 다시는 돌아올 수 없는 '위안부'의 길을 떠나게 만든 바 있다. 일본에 적극적으로 부역한 수카르노와 인도네시아의 민족주의자들도 처음엔 그와 별반 차이 없는 길을 걸으며 인도네시아 인민들의 희생을 강요했다.

일본군은 전쟁물자와 인력 조달을 위해 노동력과 자원을 확보하는 데 인도네시아 인민의 저항을 최소화하고 더욱 자발적인 협조를 끌어내기 위해 '3A 운동'을 기획, 수카르노를 그 수장으로 삼았다. 3A 운동이란 "Jepang Cahaya Asia(일본은 아시아의 등불)", "Jepang Pelindung Asia(일본은 아시아의 수호자)", "Jepang Pemimpin Asia(일본은 아시아의 맹주)"라는 슬로건을 인도네시아 대중의 마음속에 각인시키는 사업이었다. 시미즈 히토시가 창안한 프로파간다로, 훗날 인도네시아 부총리와 특별대사를 지낸 샴수딘이 이 운동의 첫 회장이었다. 일본에 대한 호감을 고취할 목적으로 시작한 이 운동은 수카르노가 수장이 되고서도 별다른 성과를 내지 못하자 1943년 3월 민족역량본부(PUTERA)라는 새로운 조직으로 대체되었고 수카르노, 하타, 끼하자르 데완따라, K. H. 마스 만수르 등이 그 지도부를 구성했다.

PUTERA의 목적은 로무샤(강제징용 노동자) 징용과 물자 징발에 대해 인도네시아인들의 자발적 지지를 이끌어내는 동시에 친일·반

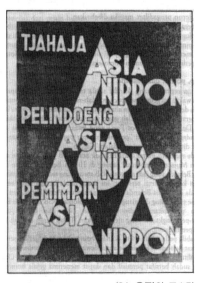

'3A 운동'의 포스터

서방 정서를 조장하는 데 있었다. 수카르노는 "Amerika kita setrika, Inggris kita linggis(미국은 털어버리고 영국은 발라버리자)"라는 자극적인 구호를 만들어 반서방 정서를 더욱 부추겼고, 저명한 민족주의자들의 열정적인 연설과 중량감 넘치는 존재감을 통해 인도네시아인 수백만 명을 어렵지 않게 징집했는데, 특히 자바 지역에서 강제징용된 사람들을 일본어 발음을 가져와 '로무샤'(노무자)라 불렀다. 로무샤 징용과 관련한 수카르노의 역할은 그의 인생에 씻을 수 없는 오점으로 남는다.

주거 지역과 사회적 지위에 따라 일제강점기 동안 인도네시아인 개개인의 경험은 큰 편차를 보이는데, 전쟁 수행을 위한 핵심자원, 즉 석유, 광물, 목재 등을 가진 지역의 주민들은 인신구속, 고문, 위안부 징용, 임의처형 같은 전쟁범죄에 쉽게 노출된 반면, 인구가 밀집한 자바 지역에서는 민족지도자들의 감언이설에 등 떠밀려 수많은 사람이 로무샤로 나서 일본의 전쟁을 돕는 강제노역에 동원되었다. 이들은 군사기지나 도로 건설을 위해 동인도의 군사적 거점들은 물론 해외 점령지로도 파송되었는데, 버마와 샴(태국)을 잇는 철도와 사께티와 바야를 잇는 철도 등은 로무샤들의 피눈물로 건설된 대표적 프로젝트였다. 로무샤에 대한 처우는 매우 열악했다. 약속된 임금을 전혀 받지 못하고 가혹행위와 굶주림에 시달리다 많은 이들이 목숨을 잃었다. 전국적으로 4백만에서 1천만 명이 징용에 끌려 나갔고 27만여 명은 동남아 다른 지역으로 차출되었는데, 그중 불과 5만 2천 명만이 고국으로 되돌아올 수 있었다. 징용지에서의 사망률은 80퍼센트를 넘나들었다. 이것은 강제노역에 내몰린 연합군 전쟁 포로들과 유럽인 피억류자들의 사망률을 크게 웃돌았고, 그만큼 일본군이 연합군 포로들보다 인도네시아인 로무샤들의 인권을 더욱 경시했다는 방증이기도 했다.

일본군은 네덜란드령 동인도 진주 초기에 연합군 포로들을 포로수용

로무샤(강제징용 노동자)의 참상. 헤이호와 로무샤로 징용된 1,600명 중 251명만 살아남고 나머지는 기아, 참수, 구타, 생매장 등으로 죽은 것에 대해 수카르노를 비난하는 기사.

소에 감금했지만, 그들 중 KNIL(Koninklijk Nederlandsch-Indische Leger, 왕립 네덜란드 동인도군) 소속 인도네시아인 장병들은 대부분 집으로 돌려보내주었다. 한편 8만여 명에 달하는 네덜란드군 중심의 연합군 포로 외에도 유럽계 민간인과 일부 화교 등 피억류자 10만여 명은 연합군이 진주하기까지 몇 년 동안 강제수용소에서 노역에 시달렸으며 지역에 따라 사망률은 13퍼센트에서 30퍼센트 사이를 오르내렸다.

한편 일본 군정하에서 수많은 인도네시아인은 같은 시기의 조선인들과 마찬가지로 기아에 허덕였고 여성들은 위안부로 끌려갔다. 네덜란드 정부 보고서는 일본군 전용 창녀촌에서 일한 200~300명의 유럽 여인들 중 최소 65명은 명백히 강제로 끌려왔다고 밝히고 있다. 훗날 유엔 보고서에 따르면 일제강점기 동안 유럽 민간인 피억류자 3만여 명을 포함해

4백만 명가량이 인도네시아에서 목숨을 잃었는데, 사망자들 중에는 전쟁 막바지인 1944~1945년에 일본군의 가혹한 식량 징발이 자바 전역에 촉발시킨 심각한 기근으로 희생된 백만 명 넘는 아사자도 포함되어 있다.

물자 측면에서도 자바 섬에 있던 철도와 자재, 생산공장들은 모조리 뜯기고 해체되어 일본과 만주 등지에서 전쟁물자로 소진되었다. 모든 것을 빼앗기고 기아에 내몰린 인도네시아인들은 얼마간의 돈과 음식이라도 얻기 위해 무슨 일인지도 모른 채 무작정 로무샤가 되어 떠나야 했다. 악순환의 연속이었다. 그러나 수카르노는 이 모든 것을 인도네시아가 훗날 독립을 얻기 위해 꼭 치러야 할 불가피한 희생이라고 생각했고 자신의 부역행위를 결코 후회하지 않았다.

수카르노는 일본군이 창설한 PETA(PEmbela Tanah Air, 조국수호단)와 헤이호(Heiho, 兵補: 인도네시아인으로 이루어진 일본군의 보조부대)의 지원자를 모집하는 활동에도 앞장서 라디오 연설과 자바 섬-수마트라 전역을 아우르는 순회 연설도 마다하지 않았다. PETA는 지원병으로 이루어진 의용군으로, 일본은 군사 훈련과 무기를 제공했다. 실제 창설 목적은 날로 소진되어가는 일본의 군사력을 충당하려는 것이었으나, 훗날 1945~1949년 사이 인도네시아 독립전쟁에서 네덜란드군과 맞서 싸운 인도네시아 공화국의 중요한 전력 자원이 되었고 인도네시아 정규군의 모체가 된 것 역시 부정할 수 없는 사실이다.

수카르노의 노력에 힘입어 1945년 중반 PETA 12만 명을 포함, 헤이호, 의용군 등으로 인도네시아에서 자원하거나 징집된 사람들은 2백만 명을 넘어섰다. 수카르노는 이렇게 일본 군정에 기여한 공을 인정받아 1943년 11월 10일 하타와 함께 17일간의 일정으로 일본을 다녀오게 되는데, 거기서 히로히토(裕仁) 일본 천황에게 훈장을 받고 도조 히데키(東條 英機) 당시 일본 총리의 만찬에도 참석했다. 수카르노와 하타는 연합군에게 1급 전범에 해당했다.

그 와중에 수카르노는 마침내 잉깃과 이혼하기에 이른다. 원래 수카르노는 이슬람이 허용하는 네 명의 처 중 두 번째 처를 얻는 형식으로 파트마와티를 취하려 했는데 잉깃이 이를 거부한 것이 이혼의 또 다른 이유였다. 20년 가까이 수카르노의 조강지처였던 잉깃은 졸지에 이슬람의 규범을 멸시하는 여자로 비추어졌다. 수카르노는 그의 트레이드마크인 능란한 입담과 처세술을 잉깃과의 이혼을 위해서도 유감없이 발휘했다. 잉깃은 수카르노로부터 반둥에 있는 집을 하나 얻어 여생을 그곳에서 보냈다. 그리하여 반둥에는 그녀의 이름 '잉깃 가르나시'를 딴 도로가 하나 남아 있다. 수카르노는 마침내 파트마와티와 결혼했다. 1943년 수카르노의 나이 42세, 잉깃은 55세, 파트마와티가 20세였던 때다. 그들은 자카르타 동부 뻐강사안로 56번지 저택에 살았는데, 일본군이 네덜란드인 지주에게서 빼앗아 수카르노에게 선물한 것이었다. 이 저택은 1945년 8월 17일 독립선언문을 낭독하는 역사적인 장소가 된다.

민족주의자들의 수장과 다름없는 수카르노가 일본군에게 협력하며 선무했다고 해서 인도네시아인 모두가 일본에 협조한 것은 아니었다. 곳곳에서 크고 작은 저항과 반란이 꼬리를 물었다. 일본 점령군은 인도네시아를 세 개의 지역으로 나누어 수마트라는 육군 제25군, 자바와 마두라는 육군 제16군, 그리고 보르네오(깔리만탄)와 셀레베스(술라웨시)를 비롯한 동부 도서 지역은 해군 제56남방함대의 지휘하에 두었다. 처음엔 제16군과 제25군의 사령부를 싱가포르에 설치해 말레이반도도 관할권 안에 두었다가 1943년 4월 작전 지역이 수마트라로 한정된 제25군이 미낭까바우의 부낏띵기 지역으로 사령부를 옮기자 제16군은 자카르타에, 제2남방함대는 마카사르에 각각 사령부를 설치했다. 이마무라 중장의 제16군은 자바 지역에서 민족지도자들을 지원하며 대체로 유화정책을

아미르 샤리푸딘

펼쳤지만 제25군과 제2남방함대는 현지인들에게 호의적이지 않았다.

자바인들은 대체로 일본군에게 협조적이었지만 훗날 인도네시아 초대 총리를 지낸 수딴 샤리르는 지하 학생운동을 조직해 일본군과 대항했고 좌익 인사인 아미르 샤리푸딘(Amir Sjarifuddin)도 항일전선에서 두각을 나타냈으므로, 네덜란드 정부가 1942년 초 그에게 2만 5천 길더를 주며 마르크스주의자들과 민족주의자들을 연계해 항일 지하조직을 조직해달라고 요구하기도 했다. 샤리푸딘이 1943년 일본군에 체포되어 처형될 위기에 처했을 때 간신히 목숨을 부지해 탈출한 것은 수카르노가 구명운동을 해준 덕분이었다. 당시 수카르노는 항일인사에 대한 일본군의 처형 결정도 번복시킬 정도로 강력한 영향력을 발휘했다. 적극적으로 연합군 편에 서서 항일활동은 한 사람들 중엔 화교, 암본인, 마나도인들도 많았다. 남부 깔리만딴에서는 일본군에 대항해 인도네시아 민족주의자들이 네덜란드 측과 공모하여 항일 반란을 계획한 사건이 밝혀지기도 했다.

1943년 9월, 남부 깔리만딴의 아무따이에서 다약족은 일본군을 몰아내고 이슬람 국가를 세우려 했다. 일본군은 1943년 세르당 술탄왕국의 왕족이었던 뗑꾸 라흐마둘라를 참수했고, 1943년에서 1944년에 걸쳐 벌어진 뽄띠아낙 사태(또는 만도르 사태)에서 일본 군정을 전복하려 했다는 혐의로 깔리만딴에 거주하던 말레이 엘리트들과 아랍인, 화교, 자바인, 마나도인, 다약족, 부기스족, 바딱족, 미낭까바우족, 네덜란드인, 인도인 및 유라시아인들은 물론 모든 말레이족 술탄들을 대거 체포해 처형했다. 이 과정에서 일본군은 무함마디야 청년단 같은 단체들도 일본 군정을 전복하고 '서부 보르네오 인민공화국'을 건설하려는 음모를 꾸몄다고 날조해 이 반란의 주모자로 술탄을 지목했고 25명에 달하는 귀족들과 뽄띠아낙 술탄의 친인척들, 그리고 많은 저명인사들을 반란 혐의로 만도르에서 모두 참수했다. 뽄띠아낙을 비롯해 12개 지역의 술탄들도 모두 일본군에 의해 처형되었으므로 일본군 제56남방함대 관할지역에선 술탄의 씨가 말랐다. 이는 오랜 세월 네덜란드에게 특혜를 받아온 이 지역 술탄들의 친네덜란드 성향이 일본 군정에 거슬렸기 때문이었다.

자바 섬에서는 일본군이 뽄띠아낙 술탄의 장남 샤리프 압둘 하미드 알카드리를 체포해 투옥했다. 그는 무차별적인 학살을 당한 뽄띠아낙 술탄 가문에서 유일하게 살아남은 남자였다. 일본군은 뽄띠아낙에서 술탄의 친인척 남자 28명을 참수했던 것이다. 이 사건에서 잔혹성을 한껏 드러냈던 일본인 나카타니를 1944년 말 다약족이 살해하자 일본군은 그 대가로 뽄띠아낙 술탄의 남은 아들인 넷째 아궁 왕자와 또 다른 아들 아디빠티 왕자를 공개적으로 참수했다.

가족과 친지 대부분을 일본군에 잃은 압둘 하미드 알카드리는 훗날 연합군이 인도네시아에 진주한 후 감옥에서 풀려나 1945년 10월 뽄띠아낙의 술탄 하미드 2세(Hamid Ⅱ)로 등극한다. 그런 그가 인도네시아 독립 후에도 일본군이 만든 PETA 출신 군부세력을 혐오하고 친서방·친네덜란드 성향을 보인 것은 당연한 일이다. 하

뽄띠아낙 술탄 하미드 2세

미드 2세는 네덜란드 왕립군 대령, 서부 깔리만탄 자치국 수반, 하타 내

각 장관 내정자, 네덜란드 여왕 근위 장교이기도 했다.

일본군이 깔리만탄에서 말레이 귀족들의 씨를 말리자 다약족 엘리트들이 일어나 빈자리를 채웠다. 1945년 5월과 6월엔 상가우에서 다약족이 일으킨 반란으로 일단의 일본인들이 목숨을 잃었고, 1945년 4월부터 8월에 걸쳐 '마장부락 전투'가 벌어져 또다시 많은 사람이 살해당했다.

1942년 2월, 네덜란드 총독부에 대해 반란을 일으켰던 아쩨의 이슬람 성직자들은 1942년 11월에 일본군에도 반란을 일으켰다. 일본군은 이슬람 학자 뗑꾸 압둘자릴을 검거하기 위해 바유 소재 톳뿔리엥 부락의 머스짓(이슬람 사원)에 새벽 기도 시간을 틈타 습격했지만, 이를 격퇴한 주민들은 11월 10일 블로감뽕뚱아와 11월 13일 톳뿔리엥에서 박격포와 기관총으로 무장한 일본군을 상대로 칼을 휘두르며 세 번의 공격에 맞서 싸웠다. 세 번째 공격에 머스짓이 함락되나 압둘자릴은 간신히 탈출할 수 있었다. 일본군은 전사자 18명에 대한 보복으로 120명의 주민을 학살했다. 도주한 압둘자릴도 기도를 올리던 중 추격해온 일본군에게 사살당한다. 그러나 불굴의 아쩨인들은 1945년 5월에도 다시 한 번 일본군에게 반기를 들고 봉기한다.

비단 깔리만탄과 아쩨뿐 아니라 인도네시아 전역에서 일본군과 크고 작은 충돌이 일어나 싱아빠르나, 인드라마유, 비악, 야뻰슬라딴, 파푸아 등에서도 소요가 줄을 이었고, 특히 군사조직인 PETA의 무장반란도 여러 차례 있었다. 1945년 2월 29일 동부 자바의 블리타르에서 쇼단쬬(중대장) 수쁘리야디, 무라디, 이스마일 등이 도를 넘은 곡물 징발과 헤이호 및 로무샤 징집에 반발해 평소 고압적인 태도로 일관하던 일본군에게 반란을 일으켰다. 이 사건은 자바 섬에서 벌어진 PETA 반란 중 가장 큰 규모였다. 그러나 순진한 인도네시아 장교들은 일본군의 거짓 협상 요구에 응했다가 체포되어 네 명은 총살당하고 다른 세 명은 극심한 고문 끝에 죽임을 당했다. 한편 주동자인 수쁘리야디는 이 사건 이후 행방이 묘연해졌으나, 이 반란 사건은 동시대 인도네시아인들에게 깊은 인상을 주어 독립 후 수카르노의 첫 내각은 수쁘리야디를 첫 국방장관으로 지목하기에 이른다.

한편 그보다 앞서 1944년 11월에도 아쩨의 의용군 장교 뜨꾸 하미드가 반란을 일으켰고, 1945년 4월 21일에도 찔라짭에서 분단쬬(분대장) 꾸사에리(Kusaeri)가 동료들을 규합해 반란을 일으켰다가 당시 PETA 다이단쬬(대대장)였던 수디르만(Sudirman)에 의해 진압되기도 했다. 꾸사에리는 사형선고를 받지만 형은 집행되지 않았다. 청년 장교 수디르만은 당시 일본군에 대체로 협조적인 모습을 보였는데 독립전쟁을 거치면서 인도네시아 현대사에 중요한 인물 중 하나로 성장해간다.

일본군은 도시에선 수카르노와 같은 민족주의 지도자들을 후원해 새로운 단체들을 조직하며 인도네시아의 민족주의 정서를 고취시키면서도 외곽에서는 철저히 강압으로 일관했고, 어느 누구도 가혹한 물자 징발과 인력 징용으로부터 자유로울 수 없었다. 실제로 일본군은 국가명으로서 '인도네시아'란 단어의 사용을 금했고 '적백기' 사용 역시 허락하지 않았다. 그뿐만 아니라 정치단체나 정부조직에 대한 어떠한 협의, 조직, 예측도 철저히 금지했다. 일본의 속내는 본래 1943년 미국 식민지였던 필리핀의 독립을 지원하는 대신 인도네시아의 도서들을 일본제국에 편입시키려는 것이었다. 거대한 곡창지대와 양질의 유전지대를 함께 가진 나라는 전 세계를 통틀어 인도네시아 말고는 몇 되지 않았으니, 누군들 눈독을 들이지 않았으랴. 따라서 1944년 말 전황이 불리해지기 직전까지 일본은 인도네시아의 독립을 심각하게 고려해본 적이 없었다.

독립 준비와 일본의 지원

1942년 초 네덜란드령 동인도에서 완벽한 승리를 거두며 축배를 든 일본군은 불과 몇 개월 후인 그해 6월 미드웨이 해전에서 아카기, 카가, 소류, 히류 등 일본 연합함대의 주력 항모 4척을 잃으며 돌이킬 수 없는 막대한 손실을 입고 수세로 돌아섰다. 그 후 1944년 후반으로 접어들어 패색이 짙어지자 9월 7일 코이소 쿠니아키(小磯國昭) 당시 일본 총리가 비로소 인도네시아의 독립을 약속했지만, 그 시기는 여전히 못 박지 않았다. 제2차 세계대전 중에 연합군이나 주축국이 식민지의 독립을 약속한 것은 비단 인도네시아뿐만이 아니었다. 동남아와 중동, 아프리카에서 많은 민족들이 약속받은 조건부 독립을 쟁취하려 전선과 후방에서 식민지 모국을 위해 피 흘리며 혼신의 노력을 다했다. 오늘날 같은 영토 안에서 철천지원수가 되어 상대의 심장에 총을 겨누고 있는 팔레스타인과 이스라엘도 그런 민족들 중 하나였다. 하지만 그런 약속은 진심에서 우러난 것이라기보다 더욱 적극적인 전쟁 지원을 요구하는 채찍질인 경우가 많았다. 게다가 예나 지금이나 뭔가를 주겠다며 그 대가로 어떤 일을 먼저 해달라고 요구하는 행위는 사기로 끝날 공산이 큰 법이다.

그러나 미국 측 사료를 보면, 인도네시아의 경우 일본의 독립 지원 프로그램이 공수표로 끝나지 않은 것은 수카르노의 적극적 부역에 대한 보상이라는 측면이 크다고 언급하고 있다. 그만큼 미국은 수카르노를 '최고위급 부역자들의 수괴'라고 간주했고, 전쟁이 이대로 일본의 패망으로 끝나 연합군이 인도네시아에 상륙한다면 일본에 부역한 수카르노와 민족주의자들에게도 어김없이 지옥문이 열릴 판이었다.

1945년 4월 29일, 필리핀이 미국의 수중에 떨어지자 제16군 사령관 이마무라 중장의 후임 하라다 쿠마키치(原田熊吉) 중장은 일본 주도로 '독립준비조사국(BPUPKI)'을 만들었다. 준의회의 성격을 띤 이 기구는

Susunan Pancasila Versi Panitia 9

1. Ketuhanan dengan kewajiban menjalankan syariat Islam bagi pemeluk-pemeluknya
2. Kemanusiaan yang adil dan beradab
3. Persatuan Indonesia
4. Kerakyatan yang dipimpin oleh hikmat kebijaksanaan dalam permusyawaratan perwakilan
5. Keadilan sosial bagi seluruh rakyat Indonesia

빤짜실라(Pancasila) 5대 원칙

인도네시아 민족 대부분을 대표하는 대의원 67명으로 구성되었다. 수카르노는 BPUPKI의 의장으로 임명되어 미래의 인도네시아 국가 기틀의 청사진을 논의했다. BPUPKI의 구성원인 수많은 민족과 종교와 파벌을 하나로 묶을 보편적이면서도 수용 가능한 플랫폼을 마련하기 위해 고심한 수카르노는 인도네시아인들이 공유하고 있다고 여긴 사상을 빤짜실라(Pancasila)라는 이름의 다섯 가지 원칙에 담아 1945년 6월 1일 볼크스라드 의회 건물(지금의 빤짜실라 건물)에서 열린 BPUPKI 회의에서 발표했다. 그 내용은 다음과 같다.

첫째, 민족주의. 인도네시아는 예전 네덜란드령 동인도를 총망라하여 서쪽 끝 사방(Sabang)에서부터 동쪽 끝 머라우께(Merauke)까지 모든 지역을 포괄하는 단일 연합국가이다.

둘째, 국제주의. 인도네시아는 인권을 존중하고 세계평화에 이바지해야 하며 아리아 민족의 우월성을 신봉했던 나치와 같은 광신적 애국주의 파시즘에 빠지지 않아야 한다.

셋째, 민주주의. 서방의 자유주의와 분명히 구별되고 민의를 중시하는 인도네시아식의 민주주의가 인도네시아인들의 혼에 이미 내재해 있다.

넷째, 사회정의. 마르크스주의적 경제학 관점의 민중사회주의가 갖는 사회정의란 네덜란드인들과 화교들이 모든 경제적 결과물을 독점했던 식민지 시대와는 달리 인도네시아인들 모두에게 동등한 경제적 몫을 제공하려는 의지를 뜻한다.

다섯째, 신을 향한 신앙. 모든 종교는 동등한 지위를 누리며 종교적 자유를 보장한다. 인도네시아인들은 영적·종교적 민족이며 그 핵심은 다른 종교적 신념들을 포용하고 배타하지 않는 데 있다.

가슴 벅찬 이 청사진에 동인도에 사는 모든 사람들의 마음이 설레었다. 6월 22일 BPUPKI의 민족주의 이슬람 파벌들은 9명으로 이루어진 소위원회의 구성을 요청해 수카르노의 사상을 보다 이슬람적이고 형이상학적인 다섯 항목으로 묶어 발표했는데, 이 문서는 오늘날 '자카르타 헌장(Piagam Jakarta)'이라고 알려져 있다.

자카르타 헌장

1. 오직 하나뿐인 유일신에 대한 믿음과 이슬람법에 입각한 무슬림들의 의무.
2. 공정하고 계몽적인 인본주의.
3. 통일된 인도네시아.
4. 내적 지혜와 민의를 바탕으로 한 민주주의.
5. 모든 인도네시아인들을 위한 사회정의.

이상의 초안에는 이슬람계의 압력으로 첫째 원칙에 무슬림의 의무를 강조하는 샤리아법이 명시되었지만, 1945년 8월 18일 발효되어 1945년 헌법에 포함된 빤자실라 최종본에는 이 언급이 삭제되었다. 이는 인종과 종교의 다양성을 특징으로 하는 인도네시아의 국가적 화합을 추구하기 위해서였다. 만약 이슬람의 정교 원리를 강요한다면 파푸아와 말루꾸 등

인도네시아 독립준비위원회(PPKI)에서 회의를 주도하는 수카르노

종교가 다른 지역들은 인도네시아에 편입되는 것을 원치 않을 터였다. 이슬람 파벌의 극렬한 반발에 맞서 이를 관철한 것은 모하마드 하타였다. 그래서 오늘날 인구의 80퍼센트 이상이 이슬람교를 믿으면서도 인도네시아는 헌법에서 종교의 자유를 보장하는 세속국가로 남아 있다.

1945년 8월 7일, 일본 군정은 BPUPKI보다 좀 더 작은 규모의 인도네시아 독립준비위원회(PPKI)의 성립을 승인하는데, 이 21명의 위원회가 미래 인도네시아 공화국 정부의 골격을 짜는 임무를 맡았다. 8월 9일 PPKI의 수뇌부인 수카르노, 하타, K. H. 라지만 위조디닝랏 등 3명은 일본 남방군 총사령관인 데라우치 히사이치(寺内壽一) 육군원수의 초청을 받아 베트남 북방의 도시 달랏에 도착했다. 여기서 데라우치는 인도네시아 스스로 독립 준비를 진행할 권한을 수카르노에게 부여했다. 일본이 더 이상 일일이 지시하지 않겠다는 것이었다. 데라우치는 일본정부가 조만간 인도네시아의 독립을 승인할 것이며, PPKI의 업무 속도에 따라 독립선언까지 며칠 더 소요되리라 전망했다. 뜻밖의 기쁜 소식과 극진한 대접을 받고 수카르노 일행은 8월 14일 자카르타로 돌아갔다.

그들은 꿈에도 몰랐지만, 데라우치 원수의 남방군 사령부는 수카르노 일행을 만날 당시 일본이 일련의 핵 공격을 받아 항복을 준비하고 있다는 사실을 이미 알았다. 1945년 8월 6일, 히로시마에 원자탄이 터지고 뒤이어 8월 9일 나가사키에 또 한 개의 원자탄이 투하됨으로써 일본의 전쟁 의지는 완전히 꺾여 있었다. 하지만 그때까지만 해도 일본은 항복 시기를 8월 15일로 못 박지 않았다. 그래서 인도네시아의 독립선언일을 원래 8월 25일로 계획하고 있었다.

어쨌든 패망을 목전에 두고서도 데라우치는 인도네시아의 독립은 일본의 은혜로 허락된 것이라며 최후의 순간까지 수카르노를 기만하며 생색을 냈다. 일본 정부와 데라우치 원수의 은혜에 감읍하며 귀국 비행기에 오른 수카르노는 인도네시아 독립을 주도한다는 무거운 사명감에 감격하면서도 자신이 끝까지 일본에 놀아나고 있다는 사실을 깨닫지 못했다. 패망한 일본으로부터의 독립은 이미 기정사실이었는데 말이다.

공화국의 독립 선언

수카르노 일행이 자카르타에 돌아온 다음 날인 8월 15일, 일본은 포츠담선언을 받아들여 연합군에 전격 항복했고, 이틀 후인 8월 17일 자카르타에서 독립선언문이 낭독되었다. 그래서 인도네시아의 독립기념일은 8월 17일이 되었다. 어떤 이들은 지리적으로 일본에서 너무 먼 인도네시아가 일본 패망 소식을 늦게 들어 한국의 광복절보다 이틀 늦은 8월 17일이 독립기념일이 되었다고도 하지만 그건 그저 우스갯소리일 뿐이다. 인도네시아인들은 일본이 망한 날이 아니라 자신의 독립선언일을 독립기념일로 정한 것뿐이다.

한편에선 일본군의 위세가 서슬 퍼렇던 시절엔 찍소리도 못하던 인도네시아가 일본 패망 며칠 후에야 뒤늦게 기어 나와 독립선언을 한 것이 비겁하다고 말한다. 하지만 본국은 망했어도 병력과 화력을 그대로 유지하고 있던 현지 주둔군 앞에서 독립선언을 감행한 것은 분명 용기 있는 결단과 행동이었다. 어느 날 갑자기 찾아온 일본 패망으로 정해진 우리의 광복절과 충천한 용기와 의지로 독립선언서를 읽어 내려간 독립기념일은 확연한 차이를 갖는다. 같은 맥락에서 일본이 패망하던 날 거리로 뛰쳐나와 "대한 독립 만세"를 외친 한국의 백성은 그날 정세를 살피며 조심스러운 행보를 택한 국내의 소위 민족주의 지도자들보다 훨씬 용기 있는 사람들이었다. 한편 유엔과 네덜란드는 오랫동안 인도네시아의 독립기념일을 인정하지 않다가 자신들이 독립을 승인한 1949년 12월 27일을 인도네시아의 독립일로 인정했다. 어디에서나 한때의 지배자가 오만함을 내려놓기까진 긴 시간이 필요한 법이다.

1945년 8월 10일, 라디오를 통해 일본의 항복이 임박했음을 알게 된 항일 지하단체의 지도자 수딴 샤리르는 위까나, 다르위스, 차이룰 살레 등 동료들과 함께 조속한 인도네시아의 독립선언을 기대하고 있었다. 일제강점기 내내 항일투쟁으로 일관했던 수딴 샤리르는 일본에 협력한 수카르노나 하타와는 달리 일본이 인도네시아의 독립을 허락해주는 모양새를 격렬히 거부했다. 그래서 수카르노 일행이 달랏에서 돌아오자마자 수카르노와 하타에게 일본의 일정에 맞추지 말고 즉시 독립선언을 하라고 촉구했다. 달랏 회합은 일본의 기만전술일 뿐이고 일본이 당장이라도 연합군에게 무조건 항복할지 모르는 일촉즉발의 상황에서 인도네시아 민족주의자들이 친일과 반일로 분열되지 않으려면 즉시 독립선언을 하여 인도네시아의 독립이 자주적 의지임을 보여줘야 한다고 주장했던 것

왼쪽부터 하타, 수카르노, 샤리르

이다. 하타는 달랏 회합이 성공적이었다며 그 결과를 설명했지만 샤리르는 뜻을 굽히지 않았다.

수카르노는 일본이 정말 이미 항복했는지, 그 시점에 독립선언을 하는 것이 현지 주둔 일본군을 자극해 오히려 대규모 유혈사태를 불러오진 않을지, 아직 제대로 준비되지 않은 상황에서 돌이킬 수 없는 정치적 파국을 초래하진 않을지 두려워하며 우유부단한 태도를 보였다. 불과 며칠 전 달랏에서 인도네시아의 독립을 마침내 일본으로부터 받아낸 성취감에 빠졌던 그가 이제 갑자기 일본을 등져야 하는 곤혹스러운 처지가 된 것이다. 누구도 부정할 수 없는 A급 친일부역자였던 그로서는 달콤한 꿈이 깨진 듯, 진퇴양난의 함정에 빠진 듯했으리라. 더욱이 부역을 철저히 거부하며 홀로 가시밭길을 걷던 샤리르로부터 종용당하는 것은 수치스럽기까지 했다. 수카르노는 독립선언의 시기와 내용을 결정할 권리가 샤리르가 아닌 PPKI에게 있음을 구차하게 강조하며 인도네시아 독립선언을 PPKI에서 안건으로 상정하려 했다. 물론 항일투사들은 이를 절대 받아들일 수 없었다. 독립선언서가 일본의 주구에 지나지 않는 PPKI를 통해 낭독된다면 인도네시아의 독립은 고작 "자비로운 일본의 마지막 선물"로 격하되고 말 터였다.

청년 단체들은 8월 15일 자카르타 뻐강사안 동로의 모처에 모여 인도네시아 독립은 지금껏 일본이 남발해온 약속들과는 어떠한 상관도 없이 독자적으로 성취되어야 함을 결의했다. 그 결의는 달랏에서 돌아온 수카르노에게 그날 밤 전달되나 보기 좋게 거절당한다. PPKI 수장이자 데라우치 원수로부터 인도네시아 독립의 전권을 부여받았다는 자부심에 취한 그에게 청년들의 치기 어린 목소리가 귀에 들어올 리 만무했다. 더욱이 인도네시아의 독립은 머지않아 진주해올 서방 연합국, 특히 네덜란드로부터 인도네시아를 지켜내야 할 뿐 아니라 수카르노 자신을 포함해 일본에 부역했던 민족주의 지도자들 전부를 지켜줄 수 있어야 했다. 일본의 패망과 함께 갑자기 절체절명의 기로에 선 수카르노는 청년들의 한낱 혈기에 휘둘려 섣불리 행보를 정할 수 없었다.

수카르노와 하타, 수바르조는 우선 코닝스플레인(지금의 메단 머르데까 거리)에 있는 일본군 사령부를 찾아갔다. 상황을 확인할 목적이었지만 그곳은 텅 비어 있었다. 사령부가 철수해버린 것이다. 수카르노가 이때 느꼈을 황당함은 미루어 짐작할 수 있다. 세 사람은 다시 인근에 있는 마에다 타다시(前田精) 제독의 사무실을 찾아갔다. 마에다 제독은 달랏 회합 성공을 축하하며 그들을 맞았지만, 그 역시 일본의 항복에 대해서는 대본영의 확인을 받지 못한 상태라고 했다.

마에다 제독을 만나고 돌아가면서 수카르노와 하타는 다음 날 PPKI 회의를 열어 독립선언 준비와 관련된 사안들을 협의하기로 했다. 그들이 PPKI 의원들을 소집하는 동안 자카르타의 1945년 8월 15일은 그렇게

태평양전쟁 당시 일본군 조정관으로 근무한 마에다 타다시 제독은 수카르노 등이 독립선언서를 다듬던 밤 자신의 저택을 사용하도록 허락하고 안전을 보장해주었다. 그의 집이 있던 이 맘본졸 거리 1번지는 오늘날 독립선언문 탄생 박물관이 되었다.

저물었다. 그러나 다음 날 '렝가스뎅끌록 사건'이 벌어진다. 수까르니, 위까나, 차이룰 살레 등을 비롯한 일단의 청년들이 1945년 8월 16일 새벽 3시에 쳐들어와 수카르노와 하타를 납치한 것이다.

청년들은 한낱 일본의 하수인인 PPKI를 거치지 않고 즉각적인 독립선언이 이루어져야 하며, 그 과정에서 수카르노와 하타가 어떤 형태로든 일본의 도움이나 압력을 받아서는 안 된다고 여겼다. 그것이 납치 이유였다. 훗날 당시의 일을 회고록으로 정리한 라스미자 하르디에 따르면, 수카르노는 청년들이 순간의 감정에 휘둘리고 있다고 여겨 크게 분노하고 실망했다고 한다. 하지만 정의감에 충만한 청년들은 누구보다도 애국적 행동을 하고 있다고 스스로 믿었으므로 금방이라도 불붙을 것만 같은 격앙된 분위기에서 청년들을 따라나서는 것 외에 수카르노에게 다른 선택의 여지가 없었다.

한편 하타는 이 사건을 본질적으로 '납치'라고 보지 않았다. 수카르노의 메모에서도 청년들은 그날 정오 1만 5천 명의 군중들과 학생, PETA

군인들을 결집해 도시를 공격, 일본군을 무장해제하려고 했다고 기록되어 있다. 청년들이 납치하다시피 수카르노와 하타를 렝가스뎅끌록에 데려간 것은 PETA와 일본군 사이에 치열한 전투가 벌어질지 모를 자카르타에서 일단 두 사람을 안전하게 소개시키는 측면이 컸다고 받아들였다. 실제로 차이룰 살레와 그 동료들은 직접 자카르타의 일본군을 공격해 정국 주도권을 잡겠다는 계획을 세웠으나 실제 병력을 움직일 PETA 소속 회원들이 그 설익은 봉기 계획에 동의하지 않았으므로 결국 실행에 옮겨지지 않았다.

수카르노뿐 아니라 아내 파트마와티와 이제 막 걸음마를 시작한 장남 군뚜르도 함께 밤길을 따라나섰다. 렝가스뎅끌록에서는 그들에게 PETA 막사에 거처를 마련해주었다가 나중에 그들이 징발한 한 화교의 집으로 옮겨주었다. 그러나 반나절이 지나도록 자카르타에선 PETA의 봉기 소식이 들려오지 않았다. 하타는 12시 30분경 문과 앞뜰의 무장한 청년들에게 수까르니를 불러달라고 요청했는데, 그들은 "선생님, 그게 누군데요?"라고 되물었다. 수까르니는 이 납치 사건의 주범이었는데 말이다. 그들은 어떤 청년의 안내로 잠시 집 앞에서 쉬고 있었을 뿐이라며 멋쩍게 머리를 긁고 그곳을 떠났다. 하타는 그 모습에 기가 차 헛웃음을 터뜨렸다. 그들은 자신을 감시하는 경비원들이 아니라 그냥 지나가다 잠시 쉬던 사람들이었다. 렝가스뎅끌록의 청년들은 그토록 느슨하게 조직되어 있었고 체계도 없었다. 얼마 지나지 않아 수까르니가 그들을 찾아왔다. 그들이 계획했다는 혁명이 자카르타에서 벌어졌는지 하타가 물었지만 수까르니는 아직 소식을 듣지 못했다고 했다.

"그렇다면 자네들 혁명은 벌써 실패한 거야. 자카르타에서 아무 일도 벌어지지 않고 있는데 우리가 여기 피해 있을 이유가 뭔가?" 하타가 빈정거렸다. 수까르니는 당시 상황에 대해 확신이 없는 표정이었고, 하타가 다른 질문을 더 하기 전에 급히 방을 나가버렸다. 자카르타가 감감무소식이자 수까르니는 꾼또라는 사람을 보내 상황을 알아보았으나 자카르타에선 평온한 하루가 계속될 뿐이었다. 마침 꾼또를 만난 PPKI 의원 아흐맛 수바르조는 비로소 수카르노와 하타의 행방을 알고 그들을 자카르타에 데려오기 위해 서둘러 저녁 여섯 시경에야 렝가스뎅끌록에 도착해 청년들에게 이렇게 일갈했다. "자카르타에서 처리해야 할 급한 일들이 산더미 같은데 우리 지도자들을 여기 묶어두는 게 무슨 의미가 있단 말인가?"

그날 아침 열릴 예정이었던 PPKI 회의에 대해 하타가 묻자 수바르조는 "그 사람들이 무슨 일을 할 수 있겠습니까? 그들을 소집한 분들이 다 여기 있는데요"라고 답했다. 수카르노와 하타가 납치되면서 8월 16일의 PPKI 회합은 아예 열리지도 않았던 것이다. 수카르노와 하타가 렝가스뎅끌록에 머무는 동안 청년들은 그들을 압박해 왜색을 완전히 배제한 민족주의적 독립선언을 빠른 시간 내에 내놓으라고 다그칠 심산이었지만, 실제로는 오히려 두 사람의 권위에 압도되고 있었다. "혁명은 지금 우리 손에 달려 있고 우리가 선생께 명령하는 입장인 것이오. 만약 선생이 오늘 밤이라도 혁명을 시작하지 않는다면, 우리는……." "우리는 뭐? 어쩌겠다는거요?" 격노한 수카르노가 의자를 박차고 일어나며 소리를 지르자, 그 기세에 압도된 청년들은 누구 하나 입을 열거나 움직이는 사람조차 없었다. 분위기가 진정되자 수카르노는 다시 자리에 앉아 이번엔 낮은 목소리로 입을 뗐다.

"이 전쟁과 혁명에서 가장 중요한 것은 타이밍이오. 사이공에서 나는 이 일의 전반에 대해 이미 계획을 세웠소. 거사는 17일에 거행될 것이오." "왜 17일입니까? 왜 지금 당장이면 안 되는 거죠? 왜 16일이면 안 됩니까?" 수까르니의 질문에 대한 수카르노의 대답은 사뭇 예상 밖이었다. "나는 신비한 힘을 믿는 사람이오. 왜 17일이 내게 더 큰 희망의 비전을 보여주는지 이성적 잣대로는 모두 설명할 수 없소. 하지만 내 마음에서 17일이 가장 좋은 날이라고 느껴지오. 17은 고결한 숫자요. 우선 우린 지금 라마단의 한가운데에 있소. 가장 성스러운 기간이오. 내일 17일은 금요일이고, 레기(legi)의 금요일, 행복의 금요일, 성스러운 금요일. 알꾸란(코란)도 17일에 인간들에게 주어졌소. 무슬림들이 17번을 주기로 기도를 올리는 것도 이 때문이오. 17이란 숫자가 갖는 고결함은 결코 인간이 만들어낼 수 있는 것이 아니오."

라스미자 하르디의 1984년 저서에 기록된 이 대화는 늘 독실한 무슬림의 모습을 보여온 수카르노의 또 다른 모습이다. 그가 신비주의적 취향을 공개적으로 드러낸 것은 이때가 처음이자 마지막이었다.

청년들을 다독거리고 여러 번 다짐한 끝에 비로소 수바르조와 함께 렝가스뎅끌록을 떠난 수카르노 일행은 마에다 타다시 제독의 멘뗑 저택에 들러 밤을 새워 독립선언서 문구를 준비한 다음, 1945년 8월 17일 새벽 다섯 시가 다 되어서야 자택으로 돌아왔다.

독립선언문은 1945년 8월 17일 아침 이까다 광장(지금의 모나스 광장) 또는 뻐강사안 동로(지금의 쁘로끌라마시 도로)의 수카르노 자택에서 수카르노와 하타가 함께 읽는 방안이 거론되었다. 그러나 이까다 광장엔 대규모 민중 집회가 예상되어 일본군의 삼엄한 경계가 펼쳐지고 있다는 첩보에 따라 시민 소요와 일본군과의 충돌을 우려해 수카르노의 자택이 선언 장소로 확정되었다. 하타는 이날 새벽, 언론 계통에 종사하는 청년들에게 독립선언문을 가능한 한 많이 인쇄해 전국에 뿌려달라고 요청했다. 그날 아침 내내 PETA와 청년 그룹들은 급조된 유인물을 뿌리며 시민들에게 독립선언이 임박했음을 알렸다.

이날 수카르노 자택은 많은 사람이 북적이는 가운데 마이크와 확성기

수카르노가 모하마드 하타(오른쪽)를 대동하고 독립선언서를 낭독하고 있다.

가 설치되고 뒤뜰의 대나무를 잘라 급히 만든 국기 계양대가 테라스 옆
에 세워지는 등 부산했다. 수카르노의 어린 부인 파트마와티가 손수 바
느질한 국기도 준비되어 있었다. 훗날 분데라 뿌사까(Bendera Pusaka)
라고 불린 이 국기는, 그 크기나 비율이 훗날 정착될 표준과는 많은 차이
가 나지만 주어진 여건에서 가용한 재료로 최선을 다해 제작한 것이었고
오늘날 역사적 의미를 지닌 유물이 되었다.

　독립선언이 예정되어 있음을 전해들은 시민들도 모여들어 수카르노의
자택엔 500여 명의 청년과 시민들이 빽빽이 들어섰고, 어떤 이들은 일본
군이 언제 난입해 들어올지 몰라 전전긍긍했다. 그런데 해가 중천에 떴
는데도 행사는 시작되지 않았다. 수카르노가 선언문 작업을 하고 늦게
잠자리에 든 것이 화근이 되어 밤새 고열에 시달려 건강 상태가 최악이
었고, 똑같은 일정을 소화하고 새벽녘 잠시 귀가했던 하타는 아직 도착
하지 못한 것이다. 시민들은 동요했다. 조급증을 참지 못한 청년들은 빨

리 선언문을 낭독하라며 웅성거렸다. 그러나 수카르노는 모하마드 하타 없이는 선언문 낭독을 하지 않겠다는 입장을 분명히 했다. 그러다가 마침내 하타가 흰색 옷을 입고 도착했고 수카르노는 하타의 도착을 반기며 비로소 일어나 옷을 챙겨 입었다. 그 역시 흰색 옷을 선택했다. 두 사람은 아침 10시 정각, 자택 행사장 테라스에 함께 모습을 나타냈다.

행사는 특별한 형식이나 순서를 갖추지 않은 채 단출하게 진행됐다. 단지 PETA 군인이었던 라띠에프 헨드라닝랏이 장내를 관리했는데, 그는 수카르노 일행이 밖으로 나오자 청년들에게 손짓해 모두 일어나도록 했다. 그들이 일어서자 라띠에프는 수카르노와 모하마드 하타에게 마이크 앞으로 나오도록 요청했다. 수카르노는 분명하고도 확신에 찬 목소리로 간단한 사전 연설을 한 후 독립선언서를 낭독했다. 이것이 1945년 8월 17일 수카르노의 자택에서 있었던 독립선언이다. 독립선언의 명소가 된 이 저택은 훗날 수카르노 본인의 지시에 의해 허물어지는데, 정확한 이유는 알려지지 않았다. 그곳은 오늘날 '선언자들의 정원'이라는 호젓한 공원으로 변모했고, 수카르노 자신이 설계한 독립선언 기념비가 세워져 그날의 기억을 인도네시아인들의 마음속에 되살리고 있다.

독립선언은 인도네시아 민중에게 자긍심을 드높이는 자랑스러운 일이었지만 수카르노와 하타로서는 만감이 교차하는 것이었다. 일본이 패망한 지금, 머지않아 인도네시아에 진주할 연합군, 특히 옛 식민지를 되찾으러 올 네덜란드군에게 독립선언은 선전포고와 다름없었다. 그토록 신뢰하던 일본이 패망한 상황에서 독립선언서를 낭독한 수카르노는 이제 오직 인도네시아 민중의 힘만으로 연합군과 대결해야 한다는 거대한 중압감에 짓눌렸다. 지난 3년간 수카르노의 막강한 배경이었던 일본군은 단순히 허수아비로 전락한 것이 아니라 오히려 연합군의 지령에 따라 인도네시아의 심장에 총칼을 겨눌 수도 있다는 최악의 상황도 그의 마음을

수카르노와 하타의 서명이 들어간 독립선언문

어지럽혔으리라. 그래서 그날 그가 낭독한 독립선언문 연설 전문은 가슴 벅찬 환희와 함께 비장한 각오가 가득 차 있다.

만장하신 동포 여러분!

저는 우리 역사상 가장 중요한 사건의 증인이 되어주십사 여러분들을 이 자리에 청했습니다.

지난 수십 년간, 우리 인도네시아인들은 수백 년간 계속된 압제를 끊고 자유를 회복하기 위해 모든 노력을 경주해왔습니다.

독립을 쟁취하기 위한 우리의 노력 중엔 잘된 것들도, 또 잘못된 것들도 있었지만 우리는 정성을 다해 우리들의 이상이 가리키는 바를 향해 정진해왔습니다. 또한 일제강점기에도 민족의 독립을 달성하려는 우리의 노력은 한 번도 중단된 적이 없었습니다.

일제강점기에 우리는 다만 그들에게 허리를 굽혀 절하듯 보였을 뿐입니다. 그러나 우리는 스스로의 힘 기르기를 게을리하지 않았고 우리 스스로의 역량을 믿어 의심치 않았습니다.

이제 진정으로 우리의 운명과 우리나라의 운명을 우리 스스로의 손으로 결정해야 할 순간이 왔습니다. 자신의 운명을 자신의 손으로 개척할 충분한 용기를 가진 민족만이 자력으로 일어설 수 있을 것입니다.

그래서 우리는 전국의 주요 인사들께 의견을 구했고 모두의 깊은 뜻을 한마음으로 모아 이제야말로 인도네시아의 독립을 선언할 시기가 마침내 도래했음에 의견을 같이했습니다.

동포 여러분,

이에 우리의 굳은 결의를 다음과 같이 천명합니다.

우리의 선언을 들어주십시오!

〈 독립선언문 〉

우리 인도네시아의 민족은 이로써 인도네시아의 독립을 선포한다.

주권의 인도와 기타 사안들은 세심한 방식으로 가장 빠른 시간 내에 집행될 것이다.

1945년 8월 17일 자카르타에서

인도네시아 민족의 이름으로

수카르노, 하타

그러므로 동포 여러분,

이제 우리는 자유인들입니다.

이제 우리 민족과 국가를 옭아매는 족쇄는 더 이상 존재하지 않습니다.

이제부터 우리는 이 나라를 건설해나가야 합니다.

자유로운 나라, 영원히 지속될 독립된 인도네시아 공화국을 말입니다.

신이시여, 우리들의 독립을 축복하여 영원케 하소서!

2부

인도네시아 독립전쟁

3장 독립전쟁의 서막

연합군의 동인도 진주

독립선언서가 발표된 다음 날인 8월 18일, PPKI는 신생 인도네시아 공화국의 기본 정부조직을 발표했는데, 그 주요 내용은 다음과 같다.

1. 수카르노와 모하마드 하타를 각각 대통령과 부통령에 임명함.
2. 이슬람 샤리아법에 대한 문구가 삭제된 1945년 인도네시아 헌법을 발효함.
3. 의회 구성을 위한 총선에 앞서 대통령 보좌기구로서 중앙 인도네시아 민족위원회 (KNIP)를 설치함.

BPUPKI나 PPKI 같은 독립 준비 조직은 비록 일본이 주도하는 질서 속에서 동원된 '주구'였을지라도 계획된 기능을 십분 발휘했다. 일본이 전쟁 수행의 일환으로 연합군과 대립시키기 위해 인도네시아의 민족주의를 고취한 것이 결과적으로 독립의 토양을 제공했던 것처럼, 일본 주도로 설치된 독립 준비 기구들도 일본 패망 후 불과 사흘 만에 신생 인도네시아 정부를 구성하는 본연의 기능을 발동시켰다. PPKI는 8월 29일 중앙 인도네시아 민족위원회로 재편되어 총선 전까지 임시 의회의 역할을 했고, 인도네시아 정부는 8월 31일 정식 출범할 수 있었다.

1945년 인도네시아 헌법에 반영된 빤짜실라(다섯 개의 원칙)에 투영된 수카르노의 정치 철학은 마르크스주의와 민족주의, 이슬람을 모두 아울렀다. 수카르노는 국가의 모든 원칙을 고똥로용(Gotong Royong), 즉 '함께 목적을 성취하기 위한 상호 협력'이라는 말로 함축할 수 있다고 주장했다. 하지만 이 고똥로용의 원칙이 강조된 것은 거대한 인도네시아 땅덩어리 안에 다양한 정치적·종교적·인종적 분파들이 서로 용납할 수도 양보할 수도 없는 차이점과 상반된 이해관계를 지니고 공존하고 있다는 방증이기도 했다.

신생 인도네시아 공화국의 영토는 수마트라, 보르네오, 서부 자바, 중부 자바, 동부 자바, 셀레베스, 말루꾸 및 소순다 열도(Sunda Kecil)의 여덟 개 주로 구성되었고, 뉴기니 섬의 서쪽 절반인 네덜란드령 뉴기니, 즉 서파푸아는 아직 인도네시아의 영토가 아니었다.

독립선언서가 낭독되었다는 소식은 라디오와 신문, 전단지 등 매체들은 물론, 사람들의 입을 통해 퍼져나갔다. 인도네시아의 독립선언에 광분할 거라 우려되었던 자카르타 주둔 일본군은 오히려 8월 22일 일본의 패전을 공식 인정하고 휘하의 PETA, 헤이호(兵補)의 해체를 발표한 후, 대체로 병영에서 자신들을 무장해제하러 상륙할 연합군의 진주를 기다리는 분위기였다. 일본군의 패배 인정에 안심이 되었을까? 수카르노는 그다음 날인 8월 23일, 인도네시아 독립에 대한 전국적인 첫 라디오 방송을 통해 앞서 해산된 PETA와 헤이호 병력을 시민치안대(BKR, Badan Keamanan Rakjat)로 규합했다.

한편 수카르노 정부는 연합군이 적대적으로 도발할까 두려워 어차피 그들과 대결할 만한 수준의 군대를 단기간에 조직할 수 없다면 차라리 군대를 조직하지 않은 채 연합군을 기다려 환심을 사는 방안을 검토했다. 그래서 시민치안대는 아직 군대 조직이라기보다는 '전쟁 피해자 원조

총독 대행 휘베르튀스 요한네스 판 무크

단체'의 하부 조직 성격이었다. 그러다가 1945년 10월 연합군과 네덜란드군이 인도네시아에 속속 상륙하며 비호의적인 분위기를 비추자 수카르노는 시민치안대를 시민치안군(TKR, Tentara Keamanan Rakjat)으로 재편했다. '단체'에서 '군대'로 진화한 것인데, 공화국 정부는 최소한의 저항이 가능한 군대를 보유해야 할 필요성을 느꼈다. 시민치안군은 주로 일본군을 습격하거나 무장해제하여 노획한 무기들로 무장했다.

수카르노가 첫 라디오 연설을 한 8월 23일은 네덜란드군 첫 선발대가 인도네시아 열도 가장 서쪽 섬인 수마트라 북단 사방에 상륙한 날이기도 했다. 인도네시아에 전운이 감돌았다.

일본 패망과 인도네시아의 독립선언 직후, 네덜란드는 동인도 전체를 즉시 장악할 만한 규모의 자국 군대를 보유하고 있지 않았다. 이에 9월 첫날, 총독 대행 휘베르튀스 요한네스 판 무크(Hubertus Johannes van Mook)가 실론(지금의 스리랑카)에서 영국 제독 루이스 마운트배턴(Louis Mountbatten) 경을 만나 인도네시아 주둔 일본군에게 수카르노 정부의 진압을 명령해줄 것을 요청했다. 전쟁 전 식민지 행정을 담당했던 판 무크는 식민정부의 귀환을 총지휘했는데, 그는 일본의 침공 당시 호주 브리즈번에서 네덜란드령 동인도 망명정부를 이끈 인물이었다.

이 명령은 패전으로 불안과 무력감에 빠져 있던 일본군에게 뜻밖의 자극이 되었다. 일본군은 전열을 재정비하고 인도네시아인들과의 충돌까지 불사하며 관할 지역의 통제권을 되찾아 전력의 대부분을 복원하기 시작했다. 그러나 공화국 정부를 적극적으로 공격해 진압하기보다는 상황 변화를 주시하며 스스로의 안전을 먼저 확보하려는 의도가 짙었다. 패전후 일본군의 1차적 목적은 정복과 지배, 또는 옥쇄와 할복이 아니라 본국으로의 안전한 귀환이었고, 이는 인간이라면 누구나 갖는 인지상정이었다. 일본군의 보신주의로 수카르노의 신생 정부는 일본군과 위태롭게 대치하면서도 대규모 충돌을 피하며 연합군이 본격적으로 상륙하기까지 6주의 시간을 벌 수 있었다.

9월 8일, 영국군 공수부대의 낙하산들이 자카르타 끄마요란 비행장의 하늘을 수놓자 수카르노의 가슴은 철렁 내려앉았다. 하지만 그들은 영국군 선발대일 뿐이었고, 본격적으로 시포스 하이랜더 부대의 1대대가 자카르타에 입성한 것은 9월 말경이었다. 아직 연합군의 점령 작전이 본격적으로 시작된 것도, 딱히 적대적이거나 위협적인 공세를 취한 것도 아니었다. 9월 16일 자카르타에 입성한 영국군 패터슨 해군 소장도 '네덜란드령 동인도의 합법적인 정부가 가동될 때까지 법과 질서를 유지하라'는 명령을 받았다. 네덜란드는 패터슨에게 공화국 지도자들을 체포해달라고 요청했으나, 패터슨은 총사령부로부터 현지 정치 문제에 간여하지 말라는 명령도 받았기에 네덜란드의 요청을 거절했다. 그리하여 신생 인도네시아 정부는 자카르타에서 영국군과 잠시 어색한 공존을 하게 되었다.

그러나 영국군은 그해 10월에 이르러 인도네시아의 주요 도시들을 점령하기 시작했다. 새로 부임한 필립 크리스티슨(Philip Christison) 중장 휘하의 영국군 제23사단 사령부는 자카르타의 과거 총독부 건물에 사령부를 차렸다. 크리스티슨은 모든 전쟁 포로들의 석방을 천명했고 인도네시아가 전쟁 전의 상태, 즉 네덜란드의 식민지 상태로 복귀할 것임을 선언했다. 공화국 정부에게는 청천벽력이었다.

버마와 말레이 전선에서 일본군과 싸웠던 영국군이 뜬금없이 인도네시아에 진주한 것은, 본래 연합군 전략지도상 맥아더(MacArthur) 장군의 미군이 주도하는 서남태평양 사령부 소관이었던 자바와 수마트라가 마운트배턴 경의 영국군이 주도하는 동남아 사령부로 이관되었기 때문이었다. 만약 1945년 9월 당시 아직도 인도네시아가 미국 관할 지역이고 맥아더가 그 사령관이었다면 역사는 달라졌을까? 네덜란드의 침공과 인도네시아 독립전쟁도 일어나지 않았을까? 또는 맥아더가 수카르노를 무너뜨리고 인도네시아를 고스란히 네덜란드에게 돌려주었을까? 물론 일어나지 않은 역사란 섣불리 예측할 수 없다.

맥아더는 태평양전쟁이 한창이던 1944~1945년 사이 네덜란드령 동인도에 대한 침공을 기획했지만 미합동참모부와 루스벨트(Franklin D. Roosevelt) 대통령의 승인을 얻지 못했다. 그 결과, 태평양에서 일본에 대한 연합군의 대대적인 반격은 대체로 인도네시아를 비껴갔고, 이로 인해 동인도의 일본군 상당수 부대들이 태평양 전선으로 차출됐지만 남은 부대들은 일본 패망 후에도 비교적 건재한 병력과 화력으로 실질적인 전투력을 유지했다. 미군이 인도네시아를 침공 경로에서 제외시킴으로써 그 지역의 많은 생명을 살린 셈이지만, 더 많은 인명을 앗아갈 인도네시아 독립전쟁의 토양을 숙성시켰다고도 볼 수 있다. 만약 미군이 침공 경로를 바꿔 대대적으로 동인도의 일본군을 공격해 섬멸했다면 인도네시아는 훗날 네덜란드와 독립전쟁을 벌이기도 전에 그간 일본군 주도로 준비해온 인도네시아 독립계획은 물론이고, PETA나 헤이호 등의 전력 자원을 포함해 독립 쟁취를 위한 모든 역량을 미군과의 전쟁에서 소진하고 독립은 꿈도 꿀 수 없는 처지로 전락했을지도 모를 일이다.

관할 지역이 이관되면서 미국은 일단 인도네시아 무대에서 퇴장하고 영국 주도의 일본군 무장해제 작전이 시작되었다. 하지만 그것은 유럽 열강의 식민지 회복 시도의 시작이었다. 1945년 9월 마운트배턴 경이 맡

일본군이 운용한 동인도 포로수용소의 네덜란드 민간인 가족

고 있던 동남아 사령부의 대리 사령관으로 취임하여 싱가포르에서 일본
군 제7광역군과 남방함대의 항복을 받아낸 필립 크리스티슨 중장은 영
국령 인도군에 근무하며 제2차 세계대전 동안 인도로 진출하려던 일본
군을 저지한 인물이다. 인도네시아에 입성할 당시 그는 승승장구하던 중
으로 태평양에서 한때 무적과도 같던 일본군을 무릎 꿇린 그에게 신생
인도네시아의 치안군 부대는 한낱 메뚜기 떼 정도로밖에 보이지 않았다.
　식민주의 종주국인 영국 역시 제2차 세계대전 이전의 식민지들을 되
찾아 '해가 지지 않는 나라'의 영광을 재현하려는 열망이 있었으니, 전쟁
전 식민지 회복을 도모하는 네덜란드와 기본적으로 입장이 같았다. 나치
독일에 목이 졸려 황천길 문턱까지 갔다 온 유럽 열강들은 이제 좀 한숨
돌리는 듯하니 예전의 탐욕에 다시 눈이 뒤집혀 두고 온 보따리들을 찾

기 시작한 것이다.

9월 19일, 수카르노는 자카르타 이까다 광장의 대중 앞에서 격정적인 연설을 했다. 이 자리에 백만 명가량의 시민들이 운집하면서 최소한 자바와 수마트라의 인민들이 신생공화국을 열렬히 지지하고 있음을 증명했다. 이 두 섬에서 수카르노 정부는 신속히 행정권을 장악해갔다. 실제로 1945년 9월 8일 자카르타 끄마요란에 투하된 영국군 공수부대원들은 민족주의자들이 자카르타와 인도네시아 주요 도시의 방송국과 신문사 등 공공시설을 장악해 운영하는 것을 보았고, 자바와 수마트라에 진출한 연합군 역시 해당 지역 대부분에서 비교적 원활한 민간 통치가 행해지는 것에 놀라워했다.

하지만 이 시기에 유럽인들은 물론, 화교, 기독교인, 토착지주 그룹, 그리고 인도네시아의 독립을 반대하는 무리들 간의 무력 충돌과 소요가 끊임없이 벌어지면서 수위를 넘는 사회 혼란이 곧잘 벌어졌다. 가장 심각했던 것은 아쩨와 북부 수마트라에서 벌어진 사회주의 혁명으로, 아쩨의 이슬람 단체들과 공산당이 주도한 북부 수마트라의 폭동에서 적잖은 현지인들과 말레이계 귀족들이 살해당했다. 이러한 유혈사태는 1945년 말부터 1946년 초까지 계속되다가 공화국 정권의 통제력이 점점 강화되면서 진정 국면에 접어들었다.

공화국 정부는 크리스티슨 중장의 요구 중 모든 전쟁 포로의 석방에는 동의했지만 인도네시아가 네덜란드의 식민지로 회귀하는 것만은 절대 수용할 수 없었다. 그렇다고 강력한 연합군에게 실력으로 저항할 수도 없었다. 수카르노는 오히려 연합군에 비해 형편없이 열악한 인도네시아의 군사력을 대비시켜 국제사회의 동정표를 얻어 궁극적으로 유엔의 지지와 인정을 끌어내겠다는 전략을 세운다.

한편 신뢰할 수 있는 국제사회의 일원임을 증명하기 위해 인도네시아

모로타이에서 집행된 호주군의 일본군 전범 재판(1945년)

정부는 연합군 포로와 민간인들의 석방과 환송에 기꺼이 협력키로 하고, '일본군과 연합군포로 및 피억류자 송환위원회'를 설치해 영국과 공조하에 1946년 말까지 7만 명에 달하는 전쟁 포로와 피억류자들을 실제로 송환했다. 하지만 전체 송환 과정이 1년도 넘게 지지부진하게 진행되었으니, 열과 성을 다했다고 말하긴 어려울 듯하다. 물론 수용 환경은 전쟁이 끝난 후 괄목할 만큼 나아졌는데, 적십자사의 지원이 본격적으로 이루어지기도 했고 악독한 일본인 간수들을 먼저 송환했기 때문이었다. 연합군 포로와 피억류 유럽인들은 전쟁이 끝나고도 4개월가량 지난 후 인도네시아를 떠나는 조건으로 수용소에서 풀려났다. 그러나 네덜란드군 포로들은 상당수가 그 약속을 어기고 현지에 진주한 네덜란드군에 합류해 재무장하고 인도네시아에 총구를 겨눴다.

일본군 전범 처형

일본군 대부분과 군정에 참여한 일본 민간인들 역시 전쟁이 끝난 후 순차적으로 송환되었지만 전범 혐의를 받은 수백 명이 억류되었고, 그중 일부가 전범 재판을 받았다. 안타깝게도 징용되어 인도네시아의 포로수용소에서 일했던 적잖은 조선인들도 여기 포함되었다. 그들 중 일부는 악독한 간수로 악명을 떨쳤다. 인도네시아에 복귀한 네덜란드 민간정부 NICA(The Netherlands Indies Civil Administration)는 전쟁범죄 448건과 관련 용의자 1,038명을 법정에 세워 이 중 93.4퍼센트인 969명에게 유죄판결을 내렸고, 234명(24.6퍼센트)을 처형했다.

한편 무장해제 과정에서 탈영한 약 1천여 명의 일본군 병사들은 민간으로 들어가 사라졌는데, 얼마 후 독립전쟁이 일어나자 다시 총을 들고 이번엔 인도네시아 편으로 참전해 연합군과 싸우게 된다. 이 중에 조선인들이 적지 않았는데, 최근 신원이 밝혀진 양칠성도 거기 포함되어 있었다. 게릴라전을 벌이다가 인도네시아군 동료들과 함께 체포되어 네덜란드군에게 처형당한 그는 서부 자바 가룻(Garut)의 영웅묘지에 묻혔다. 일본 이름으로 적혀 있던 그의 묘비가 원래의 한국 이름을 되찾은 것은 그리 오래되지 않았다. 인도네시아에서 전범 혐의로 처형됐거나, 양칠성처럼 독립전쟁에 인도네시아군으로 참전해 전사했거나, 아니면 일본군 무장해제 과정에서 소요와 전투에 휘말려 사망한 적잖은 한국인 징용자들의 유해는 이름도 묘비도 없이 아직도 인도네시아 어딘가에 묻혀 있을 것이다.

하지만 일본 패망 후에 모든 일본군이 인도네시아의 독립에 호의적이었던 것은 아니다. 일본군은 연합군이 세운 항복 조건에 따라 일부 지역에서 이미 인도네시아인들에게 넘어간 통제권을 되찾아 연합군이 진주하기까지 현상 유지를 하려 했고, 그 과정에서 인도네시아인들과 무력 충돌을 빚었다. 중부 자바의 뻐깔롱안에서는 일본군 헌병들이 1945년 10월 3일 공화국 청년단 회원들을 대거 사살한 후 영국군에게 도시를 인계했다. 스마랑에서는 10월 14일 영국군에 밀려 공화국군이 퇴각하면서 300명 정도의 일본군 포로들을 보복 살해했다. 이 사건은 일본군의 본격적인 반격을 불러와 영국군이 스마랑에 진주하기 전 6일 동안 일본군은 거의 모든 화력을 쏟아부은 끝에 스마랑 대부분 지역을 점령했고, 그 과정에서 500명의 일본군과 2천여 명의 인도네시아인이 목숨을 잃었다. 1946년 4월 수마트라를 방문한 마운트배턴 제독이 항복한 일본군의 활용에 대해 이렇게 언급한 기록이 있다.

나는 우리 통신선과 주요 지역을 방어하기 위해 어쩔 수 없이 무장한 일본군을 활용할 수밖에 없다는 사실을 잘 알고 있었다. (중략) 그러나 그럼에도 천 명이 넘는 일본군이 공항에서 도시에 이르는 9마일 거리의 도로를 방어하고 있는 모습을 보고 크게 놀라지 않을 수 없었다.

패망하고 8개월이 지난 후에도 전투력을 고스란히 간직한 일본군이 아직도 인도네시아에 주둔하며 연합군 편에 서 있었던 것이다.

다안모곳 소령과 렝꽁 전투

렝꽁 전투는 인도네시아군과 일본군이 충돌한 또 다른 전투이다. 1946
년 초, 연합군은 일본군을 속속 무장해제하며 인도네시아의 내륙 거점들
을 향해 진주해왔다. 그러던 1월 24일, 땅거랑 4연대의 다안야야 소령은
수카부미를 넘어온 네덜란드 민간정부(NICA) 소속 부대가 이미 빠룽 지
역을 점령하고 곧 자카르타 방면으로 진주하면서 렝꽁(Lengkong) 지역
을 지나갈 거라는 정보를 입수했다.

마침 렝꽁에는 잘 무장된 일본군이 주둔하고 있었다. 인도네시아군은
이 일본군 부대로부터 무기를 넘겨받으려고 공들였지만 깐깐한 부대장
아베 대위는 좀처럼 무기고를 열어주지 않았다. 장비가 열악한 인도네시
아군으로서는 네덜란드군과 맞서기 위해 일본군의 무기가 꼭 필요했고
더 이상 아베 대위와 줄다리기할 시간도 없었다. 유일한 대책은 네덜란
드군이 렝꽁에 닿기 전에 인도네시아군이 먼저 렝꽁 주둔 일본군을 무장
해제하여 무기를 인수하는 것뿐이었다.

땅거랑 4연대는 다안야야 소령을 참모장으로 하여 작전을 강구했다.
작전 지원을 위해 인근 부대의 장교들을 소환했는데, 이때 소환에 응한
장교 중엔 다안모곳(Daan Mogot) 소령도 있었다. 당시 17세 소년 다안
모곳이 소령 계급장을 단 것도 놀랍지만, 더욱 믿기지 않는 일은 그가 땅
거랑 사관학교 교장이라는 점이었다. 그는 1946년 1월 25일 오후 2시경
땅거랑 연대장 싱기 중령에게 보고를 마치고 위보워(Wibowo) 소령, 수
비안또 조조하디꾸수모(Soebianto Djojohadikoesoemo) 소위, 수또뽀
소위 등 장교들과 함께 땅거랑 사관학교의 생도 70명, 기간병 8명으로
이루어진 병력을 이끌고 렝꽁의 일본군 주둔지로 출발했다.

다안모곳은 본명이 엘리아스 다니엘 모곳(Elias Daniel Mogot)으로,
1928년 12월 28일 술라웨시 섬 북단의 도시 마나도에서 태어났다. 그의

아버지는 당시 라따한 지역의 대법관이었다. 사촌 중엔 훗날 남말루꾸 반란 진압 작전의 사령관으로 명성을 떨친 알렉스 까윌라랑도 있고, 또 다른 사촌으로 북부 술라웨시 경찰군 장군도 있었다. 다안모곳은 이른바 명문가 출신이었다. 그가 11세 되던 해인 1939년 그의 가족은 마나도에서 바타비아로 이주해왔고, 그의 아버지는 볼크스라드의 의원으로 추대되었다가 나중에 찌삐낭 교도소장이 되어 영전했다. 그 시절 식민지 정부의 고관으로 승승장구하던 다안모곳의 아버지는 그 후손들이 신생 공화국에 기여한 공헌과는 관계없이 명백한 반민족행위자였음에 대체로 변명의 여지가 없다.

일제강점기에 그가 PETA에 지원한 것에는 네덜란드를 단번에 쳐부순 일본군에 대한 동경과 선망이 크게 작용했다. 그는 1942년 PETA 창설과 동시에 지원하여 첫 번째 기수의 PETA 부대원이 되었다. 당시 14세였던 그는 18세 이상이어야 한다는 자격 요건에 크게 미달했지만 나이를 속여 일본군 면접관의 심사를 통과했다. 그게 가능할 정도로 그는 신체적으로 성숙했고 모든 훈련에서도 발군의 성적을 거두었다. 그는 진급을 거듭하면서 발리에서 조직된 PETA 보조훈육관으로 승진했다가, 그 후 다시 자카르타로 근무지를 옮긴다.

그는 발리의 세이넨도조(청년도장) 훈련소에서도 두각을 나타내 일본인 훈육관에 의해 보조훈육관으로 발탁되는데, 땅거랑의 세이넨도조에서 혹독한 훈련을 받았던 그에게 발리에서의 훈련은 별것 아니었다. 동료 50명과 함께 장교로 임관한 그는 '쇼단쬬', 즉 중대장급 지휘관 임무를 수행했다. 그들 50명은 임관 후 출신지로 복귀했는데, 다안모곳은 께말이드리스, 줄키플리 루비스(Zulkifli Lubis) 등 훗날 인도네시아군에서 이름을 떨치는 다른 PETA 장교들과 함께 발리에 배치되어 그곳 PETA 지원자들의 훈련을 담당했다. 훗날 장군의 반열에 오른 께말이드리스의 자서전에 따르면, 그

'소년 장교' 다안모곳 소령

들은 발리에서 각각 다른 부대에 배속되지만 끊임없이 서로 접촉하며 신병훈련 임무에 대해서는 물론 침략자에게 짓밟혀 고통받는 인도네시아의 운명에 대해 많은 얘기를 나누었다고 한다. 1945년 8월 17일, 인도네시아가 독립을 선포하면서 당시 16세이던 다안모곳은 시민치안대의 소령 계급장을 달게 된다. 소년 장교의 탄생은 당시에만 벌어진 독특한 사건이었다.

1945년 8월 23일 조직된 시민치안대는 4일 후 찔라짭 5번지에 본부를 설치하고 자카르타 방위를 책임지게 된다. 자카르타 1사단의 쇼단쬬 중 한 명이었던 무프레이니 무민이 지휘관이 되었고 그 휘하 찌깜삑 연대에는 싱기, 다안야야, 께말이드리스, 다안모곳, 이슬람살림, 요피볼랑, 우따르조, 사디낀, 다르소노 등 훗날 이름을 떨치는 많은 장교들이 포함되어 있었다.

한편 그는 사관학교 설립을 적극 추진했고, 그 결과 1945년 11월 18일 당시 17세였음에도 땅거랑 사관학교(MAT)의 교장으로 임명되었다. 그때만 해도 인도네시아의 KNIL이나 일본군의 헤이호, PETA 모두 장교 양성을 위한 별도의 사관학교 시스템이 존재하지 않았고, 신병훈련소에서 감독관의 면접과 측정을 통해 일단의 소양을 갖춘 신병들을 차출해 장교 양성 과정에 편입시키는 식이었다. 수디르만 장군도, 다안모곳 소령도 이런 과정을 통해 단번에 다이단쬬 또는 쇼단쬬로 임관했다.

설립 초기 180명의 생도 중엔 일본에서 박사과정을 이수한 사람들도 있었고 졸업 후 소대장과 중대장은 물론 대대장까지 진급한 인물들도 많았다. 하지만 일천한 역사와 장비, 그리고 자격 미달의 교관들을 감안할 때 아직 오합지졸일 수밖에 없었던 생도 70명을 주축으로 한 병력을 이끌고 다안모곳 소령은 1946년 1월 25일 이른 오후, 렝꽁의 일본군 주둔지를 향해 출발한 셈이었다.

다안모곳의 병력이 트럭 세 대와 지프차 한 대에 나누어 타고 기동한 도로는 오랫동안 관리되지 않아 심하게 손상된 상태였고, 패망 전 일본군이 설치했다가 방치한 대전차 장애물과 바리케이드가 곳곳에 널려 있었다. 그들은 출발한 지 두 시간만인 오후 네 시경 렝꽁 소재 일본군 병영에 도착했다. 인도네시아군은 병영 정문에서 얼마 떨어지지 않은 곳에 트럭을 세우고 모두 하차한 후 대오를 지어 병영에 진입하려 했으나 일본군 경비병들의 강력한 제지를 받아 대오의 맨 앞에 있던 다안모곳 소령과 위보워 소령, 알렉스 사주띠 생도 세 명만이 영내의 아베 대위 집무실로 들어갔다. 수비안또 소위와 수또뽀 소위는 생도 병력을 이끌고 영내의 일본군과 팽팽하게 대치했다.

일본군으로부터 무기를 확보하는 일은 인도네시아군에게 매우 중대한 사안이었다. 사실 1945년 11월 인도네시아와 연합국 사이에 체결된 약정에 따라 영토 내의 일본군과 전쟁 포로들의 송환이 인도네시아의 소관이었으니, 일본군 무장해제 시도 역시 문제없다고 해석할 수 있었다. 하지만 연합군은 명령체계를 통해 일본군이 인도네시아군에 항복하는 것을 허락하지 않는다는 지침을 하달한 상태였으므로 천황과 대본영까지 항복한 마당에 무사 귀국을 바란 일본군이 그들의 생사여탈권을 가진 연합군의 명령을 감히 어길 리 없었다. 그래서 일본군 무장해제는 인도네시아 측의 무력시위를 동반해야 하는 경우가 많았고 때로는 충돌과 교전이 벌어졌다.

그런 상황에서 오합지졸을 이끌고 와, 우선 말로 일본군을 무장해제하려고 한 17세의 다안모곳 소령이 너무 순진했는지도 모른다. 하지만 그가 아베 대위를 만난 것은 처음이 아니었다. 그는 평화적인 무기 인수를 위해 렝꽁의 일본군과 여러 번 접촉하면서 좋은 관계를 형성하려 노력했고 아베 대위와도 나름대로 안면을 튼 사이였다. 그러나 아베 대위는 녹록치 않은 남자였다.

다안모곳 소령이 요구 사항을 설명했지만, 아베 대위는 무장해제 명령을 받지 못했다며 자카르타의 상급부대와 연락할 시간을 요구했다. 아베 대위가 무엇 때문에 시간을 벌려 했는지, 그가 말한 상급부대가 자카르타의 일본군 부대를 말하는 것인지, 아니면 보고르에 설치된 영국군 여단 본부를 말하는 것인지도 알 수 없었다. 그가 인도네시아군의 무장해제 시도에 대한 대응 프로토콜을 사전에 휘하 병력에 지시했는지도 분명치 않다. 한편 다안모곳 소령이 아베 대위와 얘기하는 동안 왕성한 혈기를 참지 못한 수비안또 소위와 수또뾰 소위가 생도 병력과 함께 병영 안으로 진입해 임의로 일부 일본군 병사들을 무장해제하며 확보한 무기를 트럭에 싣는 중이었고 일본군 역시 대체로 협조하는 편이었다.

이 과정에서 인도네시아군은 일본군 병사 40여 명을 연병장에 모아놓았는데 갑자기 어디선가 총알이 날아왔다. 감쪽같이 은폐돼 있던 세 군데의 비밀초소로부터 개활지나 다름없는 연병장 한가운데의 생도들에게 비 오듯 총탄이 쏟아졌다. 생도들은 속절없이 피격되어 쓰러졌고 연병장에 나와 있던 일본군은 아직 트럭에 다 싣지 못한 무기들을 다시 빼앗아 들고 생도들을 겨누었다. 전투 경험이 풍부하고 자동화기로 무장한 일본군 앞에 인도네시아군 생도들은 상대가 안 되었고, 근거리에서 서로 수류탄을 던지다가 급기야 백병전을 벌이는 상황이 되었다.

다안모곳 소령이 협상 테이블을 박차고 나가 전투를 중지시키려 했으

렝꽁 기념비에 새겨진 전투 장면

나 이미 상황은 걷잡을 수 없이 전개되었다. 그와 동료 장교의 지시에 따라 사관생도들은 일본군 병영 뒤편 렝꽁 숲이라 불리는 고무나무 숲으로 퇴각해 들어갔다. 생도들은 숲속에 간신히 몸을 숨겼지만, 연병장엔 피격된 동료들이 수없이 널브러져 있었다. 인도네시아군은 일본군을 상대할 만한 무기나 탄약이 결정적으로 부족했고, 그나마 그들이 보유한 터니 카빈소총은 탄환 규격이 일정치 않아 쉽게 약실이 막혀 소총이 먹통이 되곤 했으므로 일방적으로 공격해 오는 일본군에게 제대로 반격조차 하지 못했다. 당연한 일이지만 전투는 오래가지 않았다. 이 전투에서 다안모곳 소령은 가슴과 오른쪽 허벅지에 총상을 입으면서도 옆의 기관총 사수가 피격되자 자신이 기관총을 집어 들고 응전하다가 집중사격을 받아 그 자리에서 전사하고 만다.

다안모곳 소령을 비롯한 3명의 장교와 33명의 생도가 이 전투에서 전사했고 10명의 생도가 중상을 입었으며, 위보워 소령을 비롯한 다른 20여 명의 생도가 일본군에게 생포되었다. 전사자 수가 크게 늘어난 이유는 총격으로 다치고 연병장에 쓰러진 인도네시아군을 일본군이 일일이 확인 사살하거나 대검으로 찔렀기 때문이다. 이렇듯 패망 후에도 인도네시아 주둔 일본군이 현지 소규모 전투에서 인도네시아군을 상대로 대승을 거두었다. 하지만 이것은 일본군의 승리라기보다는 그들에게 항복 불가 지침을 내린 연합군의 승리와 다름없었다.

가까스로 전투 지역을 탈출한 생도 세 명이 다음 날인 1월 26일 아침 땅거랑 4연대본부에 렝꽁 상황을 보고했다. 다안모곳 소령을 비롯한 인도네시아군 전사자들의 유해가 일본군 병영 근처에 임시로 매장된 것을 며칠 후인 1월 29일 인도네시아군이 발굴해 정식으로 안장했다. 그들의 묘소는 땅거랑 소년원 인근에 마련되었고 땅거랑 사관학교의 장교들은 물론 군연락사무소, 수딴 샤리르 총리, 외부차관 아구스살림, 그리고 전사한 생도들의 가족들이 장례식에 참석했다.

다안모곳 소령에게는 하자리싱기라는 아름다운 연인이 있었다. 전쟁의 포화 속에서 사랑을 나눈 10대의 연인이 어떤 귓속말을 속삭였는지는 알 수 없지만, 집중 사격을 받고 산화한 다안모곳 소령의 처참한 주검을 마주한 어린 여인은 하늘이 무너져 내렸을 것이다. 그녀가 연인을 떠나보내며 줄 수 있었던 마지막 선물은 허리까지 닿는 자신의 긴 머리카락을 잘라 함께 안장하는 것이었다. 그녀는 그 후 다시는 머리를 길게 기르지 않았다고 한다. 그들이 안장된 곳은 '영웅생도 묘지공원'이라 불린다. 이 묘지공원 입구의 기념비에는 다음과 같은 시구가 새겨져 있다.

Kami bukan pembina candi
우리는 사원을 건설하는 사람들이 아니다.

렝꽁 전투에서 숨진 병사들을 위해 세운 영웅생도 묘지공원

Kami hanya pengangkut batu

우린 단지 벽돌을 나르는 사람들일 뿐이다.

Kamilah angkatan yg mesti musnah

우린 반드시 죽어 없어져야 할 세대이다.

Agar menjelma angkatan baru

Di atas kuburan kami telah sempurna

그래서 우리의 완벽한 무덤 위로

새로운 세대가 모습을 나타낼 수 있도록.

네덜란드의 여성 시인인 헨리에테 롤란트 홀스트(Henriette Rolang Holst)의 시를 적은 종이쪽지가 렝꽁 전투에서 사망한 수비안또 조조하디꾸수모 소위의 주머니 안에서 발견되었다. 원래 네덜란드어로 된 시를 나중에 로시한 안와르가 인도네시아어로 번역한 것인데, 네덜란드 시인의 사상이 그들과 대적하던 인도네시아군 장교의 신조가 되어 있었다는 것이 사뭇 아이러니하다.

사족이지만 이 사건은 조금 다른 방향으로도 후세에 유산을 남겼다. 위의 시를 적은 종이쪽지를 가지고 있던 수비안또 소위는, 인도네시아의 제7대 대통령인 조코 위도도(Joko Widodo)와 지난 2014년 인도네시아 대선에서 맞서 건곤일척의 한판 승부를 벌인 전 전략특전사령관 쁘라보워의 작은아버지였다. 수하르토 전 대통령의 사위이기도 한 쁘라보워의 아버지는 렝꽁 전투에서 스러진 동생을 기리는 뜻으로 막내아들에게 '쁘라보워 수비안또'라는 이름을 붙여주었다.

독립전쟁 점화와 초기 전황

독립 선언 후 국제사회로부터 인도네시아의 주권을 승인받고자 했던 수카르노는 자신이 적극적인 일본군 부역자였고 수백만 명의 로무샤 징용에 발 벗고 나선 민족역량본부(PUTERA)의 의장이었다는 전력이 연합국과의 관계에 걸림돌이라는 사실을 잘 알고 있었다. 따라서 수카르노는 국제사회의 환심을 사기 위해 총리가 행정 전반을 감당하고 대통령은 상징적 국가수반으로 존재하는 내각책임제 정부를 구성하기로 하고, 1945년 11월 14일 수딴 샤리르를 첫 총리로 지명했다. 또한 총리와 내각은 대통령이 아니라 중앙 인도네시아 국가위원회에 복무하는 형태를 띠었다. 대통령의 권한 상당 부분을 총리와 국가위원회에 이양한 것이다. 수딴 샤리르는 수카르노에게 오랜 동지이자 잠재적 라이벌이었지만 유럽에서 학업을 마친 엘리트 정치가로 일본에 부역하지 않고 오로지 항일투쟁 선봉에 있던 인물이므로 연합군의 입맛에 딱 맞는 인선이었다.

그러나 과거 네덜란드령 동인도 민간정부(NICA)의 군대와 행정가들

인도네시아 공화국의 초대 총리 수딴 샤리르. 그가 총리로 인선되고 내각책임제로 정부 형태가 구성된 것은 다분히 수카르노에 대한 연합국의 시각을 염두에 둔 것이었다.

이 영국의 비호를 받으며 인도네시아로 귀환하기 시작한 것은 불길한 일이었다. 그들은 석방된 네덜란드군 전쟁 포로들을 재무장시켜 인도네시아 시민과 경찰을 상대로 막무가내의 총격전을 벌였다. 그 결과 공화국군과 연합군 사이에 충돌이 촉발되는데, 11월 10일 수라바야에서 영국령 인도 49보병여단과 제대로 무장을 갖추지도 못한 인도네시아 민병대 사이에 전면전이 벌어졌고, 영국군은 공습과 함포 사격으로 수라바야 일대를 초토화했다. 이 전투에서 맬러비 여단장을 포함해 300여 명의 영국군이 전사했지만 인도네시아군의 사망자는 수천 명에 달했다. 자카르타에서도 심심찮게 총격전이 벌어졌고 샤리르 총리에 대한 네덜란드인 총잡이의 암살 시도도 있었다. 수카르노와 그의 정부는 영국군 사령부와의 위태로운 동거를 끝내고 1946년 1월 4일 자카르타를 떠나 보다 안전한 족자로 옮겨가 그곳 술탄 하멩꾸부워노 9세(Hamengkubuwono IX)의 절대적 지지와 보호를 받게 된다. 족자는 1949년 독립전쟁이 끝날 때까지 명실상부 공화국 수도의 역할을 했다. 그러나 샤리르 총리는 적진과 다름없는 자카르타에 남아 영국과의 회담을 계속 진행했다.

　1945년 하반기부터 1946년 초반까지 벌어진 초기 전투들을 통해 영국군은 자바와 수마트라의 항구도시 대부분을 수중에 넣었다. 일제강점기 당시 자바와 수마트라를 제외한 외곽 도서들은 일본해군의 제56남방함대가 담당했는데, 이 지역은 독립선언 후에도 공화국의 행정력이 잘 미치지 않아 호주군과 네덜란드군이 별다른 저항 없이 이 지역의 섬들을 1945년 말까지 비교적 쉽게 접수할 수 있었다. 물론 이 구스띠 구라라이(I Gusti Ngura Rai)의 발리 항전, 남부 술라웨시의 봉기, 남부 깔리만탄 홀루강 전투같이 강력한 저항이 벌어진 예외적인 경우들도 있었다.

　한때 인도네시아 5만 루피아권 지폐에도 등장한 이 구스띠 구라라이 중령은 네덜란드 사관학교 출신으로 시민치안대(BKR) 초창기 멤버였고, 1946년 3월 초 발리에 상륙한 네덜란드군 2천 명을 상대로 싸우다 그해 11월 20일 마르가나라 전투에서 격전 끝에 전멸당했는데, 이런 발리식 옥쇄(玉碎)를 '뿌뿌딴'이라 신성하게 여겨 발리에는 그를 기리는 동상이 세워져 있고 발리 주도의 덴빠사르 국제공항도 그의 이름을 땄다.

　하지만 극단적 군사력 열세에 몰린 인도네시아만큼이나 영국과 네덜란드도 치명적인 약점을 안고 있었다. 두 나라 모두 제2차 세계대전을 겪으며 만신창이가 되어버린 본국의 전후 복구가 막 시작되어, 외국에 대군을 보내 장기간 전쟁을 치를 인력도 비용도 처음부터 이미 한계에 처해 있었다는 점이다. 물론 이를 극복하기 위해서라도 전쟁 전 식민지에서 공짜로 착취해 썼던 값싼 인력과 무궁한 자원이 꼭 필요한 상황이었다. 그러나 수카르노의 인도네시아 공화국은 연합군의 희망과는 달리 간단히 무릎 꿇을 생각이 추호도 없었다. 그래서 시간은 인도네시아의 편이었으나 그 시간을 버는 대가는 무수한 인도네시아 군인과 민간인의 목숨이었던 셈이다.

1945년 8월 말, 공화국 중앙정부가 자카르타에서 출범하고 중앙 인도네시아 민족위원회가 선임되어 대통령을 보좌하게 되자 주 단위, 면 단위에서도 이를 본떠 비슷한 위원회들이 조직되었다. 신생 정부는 지방과 외곽 도서를 포괄하는 과정에서 각 지방의 통치자들에게도 중앙정부의 출범을 통지했는데 중부 자바에서는 즉시 지지 회신을 해왔지만, 네덜란드의 비호로 호화로운 생활을 누렸던 도서 지방의 술탄들은 상대적으로 낮은 열의를 보였다. 공화국 지도부의 극단주의적·비귀족적·이슬람적 성격과 자바인이 중심이 된 중앙정부의 인적 구성도 그들의 반감을 불러일으켰다. 그러나 보네의 왕을 비롯한 중부 술라웨시의 지지가 있었고 남부 술라웨시의 마카사르와 부기스의 왕들도 신생 공화국을 지지했으며 북부 술라웨시 마나도의 기독교인과 발리의 왕들도 순순히 공화국 정부의 권위를 받아들였다.

1945년 9월에 이르러 스스로 청년단이라 칭하며 온전한 자유를 위해 죽을 각오도 되어 있다고 자부하는 이들이 있었는데, 연합군 상륙이 임박하자 그들의 긴장감과 공포는 임계점을 넘어 급기야 첩자라고 여기는 네덜란드인 피억류자들, 유라시아 혼혈, 암본인, 화교 등 특정 인종집단을 위협, 납치, 강탈, 살해하고 심지어 집단학살까지 자행했다. 이런 상황은 독립전쟁 기간 내내 벌어졌는데, 특히 '준비 단계'라 불리는 1945~1946년 사이에 주로 집중되었다. 이 시기의 희생자 무덤 3,500기 정도를 수라바야의 끔방꾸닝 묘지 등 몇몇 장소에서 지금도 찾아볼 수 있다.

수라바야의 심빵 소사이어티 클럽은 인도네시아 국민당의 청년단에게 접수되어 그들의 본거지가 되었고, 그 우두머리 수또모는 수백 명의 즉결처형을 감독했다. 1945년 10월 22일 벌어진 사건에 대한 목격자들의 증언은 다음과 같다.

> 매번 처형할 때마다 수또모는 장난스러운 목소리로 군중에게 '이 민중의 적'을 어떻게 하겠냐고 물었고 군중은 거의 반사적으로 '죽이라'고 외쳤습니다. 그러면 루스땀이라는 자가 칼을 들고 나와 희생자의 목을 단번에 베어버렸죠. 목이 잘린 시신은 10세 갓 넘은 소년들에게 넘겨졌는데 그 아이들은 피에 굶주린 악마처럼 시신들을 난도질해서 조각내 버렸습니다. 여자들을 뒤뜰 나무에 묶어 놓고 성기를 죽창으로 찔러 죽이기도 했어요.

목이 잘린 시신들은 바다에 버려졌고 여자들은 강에 버려졌다. '준비단계' 시기의 사망자는 수만 명에 달했고 실종자도 2만여 명을 넘었다.

군대 역시 혼란 속에 있었다. 일본 패망으로 PETA와 헤이호가 해산되자 군의 지휘체계와 소속감이 심각하게 훼손되었고, 그해 9월부터 카리스마 있는 지도자들이 군 경험 없는 청년집단들을 무장시키는 과정에서 군벌의 성격을 띠면서 다른 파벌들과 곧잘 충돌했다. 이들을 통합해 기강과 체계가 잡힌 군대를 만들어내는 것이 독립전쟁 초창기에 신생 정부가 당면한 가장 큰 과제 중 하나였다. 이렇게 자생적으로 발생한 인도네시아군에서는 일본식 훈련을 받은 장교들이 네덜란드식 훈련을 받은 이들을 수적으로 압도했고, 29세의 교사 출신 PETA 장교 수디르만이 1945년 11월 12일 족자에서 처음 열린 사단장급 사령관 회의에서 네덜란드군 출신의 경험 많고 노련한 우립 수모하르조(Urip Sumoharjo) 장군을 누르고 인도네시아군 총사령관으로 선출되는 파란을 일으켰다. 세 번째 결선투표까지 가는 접전 끝에 수디르만이 22표를 얻어 21표를 얻은 우립 장

수디르만 장군(왼쪽)과 우립 수모하르조 장군

군을 제치고 시민치안대(BKR, Badan Keamanan Rakyat) 총사령관으로 선출된 것이다. 이는 수마트라 지역 사령관들이 수디르만에게 몰표를 던졌기 때문이었다. 수디르만에게 우립 장군은 자신이 태어나기도 전부터 군에 몸담았던 대선배였다. 수디르만은 투표 결과에 놀라 총사령관직을 우립 장군에게 넘겨줄 것을 허락해달라고 요청했다. 그러나 회의는 그의 요구를 받아들이지 않았고, 무엇보다 우립 장군 스스로 투표 결과에 깨끗이 승복했다. 그는 자신이 네덜란드군 장교로 복무하던 시절 네덜란드에 충성을 맹세했던 사실을 군 후배들이 혐오하고 있음을 잘 알고 있었다. 그들로서는 네덜란드와 싸워야 하는 엄중한 시기에 적국에 충성을 맹세했던 사람을 총사령관으로 모시고 전장에 나설 수 없었다. 수디르만은 그런데도 우립 장군을 극구 만류해 참모장으로나마 남도록 했고 자신은 총사령관에게 규정된 4성 장군, 즉 대장 계급을 달게 된다.

이 일이 있기 전인 1945년 10월 영국군 주도의 연합군이 스마랑에 상륙해 남쪽 마글랑의 군사기지를 확보하려 할 때 이를 보고받은 수디르만 (당시 대령)은 휘하 이스디만 중령의 부대를 보내 그들을 몰아냈는데, 작전이 성공해 연합군은 마글랑과 스마랑 사이에 있는 암바라와까지 후퇴했다. 당시 우립 장군은 자바 지역의 군사지휘권을 지휘관들에게 배분하던 중이었는데, 이 전투 결과를 보고받고 수디르만의 능력을 높이 사 그를 제5사단장에 임명했었다. 수디르만과 우립이 서로를 인정하고 각별하게 여긴 것에는 그런 배경도 작용했을 것이다.

한편 네덜란드는 수카르노와 하타의 부역 경력을 비난하며 인도네시아 공화국을 일본 파시즘의 부산물이라고 깎아내렸다. 그 프로파간다가 어느 정도 먹혀 네덜란드 식민정부는 인도네시아를 회복할 비용을 유엔으로부터 일부 지원받기도 했다. 1945년 11월 의회 중심 내각이 출범하고 항일 지하운동가 출신인 수딴 샤리르가 총리로 임명된 것은 이런 서방의 시각을 의식한 것이었다.

인도네시아에서 이렇게 상황이 전개되는 동안 네덜란드는 아직 제2차 세계대전의 후유증에서 벗어나지 못했고 1946년 초가 되어서야 동인도에 의미 있는 숫자의 병력을 파병할 수 있었다. 동인도는 연합군 총사령부 산하 영국 제독 루이스 마운트배턴 경의 동남아시아 사령부 관할하에 있었는데, 네덜란드군이 진출하기 전까지 일본군과 연합군의 부대들이 마지못해 네덜란드의 대리인 역할을 하고 있었으나 연합군이 깔리만탄, 모로타이(말루꾸), 이리얀자야 일부 지역으로 진출할 때 네덜란드 관료들은 이미 그들을 따라 인도네시아에 돌아오고 있었다.

일본 남방함대 관할 지역에 도착한 호주군은 일본군이 별다른 저항 없이 항복했으므로 육군 2개 사단만으로 발리와 롬복을 제외한 인도네시아 동쪽 도서 전체를 신속히 점령했다. 한편 영국군은 자바의 치안 유지와 민간정부의 회복을 지원하라는 명령을 받았다. 네덜란드는 이 '민간

정부'가 전쟁 전 식민정부를 뜻하는 것이라 강조하며 기득권을 주장했다. 하지만 영연방군이 자바에 상륙해 일본군의 항복을 받은 것은 9월 말의 일로, 마운트배턴 경에겐 30만 명에 달하는 일본군 송환과 전쟁 포로 석방 등 당면한 과제들이 산적해 있었으므로 네덜란드에 인도네시아를 되찾아줄 인적·물적 자원도 부족했고 무엇보다 그럴 의지도 없었다. 그런데도 영국군은 인도네시아에 첫발을 딛으면서부터 이미 독립전쟁에 휩쓸리기 시작했다.

첫 영국군 부대가 자카르타에 입성한 것은 1945년 9월 말이었다. 그들은 10월에 메단(북부 수마트라), 빠당(서부 수마트라), 빨렘방(남부 수마트라), 스마랑(중부 자바), 수라바야(동부 자바) 등에도 입성했다. 인도네시아인들의 반발과 충돌을 피하고자 영국군 사령관 필립 크리스티슨 중장은 호주군이 이미 점령한 인도네시아 동쪽 외곽 도서들부터 네덜란드군에게 넘겨주었다. 그러나 연합군이 자바와 수마트라에 입성하면서 긴장이 고조되다가 정작 영국군이 먼저 전투에 휘말리자 공화국군은 네덜란드인 피억류자들, 네덜란드 식민지군 포로, 화교, 유라시아인 및 일본군 등 적이라고 인식되는 모든 집단을 무차별적 공격했다.

첫 대규모 전투가 1945년 10월에 촉발됨에 따라 영국군은 1만여 명의 인도네시아-유라시아인들과 유럽인 피억류자들을 위태로운 자바 지역에서 분산시키기로 결정했다. 한편 암바라와와 마글랑 인근 마을에서 영국군 분견대들이 공화국군의 강력한 저항을 받자 영국군은 항공기를 동원해 이들을 공습했다. 수카르노는 11월 2일 휴전에 합의했지만 11월 말 다시 전투가 시작되면서 영국군은 해안으로 철수했다. 연합군과 친네덜란드 시민들에 대한 공화국군의 공격은 11월에서 12월 극에 달해 그 시기에 반둥에서만 1,200명이 사망했다.

1946년 3월 영국군의 최후통첩에 따라 공화국군이 반둥을 떠나기 직

시민들이 공화국군의 안내로 반둥 시를 탈출하고 있다.

전인 3월 24일, 시민치안대 지휘관인 모하마드 또하(Mohammad Toha)
가 동료 람단(Mohammad Ramdan)과 함께 연합군 화약고에 다이너마
이트를 던져 넣어 반둥 남부에 대화재를 일으킨다. 이 화재로 반둥의 남
쪽 절반이 잿더미로 변했는데, 이를 '반둥 불바다 사건'이라 부른다.

화재를 일으킨 두 군인은 유폭에 휩쓸려 그 자리에서 사망했다. 반둥
시민들은 이 사건을 기려 반둥 불바다 사건 기념비를 세우고 도로에 두
사람의 이름을 따서 붙였다. 오늘날 자카르타에서 차량으로 출발해 반둥
외곽 톨에 접어들면 톨게이트들 중 '모. 또하'라는 이름을 볼 수 있는데,
여기서부터 모하마드 또하의 이름을 딴 일반도로가 이어진다. 이 도로를
타고 북쪽으로 달리면 BKR 도로와 만나게 되고 그 건너편엔 반둥 불바
다 사건 기념비가 있는 공원이, 그 우측 신호등에서는 모하마드 람단 거
리가 시작된다. 반둥 사람들은 이 사건을 그렇게 기념하고 있다.

이 중 10월 하순에서 11월 말에 걸쳐 벌어진 수라바야 전투는 인도네시아 독립전쟁 중 단일 전투로는 가장 큰 규모였고, 오늘날 인도네시아 독립전쟁의 상징적 사건이 되었다. 수라바야의 청년 집단들은 일본군으로부터 탈취한 무기와 탄약으로 무장하고 임박한 연합군과의 전투를 준비하며 수라바야를 요새화하기 시작했다.

수라바야 전투

도시는 아비규환이었다. 시내 곳곳에서 백병전이 벌어졌고 시체들이 곳곳에 널려 있었다. 머리가 날아가고 사지가 절단된 시체들이 여기저기 겹쳐져 누워 있었다. 인도네시아인들은 격렬한 사격과 총검으로 적들을 죽였다. – 수카르노

1945년 9월에서 10월, 일본군 수용소에서 풀려난 유럽인들과 친네덜란드 혼혈인들이 수라바야의 야마토 호텔(지금의 마자빠힛 호텔)에서 자축 행사를 벌이다가 인도네시아 폭도들의 공격을 받아 살해당하는 사건이 벌어졌다. 일단의 유럽인들이 일본군의 비호를 받아 수바라야 시내에서 네덜란드 국기를 옥외 국기게양대에 게양한 것이 사건의 시초였다. 술 취한 젊은이들의 치기를 인도네시아 재정복을 노리는 네덜란드의 의지로 받아들인 현지 인도네시아인들은 격분한 끝에 이들을 공격했다. 그 결과, 플뢰그만이라는 네덜란드 남자가 공개 살해되고 네덜란드 국기가 훼손되는 사건이 벌어졌다.

이를 계기로 수라바야에 짙은 전운이 드리우자 인도네시아 최대 이슬람 조직인 나드라툴 울라마(NU)는 조국을 지키는 것은 성전(聖戰)이라고 공표했다. 성전은 어떤 무슬림도 외면할 수 없는 종교적 의무였으므로 동부 자바 전역의 이슬람 지도자들과 이슬람 기숙학교 학생들이 대거 수

일본군 무장해제를 지휘하는 영국군 맬러비 준장. 휴전협정이 진행되던 상황에서 맬러비 준장이 전사하자 수라바야 전투는 걷잡을 수 없이 확산되었다.

라바야에 몰려들어 총과 죽창을 들었다.

영국군 제23인도사단 소속 제49보병여단의 경보병 6천 명이 도시를 공격했다. 영국군의 주목표는 수라바야 항구였다. 영국군은 10월 27일 수라바야에 공격이 임박했으니 무기를 버리고 항복하라는 전단을 항공기로 살포했지만, 오히려 인도네시아인들의 공분을 샀다. 그래서 다음 날 공세에 나선 인도네시아군이 영국군 소속의 인도 병사 200여 명을 사살하는 전과를 올렸다.

연합군과의 전면전을 피하려던 수카르노와 하타는 아미르 샤리푸딘 공보부 장관을 포함한 각료들과 함께 10월 30일 급히 수라바야로 내려가 영국군 사단장 호손 소장, 제49여단장 맬러비 준장과 휴전 협정을 맺었다. 하지만 그 협정은 그 후 본격적으로 벌어질 수라바야 전투를 막지

수라바야 전투에 투입된 영국군은 인도인 병사로 구성된 부대가 많았다.

못했다. 전선을 순회하며 협정에 관해 설명하던 맬러비 준장이 인도네시아 민병대의 습격을 받아 사살되었다. 휴전 협정이 조인되었다는 소식이 전역 내의 인도네시아군 전체에게 전파되기 전이었다. 이 사건을 발단으로 다시 교전이 시작되었고 수라바야에는 마침내 지옥의 문이 열렸다. 중무장한 영국군의 제5인도사단 2만 4천 명 병력이 셔먼탱크 24대와 함께 추가 상륙했고 전투기 24기, 순양함 2척, 구축함 3척이 동원되어 공중지원과 함포사격으로 가세했다. 이에 맞선 인도네시아 측은 공화국군 2만 명과 각지에서 모여든 민병대 12만 명이었다.

영국군은 인도네시아군의 즉각적인 항복을 요구하다가 11월 10일 마침내 수라바야를 대대적으로 폭격하며 공격해 들어갔다. 폭격과 함포사격 지원을 등에 업은 영국군은 도심 건물들을 하나하나 제압하면서 사흘 만에 도시 대부분을 확보했지만 인도네시아군도 맹렬히 반격하면서 전투는 11월 29일까지 3주간이나 계속되었다. 무기가 부족해 상당수가 죽창으로 무장해야 했던 인도네시아군은 약 6,300명에서 1만 5천 명이 사망한 것으로 추정되며 그들이 시간을 버는 사이 20만 명 정도의 주민이 수라바야를 탈출했다. 한편 영국군의 사망자는 600여 명에 불과했고 대부분 인도 병사들이었다.

수라바야 전투에 영향을 끼친 요인들은 수없이 많지만, 수라바야에서 항복한 일본군 시바타 야이치로 제독의 결정도 그중 하나였다. 일본군은 연합군에게 무기를 넘겨주고 항복해야 하는데, 인도네시아인들은 계속 일본군 무기고를 습격해 들어왔다. 임박한 연합군과의 전투에 맨손으로 나서야 하는 인도네시아군과 민병대들은 절박했다. 구식 소총 몇 자루를 빼면 대부분 죽창으로 무장한 그들을 일본군의 당시 전력으로 충분히 섬멸할 수 있었지만, 시바타 제독은 하급 부대에 교전을 자제하고 상황이 여의치 않으면 무기 탈취에 저항하지 말라고 명령했다. 이는 인도네시아군에게 무기를 넘겨주라는 말과 다름없었다. 그 결과 인도네시아군은 소총과 자동화기는 물론 탱크와 야포까지 일본군의 무기를 상당수 획득했다. 물론 그 무기 중 대부분이 수라바야 전투에서 제대로 사용해보기도 전에 파괴되거나 유실되었지만, 영국군에 맞서 그나마 3주 가까이 항전할 수 있게 해준 소중한 전력이었다. 시바타 제독이 연합군 대표로 온 네덜란드군 대위에게 정식 항복한 것은 10월 3일의 일이었다.

또 하나의 요인은 수라바야 항전의 아이콘, 붕또모(Bung Tomo)의 등장이었다. 수라바야 토박이인 붕또모는 수라바야 전투에 앞서 10월 22일 인도네시아 양대 무슬림단체 중 하나인 나드라툴 울라마의 지하드 선포만큼이나 파급력 있는 라디오 연설을 통해 인도네시아군과 민병대의 전투 의지를 크게 북돋웠다. 그의 카리스마 넘치는 열정적인 연설은 지금까지도 널리 기억되어 유튜브에서도 들을 수 있다. 욱일승천기가 연상되는 양산 밑에서 PETA 군복을 입고 연설하는 그의 사진은 인도네시아 독립전쟁의 상징이 되었다.

성공한 저널리스트로 전후 정계에 입문한 붕또모는 수하르토 정권과도 척을 지는 천생 반골 성향의 인물이었다. 메카에서 세상을 떠난 그는 순례 중 사망자들이 사우디 현지에 매장되는 풍습에 따르지 않고 수라바야의 일반 묘지에 묻힌다. 그는 국립영웅 묘지에 무자격자들이 너무 많이 누워 있다며 그들과 같이 묻히기 싫다고 생전에 여러 번 피력했다. 그가 죽은 후 여러 해가 지나 2007년에 이르러 그는 인도네시아의 독립영웅으로 지정된다.

하리오 끄찍(Hario Kecik)도 수라바야 전투에 한 획을 그은 인물이다. 그는 수라바야 전투에서 백발백중의 명사수이자 칼을 잘 다루는 전사로서 이름을 날렸다. 전후 그는 육군 소장까지 진급하

수라바야 항전의 상징이 된 붕또모

여 발릭빠빤에서 깔리만탄 제9지역군 사령관을 역임했다. 1965년 수카르노의 명령으로 소련에 간 사이 9월 30일 쿠데타로 수카르노가 실각하자 오랫동안 소련에 머문 후 1977년에야 귀국했는데, 공항 도착과 동시에 공산당 연루 혐의로 수하르토 정권의 공안당국에 전격 체포되었다.

수라바야 전투를 지켜본 수딴 샤리르는 전투 중 사용된 각종 폭력적 방법들이 부지불식간에 인도네시아의 청년들이 일본의 파시즘을 본받은 것으로 생각하며 우려를 표했지만 공산주의 지도자였던 딴말라카(Tan Malaka)는 이것이야말로 완전한 독립을 쟁취하기 위해 꼭 필요한 청년들의 영웅적 행동이라며 찬사를 아끼지 않았다.

한편 전투가 진행되는 동안 연합군에게 충격적인 사건이 벌어졌다. 아직 파키스탄이 독립하기 전이었으므로 당시 인도는 지금보다 무슬림 인구가 좀 더 높은 비중을 차지했다. 인도네시아 공화국군을 마음껏 농락하며 수라바야를 쳐들어간 영국령 인도군 2만 4천 명 가운데 섞여 있던

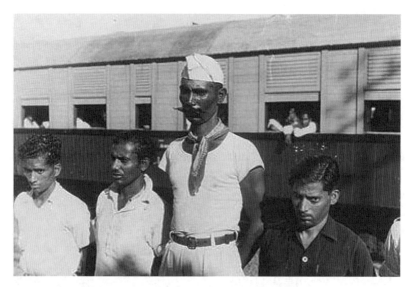
수라바야에서 항복한 영국군 인도 무슬림 병사들

무슬림 병사들은 격렬히 항전하다 피를 토하듯 "알라후 악바르(신은 위대하다!)"를 외치며 죽어가는 공화국군을 바라보며 깊은 고민에 빠지게 된다. 9·11사태 이후 전 세계의 무슬림들이 미군의 아프가니스탄 침공에 분개하며 그중 일부가 현지로 달려가 탈레반에 합류했던 것처럼, 당시 인도군 무슬림 병사들도 비슷한 마음을 품었다. 그리고 실제로 그들 중 600여 명이 전투가 최고조에 달했던 1945년 11월 10일 종교적 신념을 안고서 무장한 채로 영국군을 이탈해 공화국군으로 전향했다.

그것은 일견 매우 어리석은 결정처럼 보였다. 당시 영국군은 월등한 화력으로 수라바야의 인도네시아군을 유린하던 중이었기에 우세한 영국군 진지를 떠나 죽음이 창궐하고 있는 인도네시아 진영으로 넘어가는 것은 자살행위나 다름없었다. 실제로 그렇게 전향한 인도 무슬림 병사들 대부분이 수라바야 전투에서 전사했고 독립전쟁이 끝나고 살아남은 사람들은 불과 75명뿐이었다. 그러나 그들은 종교적 신념을 따른 그날의 결정을 후회하지 않았다. 그들 중 일부는 인도네시아에 귀화했으나 많은 병사는 전쟁으로 지치고 망가진 몸을 이끌고 인도의 고향으로 돌아갔다.

공화국군은 결국 이 전투에서 패했고 여기서 입은 심각한 인적·물적 피해로 독립전쟁 내내 후유증에 시달렸다. 그러나 인도네시아인들이 이 전투를 통해 보여준 독립을 향한 열정은 국제사회의 시선을 끄는 계기가 되었다. 또한 전면전이 초래한 희생이 너무나 컸음을 새삼 깨달은 인도네시아군의 기본 작전 방향이 게릴라전으로 선회하는 전환점이 되었고, 인도네시아의 독립은 전쟁보다 정치력에 달려 있다고 믿는 수딴 샤리르 총리를 외교전 최전선에 내세우는 등 대대적인 정책 변화를 도모하는 계기가 되었다.

한편 네덜란드는 공화국의 저항이 예상보다 강력함을 새삼 깨달아 군비 증강을 더욱 서둘렀고, 영국 역시 이 전투를 정점으로 이후 중립적 위치로 돌아서 몇 년 후 유엔에서 인도네시아 공화국의 독립을 지지하게 된다. 수라바야 전투가 가장 치열했던 11월 10일은 오늘날 인도네시아의 현충일인 '영웅의 날'로 지정되어 있다.

베스털링 방식

영국의 도움으로 네덜란드군도 자카르타 등 주요 거점에 상륙했다. 앞서 언급한 바와 같이 그 직전인 1946년 1월 4일 공화국 지도부는 족자 술탄 하멩꾸보워노 9세의 절대적 지원을 받아 안전한 족자로 천도했고, 공화국군은 자카르타 방어전에서 8천 명의 사망자를 내며 결국 도시를 내어줄 수밖에 없었다. 족자는 전쟁기간 내내 인도네시아 공화국의 수도 역할을 했다. 오늘날 족자가 '특별시'의 지위를 얻은 것은 그런 역사적 배경을 토대로 한다.

네덜란드군 베스털링 대위

자카르타 인근의 보고르와 깔리만탄의 발릭빠빤에서는 공화국 관료들이 체포되어 투옥되었고, 네덜란드군의 수마트라 침공 준비를 위해 수마트라 최대 도시인 메단과 빨렘방에 대대적인 폭격이 이루어졌다. 1946년 12월 레이먼드 '터크' 베스털링(Raymond Westerling) 대위의 대소요전 특수부대가 남부 술라웨시를 가혹하게 진압한 것이 내외의 비난을 받지만 네덜란드군은 이 지역 공화국 민병대 3천여 명을 단 몇 주 만에 소탕하는 전과를 거둔다. 물론 그들이 소탕한 3천 명이 정말 민병대였냐 하는 문제가 존재하지만 이 기법은 매우 효과적이었으므로 이후 공화국군도 그대로 따라하게 된다.

베스털링 대위가 '터크(Turk)'라는 별명을 얻은 것은 터키 이스탄불에서 태어났기 때문이다. 제2차 세계대전이 발발하자 그는 이스탄불의 네덜란드 대사관을 찾아가 군에 입대했고 영국군 코만도 훈련을 받은 후 전쟁 중 버마와 스리랑카에서 복무했다. 제2차 세계대전이 끝나고 1945년 9월 수마트라 메단에 도착한 그는 첩보망을 구축하고 치안단을 조직해 네덜란드에 반기를 든 불순분자들을 제거했는데, 때로는 전범 수준의 잔혹한 방법까지 동원했다. 폭력배 두목의 목을 베어 마을 한가운데에서 장대에 매달아 지하로 스며든 갱단을 위협하는 것 정도는 애교였다. 오늘날 테러 단체들이 자행하는 '공포를 매개로 한 프로파간다'를 70년 전 인도네시아에서 네덜란드 특수부대가 먼저 선보였던 것이다.

베스털링은 그 공로를 인정받아 특수부대본부(DST, Depot Speciale Troepen)의 코만도 팀을 맡게 된다. 1946년 9월 자카르타 주둔 당시 그의 부대는 130명 규모로, 부대원들은 네덜란드 베테랑들과 인도네시아-유럽 혼혈, 토착 인도네시아인들로 구성되어 영국식 코만도 훈련을 마스터한 상태였다. 그해 12월, 베스털링은 술라웨시 반란의 진압을 명령받았다. 당시 술라웨시에는 자바의 게릴라들까지 유입되어 저항 세력이 한껏 강화되어 있었고 심지어 현지 네덜란드 정부를 궤멸 직전까지 몰고 가면서 많은 친네덜란드 인사들과 화교들이 공격받고 있었으나, 현지에 주둔하고 있던 KNIL 부대는 그들을 보호할 여력이 없었다. 현지 통제력이 소멸해가는 기미가 역력하자 NICA는 베스털링과 그의 부대에게 저항 세력을 분쇄할 전권을 위임했다. 베스털링은 가장 효율적인 진압 방법은 적 전사들을 현장에서 즉결 처분하는 것이라 믿었고, 이 방식은 나중에 '베스털링 방식'이라고 불리게 된다.

그의 특수부대는 미리 확보한 첩보에 따라 가장 의심스러운 부락 하나를 포위한 뒤 주민들을 마을 한가운데로 몰아넣고 날이 밝기를 기다렸다가 주민들 중 남자들을 따로 추려내 그들 중 '살인자' 또는 '테러리스트'로 보고된 자들을 묻지도 따지지도 않고 현장에서 즉각 사살했다. 그 후 베스털링은 부락 대표를 선임하고 자경단을 임의로 구성한 후 주민 전원에게 절대 테러리스트의 길을 걷지 않을 것을 알꾸란에 두고 맹세케 했다. 베스털링은 주민 모두를 학살하지 않고도 질서를 잡아가는 자신이 매우 자비롭고 효율적이라 생각했겠지만 실상 매우 잔혹하고도 모욕적인 방식이었다.

이 소요 진압 작전은 1946년 12월에 시작해 이듬해 2월에 끝난다. 인도네시아 당국은 이 기간에 베스털링이 4만여 명을 학살했다고 주장했다. 하지만 네덜란드 역사학자들은 그 숫자가 지나치게 과장된 것이고 실제로 DST 부대에 의해 사살된 사람들은 1,500명 선이며 이 중 400명만이 처형되었고 나머지 1,100명은 전투 중 전사한 것이라고 주장한다. 또한 기타 교전에서 전사한 별도의 인도네시아군 1,500명은 친네덜란드 경찰이나 자경단에 의해 살해된 것이라고 구분했다. 하지만 즉결 심판당한 인도네시아인들이 400명이든 4만 명이든, 베스털링은 포로들과 로무샤들의 목을 기분 내키는 대로 베어버리던 일본군 망나니들과 별반 다를 바 없는 냉혈한이었다.

베스털링은 남부 술라웨시에서 네덜란드 정부의 통제력을 완전히 부활시켰고 살아남은 인도네시아군 전사들은 더욱 깊은 산속으로 숨어들었다. 위협당한 주민들은 공포에 질려 결과적으로 공화국 측 전사를 돕는 것을 두려워하게 됐는데, 이게 바로 베스털링이 노린 효과였다. 네덜란드령 동인도 정부와 네덜란드군 사령부는 베스털링의 활약에 흡족해했으나, 그 과정에서 드러난 작전의 잔혹성은 국제적 비판도 불러일으켰다. 무슨 일이든 깔끔하게 처리하는 믿음직한 부하 직원이 하나 있어 회사의 골칫거리를 한 방에 해결해주곤 했는데, 그의 본질이 사이코패스에다 소시오패스여서 일 처리에 온갖 불법이 아무렇지도 않게 동원되었다는 사실이 밝혀진 격이 된 것이다. 1947년 4월 네덜란드 정부는 이 문제로 현지 군사령부를 공식적으로 질타했고, 네덜란드의 동인도 쟁탈전에서 큰 공을 세운 베스털링은 한직으로 물러났다가 1948년 11월 마침내 군복을 벗는다.

세상사 사필귀정이라고 그는 생각했을까? 그렇지 않았다. 베스털링은 악인이었지만 하늘을 찌를 듯 신념이 강철 같고 성실하기까지 한 사람이었다. 그는 네덜란드 점령지인 서부 자바에 정착해 운송회사를 하다가 나중에 인도네시아가 네덜란드로부터 독립하자 APRA(Angkatan Perang Ratu Adil, '공의로운 여왕의 부대')라는 준군사조직을 만들어 수카르노 정부의 전복을 도모한다.

링가자티 조약

　네덜란드군은 자바와 수마트라의 도시와 주요 촌락에서 성공적인 작전을 펼쳤지만, 교외와 외곽 부락들까지 진압하지는 못했다. 병력이 부족했기 때문이다. 네덜란드 측은 행정 편의를 위해 점령 지역을 자치주로 묶고 괴뢰정권인 자치정부도 출범시켰다. 그중 가장 큰 것은 1946년 12월에 출범한 동인도네시아 주로, 술라웨시로부터 인도네시아 동부 전역을 포괄했는데, 그 주도를 마카사르에 두었다.

　인도네시아 전역에서 전투가 진행되는 동안 1946년 2월부터 공화국과 네덜란드의 협상도 시작되었다. 매일 수많은 인명 피해를 더해가던 인도네시아는 독립과 평화를 동시에 얻기 위한 차선책이 필요했고, 강경 일변도처럼 보이던 네덜란드 역시 본국의 전후 복구가 시급한 와중에 비용과 인력을 지구 반대편에서 벌어지는 밑 빠진 독 같은 전쟁에 퍼부을 수만은 없었기에 협상은 필연적이었다. 별다른 경제적 이권도 없이 비용과 인명 손실만 눈덩이처럼 불어나던 영국은 인도네시아로부터 빨리 손을 떼고 싶었으므로 아치볼드 클라크 커(Lord Archibald Clark Kerr) 경과 마일스 램슨(Lord Miles Lampson) 경을 움직여 네덜란드와 인도네시아를 협상 테이블로 불러냈다. 그 결과 1946년 11월 15일 링가자티 조약(Linggadjati Agreement)이 조인되었다. 네덜란드는 자바와 수마트라, 마두라 지역에 대한 공화국의 잠정적 주권을 인정하고, 그 대신 공화국은 영연방과 같은 형태로 구성될 네덜란드 연방의 일원이 되는 새로운 관계 수립을 기꺼이 고려한다는 조건이었다.

　태평양전쟁의 종료와 함께 인도네시아 독립전쟁에 말려든 영국군은 이 협상에 박수를 보내며 1946년 11월 인도네시아로부터 완전히 철수하였다. 그러나 영국군은 1946년 한 해 동안 네덜란드군의 대규모 유입을

링가자티 조약에 서명하는 인도네시아 샤리르 총리와 네덜란드 셔머혼 총리

허용해, 영국군의 빈자리를 이미 15만 명 규모의 네덜란드군이 채우고 있었으므로 이제 인도네시아 독립전쟁은 확전 일로를 걷기 시작했다.

1946년 7월 3일 반란

영국의 중재로 조인된 링가자티 조약은 체리본(Cheribon) 또는 찌레본(Cirebon) 협정으로 불리는데, 공화국이 자바와 마두라, 수마트라를 '잠정적'으로 지배함을 네덜란드가 인정하는 것을 골자로 한다. 양측은 1949년 1월 1일까지 네덜란드 여왕을 국가수반으로 하는 준자치 연방국가로서 인도네시아 합중국을 구성하는데, 이는 공화국이 통제하는 자바와 수마트라는 물론 네덜란드군의 강력한 영향력 아래 있는 남부 깔리만탄, 술라웨시, 말루꾸, 순다끄찔(오늘날의 NTT 주와 NTB 주)과 서부 뉴기니를 포괄한다는 것도 합의했다. 말하자면 자치권을 인정받는 대신 인

딴말라카가 조직한 투쟁연대의 포스터

도네시아 공화국이 인도네시아 합중국의 일개 자치주로 강등되는 셈이었다.

당시 네덜란드와 협상을 시작하는 과정에서 수카르노는 많은 분파의 강력한 반대에 직면했다. 공산주의 정치가 딴말라카는 반대 세력들을 하나의 전선으로 묶어 '투쟁연대'를 조직했다. 투쟁연대는 즉각적이고 완전한 독립, 외국 자산의 국유화, 외국 군대들이 완전히 철수할 때까지 모든 회담을 거부할 것을 최소한의 조건으로 꼽았다. 이들의 주장은 실제로 인도네시아군 총사령관 수디르만 장군을 포함해 광범위한 인사들의 지지를 받았다. 공화국군은 절대적 열세에도 불구하고 인도네시아 존망에 대한 외교적 타결보다 군사적 투쟁을 통해 드높은 자존심을 지키려 했다. 그러다가 1946년 6월 26일 투쟁연대와 연계된 군부대가 수라카르타에서 샤리르 총리와 몇몇 각료들을 납치하는 사건이 벌어졌다.

이 사건의 전조는 그 며칠 전부터 보였다. 정부 각료에 대한 납치를 기도한 혐의로 딴말라카는 물론 앞의 에피소드에도 등장해 렝가스뎅끌록에서 수카르노와 하타를 자카르타로 데려왔던 독립선언 전야의 남자 아흐맛 수바르조, 당시 수카르노 일행을 납치했던 청년조직의 수장 수까르니 등 투쟁연대의 주요 간부들이 전격 체포되었음에도, 나흘 후 우려했던 납치 사건이 실제로 벌어진 것이다.

이 사건은 샤리르 총리가 서명한 링가자티 조약이 국익을 훼손했다는 투쟁연대의 주장에 동조한 수다르소노 육군 소장과 14명의 투쟁연대 민간인 간부들이 중심이 되어 벌어졌다. 수디르만 장군이 배후에 있다는 소문도 무성했다. 진중하고 성실한 수디르만 장군은 국익과 조국의 독립을 최우선으로 여겼기에 네덜란드의 탐욕을 화려한 외교적 수사로 포장한 링가자티 조약이 만족스러울 리 없었다. 한편 수카르노는 샤리르 총리 구출을 위해 정치력을 충분히 발휘했고 특히 대중매체를 통해 여론을 환기했다. 수디르만을 압박한 것이 주효해, 빠라스의 한 휴양소에 감금되어 있던 총리와 각료들은 며칠 후 무사히 풀려났다.

하지만 일국의 총리를 납치한 사건이 그렇게 대충 끝날 리 없었다. 투쟁연대 반란분파의 요구 사항은 샤리르 내각이 총사퇴한 후 정치·경제·사회에 대한 대통령 권한을 정치지도자 대표회의에 전격 위임하되 무하마드 야민, 아흐맛 수바르조 등 투쟁연대 측 인사들을 위원으로 위촉하고 자신들이 지정한 13명의 장관을 임명하라는 것이었다. 격노한 수카르노는 요구 사항을 가져온 사신부터 체포하고 수라카르타 경찰을 움직여 7월 1일 반란세력의 간부들을 모두 잡아 위로구난 교도소로 송치했다. 처절한 보복이 시작된 것이다. 그러나 상대편도 만만치 않았다. 다음 날 탱크를 몰고 온 수다르소노 소장이 교도소를 공격해 투쟁연대 간부들을 모두 구출해내는 사건이 벌어졌다. 주체할 수 없는 애국심에서 시작된

수디르만 장군의 작전 회의 장면. 왼쪽부터 무하마드 야민, 수디르만 장군, 수하르토 중령, 딴말라카(맨 앞에 등을 돌리고 앉아 있는 이) 등 이 사건의 핵심 인물들이다.

이 사건은 넘지 말아야 할 선을 한참 넘어가버렸다. 이에 수카르노는 수라카르타 지역사령관인 수하르토 중령에게 반란군 진압을 지시했는데, 직속상관 체포를 꺼린 수하르토는 전군사령관 수디르만 장군의 동의가 있어야만 체포명령에 따르겠다며 수카르노에게 항명했다고 한다.

훗날 수카르노의 뒤를 이어 인도네시아 대통령이 된 수하르토지만 당시 영관 장교에 불과했던 그가 감히 대통령에게 항명했으리라고는 믿기 어렵다. 이 에피소드는 수하르토를 찬양하려고 각색된 것이기 쉽다. 실제로 수하르토는 오히려 기만전술을 펼쳐 위요로 연대막사에 있던 수다르소노 소장을 포함한 14명의 간부에게 안전을 보장해주겠다는 감언이설로 대통령궁에 유인해 전격 체포했다. 항명했다는 사람이 말이다. 이를 '1946년 7월 3일 반란 사건'이라 부른다. 이 사건에서 수디르만 장군이나 딴말라카가 어떤 역할을 했는지는 미스터리로 남았다. 반란 지도자들은 모두 군법회의에 회부되어 수다르소노 소장과 무하마드 야민은 4년형을 받고 다른 5명은 2~3년형을 받았지만, 나머지는 방면되었다. 반란이라는 죄목에 비해 너무 가벼운 형이었다. 교도소에 수감된 이들도 1년 후인 1948년 8월 17일 독립선언 3주년 기념 특사로 모두 석방되는데, 이는 그들의 애국심과 충정을 십분 고려했기 때문이다. 그런데도 이 사건은 인도네시아 현대사의 첫 쿠데타로 공식 기록된다.

이 난리 후에도 중앙국가위원회마저 조약의 조건을 문제 삼아 링가자티 조약을 비준하지 않자, 궁지에 몰린 수카르노는 KNIP 의원 수를 두 배로 늘리는 대통령령을 발령한 다음, 이에 의거하여 찬성파들을 대거 선임해 1947년 3월 마침내 링가자티 조약을 비준하게 했다. 비록 비상시국이었다고는 하나 수카르노는 비민주적인 편법을 동원한 것인데, 이 것은 그가 훗날 독재자로 변모해갈 것을 시사하는 전조였는지도 모른다.

이 조약에 승복하지 못한 것은 네덜란드도 마찬가지였다. 네덜란드 의회에는 네덜란드가 신으로부터 동인도를 위임받았다고 믿는 골수 강경파들도 대거 포진하고 있었으므로 인도네시아에 뭔가 양보한다는 것 자체를 받아들일 수 없었다. 결국 네덜란드 하원에서는 1947년 3월 25일 인도네시아의 동의도 없이 조약 내용을 임의로 수정해 비준했는데, 인도네시아가 이를 받아들일 리 만무했다.

양측은 조약 위반이라며 즉시 서로를 비난하기 시작했다.

4장 네덜란드군의 제1차 공세

프로덕트 작전

(공화국은) 내부로부터 점차 붕괴하고 있다. 정당 지도자들은 다른 정당 지도자들과 대결하고 정부는 또 다른 이들에게 전복되며 교체되기를 반복했다. 무장세력들은 지역분쟁에서 자기들 잇속만을 챙기고 공화국의 각 지역은 중앙과 연계하지 않으려 한다. 저들은 그냥 저렇게 표류하고 있을 뿐이다. 전체 상황이 이 정도로 악화된 바 네덜란드 정부는 법과 질서를 바로잡아 동인도의 각 지역이 서로 교류하고, 다른 정치적 견해를 가진 사람들의 안전을 보장할 수 있게 되기 전까지 그 어떠한 진전도 있을 수 없다고 결정해야 할 의무가 있다.

- H. J. 판 무크가 행한 네덜란드의 첫 '치안 활동'에 대한 변호

1947년 7월 20일, 네덜란드군은 '프로덕트 작전(Operation Product)'이라는 대규모 군사 공세를 감행하며 링가자티 조약을 일방적으로 파기했다. 네덜란드 측은 인도네시아 측이 조약을 위반했기 때문에 동인도의 법과 질서를 세우기 위해 부득이 '치안 활동'을 취한 것이라 강변했다. 마치 일제강점기에 일본이 한국을 주권국가로 취급하지 않은 것처럼, 한국 정부가 오랫동안 북한을 국가가 아닌 반란 집단 정도로 취급한 것처

프로덕트 작전을 수행 중인 네덜란드군

럼, 네덜란드는 인도네시아를 적대국이 아닌 '반란 지역'으로 간주했기에 인도네시아 독립전쟁을 '전쟁'으로 받아들이지 않았다. 그런 맥락에서 굳이 '치안 활동'이란 용어를 선택했다. 그러나 네덜란드는 이 작전에 네덜란드령 동인도 자체 군대인 KNIL을 동원했고, 본국 정규군인 왕립 네덜란드군까지 인도네시아에 추가 파병하는 이율배반적인 모습을 보였다. 제2차 세계대전이 끝나자 네덜란드는 이미 해병대 5천 명을 포함해 2만 5천 명의 지원병을 파병했는데, 후속 작전 수행을 위해 추가 징집된 대규모 병력이 속속 인도네시아에 상륙했다.

네덜란드군은 전투기와 기갑부대를 동원해 자바와 수마트라의 주요 도시와 항만을 공격했다. 당시 TNI(인도네시아 정규군)로 재편된 공화국군 병력 규모는 50만 명에 달했지만, 여전히 조직과 장비, 경험에서 네덜란드군의 상대가 못 되고 속수무책으로 밀렸다. 네덜란드군은 공화국군을 족자 지역으로 몰아붙였다. 급격히 밀려나는 전선에서 머뭇거리다 적

후방에 고립된 일부 공화국군 부대들은 도시와 마을의 근거지를 불태우고 산악과 밀림으로 들어가 게릴라가 되었다. 네덜란드군은 이 작전으로 수마트라의 우수한 플랜테이션들과 자바의 유전 및 탄광 등을 통제권에 두고 수심 깊은 항구들도 손에 넣었다.

한편 국제적인 간섭과 조율로 성사된 링가자티 조약을 일방적으로 파기한 네덜란드는 또다시 국제 여론의 역풍을 맞았다. 호주와 신생 독립국 인도는 유엔에서 인도네시아의 입장을 적극 지지했고, 소련과 미국도 인도네시아의 손을 들어주었다. 네덜란드의 상선들은 호주의 항구에서 부두 노동자들의 반네덜란드 시위로 하역도 할 수 없었다.

그사이 샤리르의 3기 내각이 링가자티 조약 체결의 책임을 지고 총사퇴하면서 수카르노는 아미르 샤리푸딘을 후임 총리로 임명하여 내각을 구성토록 지시했다. 이 내각은 '극좌 내각'이라 불리는데, 사회당과 공산당, 예전 BTI당 및 노동계 인사들이 대거 내각에 진출했기 때문이다. 한편 샤리르는 본격적으로 외교전에 가담해 뉴욕으로 가서 유엔을 통해 인도네시아 문제에 대한 탄원의 목소리를 높였다. 유엔 안전보장이사회는 즉각적인 휴전을 요구했고 GOC(Good Offices Committee)라는 중립국 중재 기구를 설치해 휴전을 감독하기로 했다. 자카르타에 본부를 둔 GOC는 호주(인도네시아 측 선택, 대표 리처드 커비), 벨기에(네덜란드 측 선택, 대표 폴 판 제일란트), 미국(중립, 대표 프랭크 포터 그레이엄)의 사절단으로 구성되었다. 유엔의 요구로 결국 네덜란드군과 공화국군 사이에 1947년 8월 4일 휴전이 성립되었고, 네덜란드는 또다시 국제적 압력에 굴복해 침공을 중단할 수밖에 없었다.

그러나 휴전 후에도 공공연히 군사작전이 진행되었다. 1947년 12월 9일 루카스 꾸스따리오라는 공화국 전사를 숨겨주었다는 이유로 네덜란드군이 까라왕 소재 라와거데 주민 431명을 학살하는 사건이 벌어졌다.

유엔의 중재로 휴전이 성립된 후에도 계속된 네덜란드군의 군사 작전은 결국 라와거데 학살 사건을 불러왔다. 이 사건으로 431명의 인도네시아 민간인이 사망했다.

네덜란드군 사령관 시몬 헨드릭 스포르(Simon Hendrik Spoor) 육군 대장은 이 사건의 책임이 있는 알폰스 비녠 소령의 처형을 요구했지만 실제로는 어떠한 자체 조사나 조치도 이루어지지 않았다. 1948년 1월 12일 유엔에 제출된 보고서는 이 사건이 매우 계획적이고 무자비하게 집행되었다고 밝히고 있다.

강산이 여러 번 변하고 난 후인 2008년 9월 8일, 이 학살에서 살아남은 열 명의 생존자가 네덜란드 정부에 이 사건의 책임을 물었다. 네덜란드 측 변호사는 2009년 11월 24일, 매우 유감스러운 사건이지만 소멸시효가 지났으므로 네덜란드는 책임을 질 필요가 없다는 답변을 보내왔다. 이 서한은 인도네시아 측은 물론 네덜란드 의회로부터도 격렬한 비판을 불러왔고, 네덜란드 주요 신문 「NRC 한델스블라트」는 전쟁 범죄엔 소멸시효가 존재하지 않음을 강조하는 사설을 싣기도 했다. 그 결과 생존자들은 2009년 12월 네덜란드를 법정에 고소했고, 2011년 9월 14일 법정은 사안의 특수성을 감안해 소멸시효를 인정하지 않고 네덜란드가 손해배상의 책임이 있음을 판결했다. 네덜란드는 라와거데 학살 사건의 원고와 미망인들에게 각각 2만 유로(약 3천만 원)의 보상금을 지급하기로 했고, 구체적인 사과를 하기에 이르렀다.

2011년 12월 9일 네덜란드 대사는 "우리는 64년 전 네덜란드군의 행위에 의해 가족과 동료 주민들을 잃은 분들을 기억하고, (중략) 네덜란드 정부를 대신해 당시 발생한 사건에 대한 심심한 사과의 뜻을 전한다"고 말했다. 그러나 마지막 생존자들마저 하나둘 죽어가고 있는 지금도 당시 약속한 보상금의 지급 일정은 아직 확정되지 않은 상태다. 어쩌면 네덜란드는 일본군 위안부 문제에 대한 일본의 태도와 유사한 모습을 보이고 있는지도 모른다.

한편 당시 배상 명령을 내렸던 네덜란드 법정은 "네덜란드가 자국 주민들을 보호할 의무를 위반했다"고 판결했는데, 이는 1947년 사건 발생 당시 학살당한 라와거데 주민을 네덜란드 국민으로 간주한다는 의미였다. 이런 태도는 인도네시아가 당시 네덜란드의 영토였음을 암암리에 주장하며 인도네시아인들의 자존심을 건드리는 것이기도 했다.

렌빌 조약

네덜란드군은 프로덕트 작전으로 서부 자바 전역과 중부·북부 자바의 북쪽 해안선, 수마트라의 주요 곡창지대를 장악했고, 해군을 동원해 필수 식료품과 의약품 및 전쟁 물자가 공화국 지역으로 유입되는 것을 해상에서 봉쇄했다. 따라서 공화국 지역의 경제 상황은 날로 피폐해져갔다. 그 결과, 선택의 여지가 없었던 아미르 샤리푸딘 총리는 딴중쁘리옥 항에 닻을 내리고 있던 미 군함 USS 렌빌호 선상에서 네덜란드와 협상을 진행했다. 절박했던 인도네시아 측에서 많은 부분을 양보함으로써 네덜란드의 외교적 승리로 평가되는 이 '렌빌 조약(Renville Agreement)'은 1948년 1월 17일 양측이 서명을 마쳤다.

유엔 안전보장이사회가 폐기된 링가자티 조약을 보완할 목적으로 주선한 렌빌 조약에 의해 네덜란드군이 진출한 전선을 연결해 그은 '판 무크 라인'이라는 경계선을 따라 휴전이 발효되었다. 이 조약은 프로덕트 작전을 통해 네덜란드가 탈취한 지역을 네덜란드의 영토로 인정하는 동시에 판 무크 라인이라 명명된 휴전선 건너편에 남아 있는 모든 병력을 철수한다는 내용이었다. 문제는 네덜란드 지역에서 아직도 왕성하게 게릴라전을 수행하고 있던 공화국군의 강력한 거점들을 모두 포기해야 한다는 점이었다.

네덜란드군에 점령당한 서부 자바 지역에서 저항 중이던 스까르마디 마리잔 까르또수위르조가 이끄는 다룰이슬람(Darul Islam) 게릴라는 이 조약의 결정을 받아들이지 못했다. 그들은 공화국에 대한 충성 맹세도 철회하고 네덜란드와 인도네시아 공화국 양쪽 모두를 적으로 돌렸다. 그 심정은 충분히 이해된다. 하늘을 찌른 그들의 애국심을 차치하고서라도, 공화국 정부가 국토는 물론 전선 너머 깊숙한 적지에 남은 전사들이 목숨 바쳐 싸워온 가치마저 쉽게 포기하고 말았다는 배신감이 크게 작용한 것이다. 다룰이슬람은 네덜란드로부터 독립한 후에도 서부 자바는 물론 남부 술라웨시와 아쩨 지역까지 세력을 넓혀 유혈 봉기를 일으키는 등 수카르노 정권을 계속 괴롭히게 되는데, 그 이야기는 뒷부분에서 다시 다루기로 한다.

렌빌 조약의 조항들은 네덜란드 점령 지역의 정치적 미래를 묻는 국민투표의 시행도 포함하고 있었다. 조약의 성사를 위해 공화국 측에서 많이 양보하여 결과적으로 어느 정도 미국의 호의를 샀다. 그러나 네덜란드는 인도네시아의 인종적 다양성을 이용해 점령지에 괴뢰국가를 세워

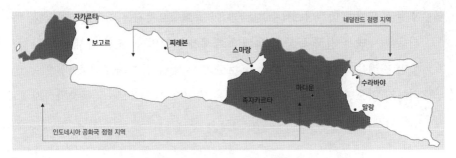

렌빌 조약 직후 판 무크 라인에 따라 갈라진 자바 섬 지도

지역 간 민심을 더욱 이간질하고 공화국을 견제하려고 공작했다. 네덜란드는 링가자티 협정 이전부터 이미 보르네오와 셀레베스에 자신들의 괴뢰정부를 세워 놓고 있었으므로 그런 상황에서 지역별 국민투표는 네덜란드 측에게 절대적으로 유리한 결과를 제공할 터였다.

이렇게 매우 불리한 조항들을 포함한 렌빌 조약에 아미르 샤리푸딘 총리가 서명함으로써 공화국 정치 지형엔 일대 파란이 일었다. 재임 초기 연정 파트너들로부터 적극적인 지지를 받았던 아미르가 조약에 서명하자, 마슈미당과 PNI가 즉시 등을 돌리고 자기 당이 추천한 장관들을 사퇴시켰다. 궁지에 몰린 아미르 역시 1948년 1월 23일 총리직을 사임하며 내각 총사퇴가 이루어졌고 부통령 모하마드 하타가 총리를 겸임하게 된다.

하타의 총리 취임은 궁지에 몰린 공화국의 일면을 보여준다. 초대 총리 수딴 샤리르와 2대 총리 아미르 샤리푸딘은 일제강점기에 치열한 항일투쟁을 했던 인사들이었다. 그들을 총리로 임명한 것은 태평양전쟁에서 일본과 싸웠던 연합군 국가들의 시각을 십분 고려한 결과였다. 그러나 두 사람이 차례로 실각하면서 적극적 부역자였던 부통령이 총리를 겸직하지 않으면 안 되는 상황이 되었다. 미국을 비롯한 서방국가들이 눈살을 찌푸렸지만, 독립전쟁의 한가운데서 피해를 수습하고 재건하면서 후속 공세에 대비해야 하는 인도네시아 공화국으로서는 더 이상 다른 총리들을 내면서 정국을 시범 운행할 계제가 아니었다. 또한 내세울 만한 항일 전력을 가진 적당한 총리 후보도 더는 없었다. 이제부터 하타가 노력하지 않으면 안 되는 상황이 찾아온 것이다. 훗날 그는 외무장관까지 겸임하게 된다.

공산당의 꿈, 마디운 사태

렌빌 조약으로 인한 휴전으로 인도네시아에 잠시 평화가 찾아온 것도 사실이었다. 한숨 돌릴 여유를 찾자 공화국 정부는 레라(Re-Ra Program) 프로그램을 진행했다. 레라 프로그램은 '정규군 재건 및 구조조정 프로그램(Program Rekonstruksi dan Rasionalisasi)'이라는 뜻으로 1947년 12월 중앙국가위원회(KNIP) 좌파 의원들의 청원에 근거하여 아미르 샤리푸딘이 착수한 정책이다.

당시 정부는 렌빌 조약 체결 2주 전인 1948년 1월 2일 대통령령 1호를 발표해 전군사령관 수디르만 장군과 군지도부를 해임하는데, KNIP의 강력한 항의로 결국 이 대통령령은 폐기된다. 그다음에 나온 것이 레라 프로그램이었다. 건국 당시 군대를 급조하는 과정에서 KNIL 출신과 일본이 조직한 의용군 PETA 출신 집단을 비롯해 자생적으로 발생한 여러 군사조직을 마구잡이로 수용하여 파벌들이 난립했고 조직체계나 명령체계 역시 중구난방이었다. 이런 상태에서 레라 프로그램은 군 조직 전반의 효율화를 도모하려는 시도였다. 군 개혁 법안을 포함한 청원을 자이눌 바하루딘(Zainul Baharuddin)이 의회에 정식 제출했는데, 이 법안의 골자는 군을 국방부 산하에 두고 병력도 감축한다는 것이었다. 당연히 군은 병력 감축안에 거세게 반발했다. 공화국은 당시 50만 명에 이르는 병력을 거느리고서도 네덜란드의 진출을 막지 못했기 때문이다.

하지만 아미르 샤리푸딘은 레라 프로그램을 이용해 군을 자기 통제 하에 두려 했고, 이에 방해가 되는 주요 군 간부들, 즉 전군사령관 수디르만 장군과 전군참모장 우립 수모하르조 장군을 제거하려 했다.

당시 국방장관을 거쳐 인도네시아 공화국의 두 번째 총리라는 중책을 맡은 중요 인물인 아미르 샤리푸딘은 계급 투쟁과 프롤레타리아 봉기를 신봉하는 공산주의자로, 어쩌면 독립전쟁에서 네덜란드에 대한 인도네시아의 승리보다도 공화국의 모든 영웅을 제거하고서라도 동인도에 공

공화국의 두 번째 총리 아미르 샤리푸딘. 걸출한 정치인이었던 그는 퇴임 11개월 후 반란 수괴가 되어 41세의 짧은 생을 마친다.

산주의 국가가 수립되는 것을 더욱 염원했을지 모른다.

수카르노를 비롯한 거의 모든 지식인과 민족주의자들이 "예스"라고 외치며 일본군에게 부역하는 것에 길과 진리가 있다고 믿어 의심치 않던 일본 군정 시절 내내, 수딴 샤리르와 함께 "노!"라고 부르짖으며 항일저항으로 일관했던 아미르 샤리푸딘은, 수마트라 메단의 부유한 귀족 출신으로 네덜란드 최고의 학교에 다녔고 유학에서 돌아온 후 바타비아에서 법학을 전공한 총명한 사람이었다. 그는 드물게도 이슬람에서 기독교로 개종했는데 바타비아의 바딱인들이 다니던 가장 큰 개신교회에 그가 당시 설교했던 자료들이 아직도 남아 있다는 점에서 그의 신앙의 깊이도 미루어 짐작할 수 있다. 독실한 기독교 신앙을 가진 공산주의자라니 사뭇 아이러니하다.

아미르는 1937년 네덜란드 식민지시대가 저물 무렵, 국제 파시즘을 주적으로 삼는 극좌 정당 인도네시아 시민운동 그린도(Gerindo)를 설립해 일단의 마르크스주의자 후배들을 이끈다. 소련이 드미트로프 독트린을 내세우며 파시즘에 대한 국제적 공동전선 구축을 촉구할 때, 네덜란드 식민정부와 맞서 싸우며 이 공동전선에 합류한 인도네시아인들의 수가 폭발적으로 증가했다. 그린도는 인도네시아인으로 이루어진 온전한 입법부를 갖는 것을 우선의 목표로 했다. 이는 수카르노 같은 민족주의자들이 즉각적 독립을 목표한 것에 비해 훨씬 온건한 것이었다.

일본의 위력과 영향력이 점점 커지던 시절, 파시즘의 위험을 일찌감치 경고했던 아미르는 1940년에 이르러 네덜란드 정보국으로부터 공산주의 지하조직과 연계되어 있다는 의심을 받아 블랙리스트에 오른다. 하지만 독일의 동맹인 일본을 견제하기 위해 동료들과 함께 동인도 물품의 대일수출 보이콧운동을 전개하자, 1942년 3월 이를 눈여겨본 네덜란드 정보국은 마르크스주의자들과 민족주의자들 사이에 폭넓게 형성된 그의 인맥을 통해 항일저항운동을 조직해달라고 부탁한다. 당시는 네덜란드 군이 일본에 패전을 거듭하며 식민정부가 호주로 망명하던 무렵이었다.

일본군이 동인도를 점령하면서 모든 저항을 강경하게 진압하자 인도네시아 지도자들 대부분은 중립적 방관자나 일본군의 능동적 협력자로 전향했지만 아미르는 수딴 샤리르와 함께 저항세력을 조직해 적극적으로 일본군과 싸웠다. 그리 하여 그는 1945년 당시 이미 공화국에서 가장 유명하고 존경받는 정치가 중 한 명이 되었다. 그는 공산당(PKI)과 교류했지만 1935년 재건된 이후 저급한 모습을 보여온 마르크스주의자들을 경멸하는 편이었다. 하지만 그는 공산주의자 동료들과 전쟁 전 그린도 운동을 함께했던 사람들을 모아 1945년 11월 1일 인도네시아 사회당(PARSI)을 설립한다. 그리고 같은 달, 그의 추종자들이 인도네시아 사회주의 청년단(PESINDO)을 발족시킨다.

12월 16일에서 17일, 두 단체의 회의에서 아미르의 PARSI가 샤리르의 정치그룹인 PARAS를 합병하여 사회당을 발족하기에 이른다. 정부와 각을 세울 것 같던 사회당은 족자와 동부 자바에서 오히려 가장 강력한 친정부 정당이 되었다. 그들은 사회주의를 본격적으로 적용하기엔 아직 때가 무르익지 않았고 인도네시아의 독립 쟁취를 위해 필요한 국제적 지지를 얻어내는 것이 우선이라 보았다. 그런 측면에서 민족주의자들과 방향이 맞아떨어졌다. 하지만 아미르와 사회당 지도자들은 인도네시아 사회에서 옳지 못한 구성 요소들은 숙청해야 한다는 주장을 당론으로 삼았으며, 이에 따르면 민족주의자들 상당수가 사실상 그들의 숙청 대상이었다. 사회당의 서구화된 지도자들은 네덜란드와의 전쟁 중에도 자국민의 혁명 열기보다 네덜란드의 좌익 세력들이 인도네시아 독립에 더욱 기여할 것이라 믿었다. 따라서 이 정당의 반대편에 있는 자들은 사회당의 존재가 어딘가 석연치 않기만 했다.

일본 패망 후 구성된 첫 번째 인도네시아 정부에 복무한 17명의 각료들은 대부분 일본에 부역했던 민족주의자였다. 이 정부의 정보처 장관으로 임명된 아미르만이 인도네시아의 해방을 감옥에서 맞이한 몇 안 되는 항일투사였다. 아미르는 독립전쟁 초기 공화국의 첫 총리이자 수카르노의 라이벌이었던 수딴 샤리르와 긴밀하게 협력했고, 새 정부가 국민들과 소통하는 시스템을 효과적으로 정착시키는 데 공헌했다. 그는 그해 10월 30일 수라바야 전투 전야에 휴전 협정을 위해 영국 군정의 다급한 요청으로 수카르노와 하타와 함께 수라바야로 가는데, 이는 그가 연합군으로부터 말이 통하는 상대라고 신뢰받았던 증거다.

1945년 10월 16일, 샤리르와 아미르는 KNIP을 장악하고 11월 11일 의회주의 정부를 출범시킨다. 아미르는 샤리르 내각에서 국방장관의 중

샤리푸딘(왼쪽)과 수디르만 장군과 한담 중인 수카르노. 수카르노를 사이에 둔 두 사람의 긴장감이 사진 속에서도 느껴진다.

책을 맡는다. 그러나 그 직위는 TKR(시민치안군), 그리고 새로 선출된 TKR 사령관 수디르만 장군과 알력을 빚는 원인이 된다. 군에서 국방장관 후보로 족자의 술탄 하멩꾸부워노 9세를 (사실 술탄 자신은 그 직책에 열의를 보이지 않았지만) 추천했기 때문이었다. 아미르는 정부가 추진하는 반파시즘 프로그램의 핵심 인물로, 그 프로그램의 주요 타깃은 군이었기에 군과의 갈등은 더욱 골이 깊어졌다. 아미르는 일본과 협력했던 PETA 출신 장교들을 "반역자", "파시스트", "주구"라고 공격했던 것이다.

아미르는 정부에 충성하고 사회주의 이념에 투철한 소련의 붉은 군대(Red Army)를 인도네시아 시민군대의 전형으로 여겼다. 그리하여 1946년 2월 19일 사회주의자들과 마슈미당 정치가들 일색인 '교육참모부'를 군에 설치하고 육군사령부와 협의도 없이 5월 말까지 55명의 '정치장교'들을 임명했다. 이 새로운 장교들이 혁명 목적에 부합하도록 군을 교육

할 참이었다. 그러나 수디르만 장군을 포함한 PETA 출신 고급지휘관들은 자신들에게 붙은 '파시스트'라는 호칭에 격분해 이 제도를 격렬히 반대했다. 더욱이 사관학교에 스며들기 시작한 마르크스주의적 분위기는 군의 자존감을 훼손했고 군이 국가적 투쟁에서 정파에 치우치지 않고 고유의 역할을 일관되게 수행해야 한다는 군 수뇌부의 생각과도 충돌했다. 결국 군 수뇌부는 빨치산 이데올로기를 군에 도입하려는 아미르의 시도를 단호히 거절하여 좌절시켰다.

사사건건 대립하던 PETA 출신 장교들과의 적대관계로 아미르는 다른 곳에서 군사적 지원을 얻으려 했다. 그는 몇몇 사단에서 네덜란드군 교육을 받은 호의적인 장교들을 규합했는데, 그중 하나인 서부 자바의 실리왕이 사단(제3지역군사령부)은 1946년 5월 당시 KNIL 출신의 나수티온(Abdul Haris Nasution) 중령이 지휘하고 있었다. 새 내각을 지원하는 또 다른 무력의 원천은 내각의 반파시즘 노선을 지지하는 무장청년단이었다. 그 구성원들은 평균적으로 교육 수준이 높았다. 정당을 만들어 키워내는 데 샤리르보다도 분명한 재능을 보인 아미르는 높은 친화력과 설득력 있는 언변으로 이 청년들을 자기편으로 끌어들이는 데 공을 들였다. 하지만 네덜란드군과 전선을 형성하고 있던 상황에서 정규군 외에 특정 노선에 충성하는 별도의 준군사집단을 만든다는 것은 매우 위험한 발상이었으므로 군 수뇌부들은 자신들의 통제권 밖에 출현한 석연치 않은 무장청년단을 곱지 않은 시선으로 바라보았다.

굳건하던 아미르와 샤리르의 관계도 1947년 급격히 무너졌다. 아미르와 1946년 네덜란드에서 돌아온 공산주의자들 사이의 해묵은 의심과 반목은 반파시즘 구호가 힘을 잃으면서 점점 더 뚜렷해졌다. 한편 샤리르는 외교를 선점하여 혁명 열기가 뜨거운 중부 자바에서 물리적으로 멀리 떨어진 자카르타에 머물며 네덜란드와의 협상을 진행하면서, 소련 냄새를 물씬 풍기는 사회당의 마르크스주의자들과 좌익이 지배하는 대형집회를 점점 더 경원했다. 그러자 1946년 6월에 이르러 반대파벌은 샤리르를 용도 폐기하고 대신 아미르에게 지지를 보냈다. 이에 아미르는 1947년 6월 26일 좌익의 전폭적 지지를 받는 모스크바 편향의 두 지도자 압둘 마짓(사회당), 위까나(PESINDO)와 함께 샤리르에 대한 지지를 철회했다. 그들은 샤리르가 외교를 통해 호전적인 네덜란드와 강화를 시도한다는 것 자체가 부질없는 일이며 오히려 공화국 이익에 반하는 것이라고 비난의 목소리를 높였다.

아미르는 총리직에 오르면서 광범위한 연정을 시도했지만 무슬림인 마슈미당은 공산주의 색채를 드러내는 아미르에게 적의를 보여 초창기엔 당수 수끼만 박사를 비롯해 이전 샤리르 내각의 "신앙심 깊은 사회주의자"들에게 새 내각 참여를 만류했다. 그런데도 그해 7월 아미르는 공화국의 총리로 임명되었고, 윈도 아미세노 같은 영향력 큰 다른 마슈미 파벌의 지지를 얻어낼 수 있었다. 바야흐로 인도네시아 독립전쟁의 한가운데에 공산주의 아우라를 본격적으로 풍기는 내각이 탄생한 것이다. 하지만 렌빌 조약이 국가적 악재가 되어 아미르는 엄청난 비난에 시달렸고 PNI와 마슈미당의 각료들은 1948년 1월 초 사퇴하기에 이른다. 1월 23일 지지 기반을 잃은 아미르도 총리직을 사임했고 수카르노 대통령은 하타에게 비상 내각 구성을 지시했다.

이번 내각은 이전처럼 KNIP가 아닌 대통령에게 직접 복무하는 것이었다. 샤리르와 아미르 샤리푸딘이라는 두 명의 항일전사 출신 총리를 소진한 수카르노는 부일 전력의 하타를 총리로 세우면서 더는 서방의 눈치를 살피지 않고 일본 부역자라는 낙인에도 개의치 않고 국제정치 무대 전면에 나서겠다는 의지를 분명히 했다. 새 내각은 PNI당과 마슈미당 및 무소속 출신들이 주류를 이루면서 아미르와 좌익세력은 야권으로 밀려났다. 아미르 샤리푸딘의 출세가도는 여기서 멈추는 듯했다.

총리에 취임한 하타 부통령은 국방장관도 겸임했다. 하타의 내각은 좌익정당의 인사들을 포함하지 않았고 내치에 힘쓰며 특히 경제 상황을 호전시키려 노력했다. 그 노력 중 하나가 지난 아미르 내각 당시 중도 폐기되었던 레라 프로그램을 부활시키는 것이었다. 그러나 하타는 전임 아미르와는 달리 레라 프로그램을 통해 군 내의 좌익세력을 청산하려 했고 수디르만 장군이나 군의 위상을 격하시키려는 어떤 시도도 하지 않았다. 이 정책의 기본 취지는 병력 감축을 통해 정부 재정 부담을 줄이는 동시에 군의 효율성을 제고하고 난립한 파벌들을 정부의 지휘권 밑으로 흡수해 일사불란하게 포진케 하는 것이었다. 이 부분이 가장 중요했던 이유는 각지의 부대들이 중앙의 지휘를 따르지 않고 독자적 판단과 결정을 우선시하는 경우가 많았기 때문이었다.

하타의 정규군 재편 및 최적화 정책 첫 번째 조치는 두말할 것 없이 병력 감축이었다. 그는 당시 50만에 달하던 군을 16만 명으로 줄이고 약간의 비정규군 게릴라만을 남겨두었다. 또한 하타는 16만에서 다시 정예화를 시도해 5만 7천 명 선까지 축소하려 했고 군사전략 면에서도 거점방어 개념에서 정예군을 능동적으로 기동시키는 이동공격 개념으로 바꾸려 했다. 이 정규군 이동공격에는 농민들로 구성된 향토방위군의 지원도 계획되어 있었다. 하타 내각의 제안을 정부가 받아들여 1948년 1월 2일 국방과 관련된 모든 권한을 국방장관에게 집중시키는 법안이 서명되었고, BP-KNIP(중앙국가위원회 실행위원회)에서도 1948년 3월 5일 국방부와 군 체계에 대한 1948년 제3호 법령이 통과되었다.

그러나 네덜란드의 경제 봉쇄로 야기된 걷잡을 수 없는 인플레이션과 물자 부족으로 경제 부문에서의 하타의 노력은 대체로 실패했고, 레라 프로그램마저 군의 강력한 반발로 그리 순조롭지 않았다. 감군 조치의 대상이 된 부대나 개인은 자신들이 군인 신분을 잃고 인도네시아 청년으로서의 특권도 사라질 것이라 여겼다. 더욱이 해군에서는 위의 제3호 법령에 따라 1948년 3월 17일 R. 수비약또 중령을 위원장으로 하는 인도네시아 공화군 해군 재편위원회를 설치해 해군 1사단과 2사단을 통합육군으로 편성해버리는 어처구니없는 일도 벌어졌다.

실망한 사람 중엔 앗마지 부제독도 있었다. 그는 1945년 10월 5일 해양 BKR이 M. 빠드리 제독을 참모총장으로 하고 족자에 사령부를 둔 TKR 해군으로 재편할 때부터 실망을 표명해왔다. 그는 네덜란드 식민지 시절부터 해군으로 근무했지만, 공화국이 해군을 비교적 홀대하는 것에 반발해 어느 날 스스로 국민 해양치안대를 만들어 수라바야에 본부를 두고 그 부대장이 되었다. 물론 공화국 정부와 군 수뇌부가 그렇게 막 나가는 일개 부대장을 그냥 놔둘 리 없었다. 그는 레라 프로그램에 의해 국방부로 자리를 옮겨야 했고, 이에 반발한 앗마지와 그의 추종자들은 1948년 마디운의 공산당 반란에 가담하는 쪽으로 방향을 잡는다.

한편 그즈음 국방부의 요직을 맡고 있던 좌익 인사들 대부분이 퇴출당하고, 아미르 샤리푸딘이 1947년에 만든 무장청년단은 사령부 지시에 따라 정규군에 흡수된다. 무력 기반을 잃은 좌익세력은 하타를 비난하며 레라 프로그램의 집행을 방해하고 나섰다. 1948년 4월 레라 프로그램을 반대하는 학생들의 시위가 동부 자바에서 벌어졌고, 1948년 5월에는 스노빠티 사단(육군 제4사단)도 레라 반대 시위에 가담했다.

하타는 1948년 9월 2일 BP-KNIP 총회에서 최적의 체계가 갖추어질 수 있도록 군 병력 감축 계획이 진행되어야 함을 강조했다. 1948년 10월 28일 자 국방장관 명령서에 따라 자바군 및 지역사령관(PTTD)인 A. H. 나수티온 대령 휘하에 자바 지휘본부(MBKD)가 설립되고 히다얏 대령 휘하에 수마트라 지휘본부(MBKS)가 구성됨으로써 정규군 육군에 대한 레라 프로그램은 어쨌든 완성되는 모양새를 보였다. 그러나 바로 그 직전인 9월 중순 마디운 사태가 벌어졌다.

아미르 샤리푸딘의 좌익연합이 '인민민주전선'이라 개명하고 아미르 스스로가 서명했던 렌빌 조약을 성토하던 중, 1948년 8월 11일 인도네시아 공산당 PKI의 1920년대 거물 지도자 무쏘(Musso)가 소련에서 돌아왔다. 그는 중

무쏘는 20년대 인도네시아 공산당의 거물급 지도자였다.

량감 넘치는 인물이었다. 아미르를 위시한 인민민주전선의 지도자들은 즉시 그의 권위를 받아들였고, 스탈린주의적 공산당은 노동계급의 단일 정당이어야 한다는 무쏘의 사상에 동조하여 인민민주전선의 다수를 점하고 있던 좌익정당들이 스스로 해체하여 PKI에 합류했다. 9월 8일 무쏘가 족자에서 행한, 인도네시아가 소련의 선례를 따라야 한다는 연설에 고무된 전국 공산주의자들은 산업별 운동과 시위를 벌이는 데 그치지 않고 중부 자바 수라카르타에서 PKI와 친정부세력이 공개적으로 서로 맞붙어 전면전을 벌이는 사태에 이르렀다. 나아가 동부 자바 마디운(Madiun) 지역에서는 한 PKI 지지 그룹이 전략적 거점을 점령하기에 이른다. 그 마디운에서 1948년 9월 18일 인도네시아 공산당과 인도네시아 사회당이 주축이 된 '인도네시아 소비에트 공화국' 성립이 라디오 방송을 통해 선포되었고, 대통령에 무쏘, 총리에 아미르 샤리푸딘이 추대되었다.

하지만 마디운 사태는 계획에 없던 설익은 쿠데타로, 자칫 실패한다면 무쏘와 아미르에겐 돌이킬 수 없는 재앙이 될 수도 있을 터였다. 하지만 이 사태는 그들이 오래전부터 뿌려놓은 씨앗들이 자라난 결과였고, 무쏘와 아미르는 비록 독배일지라도 그 잔을 기꺼이 받아들기로 했다. 그래

서 그들은 다른 PKI 지도자들과 함께 급속히 전개되는 상황을 장악하기 위해 즉시 마디운으로 향했다. 물론 봉기의 성공을 믿지 않았다면 그리 쉽게 마디운행을 선택하지 않았을 것이다. 반란의 실패가 어떤 파국을 가져올지는 불을 보듯 뻔했으니 말이다. 그 옛날 제1차 세계대전 와중에 독일과 싸우던 로마노프 왕가의 배후를 공격해 무너뜨린 소련의 '붉은 혁명'처럼 무쏘와 아미르는 네덜란드군과의 전쟁으로 군사적 역량이 소진되고 하타의 레라 프로그램으로 공화국 병력 규모가 획기적으로 감축된 이때가 공화국을 전복시키고 공산주의 정권을 수립할 프롤레타리아 봉기의 적기라도 판단했는지도 모른다. 그들은 마디운을 일본과 미국의 하수인인 수카르노와 하타에 대항하는 반란의 성지로 삼아 전국의 공산주의자들을 궐기시켜 동인도 전체에 거대한 공산주의 국가를 건설하는 꿈을 꾸었다.

그러나 세상은 그리 호락호락하지 않았다. 족자에 남아 있던 약 200명의 PKI 지지자들과 다른 좌익 지도자들이 바로 그다음 날 전격 체포되었고, 수카르노는 라디오 방송을 통해 마디운 반란군을 성토하며 소련식 정부를 꿈꾸는 무쏘에 대항하여 자신과 하타를 따라 궐기할 것을 촉구했다. 무쏘 역시 라디오 방송을 통해 끝까지 투쟁할 것임을 밝히는 등 승부수를 날렸지만 반뜬(Banten)과 수마트라의 인민민족전선이 자신들은 마디운 반란과 아무 상관 없다며 슬며시 발을 빼면서 마디운 반란은 전국적 봉기가 아닌 지역 반란으로 주저앉아버렸다. 무쏘와 아미르가 공산당의 역량을 과대평가하여 결정적인 판단 착오를 하고 만 것이었다.

그다음 주에 들어서자 5천~1만 명으로 추산되는 PKI 병력이 진을 치고 있는 마디운으로 실리왕이 사단을 주력으로 한 친정부군이 진군해 들어갔다. 한때 아미르를 지지하는 무력세력의 한 축이라 여겼던 실리왕이 사단마저 공산주의자들의 적으로 돌아선 것이다. 반군들은 동부 자바 주

마디운 사태 당시 반란 혐의자들이 인도네시아군 장교로부터 심문을 받고 있다.

지사 수리요를 비롯해 경찰관들과 종교지도자들, 마슈미당과 PNI당의 지도자들을 살해하면서 퇴각했고 인근 마을에서도 많은 사람이 죽임을 당했다. 9월 30일 마침내 반란군은 마디운을 포기했고 정부군은 그들을 두메산골까지 추격해 들어갔다.

　PKI의 주력은 마디운에서 둥우스(Dungus)라는 곳으로 후퇴하지만, 이곳마저 10월 1일 정부군에게 점령되자 무쏘는 아미르와 함께 제법 강력한 2개 대대 병력을 데리고 회피 기동을 시작했다. 그러나 전투 중 주력부대로부터 낙오한 무쏘는 달랑 두 명의 PKI 병사들과 함께 쫓기는 신세가 되고 말았다. 그는 중간에 마주친 경찰관을 살해했고 또 다른 군인과 만나자마자 사격을 가했으나 맞히지 못했다. 그는 도망치다가 10월 31일 스만딩이란 작은 마을의 한 옥외 화장실에 숨어 정부군과 교전 중 사살되었다. 인도네시아 열도에 소비에트 공화국 건설을 꿈꾸었던 무쏘

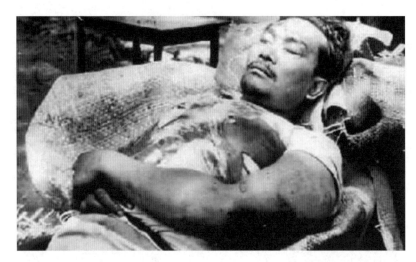

사살된 무쏘의 시신

의 허망한 최후였다.

아미르는 좀 더 오래 버텼다. 그는 마디운과 둥우스를 거치면서 남은 반군 병력 300여 명과 함께 오랜 행군을 한 끝에 뿌르워다디 지역 끌람부 외곽의 뻐갓산 동굴로 들어갔다. 그곳은 천연요새와 같이 훌륭한 엄폐와 은폐를 제공했지만, 그것만으로는 결정적인 수적 열세를 극복할 수 없었다. 포위망을 좁혀오는 정부군에게 외곽경비 부대가 11월 22일 항복했고, 아미르는 마침내 다른 PKI 지도자들과 함께 11월 29일 동굴에서 나와 항복하여 꾸두스 소재 29여단 사령부로 압송됨으로써 마디운 사태는 완전히 일단락된다. 이 사건으로 약 3만 5천 명이 체포되었고, 사망한 사람들은 8천여 명으로 추산된다.

인도네시아 독립과정과 독립전쟁 초기에 큰 족적을 남긴 아미르는 그런 허접한 반란수괴가 되어 형장의 이슬로 사라지기엔 아까운 인물이었다. 일제강점기 시절 처형 위기에 몰렸던 그를 한 차례 구원해주었던 수카르노는 어쩌면 이번에도 아미르의 목숨만은 살려볼 마음을 가졌을지도 모른다. 그러나 상황은 호의적이지 않았다.

아미르 샤리푸딘과 동료 PKI 지도자들이 체포된 지 불과 20일 후인 12월 19일, 네덜란드군은 '끄라이 작전'이라는 두 번째 대규모 공세로 족자를 점령했고 수카르노, 하타, 아구스살림, 수딴 샤리르 등 공화국 정부 전체를 포로로 잡았다. 하지만 수디르만 장군이 이끄는 공화국군은 군사적 손실을 최소화하면서 간신히 족자를 탈출해 시골 지역으로 철수하여 판 무크 라인의 양편에서 본격적인 게릴라전을 시작했다. 이 과정에서 불과 한 달 반 전 마디운에서 철수하던 PKI 부대가 공화국 관료들과 포로들을 모두 학살했듯이 정부군 역시 족자에서 퇴각하면서 아미르를 비롯해 포로로 잡혀 있던 다른 좌익 지도자들을 모두 총살해버린다. 한때 "정적조차도 미워하기 어려운 사람"이라고 묘사되었던 아미르 샤리푸딘은 그렇게 생을 마감했다.

정부군이 마디운 사태를 통해 공산주의자들을 일소한 것은 그렇잖아도 반식민주의 정서에 기반해 대체로 인도네시아에 동정적이던 미국으로부터 더욱 큰 외교적 지원을 끌어내는 계기가 되었다. 동서 진영 사이의 냉전이 전 세계를 침식해 가던 당시, 인도네시아 공화국은 소련 주도의 공산 진영에 대항하는 미국 주도 자유 진영이 동맹으로 삼을 만한 확고한 반공 국가라는 인식을 심어주었다.

5장 네덜란드군의 제2차 공세

끄라이 작전

네덜란드와 인도네시아 공화국 간의 갈등 해소를 위한 외교적 노력이 계속되었으나 안팎의 문제들이 계속 앞길을 막았다. 공화국 정부는 렌빌 조약에서 네덜란드에 양보한 부분에 대해 국민들을 설득하는 데 애를 먹었다. 한편 네덜란드는 인도네시아에 대한 경제적 압박을 더욱 강화하면서 지배력을 공고히 하려 했지만, 시간은 절대적으로 인도네시아의 편이었다. 네덜란드는 렌빌 조약의 해석을 둘러싼 논쟁에서 결코 인도네시아와 타협할 생각이 없었지만, 동인도의 식민지 회복을 위해 지출하던 하루 1백만 달러가 넘는 군사비용은 마셜 플랜(Marshall Plan) 등의 해외 원조를 받아 제2차 세계대전의 전후 복구를 해야 했던 네덜란드로서는 너무 큰 부담이었다. 네덜란드 정부는 마셜 플랜 원조의 상당 부분을 무기와 병력의 형태로 바꾸어 지구 반대편 인도네시아에서의 전쟁에 투입하고 있었다.

렌빌 조약 이후 계속된 협상은 마침내 결렬되고 네덜란드는 일방적으로 인도네시아 연방안을 밀어붙였다. 이 새로운 안에는 신설된 남부 수마트라 주와 동부 자바 주가 인도네시아 합중국에 포함되어 있었지만 네덜란드는 이에 대한 어떤 타당한 이유도 제시하지 않았다. 네덜란드는

렌빌 조약 당시 실리왕이 사단의 사단장이던 압둘 하리스 나수티온 대령(왼쪽). 나수티온 장군은 훗날 노환으로 서거할 때까지 인도네시아의 대장군으로 존경받는다.

연방자문의회를 만들어 인도네시아 합중국 임시정부의 구성을 1948년 말까지 완료토록 촉구했다. 그러나 자신의 입지를 대폭 줄인 이 계획을 공화국 정부가 순순히 받아들일 리 없었다. 자바와 수마트라 상당 부분을 실질적으로 점령하고 있던 공화국에 대한 언급은 이 계획의 그 어디에도 등장하지 않았다.

협상이 교착상태에 빠지자 공화국은 아직 철수하지 못한 판 무크 라인 너머 네덜란드 측 지역의 공화국 거점들이 대대적으로 공격당할 것을 우려했다. 렌빌 조약 초기였던 1948년 2월, 공화국 측은 조약 내용을 이행하는 동시에 공화국군의 건재함을 보여주려고 나수티온이 이끄는 3만 5천 명 규모의 공화국군 실리왕이 사단이 서부 자바에서 중부 자바로 행진해 들어가는 퍼포먼스를 벌인 바 있었다. 이러한 병력 재배치는 사실상 수라카르타 지역에서 내부 갈등을 빚던 반란 인자들을 위협하려는 군사적 실력 과시라는 측면도 있었다. 그런데 공화국군이 판 무크 라인을 넘어 공화국 지역으로 철수하던 과정에서 슬라멧 산을 횡단하던 한 부대가 네덜란드군과 충돌했고, 네덜란드 측은 이를 판 무크 라인 전역에 걸친 공화국의 조직적 군사 행동이라고 판단했다. 이 사건은 판 무크 라인의 네덜란드 측 지역에서 활동 중이던 공화국군 게릴라들이 네덜란드의 괴뢰 자치주인 서부 자바 빠순단 주를 침식하고 있던 상황과 기타 여러 부정적 보고들이 맞물려 네덜란드군이 해당 지역에 대한 통제력을 잃어가고 있다는 위기감을 고양시켰다. 그러던 중 1948년을 관통하면서 발생한 다룰이슬람 반란과 그해 9월의 마디운 공산당 반란은 공화국에는 재앙이었지만 네덜란드에는 더없는 호재로 작용했다. 이 반란들로 공화국군의 전력이 크게 약화하였을 것이란 정황은 렌빌 조약을 파기하고 군사작전을 통해 공화국 정부를 최종적으로 와해시키려던 네덜란드에 확신을 더해주었다.

끄라이 작전(Operatie Kraai)은 암호명 '까마귀 작전'이라고 번역된다. 1947년 7월의 프로덕트 작전에 이은 이 끄라이 작전은 1948년 12월부터 1949년 1월 사이에 벌어진 네덜란드군의 두 번째 총공세였다. 네덜란드는 앞서 언급한 것과 같은 이유로 이를 두 번째 "치안 활동"이라 부르고, 인도네시아는 "네덜란드군의 제2차 공세"라 부른다.

두 번째 치안 활동에는 링가자티 조약에 명시된 연방을 조직하는 데 인도네시아의 협조를 촉구한다는 핑계도 있어서 군사 행동의 목적은 더욱 분명했다. 인도네시아를 네덜란드와 밀접한 관계를 유지하는 연방국가로 새로 조직해 복속시킨다는 것이었다. 네덜란드는 군사 행동의 직접적 동기로서 인도네시아가 렌빌 조약을 위반했다고 주장했다. 애초에 자신들이 점령한 지역에서 인도네시아군이 철수하는 대가로 공화국 지역에 대한 해상 봉쇄를 풀기로 했는데, 인도네시아군이 비밀리에 다시 네

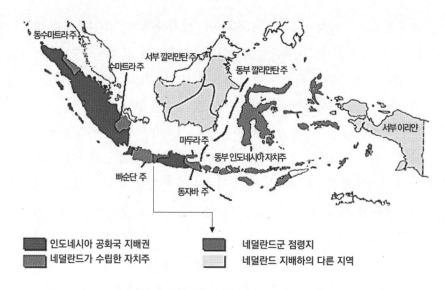

1948년 12월 끄라이 작전 직전의 인도네시아 상황

덜란드 지역으로 돌아와 게릴라 작전을 벌였다는 것이다.

실제로 다룰이스람군이 전선 후방에서 네덜란드군을 괴롭혔지만, 그들은 이미 수카르노의 공화국 정부도 적으로 돌린 상태였다. 하지만 이는 네덜란드군에겐 협정 파기의 좋은 빌미일 뿐이었다. 1948년 9월 공화국의 암호문 해독에 성공한 네덜란드군이 상대편의 군사적·외교적 전략과 계획을 미리 파악할 수 있게 된 상황에 기인한 자신감 역시 크게 작용했다. 이를 토대로 확신에 찬 네덜란드군은 전장과 외교 무대에서 공화국의 우위에 섰고, 실제 공세를 벌이기 며칠 전, 임박한 군사 작전에 대해 자카르타에서 기자회견을 여는 여유까지 보였다.

당시 정세를 읽은 인도 수상 자와할랄 네루(Jawaharlal Nehru)는 전용기를 보내 수카르노와 하타를 서부 수마트라의 부낏띵기로 빼돌려 비상시국 임시정부를 수립하도록 한 후, 인도네시아 사절단을 뉴델리를 경유해 뉴욕까지 데려가 유엔 총회에서 인도네시아의 입장을 옹호하려 했다. 당시 신생 독립국이었던 인도는 서방제국주의와 맞서는 인도네시아의 입장에 동조했다. 하지만 이 정보를 미리 입수한 네덜란드군은 인도네시아와 인도가 시간 조율을 할 수 없도록 선수를 쳤다.

12월 8일 네덜란드의 루이스 베일(Louis Beel) 고등판무관은 자카르타에서 라디오 방송을 통해 다음 날 중대 발표를 할 것을 공표했다. 그러나 통신선이 끊긴 족자에서는 이 소식을 듣지 못했다. 한편 스포르 장군은 공화국에 대한 전면적 기습공격을 명령했는데, 그것이 바로 '끄라이 작전'이었다. 네덜란드군은 12월 19일로 계획된 공화국군의 군사 훈련 일정에 맞추어 작전을 시작하도록 조정해, 공화국군이 네덜란드군의 침공이 실제 상황인지 훈련인지 혼란에 빠지게 하여 기습 공격의 효과를 극대화하도록 기획했다. 이 침공 계획은 유엔의 정전감독위원회인 GOC에도 사전 통지되지 않은 채 기습적으로 시작되었다.

첫 공격은 12월 19일 새벽 4시 30분에 시작되었다. 반둥 비행장에서 이륙한 네덜란드군 항공기가 공화국 측의 방공망을 피해 인도양으로 우회해 족자를 향해 날아갔고, 그사이 네덜란드 측 베일 고등판무관은 라디오 방송을 통해 네덜란드가 더 이상 렌빌 조약에 구속되지 않을 것을 천명했다. 이는 선전포고와 다름없었다. 그와 동시에 네덜란드군은 자바와 수마트라 전역에서 인도네시아군의 주요 거점들을 공격하기 시작했다. 새벽 5시 30분 족자의 라디오 방송국과 마구워 비행장이 ML-KNIL(동인도 네덜란드 공군)에 폭격당했다. 당시 공화국군은 일본군이 사용하던 미쓰비시 제로기 3대만을 가지고 있었으나, 네덜란드 공군은 P-40 키티호크, P-51 머스탱, B-25 미첼 전폭기는 물론 더글러스 C47 수송기 23대를 동원해 병력을 실어 날랐으므로 끄라이 작전에서 네덜란드의 제공권은 가히 압도적이었다.

족자카르타 공격을 위해 수송기에 탑승하는 네덜란드군 공수부대

네덜란드군 공수부대가 낙하하던 마구워 비행장은 고사포도 제대로 갖추지 못한 채 인도네시아 공군 사관생도 47명을 비롯한 150여 명이 방어 중이었다. 네덜란드군은 먼저 더미(dummy)들을 낙하해 사격을 유도했고 사격 위치가 확인된 비행장 수비대를 전투기들이 기총소사로 쓸어버리는 작전을 썼다. 25분간 지속된 이 전투에서 네덜란드군은 아무런 인명 피해도 없이 128명의 공화국군을 사살하면서 공항을 점령했다. 공항 외곽 지역까지 완전히 확보한 것이 6시 45분이었고, 이후 네덜란드군 후속 부대가 두 차례에 걸쳐 마구워 비행장에 추가 착륙했다. 이 비행장은 스마랑에 근거지를 둔 네덜란드 공군의 전진기지 구실을 하기 시작한다. 아침 8시 30분, 스포르 장군은 라디오 방송에서 모든 네덜란드군에게 판 무크 라인을 넘어 족자를 점령하고 공화국의 "불안정한 요소들을 축출"하라는 명령을 내렸다.

끄라이 작전의 주목표는 공화국 임시 수도인 족자를 공격하여 함락시키는 것뿐만 아니라 수카르노 정부를 방어하기 위해 족자로 집결할 공화국 정규군(TNI)을 신속히 궤멸시키는 것이었다. 네덜란드군은 공중과 육상에서 압도적 전력으로 인도네시아 공화국군으로부터 결정적이고도 최종적인 승리를 이끌어내려 했다. 공교롭게도 자바군 사령관 나수티온 대령은 동부 자바 시찰을 위해 자리를 비운 상태였다. 네덜란드군의 맹렬한 공습에 족자의 인도네시아군 방어망은 불과 몇 시간 만에 무너져 내렸고 신속히 진주한 네덜란드군은 공항과 주요 도로, 교량 등 전략적 거점들을 점령했다.

그러나 인도네시아 전군사령관 수디르만 장군은 족자에서 결사항전하기보다는 게릴라전을 펼치며 훗날을 도모하고 병력 피해를 최소화하려 계획하고 있었다. 그러기 위해서는 가능한 한 네덜란드군과의 교전을 피해 파멸적 패전을 면해야만 했다. 그는 군을 재건하고 힘을 키울 시간을 얻기 위해 잠시 영토를 내주는 정도는 감수할 수 있었다. 그리하여 실제로 TNI 병력 대부분은 족자 서부에서 밀고 들어오는 네덜란드의 측면 공격을 견제하며 네덜란드군 주력을 피해 족자를 이탈했다.

> 우리는 공격받았다. 네덜란드 정부가 휴전협정을 위반했다. 모든 병력은 네덜란드군의 공격을 맞아 기존에 결정한 계획들을 수행하라.
>
> — 1948년 12월 19일 수디르만 장군의 라디오 연설 중

기습공격 보고를 받은 수디르만 장군은 라디오 방송을 통해 '긴급 명령'을 하달하는 한편 수카르노 대통령과 다른 공화국 지도자들이 함께 족자를 탈출해 게릴라군과 합류할 것을 촉구했다. 그러나 수디르만 장군과 그를 수행한 T. B. 시마뚜빵(Simatupang) 중령을 기다리게 해놓고 정작

수카르노는 긴급 각료회의를 소집했다. 회의 결과, 수카르노는 수디르만의 요구를 거절하고 족자에 그대로 남아 끝까지 유엔 및 중립국 정전감독위원회 사절단들과 연락을 취하겠다고 했다. 수카르노는 족자의 공화국지도부에 유고가 발생할 경우 수마트라에 '비상시국 긴급정부'를 설치하는 계획도 수립해놓은 상태였다. 그것은 일견 족자에 남아 최후의 순간까지 목숨을 걸고 저항하는 것처럼 보였으나, 실제로는 탈출 과정에서 벌어질 전투에서 발생할지 모를 정부 수뇌부의 인명 피해를 감수하기보다 차라리 스스로 네덜란드군의 포로가 되겠다는 것을 의미했다. 진정 그렇게 해서라도 국제사회의 동정심을 불러일으키겠다는 치열한 애국심의 발로였는지, 아니면 닥쳐온 파국에서 자신의 목숨을 부지하려는 처절한 몸부림이었는지는 알 수 없다.

어쨌든 수카르노는 족자 탈출과 게릴라전 참전을 거절하고 정부 각료 전체와 함께 그곳에 남았다. 걷잡을 수 없는 실망감을 애써 억누르며 각료들에게서 돌아선 수디르만은 전장으로 돌아가 공화국군의 퇴각을 지휘했고, 자신도 간신히 네덜란드군의 포위망을 빠져나와 족자를 탈출할 수 있었다.

한편 D.R.A 판 랑언(Van Langen) 대령이 이끄는 네덜란드군 중무장 보병부대와 공수대원들은 마구워 비행장에 집결해 본격적으로 족자 접수를 준비했다. 이날 족자의 거점 대부분이 네덜란드군의 수중에 떨어졌고, 공군본부와 참모총장 공관들도 네덜란드군의 폭격과 퇴각하던 인도네시아군의 초토화 작전으로 잿더미가 되었다. 수카르노 대통령, 하타 부통령, 수딴 샤리르 전 총리 등 공화국 핵심 지도자들은 네덜란드군에 사로잡혀 북부 수마트라의 네덜란드 점령지인 쁘라빳으로 보내져 감금되었다가 나중에 방카 섬의 유배지로 이송된다. 신생 인도네시아 공화국 정부가 통째로 네덜란드군에게 나포되면서 인도네시아는 그렇게 패망하

족자카르타를 점령한 네덜란드군

는 듯 보였다.

이 사건은 비록 인도네시아에 대한 국제적 관심과 지원을 유도하려는 외교적 노림수가 있었다고는 하나, 수디르만 장군 휘하의 인도네시아군과 함께 목숨 걸고 족자를 탈출해 게릴라전에 참전하기보다 손쉽게 목숨을 구하려 스스로 포로가 되어 인도네시아를 멸망 직전으로 몰고 간 정치가들의 비겁한 선택이자 변절이라 보는 시각도 있다.

한편 족자카르타의 술탄인 하멩꾸부워노 9세는 방카로 유배되지 않고 네덜란드 점령 기간 내내 홀로 족자 술탄궁에 유폐되었다. 그는 네덜란드의 어떠한 협력 요구와 회유에도 굴하지 않았고 친네덜란드 성향의 뽄띠아낙 술탄 하미드 2세의 중재 제의도 단호히 거절하는 강단을 보였다.

부낏띵기 긴급정부와 수디르만 장군

12월 20일 살아남은 공화국군은 족자에서 철수했고, 아쩨와 수마트라의 몇몇 지역을 제외한 인도네시아 거의 전 지역이 네덜란드군에게 점령되었다. 당시 폐결핵 말기로 접어든 수디르만 장군은 병상에 누워서 정부군 게릴라들을 지휘했다. 자바 지역군 사령관 나수티온 대령은 자바 섬에 군정 실시를 천명하고 '전 국민 무장투쟁'이라는 게릴라전술을 펼쳤는데, 이는 민간의 지원을 받아 교외와 시골 전체를 게릴라전의 전선으로 만드는 것이었다.

앞서 계획된 비상시국 긴급정부는 12월 19일 서부 수마트라의 부낏띵기에서 출범을 선포했다. 정식 명칭은 '인도네시아 공화국 긴급정부(PDRI)'였고 샤리푸딘 쁘라위라느가라(Sjafruddin Prawiranegara)가 수장을 맡았다. 수카르노는 정부의 연속성을 위해 족자 함락 직전에 샤리푸딘에게 전보로 명령서를 보냈지만, 그 전보는 1949년이 되어서야 샤리푸딘의 손에 들어온다. 그러나 샤리푸딘은 족자 함락 소식을 듣고 당초 마련되어 있던 프로토콜에 따라 긴급정부를 수립했고, 수카르노가 석방되는 1949년 6월까지 비록 짧은 기간이지만 사실상 인도네시아의 대통령으로서 임무를 수행했다. 그의 입장은 이랬다.

"샤리푸딘 씨. 그럼 당신이 수카르노를 대신해 대통령이 되는 건가요?"라고 까밀꼬또가 물었다.

"꼭 그렇진 않아요. 맡은 일만 본다면 그렇겠죠. 하지만 난 긴급정부의 대통령이라 불리기보다는 긴급정부의 수장이라 불리는 게 좋습니다." 샤리푸딘 쁘라위라느가라는 까밀꼬또의 질문에 그렇게 답했다.

– 악말 나세리 바스라이의 저서 『대통령 쁘라위라느가라』에서

네덜란드의 침공으로 수립된 긴급정부의 수반 샤리푸딘 쁘라위라느가라. 금융인으로 독립 당시 KNIP 의원이었으며, 훗날 중앙은행 총재를 역임한다.

수디르만 장군은 이 사실을 알고 즉시 라디오 방송을 통해 긴급정부에 대한 지지를 밝혔다. 당시 인도의 뉴델리를 방문 중이던 재경부 장관 마라미스도 샤리푸딘이 받은 것과 유사한 전보를 받지만, 그는 아무런 손을 쓸 수 없었다. 1949년에 들어서 긴급정부는 자바에서 게릴라전을 벌이고 있던 수디르만 장군을 비롯한 군 지휘관들, 족자 침공 당시 네덜란드군에게 잡히지 않은 여섯 명의 각료들과도 마침내 연락이 닿아 연계할 수 있었다.

유럽에서는 많은 신문에서 끄라이 작전을 잘 포장해 보도했지만, 미국 신문들은 사설을 통해 네덜란드를 신랄하게 비판했고 미국 정부는 네덜란드에 주기로 했던 총 10억 달러의 마셜 플랜 원조를 연기하겠다며 위협했다. 네덜란드 정부는 이 금액의 반에 해당하는 거액을 인도네시아에서 벌이는 전쟁에 쏟아붓고 있었다. 미국의 원조가 "정신 나간 비효율적 제국주의"에 돈을 보태주는 행위라는 관점은 미 공화당을 포함해 미국 내 영향력 있는 인사들을 네덜란드에 대해 비판적으로 돌려세웠고, 미국 내 교회들과 NGO들도 인도네시아 독립을 지지하는 목소리를 높였다.

1948년 12월 24일 유엔 안전보장이사회는 즉각적인 적대행위 중지를 촉구했고, 1949년 1월 인도네시아 공화국 정부의 복권을 요구하는 결의안을 통과시키면서 이를 거세게 거부하는 네덜란드에 원조 중단 카드를 내밀었다. 네덜란드는 어차피 미국과 국제사회의 원조 없이는 동인도에서의 전쟁을 지속할 수 없을뿐더러 아무리 현대적 장비를 갖추고 있다한들 네덜란드군이 자바 섬의 모든 촌락과 마을까지 구석구석 점령 통제하고 게릴라들을 완전히 소탕할 수 없었다. 그것이 가능하려면 이미 인도네시아에 와 있던 병력 15만 명 외에도 최소한 10개 사단 이상, 20만 명가량의 병력과 장비를 추가 투입해야만 했다. 그것은 네덜란드가 도저히 감당할 수 없는 것이었다. 실제로 네덜란드군의 당시 병력으로는 게릴라가 준동하는 점령지에서 주요 병참선을 지키는 것만도 힘에 벅찼다.

선택의 여지가 없었던 네덜란드는 어차피 족자를 함락시켰고 자바와 수마트라의 주요 도시 대부분을 수중에 넣는 등 전술적 목표를 거의 다 달성한 상태였으므로 유엔 결의안에 따라 자바에서는 1948년 12월 31일, 수마트라에서는 1949년 1월 7일 휴전을 발효시켰다. 그럼에도 산발적으로 계속된 게릴라전이 실제로 완전히 종료된 것은 1949년 5월 7일 로엠-판 로에이언 조약이 서명된 후였다.

끄라이 작전 이후 수디르만 장군과 살아남은 공화국군은 네덜란드군의 집요한 추적과 공격을 피해 산속으로 스며들었다. 폐결핵으로 고통받던 육체를 지팡이와 가마에 의지하여 족자에서부터 라우 산 인근 소보까지 1천여 킬로미터의 험준한 산악을 헤쳐 나갔던 수디르만 장군과 그 일행의 일화는 영화 〈젠드랄 수디르만(Jendral Sudirman)〉(2015년, 비바 웨스티 감독)에 잘 묘사되어 있다. 모두가 인도네시아 공화국이 멸망했다고 생각하던 순간 소보에 마련한 기지에서 전국적인 게릴라전을 지휘하며 끝까지 저항하여 공화국이 아직 살아 있음을 증명했던 수디르만 장군은 그 스스로가 이미 인도네시아 공화국 자체였다.

족자 총공세

패퇴를 거듭하며 와신상담하던 인도네시아군이 마침내 반격을 도모했다. 우선 전화선 절단, 철로 파괴, 네덜란드군 병참수송대 공격 등 각종 방해 작전을 전개했다. 한편 네덜란드군은 어쩔 수 없이 점령한 도시와 도시를 잇는 대로변에 초소들을 늘려야 했는데, 한정된 네덜란드군 병력을 광범위한 지역에 넓게 포진시켜 특정 지점에 대한 수비 강도를 획기적으로 약화한 것이 결과적으로 인도네시아군에게 반격의 기반을 마련해주었다.

동부 자바 경계에서 지역 사령관으로서 제2지역과 제3지역의 게릴라망을 구축해온 윌리어떠르 후따갈룽(Wiliater Hutagalung) 중령은 1948년 9월부터 제2지역 사령관 가똣 수브로토(Gatot Soebroto) 대령, 제3지역 사령관 밤방 수겡(Bambang Sugeng) 대령과 수디르만 장군 사이의 연락창구 역할을 했다. 또한 그는 의사여서 군무 중에도 시간을 내어 폐결핵으로 고통받는 수디르만 장군의 병상을 돌보았다. 그는 1949년 2월 수디르만 장군을 만나 유엔 안전보장이사회의 동인도 정전 결의에 대해 네덜란드 측에서 인도네시아 공화국이 더 이상 존재하지 않는다는 논리를 내세워 거부했음을 보고했다. 부낏땅기의 긴급정부는 사실상 제 기능을 발휘하지 못했고, 수카르노의 공화국 정부는 네덜란드의 포로로 방카에 유배된 상태였으니 네덜란드의 주장이 틀린 것만은 아니었다. 오직 수디르만의 게릴라 부대들만이 공화국의 마지막 호흡을 지탱하고 있었다. 수디르만은 네덜란드의 그러한 프로파간다를 역이용할 방법을 연구하도록 지시했다.

후따갈룽은 인도네시아 공화국 정부와 정규군이 아직 건재함을 미국과 전 세계에 각인시켜야 하며, 이를 위해 네덜란드의 프로파간다를 단번에 타파할 화려하고도 대대적인 군사공격으로 유엔 안보리와 세계의 이목을 집중시켜야 한다고 생각했다. 수디르만 장군은 이 아이디어를 수용해 인근 지역 사령관들과 구체적인 방안을 협의토록 지시했다. 이에 후따갈룽은 1949년 2월 18일 숨빙 산 중턱에서 제3지역 사령관 밤방 수경 대령과 제2방어선 지휘관 사르비니 마르토디오 중령, K. R. M. T 웡소느고로 주지사, 반자르느가라의 군수 R. A. 수미트로 꼴로빠낑, 상이디의 군수 등을 불러 모아 수디르만 장군이 동의한 군사작전에 대해 설명하고 협의했다. 밤늦도록 이어진 회의에서 후따갈룽이 제안한 계획에 모두 동의했지만, 공화국군 주력의 침공 목표에 대해서만큼은 밤방 수경 대령이 족자를 고집했다. 그의 논리는 이랬다.

1. 족자는 공화국의 수도이므로 단 몇 시간만이라도 탈환할 수 있다면 공화국군과 인도네시아인들의 사기를 크게 높일 것이다.
2. 외신기자들은 물론 유엔 안보리의 3국 대표단(KTN)과 군사감독관들도 족자 머르데카 호텔에 머물렀으므로 가장 효율적인 정보 파급효과를 기대할 수 있다.
3. 족자는 자신의 제3지역군 관할이므로 족자 침공은 제3지역군만으로 독자적인 작전이 가능하다.

제3지역군은 그사이 네덜란드군 단위 부대를 대상으로 소규모 공격을 몇 번 시도한 적이 있었다. 그들은 어느 정도 공격 훈련이 되어 있었다. 게다가 게릴라전을 시작한 이후 웡소느고로 주지사를 비롯한 민간 관료들이 군작전 회의에 늘 참석하면서 그 결정에 따라 기민하게 주민들을 조직해 더욱 긴밀하고 효과적인 병참 지원이 가능했다. 자주 장소를 옮겨 다니는 게릴라들의 물자 조달을 위해서는 주민들의 도움이 절대적이었다. 그리고 이 모두를 조율하는 것은 해당 지역 군정 주지사들, 즉 지역 사령관들의 역할이기도 했다.

미리 시내에 침투해 있다가 공격이 시작될 때 시내 호텔에서 유엔 안보리 인사들과 외신기자들에게 신분을 밝힌 후 공화국의 상황을 설명할 젊은이들도 필요했다. 그들은 훤칠하고 건장하며 네덜란드어, 영어 또는 불어를 능숙하게 구사할 수 있어야 했다. 그들에겐 모자에서 군화까지 말끔한 공화국 정규군 장교 군복이 지급될 터였지만 또 한편으론 그 역할을 감당하는 과정에서 네덜란드군에게 사살되거나 체포될 위험을 감수해야 했으므로 국가를 위해 초개와 같이 목숨을 버릴 희생정신도 함께 갖추어야 했다. 숨빙 산에 소재한 국방부 군정치 교육 담당 위요노 대령이 이 조건에 맞는 젊은이들을 규합하기로 했다.

인도네시아 공화국 정규군의 족자 침공 사실을 실시간으로 국제사회에 보도하는 것 역시 중요한 부분이었다. 이 일은 T. B. 시마뚜빵 대령이 맡았다. 그는 일단 공격이 시작되면 그 사실이 즉시 전파를 탈 수 있도록 워노사리 인근 쁠라옌 소재 인도네시아 공군 라디오 방송국과 긴밀한 통신 라인을 구축했다. 한편 공화국군의 족자 침공은 중부 자바 다른 도시들로부터 네덜란드 측 지원군들을 불러들일 것이 분명했다. 그중 마글랑과 스마랑은 밤방 수경 대령의 제3지역군 관할이었고 수라카르타는 가똣 수브로토 대령의 제2지역군 관할이었다. 계획된 시간 내에 효과적인 작전 수행을 위해 이 네덜란드 증원군을 중간에서 격퇴하거나 지연시키려면 제2지역군과의 협조가 필요했다.

회의를 마친 각 지역 지휘관들과 민간관료들은 자기 임무처로 돌아가 맡은 바 준비를 시작했고, 1949년 2월 18일 수디르만 장군과 제2지역군 사령관 가똣 수브로토 대령에게도 이 회의 결과가 전달되었다. 밤방 수경 대령의 전령들은 물론 밤방 수경의 동생과 주치의, 운전병들과 군정 주지사 집무실의 직원들이 백방으로 달려 제10여단장 수하르토 중령, 정치교육부 위요노 대령, 바나란의 부참모총장 시마뚜빵 대령, 바끄룬 대령, 마글랑에서 들어올 네덜란드 증원군을 차단할 제9여단장 아흐맛 야니(Ahmad Yani) 중령 등에게 연통을 돌렸다. 1949년 2월 19일 밤방 수경 대령, 후따갈룽 중령과 부관, 수하르토 중령과 부관 이렇게 다섯 명이 뻐

게릴라 부대를 시찰 중인 수디르만 장군. 그 오른쪽이 제10여단장 수하르토 중령, 맨 오른쪽은 훗날 수디르만 장군이 타계한 후 군사령관이 되는 T. B. 시마뚜빵 대령이다.

나가시 촌의 논 한가운데 원두막에서 만났다. 그 자리에서 밤방 수경 대령은 수하르토에게 2월 25일에서 3월 1일 사이 족자를 공격하도록 명령했고, 정확한 날짜는 위요노 대령 등의 준비 상황을 보고 확정키로 했다.

얼마 후 공격일시가 3월 1일 오전 6시로 확정되고, 제3방어선 방면 수하르토 중령의 제10여단을 주력으로 전방위적인 족자 총공격이 시작되었다. 공화국군은 공격 직전 족자의 술탄 하멩꾸부워노 9세의 양해를 얻는 것도 잊지 않았다. 족자가 끄라이 작전으로 네덜란드군에게 함락된 후 실질적인 연금 상태였던 술탄은 은밀하게 전달된 공격계획에 크게 기뻐했다. 공화국군의 대규모 공세는 제3지역군 전역에서 동시에 시작되고, 그 초점은 제9여단으로부터 1개 대대를 지원받아 증강된 제10여단 병력의 족자 공격에 맞추어져 있었다. 한편 밤방 수경 대령은 제1방어선의 바크룬 중령, 제2방어선의 사르비니 중령에게 마글랑의 네덜란드군

제2지역군 사령관 가똣 수브로토 대령(왼쪽)과 제9여단장 아흐맛 야니 중령(오른쪽). 야니는 수카르노 정권에서 육군사령관까지 진급한다.

을 공격하도록 명령했고, 그와 동시에 가똣 수브로토 대령의 제2지역군도 수라카르타의 네덜란드군을 공격해 족자에 지원군을 보낼 수 없도록 했다. 이 모든 작전을 조율할 야전사령부는 무토 마을에 차려졌다.

총공격 전날 밤, 소수의 공화국군이 족자 시내로 침투해 머르데카 호텔로 향했다. 외신기자들 앞에 설 젊은이들이었다. 다음 날 아침 6시, 사이렌 소리와 함께 족자에 대한 총공격이 시작되었다. 수하르토 중령은 서부의 말리오보로 지역까지를, 동쪽은 펜제 수무알 소령, 남쪽은 사르디오노 소령, 북쪽은 꾸스노 소령의 부대가 각각 맡아 공격을 펼쳤다. 도심 시가전에선 아미르 무르또노 중위와 마즈두끼 중위가 발군의 지휘력을 발휘했다. 벼락같은 공격으로 족자를 탈환한 공화국군은 여섯 시간 동안 도심을 장악하고 있다가 마글랑과 암바라와, 스마랑으로부터 네덜란드 증원군이 속속 도착하여 반격해오자 12시 정오에 일제히 퇴각하기 시작했다. 수라카르타에 대한 공격도 계획한 성과를 내, 네덜란드군은 대규모 공격을 받고 있는 족자에 지원군을 보낼 수 없었지만 제9여단의 게릴라들은 마글랑에서 들어오는 네덜란드 증원군에게 결국 패퇴하면서 길을 내주고 말았다.

이 전투로 네덜란드 측은 경찰 3명을 포함해 총 6명이 사망, 14명이

3월 1일 족자 총공격 기념비

부상을 입었을 뿐이고, 공화국군이 물러난 후 족자 시내는 다시 일반 차량이 북새통을 이루고 사장도 열리는 등 금방 일상으로 돌아갔다. 네덜란드의 중부 자바 지역군 사령관 메이어르 장군과 지역자문관 앙겐트 박사, 족자 주둔군 사령관 판 랑언 대령 등은 이날 12시 정오 끄라똔궁의 술탄을 방문해 공화국군의 공격을 비난하며 자신들의 건재를 과시했다. 한편 인도네시아 측은 53명의 경찰관과 300여 명의 병사가 전사했고 민간인 희생자 수는 집계하지 못할 만큼 많아 사상자 수로만 본다면 이견의 여지없이 네덜란드의 압승이었다. 하지만 이제 네덜란드는 국제사회에서 인도네시아 공화국과 그 군대가 이미 존재하지도 않는다며 공공연히 이야기하고 다닐 수 없게 되었고, 그것이야말로 공화국군이 얻어내고자 했던 가장 중요한 전략적 목표였다. 족자 총공세는 공화국군 측의 가혹한 인명 피해에도 불구하고 결과적으로 대성공을 거두었다.

이 1949년 3월 1일 족자 총공격 사건은 1970년 초반까지만 해도 독립전쟁 중에 있었던 암바라와 전투나 반둥 불바다 사건 등과 대략 동급으로 취급되다가, 수하르토가 대통령에 등극해 장기집권이 시작되고 그에 대한 영웅화가 진행되자 그 위상이 특별히 강조되었는데, 역사적 사실들이 일부 의도적으로 왜곡되고 과장되었다는 주장도 존재한다. 심지어 수하르토가 이 사건을 기획하고 각 지휘관들에게 임무를 나누어주었다는 버전까지 존재하지만 그날 족자와 수라카르타, 마글랑에서 함께 싸웠던 다른 지휘관들에 비해 수하르토가 특별히 더 주도적이었다고 볼 만한 증거는 사실 미약하다. 게다가 전군사령관 수디르만 장군, 부참모장 T. B. 시마뚜빵 대령, 자바 사령관 나수티온 대령, 제3지역군 사령관 밤방 수경 대령, 제10여단장 수하르토 중령으로 내려오는 군 명령 체계가 엄연히 존재했으므로 이들이 각각 맡았던 역할의 비중은 충분히 미루어 짐작할 수 있다.

6장 수카르노의 귀환

수카르노의 유배 생활

수디르만 장군 휘하의 공화국군이 절대적으로 우세한 화력을 앞세운 네덜란드군에게 게릴라전으로 항전하고 있을 때, 수카르노와 공화국 정부 각료들은 수마트라 동쪽 방카 섬 수도인 꼬따 빵깔 삐낭에서 133킬로미터 떨어진 먼똑(또는 문똑)에 유배되어 있었다. 먼똑은 1913년 이전까지 약 200년간 방카 섬의 수도였던 곳이다.

그들이 족자에서 네덜란드군에게 체포되는 장면은 지금도 유튜브에서 동영상으로 볼 수 있다. 족자를 함락시킨 네덜란드군이 공화국 멸망의 증빙으로서 찍은 동영상과 사진들 속에서 수카르노는 만면에 웃음을 지으며 여유를 보이려 하지만 긴장하여 부자연스러운 모습이 역력하다.

방카 섬에 유배된 그들은 네덜란드군의 감시를 받으면서도 머눔빙 언덕과 먼똑 숙소에서 비교적 자유롭게 생활했다. 정치활동은 당연히 금지되었고 인도네시아 국기를 게양할 수도 없었다. 하지만 그들은 공화국군 게릴라들처럼 포탄과 총탄이 우박처럼 쏟아지는 전장에서 사선을 넘나들 필요도, 굶주린 배를 끌어안고 애써 잠을 청할 필요도 없었다. 그들은 유배 기간 동안 체육을 통해 체력 단련에 힘쓰며 PORI란 약칭의 '인도네시아 공화국 체육연합'을 만들어 운동 전에 인도네시아 국기와 비슷한

족자카르타 끄라똔궁에서 네덜란드군에 체포된 수카르노와 하타. 수카르노의 왼쪽에 있는 인물
이 네덜란드군 야전사령관 판 랑언 대령. 그 옆이 수딴 샤리르 전 총리

PORI 깃발을 게양하면서 네덜란드에 대한 나름의 저항이라 생각했다.
수디르만 장군과 게릴라들이 생명을 담보로 치열하게 투쟁하던 시기에
수카르노와 각료들은 그런 식의 저항놀이를 하고 있었다.

방카로 유배된 사람들은 수카르노와 하타 외에도 아구스살림 외무장
관, M 로엠, 알리 사스뜨로아미조요, 쁘링고딕도, 수리야다르마 공군사
령관 등이 있었다. 수리야다르마 공군사령관은 수디르만 장군을 중장으
로 강등시키면서 대신 전군사령관에 오른 인물이었으니 최소한 그만은
게릴라들과 함께 정글에 있어야 했을 것이다.

그들은 1948년 말에서 1949년 중반까지 각각 5개월에서 7개월가량
방카에 머물렀다. 숙소 건물 중 방 하나는 특별히 네덜란드 측과의 협상
을 위해 사용되었다. 방카는 네덜란드가 공고한 통제력을 발휘하는 점령
지였지만 수카르노 일행이 방카 주민들과 접촉하면서 현지인들의 독립

의지를 북돋아주었다고 전해진다. 수카르노는 1949년 2월 21일 자 일기에 방카 주민들도 인도네시아 공화국 합류를 희망한다고 기술하고 있다.

이후 국제사회의 압력에 굴복한 네덜란드가 인도네시아와 로엠-판 로에이언 조약을 체결하여 네덜란드 군대를 1949년 7월 5일 족자에서 철수시키자 수카르노 일행은 방카 주민들과 작별을 고하고 족자로 돌아갔다. 그들이 방카 먼똑에서 지냈던 숙소는 오늘날 여인숙이 되었고, 그 앞엔 수카르노 일행의 현지 유배를 기념하는 '뚜구 붕하타(Tugu Bung Hatta)'라는 기념비가 세워져 있다. 그것이 수카르노 기념비가 아닌 하타 기념비인 이유는 알려져 있지 않으나 아마도 하타가 수마트라 출신이기 때문일 것이다.

그렇게 족자로 돌아간 수카르노는 열악하기 그지없던 유배 상황에서 최선의 정치력을 발휘한 결과 자신의 계산대로 유엔 등 국제사회의 지원을 얻어낼 수 있었고, 외교활동을 통해 피 흘리지 않고 네덜란드군을 족자에서 철수시키는 성과를 얻어냈다고 생각했다. 그래서 그와 그의 각료들이 끄라이 작전 당시 네덜란드군에게 항복한 것은 올바른 결정이고 그로 인해 인도네시아는 마침내 구원받았다고 믿었다. 인도네시아 시민들은 깊은 생각 없이 그러한 수카르노의 수사를 받아들이며 정부의 귀환을 기뻐했고 인도네시아 전역은 축제 분위기 속에서 흥청거렸다.

하지만 수카르노도 딱 한 사람 앞에서는 떳떳하기 어려웠다. 바로 수디르만 장군이었다. 족자가 함락되던 날 대통령과 각료들을 찾아와 족자 탈출과 게릴라전 참전을 요구했던 수디르만이, 주저하던 자신의 눈빛에서 두려움과 용렬함을 읽었음을 수카르노는 알고 있었다. 함께 항복하여 후일을 도모하자던 수카르노의 권유를 단호히 거절하고 총탄이 빗발치는 전장으로 돌아간 수디르만 장군이 병들고 쇠잔한 육체로 고통받으면서도 전국의 공화국군을 이끌며 죽을힘을 다해 항전과 반격을 되풀이한

유배 중이던 수카르노 일행의 먼똑 숙소와 유배 기념비인 뚜구 봉하타

것을 그는 잘 알았다. 혼자 옳은 길을 간 강직한 부하는 상사의 죄책감을 불러일으키기 마련으로, 수카르노가 그에게 일말의 열등감을 느꼈음은 두말할 나위 없다. 오래전 일제에 철저히 부역했던 그는 일제강점기를 항일투쟁으로 점철했던 수딴 샤리르와 아미르 샤리푸딘에게서 그런 비슷한 감정을 느낀 적이 있었다.

그런 열등감과 죄책감을 없애고자, 수카르노는 공화국 정부가 족자로 돌아온 후에도 족자 합류를 거부하며 소보에 남아 있던 수디르만을 무슨 수를 써서라도 불러들여야만 했다. 그동안 켜켜이 쌓인 분노의 앙금을 결국 내려놓은 수디르만 장군이 자바 섬에 정착시킨 군정 체제를 수카르노의 민간정부에게 이양하기 위해 족자에 도착했을 때 대통령궁 앞까지 마중 나온 수카르노는 금방이라도 쓰러질 듯한 수디르만 장군을 뜨겁게 포옹하는 감동적인 장면을 연출했다.

백 마디 변명보다 이 사진 한 장으로 수카르노는 인도네시아 국민들에게 강렬한 인상을 심어주었다. 그는 더 이상 족자에서 스스로 네덜란드군의 포로가 된 비겁한 지도자가 아니라 최악의 환경에서도 성공적으로 게릴라 항전을 수행한 수디르만 장군의 노고를 위로하는 국군통수권자의 면모를 사람들에게 각인시켰다. 사람들은 그가 수디르만에게 항전을 명령하고 자신은 적진 한복판에서 외교력으로 네덜란드와 담판을 짓기 위해 스스로 포로가 된 영웅이라 믿어 의심치 않았다. 수디르만 장군도 바보가 아닌 이상 그런 수카르노의 속셈을 모를 리 없었지만 아무런 불평도 하지 않았다.

막바지에 이른 네덜란드에 대한 독립전쟁이 소강상태에 접어들면서 이제 영웅들의 시대는 서서히 막을 내리고 바야흐로 정치가들의 시대가 다시 도래하고 있었다.

로엠-판 로에이언 조약

인도네시아 공화국의 끈질긴 저항과 적극적인 외교 공세로, 세계의 여론은 식민지 회복을 노리는 네덜란드에 등을 돌렸다. 놀라운 군사적 성과를 거둔 두 번째 '치안 활동'이 외교적으로는 네덜란드에 재앙과도 같았다. 일찍이 유엔이 제안했으나 네덜란드가 줄곧 거부했던 협상 테이블을 향해 이제 신임 미 국무장관 딘 에치슨을 비롯한 전 세계가 네덜란드의 등을 떠밀었다.

그리하여 자카르타의 호텔 드인디스에서 1949년 4월 14일부터 협상을 주도한 인도네시아 측 모하마드 로엠과 네덜란드 측 얀 헤르만 판 로에이언의 이름을 딴 '로엠-판 로에이언 조약'이 1949년 5월 7일 서명되었다. 이 조약은 그해 하반기에 헤이그 국제원탁회의에서 인도네시아의 독립 조건들이 결정되고 최종 승인되기 전 양국 간의 현안을 정리한 것으로, 수카르노와 그의 각료들이 아직 방카 섬 먼쪽에 유배되어 있는 동안 나온 성과였다. 합의된 내용은 다음과 같았다.

- 인도네시아군은 모든 게릴라 활동을 중지한다.
- 인도네시아 공화국 정부는 원탁회의 참가에 동의한다.
- 족자에 인도네시아 공화국 정부를 복원한다.
- 네덜란드군은 모든 군사행동을 중지하고 전쟁 포로들을 석방한다.

로엠-판 로에이언 조약이 체결되던 날, 독립전쟁 내내 공화국군을 끊임없이 밀어붙이던 시몬 헨드릭 스포르 장군이 네덜란드군 사령관직을 사임했다. 고국을 떠나 남태평양에서 제2차 세계대전과 인도네시아 독립전쟁에 참전하며 한 시대를 풍미했던 스포르 장군은 그로부터 불과 3주 후인 5월 25일 심장마비로 세상을 떠난다. 그는 태평양전쟁 발발 당시 대위에 불과했지만 1949년 5월 사망 이틀 전에 대장까지 고속 진급했

다. 연합군이 호주로 철수한 후 맥아더 장군의 참모로 뉴기니 침공에 참전했고 인도네시아 독립전쟁에서 네덜란드군 총사령관으로 프로덕트 작전과 끄라이 작전을 지휘했다. 그의 갑작스러운 사망은 과로사였다고 하나 독살을 당했다는 설도 존재한다. 그는 오늘날 자카르타 카사블랑카 거리에 있는 멘뗑뿔로 묘지에 안장되었다.

그해 6월 22일, 향후 네덜란드와 인도네시아의 관계를 어떻게 가져가야 할

네덜란드군 시몬 헨드릭 스포르 장군

지에 대한 회합이 열렸고 다음과 같은 원칙이 합의되었다.

- 1948년 렌빌 조약에 의거하여 네덜란드는 인도네시아에 완전하고도 무조건적인 권력 이양을 집행한다.
- 자발적이고도 동등한 권리를 보유한 동반자 관계로서 네덜란드와 인도네시아는 하나의 연방을 수립한다.
- 네덜란드령 동인도의 권리와 권한, 의무를 인도네시아에 이양하는 것을 합의한다.

이 조약에 따라 네덜란드군은 6월 24일 족자에서 전격 철수했고 사흘 뒤인 6월 27일 공화국군이 족자에 입성했다. 네덜란드 점령 기간 내내 홀로 족자를 지켰던 술탄 하멩꾸부워노 9세는, 7월 6일 마침내 유배에서 풀려나 사흘 후 공화국 수도인 족자로 돌아온 수카르노 대통령과 모하마드 하타 부통령 등 공화국 정부와 각료들을 술탄의 궁전인 끄라똔에서 뜨겁게 맞이했다. 7월 13일 샤리푸딘 쁘라위라느가라가 이끌던 부낏띵기의 긴급정부가 공식적으로 수카르노 정부에게 정권을 이양했고, 하타의 내각은 이날 로엠-판 로에이언 조약을 비준했다.

그리하여 8월 3일 네덜란드와 인도네시아 간의 휴전협정이 조인되고 8월 11일에는 자바에, 8월 15일에는 수마트라에 각각 평화가 선포되었다. 네덜란드군은 1만 2천 명의 공화국군 포로들을 석방했다.

수라카르타 총공세

그런데 자바 섬에서 휴전이 발효되기 직전인 1949년 8월 7일부터 10일까지 공화국군이 수라카르타를 총공세하는 사건이 벌어졌다. 이 사건은 '수라카르타 4일 전투'라고도 일컬어진다.

1949년 8월 3일 오후 10시 전군사령관 수디르만 장군은 1949년 8월

11일은 자바에서, 8월 15일은 수마트라에서 모든 교전을 중지할 것을 명령했다. 이에 슬라멧 리야디 중령이 이끄는 스노빠띠 사단 제5여단과 아흐마디 소령의 특임대 학생군 여단은 휴전이 발효되기 전에 네덜란드군을 공격해 수라카르타를 탈환함으로써 외교적 정전 협약이 아니라 공화국군의 자체 무력만으로 네덜란드군을 몰아낼 수 있음을 보여주고자 했다. 공화국군은 족자에서 그랬듯이 수라카르타에서도 2월 8일과 5월 2일 두 차례 공세를 펼쳐 네덜란드군의 방어 능력을 확인한 바 있었다. 로엠-판 로에이언 조약에 따라 6월 말 족자에서 철수한 네덜란드군 일부가 합류하면서 수라카르타의 네덜란드군 화력은 좀 더 증강된 상태였다.

수라카르타 총공세가 있기 전 몇 가지 전조들이 이 작전의 성공 가능성을 더욱 높였다. 쁠루링안 다리를 공격할 때 전사한 네덜란드군 병사들의 개인 물품을 학생군 제17여단 측에서 네덜란드군 사령부에 돌려준 일이 있었다. 이 과정에서 당시 전투에 참여했던 네덜란드 병사 중 신경쇠약으로 미쳐버린 사람들이 있다는 걸 알게 되었다. 또 수라카르타 수비 대대 중 1개 중대가 브렌 경기관총 8정과 자동소총 30정, M95 소총 등을 들고 통째로 투항해온 일도 있었다. 네덜란드군이 심리적으로 크게 위축되고 있다는 것을 보여주는 사례였다.

네덜란드군 판 브레이던(Van Vreeden) 중장 역시 8월 3일 휴전 발표가 나던 날, 더 유리한 협상 고지를 점령하기 위해 가똣 수브로토 대령의 지휘소와 데사발롱에 있던 인도네시아 국영 라디오 방송 시설을 비밀리에 공격하도록 명령을 내렸다. 휴전 예보란 그 시한 내에 군사적·정치적으로 더욱 유리한 거점을 확보하기 위해 처절한 유혈사태를 불러오는 법이다. 한국 전쟁 막바지에 발표된 휴전 발효 예보가 철의 삼각지대에서 참혹한 막판 고지전을 불러왔던 것처럼 말이다. 가똣 수브로토 대령의 지휘소와 방송 시설은 공격이 있기 전에 이미 자리를 옮겨 피해를 보진 않았지만, 이 사건은 네덜란드가 전에도 그랬던 것처럼 얼마든지 정전 협정을 파기할 준비가 되어 있다는 신호로 여겨졌다.

수라카르타는 족자 점령군 지휘관 판 랑언 대령과 어깨를 나란히 하는 판 올 대령이 지휘하는 네덜란드군 최정예부대가 요새화한 도시였고, 족 자를 공화국에 넘겨주고 철수한 네덜란드군 상당수가 수라카르타로 집 결해 1949년 8월 수라카르타에는 네덜란드군 11개 대대가 주요 거점 지 역들을 장악하고 있었다. 한편 그들과 대치한 공화국군은 경찰군 2개 여 단, 학생군 1개 중대, 아흐마디 소령의 특임대 학생군 17여단, 그리고 스 노빠티 사단 소속 슬라멧 리야디 중령의 5여단이었다. 수적으로는 공화 국군이 우위를 점했지만, 그들이 갖춘 무장과 화력은 네덜란드군에 비할 수 없을 정도로 열악했다.

여러 차례 사전 회합과 작전 회의를 거친 끝에 8월 7일 새벽 6시 총공 세가 시작되었다. SWK(준방어선) 106의 아르주나 부대가 먼저 침투해 수라카르타 시내의 마을들을 통제권에 넣었고, 나머지 부대들도 약속된 시간에 일제히 네덜란드군의 병영들을 공격해 들어갔다. 공화국군은 즈 브레스의 KL402 사령부, 주룩, 자갈란, 발라빤 등의 초소들, 그리고 반 자르사리 지역의 포병부대들을 목표로 했다.

둘째 날인 8월 8일, 하루 종일 지속된 교전은 한밤중까지 이어졌다. 공 화국군은 빠사르끔방 지역 도로에 장애물을 설치해 공격해 들어갔는데 역습에 나선 네덜란드군은 그 일대의 인도네시아인 26명을 사로잡았다. 그들 중 학생군 병사는 한 명이고 나머지는 여자와 아이들을 포함한 일 반 주민들이었으나 네덜란드군은 여자 6명과 아동 8명을 포함해 총 24 명을 그 자리에서 사살했다. 그 시점에서 SWK 100에서 105에 있던 전 체 병력이 공세에 가담해 수라카르타 시내 전 거점들을 공격하기 시작했 고 아흐마디 소령을 대신해 슬라멧 리야디 중령이 야전지휘를 맡았다.

수라카르타 총공세의 주역인 학생군 병사들

공화국군의 추가 병력 투입으로 SWK 106 부대는 네덜란드군을 더욱 밀어붙였고 제5여단 휘하 부대들은 스마랑에서 출발한 네덜란드 지원군을 살라띠가에서 공격해 수라카르타로 입성하는 것을 성공적으로 저지했다. 네덜란드군은 전폭기 2대와 P-51 머스탱 전투기 4대를 동원해 라눗 빠나산(지금의 아디수마르모)에 공수부대를 낙하시켰지만, 전세를 뒤집기엔 역부족이어서 수라카르타 전역의 네덜란드군은 수세에 몰려 포위되었고 공화국군이 시내로 진주했다.

8월 9일에 이르러 악이 받친 네덜란드군은 KST 특수부대의 지원을 받아 반격에 나서면서 군인, 민간인을 가리지 않고 마주치는 모든 인도네시아 남자들을 사살했다. 이 과정에서 벌어진 빠누라란 전투에서 제1연대 제1중대장 사히르 대위가 전사한다.

넷째 날인 8월 10일 제5연대 제1방어선 지휘관 슬라멧 리야디 중령은

4일간의 공세의 마지막을 장식하는 분산 공격을 명령했다. 학생군 게릴라의 사기는 하늘을 찔렀고, 전투는 휴전이 발효되는 1949년 8월 11일 0시까지 밤늦도록 계속되었다. 공화국군은 결국 도시 전역을 수중에 넣었다. 휴전 발효 시간이 되자 슬라멧 리야디 중령은 정전 협정에 따라 SWK 106 지휘관 아흐마디 소령에게 전 병력을 도시 경계선으로 불러들이도록 명령했다. 하지만 그 명령은 제대로 수행되지 않았다. 휴전이 발효된 당일에도 양측 간 교전이 간헐적으로 벌어졌고 네덜란드군 그린베레 특전대(KST)가 가뿌라가딩 지역의 공화국 적십자 시설을 공격해 적십자 직원 14명과 피난민 8명을 무차별 학살한 사건은 고의성이 다분했다. 그들은 발포음이 나지 않도록 총기 대신 대검이나 둔기로 살해하는 잔인한 방법을 썼다. 이미 휴전이 발효된 8월 11일 아침 11시경에도 네덜란드군은 앞서 전사한 동료들의 복수를 한다며 빠사르낭카의 주민 36명을 남녀노소 가리지 않고 집 밖으로 끌어내 무차별 학살했는데, 그중엔 다섯 명의 여성과 아기 한 명도 포함되어 있었다.

아흐마디 소령도 리야디 중령의 명령에 불복하며 주민들의 안녕과 질서를 해하는 네덜란드군의 적대 행위에 대해 각 섹터 지휘관들에게 합당한 조치를 취하라는, 휴전협정과는 상반되는 명령을 내렸다. 8월 11일 당일 족자의 병상에 누워있던 지역 사령관 가똣 수브로토 대령에게서 정식 휴전 지시가 내려오지 않은 가운데 휴전 협정 위반 사건들이 속출했다. 휴전을 명한 전군사령관 수디르만 장군의 8월 3일 자 명령서를 따르려는 리야디 중령과, 전투명령 해제를 내리지 않은 지역 사령관 가똣 수브로토 대령의 종전 교전 명령을 따르겠다는 아흐마디 소령의 하극상으로 인도네시아군은 내분 상황으로까지 치달았다. 상황이 악화되자 판 올대령과 리야디 중령이 공식 접촉을 통해 휴전 조건을 별도로 정하는 해프닝까지 벌어졌는데 아흐마디 소령은 이마저 불복하고 나섰다. 그러나 상황 보고를 받은 가똣 수브로토 대령이 급히 휴전 명령을 하달하면서 사태는 급히 일단락된다.

수라카르타 총공세가 진행되면서 109채의 집이 불탔고 205명의 민간인이 네덜란드군에게 학살당했다. 반면 정작 군인들은 네덜란드 측 7명, 공화국 측 6명이 전사했다. 불과 5개월 전 1949년 3월 1일 대패했던 족자 총공격 작전과 비교하면 공화국군은 강력한 화력과 조직력을 가진 네덜란드군을 상대로 괄목할 만큼 사상자를 줄이면서 수라카르타를 탈환해내는 역량을 보여줬는데, 이것은 그사이 공화국군의 전투력과 사기가 크게 향상되었음을 의미했다.

브레덴 장군은 자카르타에서 로빙크 고등판무관을 만나 수라카르타의 상황을 전하며 공화국군이 휴전협정을 위반했다고 강조했다. 그는 즉각 세 번째 '치안 활동'을 실시할 것을 제안하지만, 로빙크는 이를 단번에 거부한다. 그는 수라카르타에서 공화국군 공세에 밀려 도시를 내어주고만 현지 네덜란드군의 역량을 더 이상 신뢰하지 못했다.

8월 7일 총공세를 비롯하여 학생군이 중심이 된 공화국군의 세 차례 수라카르타 공격은 네덜란드와의 협상에서 공화국의 입지를 유리하게 했다. 더욱이 가장 엄중한 방어력을 갖추었다고 평가되던 수라카르타를 훨씬 열악한 장비를 가진 공화국군에게 밀려 내어준 사실은 이제 네덜란드가 군사적으로도 인도네시아를 쉽게 이기지 못함을 시사했고, 공화국군에 대한 현지 주민들의 지원과 슬라멧 리야디 중령 같은 걸출한 야전 지휘관들의 활약이 돋보인 사건이었다.

헤이그 원탁회의와 인도네시아 합중국의 성립

로엠-판 로에이언 조약으로 약정된 바와 같이 8월 23일부터 11월 2일까지 헤이그에서 열린 원탁회의에서는 모든 현안 문제에 대한 합의에 도달했지만 서파푸아 지역에 대해서만은 그러지 못했다. 더욱이 이 원탁회의에는 인도네시아와 네덜란드뿐 아니라 서부 깔리만딴 주, 동인도네시아 주, 빠순단 주와 같은 네덜란드가 급조한 괴뢰자치주들이 함께 참여해 각자의 입장을 주장했다.

그 결과 네덜란드는 자신들이 설치한 15개 자치주를 포함하는 신생 '인도네시아 합중국'의 주권을 인정하기에 이른다. 이는 수카르노 정부가 강력한 영향력을 발휘하는 자바와 수마트라가 그 몇 배의 물리적 면적을 차지하고 있던 네덜란드의 괴뢰자치주들과 불꽃 튀는 주도권 경쟁을 해야 함을 뜻했고, 물론 네덜란드와 인도네시아는 서로 다른 결말을 꿈꾸고 있었음이 분명하다.

이 신생국가는 네덜란드령 동인도의 모든 영토를 포괄하는 것이었는데, 네덜란드령 뉴기니만은 추가 협상의 여지를 남겨둔 채 합중국에 포함되지 않았다. 인도네시아가 양보해야 했던 또 다른 곤란한 사안은 네덜란드령 동인도의 채무 43억 파운드를 떠안는 것이었다. 그 대부분은 네덜란드가 식민지 회복을 위해 인도네시아와의 전쟁에 퍼부은 비용이었다. 최후의 순간에도 절대 손해 보지 않겠다는 네덜란드의 비즈니스 마인드가 돋보이는 부분이다. 이로써 인도네시아는 네덜란드의 연방국가 중 하나로, 네덜란드의 괴뢰자치주들을 대거 포함한 느슨한 합중국의 형태를 띠면서 거액의 부채마저 떠맡는, 일견 매우 불리한 독립 조건에 서명하며 가까스로 공식적인 독립국가로 거듭날 수 있었다.

1949년 12월 27일 네덜란드는 인도네시아에 주권을 완전히 이양했다. 그날 족자에서 단숨에 자카르타까지 날아온 수카르노는 총독부 건물 계단에서 승리감에 도취되어 감격적인 일장 연설을 한 후 그곳을 '독립궁'이라 새로 이름 붙였다. 수백만 명의 인파가 인도와 차도로 쏟아져나왔다. 그들은 울고, 환호하고, 또 비명을 질렀다. "수카르노여 영원하라!"

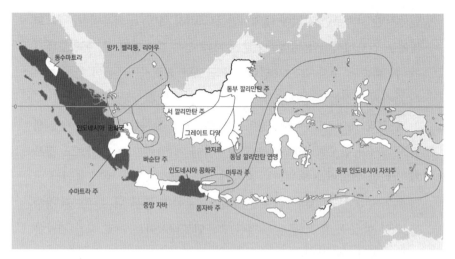

1949년 12월 당시 인도네시아 합중국 지도. 파푸아와 동티모르가 제외되어 있다.

그들은 차의 측면과 보닛, 러닝보드 등에 엉겨 붙기까지 했다.

그들은 나를 잡고 내 손가락에 키스를 퍼부었다. 군인들은 희고 거대한 궁전의 가장 위쪽 계단까지 내 길을 열어주었다. 나는 양손을 높이 들어 올렸다. 수백만 인파는 순식간에 잠잠해졌다.

"알함둘릴라, 하나님 감사합니다!" 나는 외쳤다.

"우리는 이제 자유인이다!" ─『수카르노: 자서전』(1965) 중에서

떨어진 별들

정확한 통계는 없으나 독립전쟁 중 인도네시아인 사망자 수는 유럽인 사망자들과는 비교할 수 없을 만큼 많았다. 전사한 병사들은 4만 5천 명에서 10만 명 사이로 추정되고, 민간인 사망자들도 10만 명가량으로 추산된다. 영국군은 1945~1946년에 자바와 수마트라에서 1,200명이 죽

거나 실종됐는데 대부분이 영국령 인도 병사들이었다. 1945~1949년 기간 중 네덜란드 군인들은 5천 명 이상이 전사했다. 일본군은 반둥에서만 1,057명이 사망했다. 이 중 전사자는 절반 정도였고 나머지는 인도네시아인들에게 일방적으로 학살당했다. 하지만 일제강점기 3년 동안 일본군에 의해 목숨을 잃거나 치명적 피해를 본 인도네시아인들은 그 수백에서 수천 배에 달했다. 화교들은 대체로 인도네시아의 독립전쟁을 지원했지만, 이 시기에 외국군들에게는 물론 공화국군에게도 수만 명이 목숨을 잃었고 유라시아 혼혈들도 적잖이 사망하거나 집을 잃었다. 전쟁 중 자바와 수마트라에서 고향을 떠나야 했던 사람들은 7백만 명이 넘었다.

인도네시아가 훗날 법령으로 정한 국가 영웅들 중에서 이 시기에 사망한 자들은 30여 명에 달한다. 일제강점기 당시 수카르노와 함께 민족역량본부(PUTERA)의 수뇌부를 이루던 무함마디야의 수장 K. H. 마스 만수르, 그해 초 발리에 상륙한 네덜란드군에게 발리식 옥쇄로 맞섰던 이 구스티 구라라이 중령, 남부 술라웨시의 투사 월터르 몽인시디, 블리타르에서 일본군에게 반란을 일으켰던 PETA 쇼단쬬 수쁘리야디, 1948년 마디운 사태 때 살해당한 동부 자바 주지사 수리요 등이 국가 영웅으로 이름을 올렸다.

수디르만 장군과 함께 인도네시아군을 조직하고 이끈 우립 수모하르조 장군은 1948년 11월에 사망했다. 그는 25년간 네덜란드령 동인도 군대에서 복무한 후 1939년 전역하나, 인도네시아의 독립선언과 함께 곧 진주할 연합군과 싸우기 위해 공화국군이 조직되면서 최고위 수뇌부가 되어 군에 복귀했다. 일제강점기 당시 감시와 수모를 당하며 심장병을 얻은 그는 과거 KNIL 장교로서 네덜란드에 충성을 맹세했던 사실이 늘 발목을 잡았다. 공화국 정규군의 전신인 BKR이 군대로 진화해갈 것인가 아니면 경찰로 변모해갈 것인가를 놓고 훗날 또 다른 국가 영웅이 되는

경찰 측의 오또 이스깐다르 디나타와 맞섰던 우립 장군은, 1945년 10월 TKR군이 창설될 때 총사령관으로 내정된 수쁘리야디가 나타나지 않아 얼떨결에 임시 총사령관이 되어 군을 조직했다.

총사령관 내정자 수쁘리야디는 앞서 언급한 블리타르의 반란 주역 PETA 쇼 단쬬였던 자인데, 이미 유명을 달리한 것으로 보인다. 그해 12월 전군 사단장 회의에서 군복을 입은 지 2년 된 23년 연하의 새파란 수디르만에게 전군사령관

우립 수모하르조 장군. 그는 생전 중장까지 진급했고 사후 대장으로 추서되었다.

지위를 뺏기지만 그는 그 결과를 순순히 받아들이고, 그 후 수디르만의 간곡한 요청에 따라 총참모장으로 남아 실질적으로 전군을 지휘했다. 하지만 그에겐 "인도네시아 말을 잘 알아듣지도 못하고 내리는 명령도 무슨 말인지 모호한 데다 부하들은 수디르만의 재가가 없으면 그의 명령을 들으려 하지 않았다"는 평가가 따라다녔다.

1948년 초 렌빌 조약이 네덜란드의 군사력을 획기적으로 증강할 시간을 얻기 위해 기획되었다고 본 우립 장군은 군의 기강을 바로 세우고 훈련을 더욱 강화하려 했으나, 레라 프로그램이 가동되면서 병력 감축과 함께 좌익세력이 대거 군에 유입되자 이에 실망하여 사표를 던진다. 당시 수디르만 장군 역시 전군사령관에서 해임된 직후여서 우립 장군을 만류할 위치에 있지 못했지만, 뒤이어 구성된 하타 내각은 백방으로 그를 설득해 결국 국방장관과 총리의 군사고문으로 남게 했다. 그러나 우립 장군은 그해 11월 지병인 심근경색으로 세상을 뜨고 말았다. 그의 죽음에 상심한 수디르만 장군은 우익과 좌익, 전쟁과 병력 감축 사이에서 오

락가락하던 수카르노 정부의 변덕과 우유부단이 결과적으로 우립 장군의 죽음을 재촉한 것이라고 책망하며 그의 빈자리를 애도했다고 한다.

수디르만 장군도 우립 장군이 사망하고 1년 2개월 후, 네덜란드가 인도네시아에 주권을 이양하는 장면을 본 지 불과 한 달 만인 1950년 1월 29일 지병인 폐결핵으로 세상을 떠났다. 그는 아미르 샤리푸딘의 레라 프로그램이 가동되던 1948년 1월 2일 공군사령관 수르자디 수르자다르마에게 총사령관직을 넘기면서 대장에서 중장으로 강등되는 수모를 겪기도 했다. 족자의 공화국 정부와 함께 수르자다르마 사령관도 사로잡혀 방카로 유배되자 수디르만 장군은 자동으로 다시 전군사령관이 되어 게릴라전을 이끌지만 사망할 때까지도 그는 강등된 중장계급을 그대로 달고 있었다. 그러다가 사망 후에야 다시 대장으로 복권된다. 그런 그가 강산이 여러 번 변한 1997년에 이르러 '젠드랄 브사르(Jendral Besar)', 즉 오성장군으로 다시 추서되는 뜬금없이 사건이 벌어진다. 수디르만 장군은 지금도 대부분의 인도네시아 사람들 마음속에 따뜻한 아우라를 뿜는 찬란한 별이 되어 남아 있지만, 그가 오성장군이 된 것은 그의 뜻도 국민의 뜻도 아니었다.

미군은 역사상 아홉 명의 오성장군을 보유하고 있다. 조지 마셜, 맥아더, 아이젠하워(Eisenhower), 헨리 H. 아놀드, 오마 브래들리 등은 최소한 한 번쯤은 이름을 들어보았을 법한 미 육군사령관들이고, 미 해군에도 미드웨이 해전으로 이름을 떨친 체스터 윌리엄 니미츠를 비롯해 윌리엄 대니얼 리히, 어니스트 조지프 킹, 윌리엄 프레더릭 홀시 등의 해군 제독들이 별 다섯 개를 어깨에 달았다. 이들 중 한국전쟁이 한창이던 1950년 9월 오성장군으로 진급한 브래들리를 제외하고는 모두 1944년 12월에 별 다섯을 달았다. 당시는 유럽에선 제2차 세계대전이 막을 내리고, 태평양에서는 한창 일본을 밀어붙이던 때였다. 여덟 명의 오성장군이 현직에 있어도 이상하지 않을 정도로 유럽과 태평양에 포진한 미군의 규모는 전쟁으로 인해 엄청나게 비대해진 상태였다. 그런데 인도네시아에서는 평온하던 1997년에 왜 갑자기 오성장군들이 출현한 것일까?

당시 팔순을 바라보며 30년 넘게 대통령직을 유지한 수하르토의 대장군 계급에 대한 욕망은 어느 정도 이해할 만하다. 그에 대한 평가는 많이 엇갈리나, 그는 자신이 가장 훌륭한 군사적 업적을 남겼다고 믿었고 따라서 그 어떤 군인들보다 더 높은 계급을 달아야 마땅하다고 생각했다. 실제로 수하르토가 독립전쟁 당시 여러 전투에서 활약한 독립영웅이라는 부분에는 이견의 여지가 없다. 하지만 뜬금없이 그 나이에 자기만 별 다섯 개를 달기엔 매우 눈치가 보였으리란 것도 충분히 이해되는 대목이다. 그래서 그는 오성장군 계급장을 세 세트 만들어 그중 한 개를 인도네시아인이라면 누구나 존경해 마지않는 수디르만 장군에게 먼저 바쳤고, 또 다른 하나를 당시 아직 생존해 있던 군 원로 중 자신의 직속 상관이었던 나수티온 장군에게 바치면서 자기 어깨에 스스로 오성장군 견장을 다는 민망함을 애써 희석했다. 그래서 인도네시아는 역사상 가장 평화롭던 시기에 갑자기 세 명의 대장군을 갖게 된다.

그렇게 1997년 오성장군이 된 두 사람 중 수하르토는 이듬해인 1998년 경제 위기와 자카르타 폭동을 맞아 32년간 철권으로 쥐고 있던 대통령직에서 하야했고, 나수티온은 불과 3년 후인 2000년 타계하여 먼저 간 수많은 동료와 상관, 그리고 부하장병이 잠들어 있는 깔리바타 국립묘지에 묻혔다. 세상의 명예란 그토록 부질없는 것이다. 수하르토와 나수티온은 이 대장군의 계급장으로 자신들을 수디르만 장군과 같은 반열로 올려놓으며 자랑스러워 마지않았을 테지만 수디르만 장군의 성품이라면 이유 없는 진급을 오히려 부끄러워했을지도 모른다.

독립전쟁 중 전사해 국가 영웅 반열에 이름을 올린 공군 장교들도 적

할림 뻐르다나꾸수마 준장(왼쪽)과 딴말라카. 할림 준장의 이름을 딴 할림 공군 기지는 수카르노의 실각을 불러온 9·30 사태의 무대로 등장한다. 마디운 사태 당시의 공산주의자 사냥에서 살아남은 딴말라카도 독립전쟁의 회오리에 휘말려 어이없이 생을 마감한다.

지 않다. 그중 공군 준장 할림 뻐르다나꾸수마(Halim Perdanakusuma)도 1947년 12월 14일 태국에서 군수품을 사서 돌아오던 도중 비행기가 추락해 사망했다. 1922년생인 그는 당시 불과 25세의 젊은 나이로 제2차 세계대전 참전용사로서 연합군 항공기를 탔다. 당시 그가 조종한 앤더슨 기종의 항공기는 말레이시아의 뻬락에 추락했는데, 원인은 밝혀지지 않았다. 인도네시아 정부는 훗날 그를 기념해 자카르타의 한 공군비행장을 할림 뻐르다나꾸수마 공항이라 이름 붙인다. 그곳은 공군 기지이자 이슬람 성지 메카를 향해서 하지 순례를 떠나는 무슬림들이 애용하는 할림 비행장이 되었고, 그 옆으로 원래는 공군 전용으로 지어졌지만 이제는 그 일부가 퍼블릭 코스로 쓰이는 할림 골프장도 있다. 이 골프장은 한국인들도 수십 년간 저렴하게 이용해오며 때로는 군 장성이 낀 앞 팀과 시비가 붙어 한국인 골퍼들이 그쪽 캐디들에게 구타당하거나 부관들에게 권총으로 위협받았다는 악명 높은 곳이다. 또한 이곳은 1965년 9월 30일 쿠데타 당시 반란군 사령부 역할을 했다. 할림의 유해는 삐락에 묻혔다가 나중에 깔리바타 영웅묘지로 이장되었다.

앞서 투쟁연대 에피소드에 등장했던 공산주의자 딴말라카도 1949년에 세상을 떠났다. 그는 어린 시절 우수한 학생으로 20세기 초 유럽 유학을 떠나 현지에서 마르크스, 엥겔스, 레닌, 니체의 사상에 감명받아 독일군에 입대하려고도 했다. 물론 공산주의와 각을 세우던 나치 정권이 들어서기 전의 얘기다. 그는 인도네시아의 초기 공산주의자 중 한 명으로 유학 후 인도네시아에 돌아와 정치 일선에 뛰어들어 급기야 네덜란드 식민지 국회인 볼크스라드의 의원으로 선출된다. 그는 1927년 인도네시아 공화당, 1946년 투쟁연대, 1948년 무르바당을 만드는 등 적극적인 정치활동과 유배, 투옥 생활을 반복했다. 특히 투쟁연대 시절 네덜란드와 링가자티에서 협상을 시작한 정부에 불만을 품고 수딴 샤리르 총리와 몇명 각료들을 납치하는 사건에 연루되어 재판도 없이 2년 반 동안 감옥에 갇히기도 했다. 하지만 그것은 천우신조였다. 그 덕에 무쏘, 아미르 샤리푸딘 등 내로라하는 공산주의자들이 마디운 반란 사건으로 대거 죽임을 당할 때 교도소에 있던 그만 홀로 무사할 수 있었다.

그러다가 끄라이 작전을 통해 네덜란드가 족자를 함락하자 그는 동부 자바의 농촌 마을 블림빙에 터를 잡고 자신의 안전을 위해 인근 38대대의 사바루딘 소령과 긴밀한 관계를 유지했다. 그러나 네덜란드군에 대항할 수 있는 몇 안 되는 지휘관이라고 딴말라카가 인정한 사바루딘은 군내에서 여러 가지 갈등을 겪다가 체포되어 군법회의에 회부된다. 1949년 2월 17일의 일이었다. 이제 네덜란드군뿐 아니라 공산당에 반감을 품은 공화국군도 그를 추적해왔다. 그 결과 그달 19일 딴말라카도 블림빙에서 공화국군에게 체포되고 말았다.

그런데 공교롭게도 네덜란드군 특수부대 KST가 소위 '타이거 작전'을 펼쳐 2월 20일 동부 자바의 안죽 마을을 공격해왔다. 화력에 밀린 공화국군은 딴말라카가 네덜란드와 내통한 것으로 생각했다. 이미 부상당해 절뚝거리는 몸으로 공화국군에게 끌려가 끄디리 인근 윌리스 산 중턱에선 딴말라카는 브라위자야 사단 시까딴 대대 소속 한 소대장의 명령에 따라 즉결 처형되어 숲속에 아무렇게나 버려졌다. 훗날 역사가들이 민족적 공산주의자, 트로츠키주의자, 일본군 밀정, 이상주의자, 이슬람 리더이자 미낭카바우 출신의 쇼비니스트라고 평가하는 딴말라카의 최후였다. 그러나 훗날 그는 그간의 업적을 인정받아 공산주의자로서는 알리민과 함께 단 두 명만 인도네시아의 독립영웅으로 지정된다.

그가 국가 영웅으로 지정된 것은 1963년으로, 부활한 인도네시아 공산당 PKI가 말년의 수카르노 대통령과 밀월관계를 즐기던 시절이었다. 1965년 9월 30일 쿠데타로 공산주의자들과 무고한 화교들이, 각종 통계나 증언에 의하면 최소 50만 명에서 최대 300만 명까지 무더기로 학살당하며 인도네시아가 철저한 반공 국가로 돌아선 후였다면, 공산주의자가 인도네시아 국가 영웅으로 지정되는 일은 결코 없었을 것이다.

이들 외에도 수많은 독립영웅과 군인, 민간인이 이 시기에 목숨을 잃었다.

독립전쟁이 남긴 것

한편 경제적으로는 네덜란드와 인도네시아 모두 제2차 세계대전으로 파괴된 국토와 사회를 재건해야 하는 상황에서 오히려 독립 혁명의 파괴력까지 견뎌내야 했다.

독립전쟁은 공화국 경제에 직접적 영향을 끼쳐 음식, 의류, 연료 등을 비롯한 모든 물자가 품귀 현상을 보였고, 공화국 지역을 철저히 틀어막은 네덜란드의 해상 봉쇄에 맞서 우표부터 육군 배지, 기차표 등 필요한 모든 물품을 자급자족해야만 했다. 한편 일본 화폐와 네덜란드 신권 화폐, 공화국 화폐가 각각 동시에 쓰이면서 통화 혼란이 심화되었고 파멸적 인플레이션이 공화국을 휩쓸었다.

이 독립전쟁은 인도네시아 현대사의 전환점이며 오늘날까지 지속되는 인도네시아의 전반적 경향을 결정하는 지점이기도 했다. 또한 이때는 공산주의와 호전적 민족주의, 수카르노의 교도 민주주의가 싹트고 이슬람의 정치세력화, 인도네시아군의 기원과 권력 구도에서의 자리매김이 일어나며 인도네시아의 헌정 구조, 중앙집권 구도 등이 태동하던 시기였다.

인도네시아 독립전쟁은 지구 반대편의 지배자가 세운 식민정권을 무너뜨렸고 구시대적이고 나약하게만 보였던 라자(raja, 왕)들의 시대를 저물게 했다. 또한 식민지 인도네시아의 심각한 인종적·사회적 계급 구분을 완화시켰다. 이 시기에는 거대한 에너지와 들불처럼 번져나가던 희망이 여러 문학 작품에서 엿보이며 교육과 근대화에 대한 욕구가 높아지기도 했다. 그러나 가난에 찌든 대다수 농민의 경제적·정치적 상황은 그다지 개선되지 않았다. 이 시기에 상업 부분에서 오직 몇몇 사람들만이 일정 산업의 파이를 나눠 먹는 독과점 구도가 자리 잡아 그중 일부는 오늘날까지 이어지고 있고, 민중의 자유민주주의에 대한 열망 역시 향후 수십 년 동안 군부와 독재자들에게 짓눌리게 된다.

한편 독립선언에 이어 나온 소위 '사회적 혁명'이란, 네덜란드가 세운 사회 질서에 대한 도전이었고 어느 정도는 일본이 시행한 정책들에 대한 분노의 표출이었다. 전국에 걸쳐 국민들은 전통 귀족과 마을 지도자들에 대항해 들고 일어났고, 토지와 기타 물자에 대한 공동소유권을 행사하고자 했다. 그러나 대부분의 사회혁명은 신속히 진압됐고, 특히 사회질서

1927년 수마트라. 술탄이 화려한 캐딜락을 타고 이동 중이다. 옆에는 KNIL 소속 현지인 병사가 경계를 서고 있다. 식민지 시기 대부분의 술탄은 네덜란드와 결탁해 자신의 지위를 보전하는 경우가 많았기 때문에, 독립전쟁 이후 인도네시아 민중의 공격 대상이 되었다.

에 대한 도전은 철저히 짓밟혔다.

혁명 시기에 태동한 각종 폭력 문화는 20세기 후반부를 관통하며 전국적으로 반복해 터져 나왔다. 사회 혁명이란 단어는 주로 좌익에 의해 행해진 폭력 행위를 지칭했으며 진짜 혁명을 조직하는 움직임뿐 아니라 단순한 보복, 분노의 표현, 권력 행사 등을 지칭하기도 했다. 폭력은 일제강점기를 관통하며 가장 많이 학습된 부분이었다.

그 시기에 '봉건적'이라고 표현된 왕, 귀족, 부유층은 종종 공격을 받고 참수당하기도 했다. 여인들에게 내려지는 벌로서 강간이 성행했다. 수마트라와 깔리만탄의 해안선을 따라 세워진 술탄 왕국들에서 술탄과 귀족들은 그들의 협조를 통해 인력과 자원을 착취하려던 네덜란드인들에 의해 특권을 누렸지만, 독립전쟁 이후 대부분이 일본군에게 참수되거나 처형당했고 일본군이 떠난 후엔 억압받던 민중의 공격을 받았다.

아쩨의 세속 지주들도 대부분 처형당했다. 특히 네덜란드에 부역했거나 네덜란드 통치권 안에 살았던 사람 중 많은 수가 일제강점기를 지나면서 두려움과 불확실성 속에 살았다. '자유가 아니면 죽음을 달라'는 유명한 혁명 구호는 공화국의 권위를 내세워 살인을 정당화하기 위한 도구처럼 사용되었다.

한편 인도네시아 헤즈볼라 출신 공화국군 멤버들은 렌빌 조약을 통해 인도네시아의 국토 일부와 적 전선 너머에서 투쟁하던 저항세력들을 간단히 포기하는 듯한 공화국 정부의 결정에 배신감을 느꼈다. 1948년 5월 그들은 수카르노 정권에서 자신을 분리해 '다룰이슬람'으로 더 잘 알려진 인도네시아 이슬람 국가의 성립을 선언했다. 이슬람 신비주의자인 스까르마디 마리잔 까르또수위르조(Kartosoewirjo)가 지휘한 다룰이슬람은 인도네시아를 이슬람 신정국가로 만들고자 했다. 당시 공화국 정부는 네덜란드의 위협에 대항해 전력을 다하고 있었으므로 다룰이슬람에 대해 적절히 대응하지 못하는 사이 마슈미당의 일부 지도자들도 이들의 주장을 지지하고 나섰다.

1950년 인도네시아 전역을 마침내 회복한 공화국 정부는 비로소 다룰이슬람의 위협에 본격적으로 대응하기 시작했다. 몇몇 주들이 다룰이슬람을 추종하며 중앙정부를 거스르자 공화국은 다룰이스람과의 내전에 돌입하게 된다.

독립전쟁의 영웅, 수디르만 장군

인도네시아 독립전쟁 부분을 매듭지으면서 이 시기에 인도네시아군을 이끈 수디르만의 일대기를 재조명하고, 이제껏 둘러본 독립전쟁의 전 과정을 그의 시점에서 간단히 복기해보기로 한다.

자카르타 도심 한복판에 있는 잘란 젠드랄 수디르만(Jl. Jenderal Sudirman), 즉 '수디르만 장군로'는 마천루 빌딩들과 각 은행 본점, 외국 회사의 지점들이 밀집해 있어 그야말로 자카르타의 최중심부, 아니 인도네시아의 최중심부라 할 수 있는 곳이다. 비단 자카르타뿐 아니라 반둥, 수라바야, 메단, 마카사르 등은 물론 인도네시아 전역의 도시들도 예외 없이 최중심가에 수디르만 장군의 이름을 딴 거리가 있다. 그만큼 인도네시아 사람들 사이에서 수디르만의 지명도와 그에 대한 애정은 각별하다. 자카르타의 수디르만 거리에는 수디르만 장군의 동상도 세워져 있다. 그의 트레이드마크인 긴 코트에 어딘가 불편한 듯 지팡이를 짚은 모습으로 대통령궁이 있는 방향을 향해 거수경례를 하는 모습이다.

수디르만은 1916년 1월 24일 네덜란드령 동인도 중부 자바의 쁘루볼링고에서 태어났다. 독립전쟁 당시 인도네시아 시민치안군(TKR)의 사령관이었고 훗날 인도네시아 정규군의 첫 총사령관이 되는 그는 생전에도 고속 진급하여 청년 장군이 되었고 죽은 후에도 진급을 거듭했다.

그는 찔라짭에서 삼촌 손에 컸다. 무함마디야가 운영하는 학교에서 두각을 나타냈고, 이슬람에 대한 열정으로 젊은 나이임에도 그가 속한 사

자카르타 수디르만 장군로의 동상

회에서 존경받는 인물로 커나갔다. 그는 교원대학을 중퇴했지만 1936년
부터 교사로 일해 무함마디야 계열 초등학교 교장을 역임했다. 그러다가
1942년 일본이 인도네시아를 점령하자 일본의 지원을 받는 조국방위대
(PETA)에 합류해 1944년엔 반유마스 지역에서 대대장의 지위에 오른다.

　이 부분은 그가 친일행위에 가담한 듯한 인상을 주는데, 앞서 수카르
노를 비롯한 당시 민족주의자들의 행적에서 살펴보았듯이 인도네시아에
서 친일 행적에 대한 평가는 한국과 많은 차이가 있다. 한국은 무려 36년
간의 일제강점기를 거치고도, 그간의 울분과 원한만 보면 가장 처절하고
단호하게 처단되었어야 할 친일파들이 미군정에 발탁되어 더욱더 그들
의 특권을 공고히 하면서 한국 현대사를 뒤틀어버리고 말았다. 인도네시
아의 경우 일본의 침략은 불과 3년으로, 그 이전 350년간 네덜란드의 강
점기가 있었으니 인도네시아의 독립이란 사실상 일본으로부터의 독립이

라기보다는 네덜란드로부터의 독립이라는 측면이 더욱 크다. 태평양전쟁 당시 동인도에서 식민주의 종주국인 네덜란드군을 비롯한 서방 열강의 연합군을 철저히 격파하던 일본군이 인도네시아인들에게 한때 '해방군'의 모습으로 비친 것도 사실이며 PETA에 들어가 군복을 입은 사람들은 그런 일본군의 모습에 크게 감명받은 측면이 컸다. 그것을 우리 인식에 비추어 '친일'이라 비난하기엔 좀 무리가 있다.

수디르만 인생의 하이라이트는 일본군이 동인도를 침공하면서부터 시작된다. 유럽에서 제2차 세계대전이 발발할 당시 이미 중국 본토를 침공한 일본이 동인도에 눈을 돌릴 것은 불을 보듯 뻔했다. 그래서 네덜란드 총독부도 현지 주민들에 대한 공습 대피 훈련을 시작하면서 민간 공습 대응팀을 조직해 운용했는데, 수디르만은 지역 사회의 존경을 한 몸에 받았으므로 찔라짭 지역의 대공팀들을 지휘하게 된다. 그는 주민들에게 안전 교육을 하면서 그 일대에 공급 경보를 전파할 관측소들을 설치하고 네덜란드 당국과 협조하여 실전 공습 낙하물 대비 훈련도 했다. 그는 당시 여러 사회 활동은 물론 인도네시아 민족협의회의 회장을 맡는 등 인권 조직에서도 활동했으므로 찔라짭의 주민들 사이에 명망이 드높았다. 이 대목까지도 아직 수디르만에게서 독립투사의 아우라는 보이지 않는다. 그는 오히려 네덜란드 식민정부에 매우 순응적인 모습을 보였다.

일본군이 동인도를 침공하기 시작한 1942년 초, 네덜란드군은 물론 네덜란드가 훈련시킨 네덜란드제국 동인도군(KNIL)을 여러 전투에서 격파한 일본군에게 수타커우워 동인도 총독과 네덜란드군 사령관 헤인 터르 포르턴 장군이 무조건 항복하면서 인도네시아에 3년간의 일제강점기가 시작된다. 이로써 동인도 전역의 정치 지형이 급변했고 급증하는 일본군의 인권 유린으로 지역 내 비일본인들은 큰 고초를 겪는다. 수디르만이 교편을 잡은 학교 역시 폐쇄되어 군 관측소로 사용되었다. 일본군

PETA의 복식과 훈련 내용에는 왜색이 뚜렷하다.

은 동인도 전역에서 현지 사립학교들을 폐쇄하고 있었다. 수디르만은 일본군을 설득해 학교를 다시 열었지만 교육 환경은 열악하기 그지없었다.

1944년 초, 일본군이 조직한 지역위원회의 대표가 된 수디르만은 일본 점령군 지휘부가 연합군의 공격에 저항하기 위해 1943년 조직한 'PETA'라는 '조국 방위군'에 참여할 것을 권고 받는다. 이 조직은 네덜란드 식민 정권에 길들지 않은 젊은이들을 대상으로 활발히 모병 활동을 했는데, 훈련 캠프에 합류한 수디르만은 20대의 젊은 나이에 지휘관 과정에 배정되었다. 주민들과 동료들로부터 높은 명망을 누리던 그의 사회적 지위가 고려됐기 때문이다. 당시 PETA 훈련병들은 일본군 장사병들에게 직접 군사 훈련을 받았고 네덜란드군으로부터 압수한 무기들로 무장했다. 몇 달간의 훈련을 마친 수디르만은 찔라짭에서 그리 멀지 않은 중부 자바 반유마스 소재 크로야에 주둔한 대대병력 지휘를 맡는다. 인도네시아 젊은이들이 앞다투어 PETA에 참여한 것은 네덜란드를 군사적으로 단번에 격파한 일본에 감명받은 측면이 컸다. 그리고 수디르만도 일본의 전투력에 열광하던 사람들 중 하나였다. 일본은 현지인들을 총알받이로 쓰겠다는 속셈이 있었지만, PETA는 결과적으로 훗날 인도네시아 정규군을 이루는 중심축이 된다.

그러던 1945년 4월 21일, 꾸사에리가 지휘하는 PETA의 한 부대가 일본군에 항거해 반란을 일으켰다. 진압 명령을 받은 수디르만은 일본군 지휘관으로부터 PETA 반군들을 처형하거나 소탕 작전을 벌이지 않겠다는 약속을 받아낸 후에야 반군을 압박하기 시작했다. 꾸사에리 측 병사들은 처음엔 수디르만 측 지휘관들에게 총을 쏘았다. 하지만 확성기 방송을 통해 집요하게 설득한 결과 4월 25일 마침내 항복을 받아낸다. 꾸사에리는 군법회의에서 사형을 선고받지만, 그 형은 집행되지 않았다.

이 사건으로 PETA 부대원들 사이에서 수디르만의 인기는 더욱 높아졌다. 하지만 일본군 고위장교들은 수디르만의 민족주의적 성향이 자신들의 총알받이가 되어야 할 PETA의 성격에 중대한 영향을 끼치지 않을까 우려했다. 수디르만의 성공적인 임무 완수가 결과적으로 일본군의 견제과 감시를 불러온 것이다. 수디르만과 그의 부대는 즉시 보고르로 보내졌는데 명목상 훈련을 위한 것이라 했으나 실제로는 혹시 있을지 모를 수디르만 측의 모반을 우려해 가혹한 사역 임무를 부과하려는 것이었다. 한편 일본군이 PETA의 인도네시아인 간부들을 조만간 살해할 것이라는 소문도 파다하게 퍼졌다.

1945년 8월 초 일본에 원폭이 투하되었다는 소식이 전해진 후 그달 17일 인도네시아 독립이 선포되면서 일본군의 통제는 눈에 띄게 약화된다. 당시 그의 참모들은 일본군을 공격하자고 건의했으나 수디르만은 그들을 설득해 만류했고 오히려 부대를 해산해 부하들을 귀향시키고 자신은 자카르타에서 수카르노 대통령을 만났다. 수카르노는 수디르만이 자

상단 왼쪽부터 헤이호, PETA의 모병 공고. 일본군의 군사 훈련에 동원된 인도네시아 소년들(아래). 일본군은 비교적 네덜란드 문화에 물들지 않은 청년들과 소년들을 PETA로 끌어들였다.

카르타에 머물며 일본군 무장해제를 지휘하도록 요구했으나 자카르타 지리에 어두운 수디르만은 이를 거절하고 대신 끄로야 주둔 부대의 지휘권을 넘겨받는다. 1945년 8월 19일 그는 그렇게 부대장이 되어 PETA 시절부터 자신의 임무지였던 반유마스로 돌아온다.

그해 8월 하순 수카르노는 예전의 PETA, 헤이호, KNIL 등의 조직들을 규합한 시민치안대를 발족시키는데, 각 출신들 간에 충돌과 반목이 적지 않았다. KNIL(Koninklijk Nederlandsch-Indisch Leger)은 '네덜란드제국 동인도군'을 뜻하며 19세기에 동인도의 식민지 확대를 위한 침공 작전에 동원되었으나 20세기에 들어서 현지 저항이 미약해지자 주로 치안 유지 등 경찰 업무에 주력했다. 입신양명을 노리는 일부 인도네시아인들은 KNIL 부대원이 되는 것을 영광스럽게 여겼다. 특히 동인도네시아로 구분되는 마나도, 암본 등지의 KNIL 부대원들은 제2차 세계대전에 연합군의 일원으로 참전했고 독립전쟁 시기 내내 네덜란드 편에서 공화국군과 싸웠다.

헤이호는 '병보(兵補)'의 일본어로, 한자 뜻과 같이 원래는 인도네시아인으로 이루어진 일본군의 보조부대 같은 성격이었다. 1942년 9월 2일자 대본영 훈령에 따라 인도네시아에서는 1943년 4월 22일부터 모집해 주로 수용소 건설 및 포로 감시 등의 업무에 동원됐으나, 제2차 세계대전의 전황이 급박해지면서 헤이호도 무장을 갖춰 버마나 모로타이 전선에 파견되는 등 본격적인 전투 임무에 투입되었다. 일본 패망 직전 그 인원이 4만 2천 명에 이른 헤이호는 인도네시아 건국준비위원회의 명령에 의해 해산된다.

이렇듯 군사 교육의 내용이나 목적 등 그 성격이 전혀 다른 출신들을 한데 묶어 발족한 시민치안대는 군대로서의 체계나 기강이 잡히지 않아 중구난방이었고 국방보다는 치안을 담당하는 경찰 조직의 역할을 했다.

당시 인도네시아 정치 지도층은 무력보다는 외교력을 통해 국제사회에서 신생국가로서 공인받고자 했고, 아직 현지에 있는 일본군을 공연히 도발하지 않기 위해 그들을 위협할 만한 군대의 틀을 본격적으로 만들지 않았다. 그러나 끄로야로 돌아가 8월 말 반유마스에 시민치안대 지부를 구성한 수디르만은 해당 지구 일본군 사령관과 반유마스 주민대표가 참석한 회합에서 무장한 주민들로 일본군 주둔지를 에워싸고 위협적인 분위기를 연출해 일본군을 무장해제시켰고 여기서 획득한 무기들로 자신의 부대를 잘 무장시킨 후 여분의 무기는 다른 부대에 보급해주었다.

수카르노 대통령은 1945년 10월 5일 비로소 시민치안대를 군대의 면모를 갖춘 시민치안군(TKR, Tentara Keamanan Rakyat, 훗날 인도네시아 정규군 TNI의 모체)으로 재구성하면서 관련 법령들을 통과시켰다. 당시 대부분의 장교는 KNIL 출신, 병사들은 PETA와 헤이호 출신이었다. 공화국 정부가 동부 자바 PETA 반란을 주도한 후 행방이 묘연했던 쇼단쬬 수쁘리야디를 굳이 전군사령관으로 임명한 것은 네덜란드와의 군사 충돌이 예견된 상황에서 한때 네덜란드에 충성을 맹세했던 KNIL 출신을 총사령관 자리에 앉히는 일을 피하려 한 것이었다. 그러나 수쁘리야디가 끝내 모습을 나타내지 않자, 부득이 KNIL 출신의 우립 수모하르조 중장이 참모장으로서 군권을 장악한다.

서구 열강이 동인도의 식민지를 되찾으려는 시도의 일환으로, 먼저 영국군이 1945년 9월 8일 인도네시아에 진주했다. 그 뒤를 이어 일본군 무장해제와 네덜란드군 전쟁 포로 귀환의 임무를 띠고 영국군 주도의 연합군이 그해 10월 스마랑에 상륙해 남쪽 마글랑을 향해 진주했다. 수디르만은 이를 패퇴시키면서 그 공을 인정받아 10월 20일 제5사단장에 임명된다. 그다음 1945년 11월 12일 전군 지휘관 회의에서 수디르만이 3차 결선투표에서 우립 장군을 누르고 시민치안군 총사령관으로 선출된다.

이 에피소드는 앞서 다루었다.

전군 지휘관 회의를 마치고 반유마스로 돌아간 수디르만은 시민치안군 총사령관으로서의 비준을 기다리며 유럽연합군을 물리칠 전략에 골몰했다. 당시 인도네시아인들은 네덜란드가 인도네시아를 다시 지배하지 않을까 우려했고 실제로 영국-네덜란드 연합군은 이미 9월 자바 섬에 상륙해 10월 말과 11월에 수라바야에서 대규모 전투를 벌인 바 있었다. 이런 급박한 전황 속에서 수디르만의 자격에 대한 수카르노의 불신까지 겹치면서 그의 총사령관 비준이 지연되고 있었다.

그는 그해 11월 하순 5사단에 암바라와에 주둔한 연합군 공격을 명령했고 스마랑에서부터 지휘를 맡았던 이스디만이 이번에도 최전선을 맡았다. 암바라와에는 식민지 시절부터 병영과 훈련 시절이 있어 전략적으로 매우 중요했다. 그러나 연합군이 공습과 탱크로 맞서면서 인도네시아군은 패퇴했고 이스디만도 이 전투에서 P-51 머스탱 전투기에 기총소사를 당해 전사했다. 이번에도 인도네시아군은 무기가 부족해 죽창과 일본도까지 동원했지만 영국군은 현대식 무기를 모두 갖추고 있었다. 수디르만은 안전한 후방 사령부에서 작전 명령을 내리는 데 그치지 않고 직접 최전방에 나와 일본도를 휘두르며 전투를 독려했다. 혼전 속에서 게릴라 부대가 스마랑에 있던 깔리반뗑 비행장을 파괴해 영국군의 항공 지원이 중단되자 비로소 수세에 몰린 연합군은 윌렘 요새에 참호를 파고 들어갔다. 수디르만은 4일간 공성전을 진두지휘했고 결국 연합군은 12월 12일 스마랑으로 퇴각했다.

그래서 인도네시아의 12월 12일은 한국과는 전혀 다른 의미를 갖게 되었다. 참고로 윌렘 요새에는 오늘날 인도네시아 기갑부대와 군 형무소가 들어와 있고 일제강점기에는 네덜란드인을 비롯한 유럽 민간인들의 수용소로 사용되기도 했는데 요새 뒤편에는 당시 사용되었던 위안부 시설이 아직도 남아 세월에 스러져가고 있다.

암바라와 전투를 통해 수디르만은 국가적 전쟁 영웅으로 떠올랐고 짧은 군 경력과 나약한 교사라는 선입견으로 군사령관 재목이 아니라는 수군거림을 단숨에 잠재웠다. 애당초 수디르만이 군사령관으로 선출된 것은 그의 의심할 여지없는 애국심과 지휘 능력 때문이었다. 한편 우립 장군의 경우, 만주군 사관학교에 입교하려던 박정희가 멸사봉공 견마지로의 혈서를 일본 천황에게 바쳤던 것처럼, 과거 식민지 시절 네덜란드에 충성 맹세를 했던 사실을 군 후배들은 혐오했다.

1945년 12월 18일 마침내 총사령관으로 비준되자 그동안 지휘했던 5사단을 수띠로 대령에게 인계한 수디르만은 좀 더 전략적 부분에 집중했다. 그는 자문단을 구성해 정치적 문제와 군사적 이슈에 대한 조언을 받았다. 우립 장군은 군사적 실무 문제 대부분을 처리했다. PETA 출신 수디르만과 KNIL 출신 우립은 힘을 합쳐 종전 KNIL과 PETA 출신들 간의 반목과 불신을 상당 부분 불식시켰다. 그런 노력을 통해 전국의 다양한 군사 세력이 통합지휘본부 귀속을 거부하고 군벌들처럼 독자적으로 부대를 운영하려는 경향이 획기적으로 줄었다.

한편 정부는 1946년 공화국 군대의 이름을 두 번씩이나 개명했는데 시민치안군으로 개명한 것을 다시 인도네시아 공화국군(TNI, Tentara Nasional Indonesia)이라 바꾸었다. 그해 초엔 해군과 공군도 각각 정식 출범했다. 그사이 인도네시아 정부는 네덜란드 수중에 떨어진 자카르타를 떠나 그해 1월 중부 자바의 족자로 옮겨온 상태였다. 수딴 샤리르 총리가 자카르타에 남아 네덜란드와 협상을 계속했지만 별다른 성과 없이 시간만 흘렀고, 그사이 수디르만은 5월 25일 확장 개편된 인도네시아군의 총사령관으로 재신임되었다. 수디르만은 "최후의 피 한 방울까지 흘려서라도" 국가를 보위할 것임을 서약했다. 그러나 국방장관 아미르 샤리푸딘이 특정 이념과 정당에 충성을 바치는 좌익청년 준군사조직인 라스카르(Laskar) 무장청년단들을 휘하에 끌어들이고 군 장병들에게 좌익사상을 전파하는 정치 교양 프로그램을 도입하면서, 당시 군의 단합을 위해 노력하던 수디르만과 우립의 노력에 찬물을 끼얹었다.

그러던 와중에 오히려 수디르만이 쿠데타를 준비하고 있다는 소문이 파다하게 퍼지기 시작했다. 1946년 7월 초 네덜란드와의 협상 개시에 불만을 품은 투쟁 연대가 현지 지역군 사령부의 도움을 받아 샤리르 총리와 각료들을 납치하는 형태로 비슷한 시도가 있었고, 수디르만도 연루되었다는 심증은 짙었지만 그가 거기서 어떤 역할을 했는지는 오늘날까지도 분명히 알려지지 않았다. 수디르만은 인도네시아 국영 라디오방송을 통한 연설에서 이 소문을 지적하면서 자신은 국가의 종복일 뿐이며 만일 그에게 대통령직을 제안하려는 세력들이 있다면 단호히 거절한다는 의지를 분명히 했다. 그는 그 후에도 군은 정치집단이 아님을 기회가 날 때마다 강조했다.

한편 연합군과 협상을 계속하던 샤리르 총리는 1946년 10월 7일 네덜란드의 빔 스헤르메르호른 총리와 휴전을 논의하는 단계에 접어들었다. 이 협의는 영국 외교관 킬런 경과 수디르만 장군이 합류하면서 급물살을 탔다. 수디르만은 10월 20일 특별열차 편으로 자카르타를 향했으나 네덜란드군이 그와 그의 부대가 무장한 채 자카르타에 입성하는 것을 반대했으므로 중도에 족자로 다시 돌아가라는 명령을 받았다. 그것은 수디르만의 자존심을 크게 건드렸다. 정치적 이슈가 늘 그렇듯 모든 것이 오해였다는 네덜란드 측의 해명을 받은 후에야 수디르만은 다시 기차에 올라 11월 1일 마침내 자카르타 감비르 역에 도착했다. 그곳엔 엄청난 환영 인파가 인산인해를 이루고 있었다.

그 협상 결과 11월 15일 링가자티 협정을 초안하게 되는데, 1947년 3

1946년 11월 1일 자카르타 망가라이 역에 도착한 수디르만 장군

월 25일 비준을 받긴 하지만 인도네시아 민족주의 진영으로부터 가열한 항의에 직면해야만 했고 수디르만 자신도 개인적으로는 이 협정이 인도네시아의 국익을 저해할 소지가 있다고 지적하면서도 군인으로서 어쨌든 정부의 결정에 따를 것이란 입장을 재확인했다. 이 협정으로 1947년 초 비교적 평화로운 시기가 잠시 도래하자 수디르만은 기존의 시민치안군과 라스카르 무장청년단들의 통합을 추진했다. 그는 위원회의 일원으로 군을 재편했고 1947년 6월 3일 마침내 인도네시아 정규군(TNI, Tentara Nasional Indonesia)이 공식적으로 출범했다.

그러나 링가자티 협정으로 얻은 평화는 오래가지 않았다. 영국군이 1946년 11월 철수한 후, 그 지역을 물려받아 점령하고 있던 네덜란드군은 1947년 7월 21일 '프로덕트 작전'을 펼쳐 총공세로 자바와 수마트라의 상당 부분을 수중에 넣었다. 다행이라면 족자의 인도네시아 정부가 아직 무사하다는 것이었다. 수디르만은 전군에 항전을 명령했지만, 준비 태세가 되지 않은 인도네시아군은 오히려 신속하게 궤멸하고 있었다.

당시 동인도에서 벌어지는 상황을 달갑지 않게 바라보던 유엔의 압력으로 네덜란드군은 1947년 8월 29일 인도네시아군과 네덜란드군 지배 지역의 경계선을 표시한 판 무크 라인을 선포하며 침공을 멈췄다. 이 라인을 따라 휴전이 선포되었지만 네덜란드 점령지 내에도 인도네시아군은 다수의 게릴라 거점들을 보유하고 있었다. 수디르만 장군은 휴전 조건에 의거해 부득이 네덜란드군 점령 지역에서 활동하던 3만 5천 명의 게릴라 병력을 인도네시아군 지배 지역으로 철수시켜야 했다. 그러나 병사들의 사기를 떨어뜨리지 않기 위해 그는 이 철수 작전을 '히즈라 작전'이라고 칭했는데, 이는 서기 622년 선지자 무하마드가 자신이 돌아올 것을 예언하면서 메디나로 도망갔던 히즈라(Hijrah) 사건에서 따온 명칭이었다. 이들 병력은 철도와 선박 편으로 속속 족자로 들어왔다.

이 경계선은 1948년 1월 17일 렌빌 조약으로 고착화되는 듯했다. 이 조약은 당시 총리였던 아미르 샤리푸딘이 서명했다. 그는 군 정상화 작업의 일환으로 병력감축을 시도했는데 독립전쟁이 한창인 상황에서 병력을 증강하기는커녕 오히려 감축하겠다는 계획을 군 수뇌부가 수긍할 리 없었다. 그럼에도 불구하고 이 프로그램이 강행되는 과정에서 수디르만은 대통령령에 의해 1948년 1월 2일 전군사령관직을 잃고 중장으로 강등되었다. 공군사령관 수르자다르마가 그 자리를 대신했다. 샤리푸딘의 내각이 총사퇴한 후 그 뒤를 이어 총리직을 맡은 하타가 군정상화 프로그램도 넘겨받았는데, 몇 달간 찬반양론의 격론이 오가는 동안 수디르만 장군은 군 원로들과 함께 이 프로그램의 반대 진영 중심에 서 있었다. 실각한 아미르 샤리푸딘은 사회당, 공산당은 물론 전 인도네시아 노동조

끄라이 작전 중 네덜란드 기갑부대가 족자카르타 시내로 진입하고 있다(위). 게릴라 병사들에게 둘러싸인 수디르만 장군(아래). 왼쪽에 수하르토 중령이 서 있다.

직의 구성원들을 끌어모아 1948년 9월 18일 동부 자바의 마디운에서 프롤레타리아 봉기를 일으켰다.

당시 병석에 누워있던 수디르만 장군은 나수티온을 보내 이 혁명을 진압하려 했고 공격전에 두 명의 장교를 먼저 보내 원만한 협상을 통한 해결을 타진해보았다. 혁명 리더였던 공산당 당수 무쏘는 평화적 타결에 동의했지만, 호전적인 나수티온 대령이 이를 무시하고 9월 30일 군사작전을 통해 봉기를 무력화시킨다.

아직도 공산당 소탕이 벌어지던 시기에 마디운 현장을 방문한 수디르만 장군은 그곳에서 흘린 동족의 피로 인해 가슴 아파하며 오랫동안 잠을 이루지 못했다. 이 마디운 사태는 좌우 진영의 첨예한 충돌을 일으켰고 좌익이 패배하면서 인도네시아 공산당은 치명적 타격을 입었다.

이 반란과 그 후에도 계속된 일련의 불안정한 정치 상황이 수디르만의 건강을 크게 악화시켜 1948년 10월 5일 인도네시아군 창설 3주년 기념식장에서 그는 의식을 잃고 쓰러진다. 폐결핵이었다. 그는 10월 말 빤띠라삐 병원으로 후송되었지만 안타깝게도 그의 오른쪽 폐는 이미 그 기능을 완전히 잃은 상태였다. 그가 입원해 있는 동안 군의 대소사는 자바 사령관 나수티온 대령이 처리했는데 두 사람은 대네덜란드전 군사계획을 끊임없이 협의했고 수디르만은 매일 상황보고를 받았다.

그들은 이미 그해 5월부터 네덜란드 점령지 공격 작전에 활용되고 있던 게릴라전술을 대네덜란드전 기본전술로 채택함에 뜻을 같이했다. 퇴원한 수디르만 장군이 다시 지휘봉을 잡은 것은 12월 17일이었다. 네덜란드군과의 긴장이 고조되면서 수디르만은 인도네시아군이 좀 더 경각심을 갖도록 촉구했고 대규모 군사 훈련을 실시해 네덜란드군의 기를 꺾으려 했지만, 결과는 그리 성공적이지 못했다. 네덜란드군은 오히려 이틀 후인 12월 19일 렌빌 조약을 깨고 수도 족자를 공격해 들어왔다. 전황을 파악한 수디르만 장군은 인도네시아 국영 라디오방송 RRI를 통해 모든 병사가 훈련받은 대로 게릴라전을 수행하며 항전할 것을 명령했다. 그 내용은 이러했다.

전술 명령 No. 1/PB/D/48

1. 우리는 공격받았다.
2. 1948년 12월 19일 네덜란드군이 족자와 마구워 비행장을 공격해왔다.
3. 네덜란드 정부가 휴전협정을 깨뜨렸다.
4. 모든 병사는 앞서 훈련한 바와 같이 네덜란드군 공격에 항전하라.

그 후 그는 족자 중심부의 대통령궁으로 향했다. 그곳에서는 식민통치를 거부한다면 족자를 쑥대밭으로 만들겠다는 네덜란드군의 최후통첩에 대한 회의가 한창이었다. 수디르만은 대통령과 부통령이 즉시 도시를 떠나 사전에 계획한 바와 같이 게릴라전으로 함께 항전할 것을 강권했지만 그의 요구는 간단히 좌절되었다. 전황이 불리해지자 정치가들은 위험을 무릅쓰고 탈출할 용기조차 내지 않는다는 사실에 깊이 좌절한 수디르만은 의사의 만류에도 수카르노에게 허락을 얻어 전선으로 돌아갔다. 그 자리에 없었던 장관 여섯 명을 제외한 족자의 중앙정부는 진주해온 네덜란드군에게 모두 사로잡혀 수마트라의 방카 섬에 유배되는 신세가 되었다. 그리고 그해 말까지 자바와 수마트라의 도시 대부분이 네덜란드군 수중에 떨어지면서 이제 수디르만은 대통령도 정부도 없는 최악의 상황에서 항전을 계속해야만 했다.

수디르만은 우선 자신의 숙소에서 중요 문서들을 파기한 후 소수의 병력과 주치의만 대동하고 남쪽 반뚤 빠랑뜨리띠스 지역의 끄레떽으로 탈출했다. 빠랑뜨리띠스 지역 해안은 그 옛날 마따람 왕국의 권능왕 스노빠띠에게 남쪽 바다의 지배자인 니롤로키둘 여왕이 현신해 제국의 건설을 돕겠다고 서약했던 곳이었는데, 네덜란드군의 질풍 같은 공세 앞에 풍전등화의 운명이 된 인도네시아에도 그런 기적이 필요한 시기였다.

끄레뗵에 들어서 촌장의 환영을 받은 수디르만은 며칠 그곳에 머물며 네덜란드 점령지를 정찰한 후 다시 남쪽 해안을 따라 워노기리 지역으로 이동했다. 그곳은 네덜란드의 침공이 있기 오래전부터 그가 동부 자바 지역에서 게릴라 작전의 지휘소로 생각하고 있었는데, 기지로 사용할 만한 천혜의 장소들이 많이 남아 있었기 때문이다. 네덜란드군의 포위망이 좁혀오던 12월 23일 수디르만과 그의 부대는 뽀노고로로 진행하다가 마푸즈라는 이슬람 끼아이(이슬람 교육기관의 지도자)를 만나 지팡이를 선물받았다. 그는 절룩거리면서도 그 지팡이에 의지해 동쪽으로 계속 진행해갔다. 그 지팡이는 그 후 수디르만 장군을 상징하는 아이콘이 되었다.

뜨렝갈렉 외곽에서 수디르만 일행은 공화국군 102대대의 병사들과 조우했다. 변복한 수디르만 장군을 알아보지 못한 그들은 수디르만 일행이 탈출한 포로라고 둘러댄 얘기를 믿지 않았다. 그들이 가지고 있는 지도나 노트에 표기된 인도네시아군의 동향 같은 것들은 스파이들이나 가지고 다닐 법한 것들이었기 때문이었다. 병사들이 붙잡아둔 수디르만 일행을 알아본 것은 순찰 나온 부대 지휘관 자이날 파나니 소령이었다. 그는 수디르만 장군에게 병사들의 무례를 사과하고 끄디리에서 장군과 그 일행을 태울 차량을 가져왔다. 잠시 숨을 돌린 그들은 다시 동쪽으로 길을 재촉했는데 그들이 막 출발하고 난 12월 24일 네덜란드군 전투기들이 끄디리를 맹폭했다.

네덜란드군의 집요한 추적과 공격이 계속되었기 때문에 수디르만은 자신과 외모가 닮은 헤루 께써르 중위에게 자기 옷을 입혀 비교적 많은 병력과 함께 남쪽으로 이동했다가 다시 다른 옷으로 갈아입고 북쪽으로 돌아오도록 하는 기만전술을 사용하면서 정작 자신은 까랑농코에 머물다가 12월 27일 그곳을 출발해 1949년 1월 9일 데사잠부에 도착했다. 수디르만은 네덜란드군이 족자를 공략하던 당시 그 자리에 없었던 몇몇 장관들을 거기서 만나 함께 반유뚜워로 진행해 일주일가량 머물렀으나, 정보가 새어나가 네덜란드군이 그곳으로 접근해오자 폭우를 틈타 또다시 탈출해 험난한 산길 노정에 올랐다.

　기동하던 중에도 수디르만은 안전하다고 여겨지는 지역에서는 무전기를 꺼내 인근 공화국군에게 작전 명령을 하달했다. 그러나 수디르만은 밀림을 가로지르는 행군과 부족한 식량으로 건강이 더욱 악화된 상태였다. 수디르만의 부대는 정글을 헤치며 계속 나아가 마침내 라우산 인근 소보라는 곳에 2월 18일 도착했다. 다행히 소보 지역은 안전해 보였으므로 수디르만은 그곳에 게릴라전 지휘소를 설치하고 주둔키로 했다. 네덜란드군은 국내에서는 수디르만 장군을 체포했다는 헛소문을 퍼뜨려 공화국 게릴라군의 사기를 떨어뜨리려 시도하고 국제무대에서는 인도네시아 공화국이 이미 멸망했다고 주장하고 있었으므로, 수디르만은 주치의 후따갈룽 중령과 함께 서방세계에 공화국과 공화국군의 저력을 보여줄 대규모 공세를 조직하려 했다. 그렇게 해서 세워진 작전이 1949년 3월 1일의 '족자 총공세'였다. 이 작전으로 수하르토 중령의 부대가 6시간 동안 족자를 점령했다가 철수하는 무력시위를 벌여, 인도네시아군이 이미 궤멸했고 인도네시아 정부가 더 이상 존재하지 않는다며 공공연히 주장하던 네덜란드의 코를 납작하게 만들었다.

　국제연합의 압력이 가중되면서 1949년 5월 7일 네덜란드와 인도네시아는 로엠-판 로에이언 조약을 맺은 후 동년 6월 29일 네덜란드군이 족자에서 철수했고, 수카르노와 인도네시아 정부도 7월 초 족자로 돌아왔다. 유배에서 풀려난 수카르노는, 수디르만에게 족자로 돌아와 국정에 참여할 것을 명했지만 수디르만은 이를 거절했다. 그는 족자에서 모든 의료 혜택과 각종 지원을 약속받았지만 네덜란드와 질적으로 별반 다를 바 없다고 여기던 족자의 정치권으로 돌아가는 것을 원치 않았다.

끄라이 작전 당시 수카르노 정부가 네덜란드군의 포로가 되기를 선택하던 순간부터 그는 이미 정치인들에게 환멸을 느꼈다. 그런 그가 어떤 편지 한 통을 받고 족자로 돌아가기로 결정하는데, 누가 보낸 것인지는 알려지지 않았다. 편지가 전달될 당시 현장에 있던 기자 로시한 안와르는 1973년 저서에서 "수디르만은 공화국의 최고 지도층 안에 불화와 알력이 있다는 인상을 불식시키기 위해서라도 족자로 돌아가야만 했다"라고 기술하고 있다.

7월 10일 수디르만과 그의 일행은 족자에 입성하면서 수십만의 군중과 정치 엘리트들의 열렬한 환영을 받았다. 8월 초 수디르만은 수카르노에게 게릴라전을 속개할 것을 촉구했다. 전투도 없이 네덜란드군이 유유히 철군하는 것을 두고 볼 수만 없던 그는 이제 인도네시아군이 충분히 강성해진 상태에서, 사기가 꺾인 네덜란드군을 당장이라도 추격해 섬멸해야 할 것이라 주장했다. 그는 앞서 조약들이 모두 파기된 것처럼 네덜란드가 로엠-판 로에이언 조약도 언젠가 파기할 것이라 믿었다. 그러나 수카르노는 그 요청을 단호히 거절했고 수디르만도 의견을 거두지 않았다. 그는 자신의 사퇴 카드까지 꺼내 들고 다시 공격 요청을 냈으나 그의 족자 귀환을 포옹으로 맞았던 수카르노는 이제 맘대로 해보라는 식의 반응을 보였다. 전쟁은 끝나가고 수카르노에게 군인 수디르만은 그 효용 가치가 다하고 있었다. 수디르만은 내부 갈등이 증폭될 것을 우려해 어쩔 수 없이 게릴라전 속개에 대한 주장을 접었고, 1949년 8월 11일 마침내 자바 섬 전역에서 휴전이 발효되었다.

폐결핵이 악화된 수디르만은 다시 빤띠라삐 병원에 입원했다가 그해

10월 빠쩸 인근의 요양소로 이송되었다. 이때부터 그는 대중 앞에 거의 모습을 드러내지 않았고 그의 병세는 더욱 위중해져 12월엔 다시 마글랑으로 이송되었다. 그사이 수개월간 줄기차게 진행된 헤이그 원탁회의를 통해 마침내 1949년 12월 27일 네덜란드가 인도네시아의 주권을 인정하기에 이른다. 수디르만은 병상에 있었지만 새롭게 발족한 인도네시아 합중국을 섬기는 군 총사령관으로 재신임되었다. 그리고 12월 28일 자카르타가 인도네시아의 수도로 선언되었다.

수디르만은 그로부터 불과 한 달 후인 1950년 1월 29일 마글랑에서 숨을 거두었다. 34세의 젊디젊은 나이였다. 총을 든 이후 줄곧 인도네시아의 완전한 독립만을 바라보며 달려갔던 그로서는 최소한 기쁜 마음으로 눈을 감았을 것이다. 그의 임종 소식이 국영 라디오방송을 통해 보도되자 수디르만의 자택엔 많은 손님이 방문했다. 그중엔 인근에 주둔하고 있던 제9여단 장병 전원도 포함되어 있었다. 다음 날 수디르만의 유해는 족자로 옮겨졌다. 제9여단에서 조직한 네 대의 탱크와 여덟 대의 자동차가 선도하는 발인 행렬이 지날 때 인도에서 수천 명의 주민이 애도하며 그의 마지막 길을 지켜보았다.

그의 장례식에는 수많은 정치인과 관료, 군 고위 장성들이 참석했다. 그는 스마키 영웅묘지에 묻히는데, 조문객들의 행렬이 2킬로미터도 넘게 늘어섰다. 인도네시아 정부는 전국에 조기 게양을 명했고 수디르만은 4성 장군 대장으로 추서되었다. 예전에 한 번 달았던 계급을 회복한 것이다. 그의 후임으로는 T. B. 시마뚜빵 대령이 소장 계급을 달고 전군사령관에 취임했다. 그를 추모하는 책들이 줄지어 출간되었음은 물론 그의 연설문들도 책으로 묶여 출판되었다. 그가 주도했던 게릴라 항전은 인도네시아군이 단결심을 배양하는 모체가 되었고, 족자가 네덜란드에 함락된 후 그가 걸었던 100킬로미터에 달하는 게릴라 루트는 육군사관생도들이 사

끄라이 작전 이후 개시된 게릴라전 당시 가마를 타고 기동하는 수디르만 장군

관학교를 이수하기 전 꼭 완주해야 하는 과정으로 자리 잡았다. 수디르만 장군은 건국 이래 발행된 수많은 액면가의 지폐에 시시때때로 등장했고 그의 이름을 딴 도로, 학교, 박물관, 기념비 등을 전국에서 만날 수 있다.

그가 게릴라전을 기동할 때 타고 다녔던 가마 얘기도 빠뜨릴 수 없다. 폐가 제 기능을 하지 못하게 되자 수디르만 장군은 부득이 사람들의 도움을 받아 가마를 타고 움직여야만 했다. 이 가마는 지금도 박물관에 남아 있다. 그가 '인도네시아 국민 영웅'으로 지정된 것은 1964년의 일이다.

수디르만과 인도네시아 독립전쟁 사료들을 둘러보면서, 너무나 다른 제2차 세계대전 직후의 한국과 인도네시아 상황에 큰 아쉬움이 느껴졌다. 두 나라 모두 엄청난 고생을 했지만, 그 질과 방향이 너무나 달랐다.

1945년 8월 17일 일본 패망이 알려지자 그해 9월 유럽연합군이 일본군 무장해제를 수행할 제2차 세계대전 승전국 자격으로, 그리고 네덜란드군이 옛 식민지에 대한 권리를 무력으로 되찾기 위해 진주할 준비를 했다. 앞서 오랫동안 일본의 후원을 받아 준비되어 있던 인도네시아의 민족주의자들은 즉시 정부를 구성하고 미흡하나마 군대를 조직해 자력으로 네덜란드군과 맞설 준비를 했다. 하지만 국내 항일세력이 거의 말살된 상태였던 한국은 친일파 청산도, 해외 독립투사들을 맞을 준비도 못한 채 미군과 소련군이 진주해 들어오는 것을 손 놓고 바라보며 피치 못해 그들에게 기대게 된 측면이 컸다. 우리에게 미군과 소련군은 나치를 물리치고 파리에 들어선 해방군이 아니라 "36년간 일본이었던 지역"에 진주한 점령군이었으므로 실제로는 인도네시아에 상륙한 네덜란드군과 성격 면에서 크게 다르지 않았다. 히로시마와 나가사키에 떨어진 원폭이 사실상 일본의 무조건 항복을 끌어냈지만, 그렇게 얻은 광복이란 만주와 중국과 연해주 등지에서 광복을 위해 모든 것을 희생한 독립군들의 입장에서는 그토록 염원했던 해방된 조국을 민족 지도자들이 스스로 미국과 소련에 갖다 바치는 모습을 비명 한마디 지르지 못하고 지켜볼 수밖에 없었던 비극적 사건이기도 했다.

국민과 지도자들이 정신 못 차리고 허둥지둥하는 동안 38선 이남에 진주한 미군은 우리가 청산해야 할 친일파들을 중용하여 그들의 기득권을 보호해줌으로써 친미파와 친일파가 서로 이권을 주고받으며 결탁하고 야합하는 것을 막지 않았다. 그 결과 해외에서 목숨 바쳐 싸운 독립투사들은 귀국하는 족족, 청산되었어야 마땅할 친일파들에게 오히려 빨갱이로 몰려 죽거나 고문당하거나 쫓겨나고 마침내 월북하는 사태마저 벌어졌다. 일제강점기 당시 훼손되었던 민족 정기를 영영 회복할 수 없는 상황에 부닥치고 만 것이다. 참으로 안타까운 일이다.

인도네시아가 일본의 패망을 맞고서 4년 가까이 네덜란드와 치열한 전쟁을 치르며 더욱 많은 피를 흘린 후에야 비로소 진정한 독립을 쟁취하게 된 것은 대견스럽기도 하고 그 과정에서 겪을 수밖에 없었을 크나큰 고통이 안타깝기도 하지만, 한편으론 그런 시기를 한국은 갖지 못했다는 것이 너무 아쉽다. 인도네시아가 겪은 독립전쟁의 시간은 예전에 네덜란드에 빌붙었거나 일본군 밑에서 부역했던 사람들에겐 '속죄의 시간'이기도 했으니 말이다. 처음엔 네덜란드에나 일본에나 아무런 적개심도 없이 그저 체제에 순응했던 수디르만 장군이나 네덜란드에 충성을 맹세했던 우립 장군 역시 그 시간을 통해 숨어 있던 애국심과 희생정신을 있는 대로 끌어내 마침내 독립의 영웅, 건국의 영웅으로 거듭났다. 그 속죄의 시간에, 점령군이었던 일본군마저도 인도네시아 독립에 일부나마 또는 개인 차원으로나마 기여한 우방으로 거듭날 수 있었다.

하지만 일본 외에는 당장 적이 없다고 생각했던 한민족에겐, 일본이 패망하자 그 속죄의 기회마저 단숨에 증발해버리고 말았다. 독립을 맞은 인도네시아에 네덜란드군과 유럽연합군이라는 공동의 적이 있어 모든 인민이 무서운 단결력을 보여주었던 것과 달리, 미군과 소련의 점령군을 적으로 인식하지 않았던 한국에서 친일 잔당들은 민중의 보복이 자신에게 미칠 것이 두려워 점령군에게 빌붙으며 '빨갱이'라는 이름의 희생양을 만들어냈다. 그리고 반공의 기치를 애써 휘날리며 북한만 때려잡으면 모든 국가적 문제가 해결될 듯 호도하며 한국전쟁이 끝나고서도 반세기가 훌쩍 넘도록 자꾸만 자신들을 향하는 민중의 총구의 방향을, 매번 고문과 조작으로 양산해낸 '빨갱이'들의 가슴을 향해 애써 틀어놓으려 했다. 속죄하지 않은 친일파들은 원죄를 숨기기 위해 그들이 가진 모든 기득권을 동원했으니 그들의 정체를 알고 있거나 파헤치려는 사람들은 결코 무사할 수 없었다. 그렇게 파묻어둔 그들의 원죄는 국가적 염증이 되어 시간이 흐를수록 더욱 썩어 들어가 우리 사회에 치명적인 암 덩어리가 되어 국가와 국민을 갉아먹었다. 그런데도 그런 일에 만성이 된 국민들은 세상이 원래 그러려니, 내가 뭔가 잘못했으려니 하면서 오늘도 그렇게 살아가는 것이 정말 안타깝다.

그래서 나는 수디르만 장군이 인도네시아 사람들 마음속에, 모든 도시의 중앙통 거리에, 건물과 박물관들에 아직도 생생히 살아 있는 것을 보면서 이견의 여지가 없는 진정한 독립전쟁의 영웅들을 끝없이 추모하는 인도네시아가 참으로 부럽다. 물론 한편으로 한국인으로서는 서글픈 일이기도 하다. 청산하지 못한 우리의 원죄는 악취를 풍기는 적폐가 되어 역사 속에 켜켜이 쌓인 끝에 결국 치유할 수 없는 불치병이 되고 말지도 모르니 말이다.

3부

반란의 시대

7장 친네덜란드 세력의 반란

APRA 반란

네덜란드에 대한 독립전쟁이 막을 내린 1949년 말부터 인도네시아 전역에 걸쳐 반란이 시도되었고, 일부는 다룰이슬람의 경우와 같이 자칫 국가의 근간을 파괴할 만한 것들이었다. 그중 '아프라 반란'이 있다.

공화국이 통제하고 있던 자바와 수마트라는 하나로 묶여 인도네시아 합중국 16개 주 중 하나가 되었지만, 전체 인구의 절반 정도가 이 지역에 살고 있었다. 다른 15개의 연방 주는 네덜란드가 1945년부터 창설했던 괴뢰정권들로서 자치 체제의 국가 형태를 갖춰 각각의 대통령과 국기도 있었다. 그중 반둥을 포함하는 빠순단 주에서 세력을 키운 라뚜아딜 부대(APRA, Angkatan Perang Ratu Adil), 즉 '공의로운 여왕의 부대'라 불리는 세력이 1950년 1월 23일 반둥과 자카르타에서 쿠데타를 일으켰다. 이때 독립전쟁 당시 남부 술라웨시의 소요를 무자비하게 진압하다가 군복을 벗은 네덜란드 특수부대 DST 출신 레이먼드 '터크' 베스털링 대위가 다시 등장한다.

라뚜아딜 부대는 친네덜란드계 준군사조직으로 베스털링이 1949년 1월 15일 창설했다. 이 민병대 명칭은 자야바야(Jayabaya)의 예언서에 나온 터키인의 후손 중 공의로운 제왕이 도래할 것이라는 예언에서 따왔

독립전쟁 시기 인도네시아인을 괴롭혔던 네덜란드 군인 베스털링은 건국 초기 공화국을 반대하는 18개 분파를 하나로 묶어 반란을 시도한다. 오른쪽은 그와 결탁한 쁜띠아낙 술탄 하미드 2세

다. 터키 태생이지만 터키인의 피는 하나도 섞이지 않은 베스털링은 자신이 폭군에게서 인도네시아 민중을 구원할 공의로운 사도라고 주장했다. 절대 통할 것 같지 않은 이 주장은 난해한 정치적 이해관계 속에 묘하게 설득력을 얻어 라뚜아딜의 부대는 세를 불려나갔다.

라뚜아딜의 믿음은 한 지도자가 구원자로서 사람들에게 공의와 위로를 가져올 것이라는 신화에 기초한다. 남자 왕은 '에루쪼끄로(Erucokro)'라고도 부른다. 예언에 따르면 라뚜아딜의 강림 시기는 사회가 불안해지고 자연재해가 잇따르며 천하를 호령하던 거대한 왕조가 쓰러지는 등의 전조를 보일 때로, 공포로 전횡하던 왕을 몰아낸 후 라뚜아딜의 치세는 오래 못 가고 곧 세상의 종말이 온다는 것이다. 성서의 계시록과도 사뭇 닮은 이 신화를 영악한 베스털링은 교묘히 차용했다.

베스털링은 인도네시아 합중국의 연방 자치주들을 부추겨 수카르노와 하타가 주도하는 인도네시아 통일운동을 자바인들이 주도하는 세상을 만들려는 시도라고 매도했다. 그리고 공화국을 반대하는 18개의 다양한 분파들, 즉 과거 공화국군 게릴라, 다룰이슬람, 암본, 멀라유, 미나하사, 퇴역 KNIL 부대원, KNIL 특수전 연대 출신과 네덜란드군 출신들을 모았다. 이들은 전반적으로 친네덜란드 성향을 띤 그룹들이었다. 그리하여 1950년 시골 자경단으로 출발한 APRA는 2개 연대 규모의 전투원을 거느린 세력으로 성장했다.

수카르노 정부의 영향력이 점점 커지는 것에 불만을 품은 베스털링은 네덜란드 연방을 지지하는 뽄띠아낙의 술탄 하미드 2세를 부추겨 쿠데타를 일으키려고 했다. 그는 수카르노 정부를 전복시키고, 당시 국방장관 술탄 하멩꾸부워도 9세와 알리 부디아르조 장관을 포함한 주요 각료들을 살해할 계획을 세우고 있었다.

베스털링의 현역 시절에 네덜란드군 사령관 스포르 장군은 개인적으로 베스털링을 총애했지만 그가 남부 술라웨시에서 벌인 작전과 관련해 군법회의에 회부된 모든 전쟁범죄 혐의에 대해 조사가 더 진행될 경우 네덜란드군의 치부가 만천하에 드러날 것을 우려해 베스털링의 강제 퇴역을 결정한 바 있었다. 그 결과 베스털링은 2년 반 동안 DST와 KST 특수부대를 이끈 경력을 마지막으로 1948년 11월 16일 현역생활을 마쳐야 했다. 불명예제대로 상심한 베스털링은 애인과 결혼하여 서부 자바의 빠쩻으로 들어가 터를 잡았다.

그로부터 1년 후인 1949년 11월 네덜란드군 비밀정보국은 베스털링이 50만 명의 추종자를 가진 비밀조직을 결성했다는 정보를 입수한다. 네덜란드 경찰조사관 J. M. 버르뷔르흐는 1949년 12월 8일 '인도네시아 공의로운 여신 연대'라는 단체가 '공의로운 여왕의 부대'라는 군사조직까지 갖추고 있으며 베스털링이 깊이 관여하고 있다는 사실을 알아낸다.

베스털링은 찌아삐엣까이라는 화교 무기상의 도움으로 부대를 무장시켰는데, 그는 베스털링이 현역 시절 메단에서 활동할 때부터 거래해오던 사람이었다.

12월 5일 밤 10시경 베스털링은 스포르 대장 후임으로 네덜란드군 최고사령관으로 취임해 있던 부르만 판 브레이턴 중장에게 전화해 네덜란드가 인도네시아에 주권을 이양한 직후 자신이 수카르노와 그의 정부를 전복시킬 쿠데타를 벌이겠다며 의견을 물었다. 판 브레이턴은 이미 주권 이양을 저지하려는 군사적 움직임이 있다는 첩보는 물론, 베스털링에 대해서도 들어 알고 있었다. 그는 베스털링의 생각에 동조했다. 하지만 판 브레이턴 장군은 1949년 12월 27일에 있을 주권 이양이 성공적으로 진행되도록 담보해야 할 위치에 있었기에 베스털링의 쿠데타 계획을 공식적으로 반대하며 경고했다. 그러면서도 굳이 베스털링을 당장 잡아들이는 수고를 하려 하지는 않았다.

1950년 1월 5일 베스털링은 자신의 주장을 담은 편지를 수카르노 정부에 보냈다. 그는 합중국 정부가 빠순단 주를 포함한 자치주들을 연방국가의 격에 맞게 대해야 하며 특히 APRA를 빠순단 주의 공식 군대로 승인할 것을 주장하면서 7일 이내에 공화국 정부가 긍정적 답변을 보내달라고 요구했다. 그렇지 않으면 전쟁을 불사하겠다는 것이었다. 사실상 최후통첩이었다. 이 편지는 공화국 정부뿐 아니라 네덜란드와 신임 네덜란드 고등판무관 H. M. 히르스펠트 박사도 긴장시켰다. 쏟아지는 합중국 내각의 질문공세가 그를 곤혹스럽게 했다. 네덜란드 내무장관 스티커르는 모든 네덜란드 관료들과 군인들이 베스털링에게 협조하도록 하라는 지시를 히르스펠트에게 내린 상태였지만 합중국 내각의 질의에 그렇다고 고개를 끄덕일 수는 없었다.

1950년 1월 10일 하타 부통령은 이미 베스털링의 체포령을 냈음을 히르스펠트에게 통지했다. 로빙크가 네덜란드 측 전임 고등판무관으로 있을 당시 베스털링의 면책특권을 요구해 받아냈으나, 합중국 정부는 그 면책특권을 더 이상 인정하지 않겠다는 것이었다. 그때 베스털링은 자카르타의 '데스 인데스 호텔'에서 뽄띠아낙 술탄 하미드 2세를 만나고 있었다. 그들은 1949년 12월에도 만난 적이 있었는데 그때 베스털링은 자신의 쿠데타 계획을 설명하면서 하미드 2세에게 자기들 조직의 수장이 되어 달라고 부탁했었다. 하미드 2세는 베스털링에게 더 자세한 설명을 요구했으나 만족할 만한 답변을 듣지 못했다. 그다음의 회합이 언제였는지는 정확하지 않지만, 베스털링은 1952년에 쓴 자서전 『기억』에서 하미드 2세가 수장인 그림자 내각이 실제로 구성되었지만 하미드 2세는 이를 비밀에 부치려 했다고 말하고 있다. 물론 하미드 2세는 훗날 법정에서 베스털링과의 공모 사실을 부인했다. 하지만 동인도 네덜란드군 KNIL의 대령이었고 네덜란드 여왕 근위대 장교이기도 했던 그는 독립전쟁 기간 내내 네덜란드 편에 서 있었고, 끄라이 작전으로 수카르노 정부가 나포되었을 때 족자에 혼자 남은 술탄 하멩꾸부워노 9세를 회유하려 시도했던 전력에 비추어 그가 APRA 반란에 깊숙이 연루되었을 것이란 추론은 사뭇 개연성이 높다.

1950년 1월 중순 네덜란드 연방 및 해외주 담당 장관인 J. H. 마르세번이 그해 3월에 조직될 인도네시아-네덜란드 연방회합을 준비하기 위해 인도네시아를 방문했을 때 하타는 베스털링의 체포 지시를 내렸음을 다시 한 번 통지했다. 공화국 경제장관 주안다도 1950년 1월 20일 네덜란드를 방문하면서 괴첸 장관에게 현지 위험 요소로 대두되고 있던 RST 특수부대를 인도네시아에서 즉각 퇴출시킬 것을 요구했다. 그 직전인 1월 17일 RST의 한 부대가 마침 실제로 자바 섬에서 암본으로 이동한 사실이 있어 히르스펠트 고등판무관은 이를 토대로 판 브레이던 장군과 네덜란드 국방장관 스호킹이 RST부대의 철수 시기를 조율 중이라는 전문을 괴첸 장관에게 보냈다.

그러던 중 1950년 1월 22일 저녁 9시 중무장한 RST 특수부대원들이 바뚜자자르의 병영을 이탈하여 APRA 반란에 가담하는 사건이 벌어졌다. 해당 부대 중대장은 즉시 공화국군 실리왕이 사단 사령관 사디낀 대령과 자카르타의 판 브레이던 장군에게 이 사실을 보고했다. 저녁 8시에서 9시 사이 부대에 나타난 RST 지휘관 보르하우츠 중령은 부대원들의 조직적 탈영에 크게 동요했다. 그가 일부러 놀라는 척했는지는 모른다. 베스털링은 예전 RST 부대에서 그의 바로 전임 지휘관이었으니 사전 교감이 있었을 가능성이 농후하다. 사디낀 대령도 9시경에 부대를 방문했다. 인원 점검 결과 바뚜자자르에서 140명, 뿌라바야에서는 190명의 RST 대원들이 탈영했으며 찌마히의 부대에서도 암본 출신 병사 12명이 탈영했음이 확인되었다.

레드베레와 그린베레의 합동부대인 RST 특수부대의 철수 계획을 예전 부하들로부터 전해 들은 베스털링이 철수 시작 전에 병력의 일부를 빼돌려 1950년 1월 23일 쿠데타를 일으킨 것이다. 이미 전역한 베스털링이 후임 보르하우츠 중령의 도움 없이 현역 특수부대원들을 마음대로 빼돌릴 만한 조직력과 영향력을 가지고 있었을까? 아니면 네덜란드군이 탈영을 가장하여 특수부대원들을 파견해 APRA 반란군을 조직적으로 도운 것일까? KNIL 부대의 T. 카사 중령은 엥글레스 장군에게 전화하여 중무장한 APRA 부대가 뾰스브사르 도로를 통해 반둥으로 기동하고 있음을 보고했으나 정작 반둥의 실리왕이 사단은 아무런 경고를 받지 못했다. 베스털링과 그의 부하들은 길에서 마주치는 공화국군을 무조건 사살했는데 이 과정에서 전도양양하던 미나하사 출신 렘봉(Lembong) 중령을 포함한 94명의 공화국군이 목숨을 잃었고 APRA 측은 아무런 인

반둥 시내로 진입하는 APRA 반란군(위)과 살해당한 실리왕이 부대원들

명 피해 없이 계속 진군했다.

베스털링은 반둥 공격을 지휘했고 메이어르 상사의 RST 부대가 수카르노 대통령을 생포하고 정부 청사를 장악할 목적으로 자카르타로 향했다. 그러나 실리왕이 사령부를 점령하는 등 반둥에서 거둔 전술적 승리에 반해, 함께 봉기할 것으로 믿었던 인근 여타 KNIL 부대들이나 서부 자바 다룰이슬람 반란군이 끝내 침묵하면서 자카르타 공격이 실패하자 APRA 반란은 사실상 급격히 실패 국면으로 접어들었다.

반둥을 한껏 휘저어놓은 후 RST 부대원들은 아무 일도 없었던 듯 모두 원래의 부대로 복귀해 일상으로 돌아갔다. 이 역시 네덜란드군의 조직적 비호 없이는 불가능한 일이었다. 하지만 반란 수괴인 베스털링 본인은 이제 쫓기는 신세가 되었다. 그는 자카르타에 스며들어 1월 24일 데스 인데스 호텔에서 하미드 2세를 다시 만났다. 술탄은 이번엔 전혀 호의적이지 않았다. 비서인 J. 키어르스 박사를 동행한 하미드 2세는 자카르타 공격실패에 대해 베스털링에게 호통을 쳤고 반둥에서 실리왕이 부대원들을 학살한 것을 호되게 질책했다. 베스털링은 이에 반박하지 않고 묵묵히 하미드 2세의 반응을 지켜본 후 호텔을 떠났다. 두 사람은 간단히 서로를 등졌지만, 공화국 전복 목적으로 반란을 일으키고 많은 실리왕이 부대원들을 살해한 책임은 전적으로 두 사람이 져야 할 터였다.

1월 25일 하타 부통령은 베스털링이 RST와 다룰이슬람의 지원을 받아 다시 자카르타를 공격해올 것이라고 히르스펠트에게 연락했고 엥글레스 장군 역시 베스털링이 당시 다룰이슬람 반군들의 본거지 중 하나였던 가룻에 추종자들을 집결시키고 있다고 보고해왔다.

베스털링의 APRA가 일으킨 군사행동에 네덜란드군 정예부대가 연루되었다는 사실은 뉴스를 타고 전 세계에 보도되었다. 가장 먼저 보도를 낸 것은 1950년 1월 23일 로이터 통신원 휴 레이밍으로, 호주 「멜버른

선(Melbourne Sun)」지에 "한 위기가 거대한 스케일로 동남아시아를 집어삼키다"라는 기사를 실었다. 주미 네덜란드 대사 판 클레펀스조차 "네덜란드가 교활한 방법으로 인도네시아에 상처를 냈고 반둥을 공격한 것은 네덜란드의 검은손이었다"고 미국인들에게 폭로했다. 이것은 네덜란드 본국 역시 베스털링의 APRA 반란을 비난하는 쪽에 섰다는 인상을 주었다.

더 이상 쿠데타 시도를 할 수 없었던 베스털링은 자카르타에서 피신생활을 하며 아내와 자식들을 불러들여 함께 거처를 옮겨 다녔다. 그러던 1950년 2월 8일 베스털링의 부인이 판 랑언을 만났다. 끄라이 작전의 주역이었던 판 랑언 대령은 이제 육군 소장으로 진급해 총참모장의 보직을 맡고 있었다. 베스털링의 상황을 들은 판 랑언은 판 브레이던 장군, 히르스펠트 고등판무관, 그리고 당시 자카르타를 방문 중이던 네덜란드 국무장관 W. H. 안드레아 포케마에게 즉시 보고했다. 베스털링은 졸지에 동인도의 식민지를 잃은 네덜란드인들에게 애국 영웅으로 인식되고 있었으므로, 네덜란드군과 관료들은 머리를 짜내 베스털링을 서파푸아로 빼돌리기로 했다. 그러나 다음 날인 2월 9일 하타 부통령은 네덜란드 측이 베스털링의 신병을 먼저 확보할 경우 즉시 공화국 측에 인도할 것을 촉구했다. 네덜란드 측은 그러겠노라 답변했지만, 베스털링을 빼돌리려는 사실이 백일하에 드러난다면 네덜란드가 국제사회에서 지탄을 면할 수 없을 터였기에 실제로는 전전긍긍하지 않을 수 없었다. 히르스펠트는 일단 베스털링 구출 계획 보류를 군에 지시했다.

그러나 판 랑언 소장은 히르스펠트의 지시를 무시하고 2월 10일 비밀리에 정보참모 F. 판 더르 베인 소령을 시켜 베스털링을 인도네시아에서 빼내라고 지시했다. 그가 보르하우츠 중령의 도움을 받아 꺼본시리 지역 은신처에서 베스털링을 만나 얘기한 내용을 판 랑언 소장에게 알리자,

히르스펠트 고등판무관만을 제외한 민간관료와 군은 물론 판 브레이던 사령관과 포케마 국무장관까지 모든 네덜란드 요인들이 조직적으로 베스털링의 은신과 도피에 힘을 모았다. 이 모든 것은 포케마 국무장관의 책임하에 이루어졌다.

2월 17일 보르하우츠 중령과 판 더르 베인 소령은 베스털링 소개 임무를 맡아 J. W. 키스트 해군 중장의 지휘권 아래에 있는 해군 공무항공기 카탈리나 밀크 편에 베스털링을 태우기로 했다. 그들은 돈과 고무보트, 위조 여권 등을 준비해 2월 18일 판 브레이던 장군에게 보고했고 판 더르 베인 중령은 해군 공무항공대 P. 브론 대위에게 카탈리나기를 특수 임무에 사용한다고 둘러대어 키스트 중장의 재가까지 받았다. 키스트 중장은 한 특수부대 장교를 리아우 섬에 데려가기 위해 항공기를 사용한다고 보고받은 상태였는데, 그것이 사실은 베스털링을 빼돌리는 작전임은 상상조차 하지 못했다. 그가 보고받은 승선자 이름은 터키 태생 베스털링이 아니라 마닐라에서 태어난 빌렘 라위턴베이크였다.

2월 22일 베스털링은 KNIL 부대의 상사 군복을 입고 판 더르 베인 중령과 함께 딴중쁘리옥 항구에서 그곳을 경유하는 카탈리나기에 몸을 싣고 곧장 싱가포르로 날아가, 그날 정오경 싱가포르에서 1킬로미터 정도 떨어진 해상에 착륙해 고무보트를 내렸다. 베스털링은 저서인 『고독한 존재』에, 그의 고무보트가 구멍이 나 침수되었으나 중국 어선에 구조되어 싱가포르에 무사히 입성했다고 기록했다. 그는 싱가포르에 도착하자마자 오랜 친구인 화교 무기상 찌아삐엣까이와 만나 조만간 인도네시아로 돌아가기 위한 계획을 세웠다. 지독한 악당이 불굴의 투지까지 가졌다면 참 곤란한 일인데, 포기를 모르는 베스털링이 딱 그런 사람이었다.

한편 베스털링이 싱가포르로 도망치면서 수장을 잃은 APRA는 1950년 2월 기능을 멈추고 말았다. 이 사건으로 술탄 하미드 2세도 자카르타에서 체포되었고, 나중에 재판을 통해 반란에 동조했다는 죄목으로 10년의 징역형을 선고받는다. 사형받아 마땅한 죄목인데도 술탄이라는 사회적·종교적 지위가 그의 목숨을 살린 것이다.

2월 24일 한 프랑스 통신이, 베스털링이 네덜란드 해군 소속 카탈리나기를 타고 싱가포르에 입국했다는 보도를 냈다. 네덜란드 당국이 줄곧 연루 사실을 부인하고 있던 중에 터진 이 보도는 뜨거운 스캔들이 되어 전 세계로 전파되었고 미국 주간지 『라이프』에도 대대적으로 보도되었다. 그가 자카르타를 떠나기 전인 2월 20일 로이터 통신 기자 휴 레이밍은 베스털링이 싱가포르로 향하는 중이며 곧 유럽으로 들어갈 것이라는 정보를 입수해 런던에 전보를 날리기도 했다. 이러한 대중매체의 보도는 인도네시아에 있던 네덜란드군 지휘관들과 민간 관료들의 얼굴을 화끈 달아오르게 했다. 아무것도 모르고 있던 히르스펠트 고등판무관은 배신감으로 격분한 상태에서 인도네시아 내각의 질문 공세를 받아야 했고 판 브레이던과 판 랑언은 여전히 네덜란드군이 연루된 바 없다고 잡아떼며 오리발을 내밀었다.

2월 25일 히르스펠트는 자신과 키스트 해군 중장만이 판 브레이던 장군과 판 랑언 소장, 포케마 장관이 기획한 베스털링 구출 계획을 모르고 있었다는 사실을 비로소 알게 된다. 포케마 장관이 성명을 통해 자신이 이 모든 계획을 지시했으며 히르스펠트는 이 일과 무관함을 천명했지만, 이 사건으로 인도네시아 주둔 네덜란드군 수뇌부와 히르스펠트의 신뢰 관계는 물론 히르스펠트에 대해 인도네시아 공화국이 가졌던 일말의 신뢰도 완전히 무너지고 말았다.

찌아삐엣까이의 집에 머물던 베스털링은 2월 26일 영국 경찰에 전격 체포되어 창이 교도소에 투옥된다. 이 소식을 들은 공화국 정부는 싱가포르 당국에 베스털링을 인도네시아로 추방해달라고 요청했다. 그러나 그해 8월 15일 싱가포르 대법원의 에반스 판사는 결심에서 네덜란드 국적의 베스털링을 인도네시아로 추방할 수는 없다고 판결했다. 그보다 일주일 앞선 8월 7일 네덜란드 의회는 베스털링이 네덜란드에 도착하는 대로 체포해 투옥할 것을 의결한 바 있었다. 베스털링은 8월 21일 싱가포르의 네덜란드 총영사와 베스털링의 변호사 R. 판 더르 가흐가 동행하여 호주 콴타스 항공편으로 싱가포르에서 출발했다. 그러나 베스털링은 네덜란드로 직행하지 않고 동행자들의 양해를 얻어 벨기에 브뤼셀에 내렸다. 그는 거기서 '영원한 충성협회'를 세운 헤이그 암본인 대리인들의 방문을 받아 조속히 말루꾸로 들어가 공화국 정부에 다시 반란을 일으킬 계획을 세웠다. 암본을 중심으로 한 말루꾸 지역은 식민지 시절은 물론 독립전쟁 시절 내내 네덜란드에 충성을 바쳤고, 인도네시아가 주권을 되찾자마자 반란과 분리독립의 움직임이 태동하고 있었다. 그렇게 끝까지 인도네시아 공화국 정부를 전복시키려 집념을 불태우던 베스털링은 네덜란드에서 "가장 영예로운 사람"으로 추앙받기까지 했다.

1952년 초 베스털링은 비밀리에 네덜란드에 입국했지만 금세 행적이 탄로 나 4월 16일 당국에 체포된다. 그 소식을 들고 네덜란드 주재 인도네시아 측 고등판무관 수산토가 5월 12일 베스털링을 인도네시아로 추방해달라고 요구했지만 네덜란드 정부는 이를 거절했고 오히려 그다음 날인 5월 13일 베스털링을 방면했다. 네덜란드의 여론이 그를 영웅으로 떠받드는 상황이었으니 어쩌면 당연한 일이었다. 그해 10월 31일 네덜란드 대법원이 네덜란드인인 베스털링을 인도네시아로 추방하는 것은 있을 수 없는 일이라 판결한 것 역시 같은 맥락이었다.

베스털링은 유유히 유치장에서 풀려난 뒤 다양한 회합에 나가 그의 견해를 얘기하며 추종자들을 늘렸다. 한 회합에서는 왜 수카르노를 그냥 쏴 죽이지 않았느냐는 질문에 이렇게 대답했다. "네덜란드인들은 계산이 빠른 사람들입니다. 총알 한 발 가격은 35센트이죠. 하지만 수카르노의 가치는 5센트도 되지 않습니다. 30센트씩이나 손해를 봐서야 안 될 일이죠."

1954년 12월 17일 베스털링은 암스테르담의 법무부에 호출되어 자신에 대한 조사가 완료되었고 더 이상의 조사를 진행할 어떤 이유도 없다는 결정을 들었다. 같은 내용의 법원 결정문도 발행되었다. 네덜란드에서 그의 법적 지위는 이제 완전히 복권된 것이었다.

베스털링은 그 후 두 권의 책을 쓰는데, 바로 1952년 출간된 자서전 『기억』과 1982년에 출간된 책 『고독한 존재』이다. 『기억』은 불어, 독어, 영어로 번역되었고 영문판은 『테러에 대한 도전』이라는 제목이 붙었는데, 이 책은 높은 판매량을 올리며 아시아나 아프리카의 식민지 반란 진압 필요가 있는 유럽 국가들 사이에서 전투전략 분야 대소요 작전의 바이블이 되었다.

그토록 많은 인명을 잔혹하게 살상했던 베스털링 본인은 1987년 평화롭게 생을 마감했다. 참 불공평한 일이 아닐 수 없다. 하지만 세상은 그렇게 흘러가는 법이다.

얘기는 다시 APRA 반란 직후인 1950년으로 돌아간다. 불발에 그치고만 APRA 반란은 당초 인도네시아 합중국을 분열시키려던 베스털링의 의도와는 달리 오히려 서부 자바 빠순단 주가 급속히 와해하는 상황을 초래했다. 이를 시작으로 다른 자치주들도 줄줄이 무너져 내리면서 인도네시아 합중국의 연방 구도는 조기에 해체되기 시작했다.

안디 아지스의 반란

이 착하게 생긴 남자는 안디 압둘 아지스(Andi Abdul Azis)라는 사람이다. 20세기에 태어나 파란을 겪지 않은 사람이 없겠지만, 아지스의 인생 역시 롤러코스터의 연속이었다.

그는 남부 술라웨시 부기스족 가정에서 태어났다. 민족주의 열기가 높았던 자바나 수마트라와 달리 술라웨시는 전통적으로 네덜란드가 강력한 지배력을 발휘하던 지역이었다. 네덜란드가 착취를 쉽게 하기 위해 술탄과 지주들을 이용하며 그들의 지위와 권리를 지켜준 만큼 현지 상류층들은 대체로 네덜란드에 호의적이었고 그 계층의 젊은이들은 네덜란드를 동경했

전쟁 영웅 안디 아지스 대위. 그는 유럽에서는 나치와, 인도에서는 일본군과 싸웠다.

다. 350년간 네덜란드의 식민지였던 나라에서 태어난 인도네시아인들에게, 태평양전쟁에서 일본군이 네덜란드군을 쓸어버리기 전까지 네덜란드는 파라다이스이자 특권의 상징이기도 했다. 그 상류층들은 자신을 네덜란드인이라 생각했을까? 일제강점기의 조선에서도 스스로 일본인이라 자부하며 그렇게 인정받기 위해 동족의 가슴에 총을 겨눴던 인사들이 넘쳐 났으니 인도네시아라고 그런 부류들이 없었을 리 없다.

물론 아지스는 그 정도까지는 아니었다. 그는 1930년 초 한 네덜란드인 은퇴자의 지원을 받아 그와 함께 네덜란드에 들어가 군사학교를 다니고 1944년까지는 중고등학교(리세윰)에 다니는 행운을 누렸다. 물론 그의 인생을 계속 따라가보면 그게 과연 행운이었는지에 대한 판단이 좀 모호해지지만, 아무튼 그가 일반 인도네시아인들이 누리지 못한 네덜란드 본토의 높은 교육 혜택을 받은 것은 분명한 사실이다. 그는 사관학교에 진학해 왕립 네덜란드군의 장교가 되고 싶어 했는데, 이 시점에서 아지스는 술라웨시의 부기스족이라는 이름표보다 '네덜란드인'이라는 위상을 갖고 싶어 한 것으로 보인다. 그러나 공교롭게도 그때 유럽을 휩쓸

기 시작한 제2차 세계대전으로 아지스는 그 뜻을 접어야 했고, 대신 나치에 점령된 네덜란드 지하저항군에 합류해 독일군과 싸웠다. 그가 나중에 방해공작팀이 되어 적전선 후방으로 투입되었다는 기록에서 제법 높은 전투력을 가진 레지스탕스 공작원이었음을 미루어 짐작할 수 있다. 남태평양 태생의 순박한 얼굴이 유럽 한복판에서 나치의 의심을 피하는 데 도움이 되었던 것일까? 독일군이 현지 저항 세력들을 강력히 옥죄어 오자 위기를 느낀 그는 동료들과 함께 영국으로 밀항했다.

영국에 도착한 아지스는 런던에서 70킬로미터 떨어진 군사캠프에서 특수부대 훈련을 받았다. 그는 우수한 성적으로 훈련을 마쳤고 1945년엔 부사관학교 교육도 수료했다. 그러던 1945년 8월, 동남아시아 연합군 사령부(SEAC)는 인도네시아어를 유창하게 구사할 수 있는 인물을 필요로 했고 그 결과 안디 압둘 아지스가 유럽 전선을 떠나 인도 소재 연합군 사령부에 합류하게 되었다. 그는 하사관 계급을 달고 콜롬보와 캘커타로 옮겨 다니며 보직을 소화했는데, 공군의 할림 뻐르다나꾸수마와 함께 유럽 서부전선에서부터 제2차 세계대전에 본격적으로 참전한 몇 안 되는 인도네시아인으로서 유럽과 태평양 두 개의 전선에서 각각 나치와 일본제국을 상대로 전투 경험을 쌓은 베테랑 연합군 군인이었다. 게다가 특수부대 훈련까지 모두 이수했다는 측면에서 그는 베스털링 대위에 비해 경력과 능력 면에서 조금도 뒤지지 않는다.

일본이 항복한 후, 아지스는 일본 본토에 설치된 연합군 사령부에 합류하거나 인도네시아 보직을 받거나 양자택일할 기회를 얻는다. 그것은 이후 그의 인생을 좌우할 중요한 결정이었지만, 당시의 아지스는 당연히 이를 자각하지 못했다. 벌써 11년째 부모를 떠나 있던 그는 단지 고향 마카사르 땅을 다시 밟을 생각으로 자연스럽게 인도네시아행을 지원했다. 그래서 그는 영국군의 일원으로서 1946년 1월 19일 자카르타에 착륙했다. 당시 인도네시아는 독립선언이 낭독된 지 5개월째로 접어들던 시점이었다.

연합군의 일원으로서 인도네시아 땅을 밟는다는 것이 인도네시아 공화국의 적이 되어 돌아왔다는 의미임을 아지스가 몰랐을 리 없다. 하지만 그건 아무래도 좋았을 것이다. 나치와 일본제국을 무릎 꿇린 연합군에게 신생 인도네시아 공화국 정부의 급조된 공화국의 치안대 정도는 상대되지 않을 것이 분명했고, 그가 도착하기 불과 두 달 전 영국군과 공화국군이 대대적으로 맞붙은 수라바야에서 공화국측은 예상한 대로 궤멸적 패배를 기록한 바 있었다. 그리고 자신은 바로 그 전투에서 대승을 거둔 연합군 측의 군인이었다.

인도네시아에 도착한 그는 영국군 분대장이 되어 나중에 찔린딩으로 근무지를 옮기지만 1947년에 비로소 장기 휴가를 얻어 마카사르에 갔다가 차제에 군복을 벗기로 한다. 아지스는 이미 신물 나도록 전쟁터를 돌아다녔고, 당시 자바와 수마트라에서 벌어지고 있던 인도네시아 독립전쟁은 자바인들의 전쟁이지 부기스인인 그와는 관계없는 것으로 생각했다. 게다가 연합군 출신인 그는 수카르노의 인도네시아 공화국 정부보다 연합군 소속인 네덜란드에 심정적으로 좀 더 가까웠다. 그러나 영국 군복을 벗은 그는 고향에 눌러앉지 않고 당시 네덜란드 점령지였던 자카르타로 돌아와 멘뗑뿔로에서 경찰 교육을 받았다. 군복에 길이 든 그는 아무래도 제복을 선호했던 것 같다.

그러다가 1947년 중반 다시 KNIL로 소집되어 소위 계급을 달게 된다. 이번엔 네덜란드군이 된 것이다. 순해 보이는 인상과 달리 그는 천생 군인 체질이었다. 이때에도 인도네시아 독립전쟁을 바라보는 그의 시각은 변함없었다. 수카르노 정부는 절대 이길 수 없는 전쟁을 벌이는 부질없는 짓을 하고 있었고, 강력한 네덜란드군은 전에 그랬던 것처럼 다시 인도네시아를 지배하고야 말 터였다. 그래서 그는 일본군 장교 신분으로 만주에서 독립군 부대를 때려잡던 박정희나 간도특설대의 백선엽처럼 네덜란드군 장교로서 남부 술라웨시에서 준동하는 공화국군 게릴라들과 전투를 벌였고 때로는 습격해 섬멸시키기도 했다. 당연한 일이지만 그는 네덜란드의 패배나 철수를 생각해본 적도 없었고 인도네시아 공화국에 대한 소속감도 전혀 없었다.

그는 동인도네시아 자치주(NIT) 수꼬와띠 대통령의 고위 경호원으로 1년 반을 일한 후, 이번엔 1948년 반둥 찌마히 지역의 SSOP 부대(KNIL 소속의 공수부대 훈련소) 교관으로 일하게 된다. 이때 찌마히 지역은 당시 임박한 네덜란드군의 2차 총공세(끄라이 작전)를 준비하며 네덜란드군이 대규모로 집결해 있던 곳이었는데, 특수부대인 그린베레와 공정부대인 레드베레도 와 있었다. 아지스는 유럽에서의 경험을 토대로 이들 특수부대의 훈련을 담당했다. 특수부대를 조련함으로써 그는 결과적으로 족자를 함락시킨 네덜란드군의 끄라이 작전 성공에 일조한 셈이었다.

그해 아지스는 다시 마카사르로 발령이 나 중위 계급장을 달고 125명의 부하를 거느린 중대장이 된다. 곧이어 대위로 진급하고서도 그는 동일한 부대를 지휘했는데, 그 부대원들은 전투 경험이 풍부했고 전투력도 일반적인 네덜란드군이나 인도네시아 정규군에 비교할 수 없을 만큼 수준이 높았다. 아지스는 어떤 적이라도 무찌를 자신감이 있었고 더욱이 네덜란드군의 가공할 화력 지원이 그의 부대 뒤를 받쳐주었다. 언젠가 네덜란드군이 인도네시아에서 철수하는 날이 도래하고 화력 지원도 사라지게 될 것임을 그는 당연히 상상조차 하지 못했다.

그런데 1949년 12월 네덜란드가 인도네시아 합중국에 주권을 이양하는 사건이 벌어졌다. 아지스뿐만 아니라 KNIL 부대에 소속된 인도네시아 국적 병사들은 이 소식에 큰 충격을 받았다. KNIL은 엄밀히 네덜란드

KNIL은 1830년 조직되어 1950년에 해산되었다. 자바 출신 인도네시아 KNIL 병사들(1927년)

령 동인도의 정부군이었지만 지휘 계통의 네덜란드인 장교들을 제외하곤 대부분 인도네시아인 병사들로 구성되었고, 그들은 독립전쟁 내내 네덜란드 본국에서 파견된 왕립 네덜란드군과 어깨를 나란히 하며 공화국군을 상대로 전투를 벌였다. 그런데 이제 동인도의 대부분 지역이 자치주가 되어 인도네시아 합중국에 합류하고 KNIL 부대도 합중국군으로 편입되는 상황이 온 것이다. 지난 수년간 전쟁을 통해 공화국군과의 사이에 쌓인 원한을 풀 여유도 없이 말이다.

태평양전쟁 당시 동인도를 침공한 일본이 네덜란드군을 격파하여 동인도의 KNIL 부대가 사실상 와해된 후 1945년 8월 일본이 패망을 맞았을 때 전역 상태에 있던 우립 수모하르조 장군이나 나수티온 대령, 시마뚜빵 대령 같은 KNIL 출신 장사병들 상당수가 공화국군에 참여했지만, 또 다른 많은 수는 그 이후 상륙한 네덜란드군이 재편한 KNIL 부대에 복귀했고 네덜란드군이 장악한 지역에서는 신병들도 대거 새로 모집된 상태였다.

주권 이양 이후 KNIL의 인도네시아인 부대원들은 앞으로의 운명을 두려워하지 않을 수 없었다. 철수하는 네덜란드군을 따라 인도네시아를 떠나지 않는 한, 그간 네덜란드군의 일원으로서 자발적 또는 비자발적으로 공화국에 적대 행위를 한 전력으로 인해 린치를 당하거나 심지어 군법회의를 통해 처형될지도 모른다는 심리적 압박감에 시달렸다. 더욱이 제2차 세계대전 전 기간을 통틀어 나치와 일본을 상대로 싸우고 돌아온 연합군 전쟁 영웅 아지스에겐 사실상 공화국군으로의 편입을 선택할 여지도 이유도 없었다.

합병되는 공화국군 지휘관들의 사상과 성향이 서로 다른 것도 문제였다. 합중국군과 KNIL 부대원들 사이의 알력과 반감이 여러 부분에서 돌출되어 나타났고 네덜란드 영향력이 강한 지방일수록 이런 경향은 더 컸다. 아지스가 태어난 고향 남부 술라웨시도 그 대표적인 지역이었다. 1950년에 남부 술라웨시와 마카사르에서 4월 안디 아지스의 반란을 포함해 1950년 5월 15일, 8월 5일 등 세 번에 걸쳐 사건이 터지면서 상황의 심각성을 보여준다. 세 번의 사건 모두 KNIL 부대원들이 가진 미래에 대한 두려움이 원인이었다. 주민들이 보복해올지도 모른다는 두려움도 그중 하나였다. 마카사르 도시 주민들은 자치주 체제보다 통일된 인도네시아를 선호하며 수카르노 정부를 지지해왔는데, 그간 우월감에 도취해 있던 KNIL 부대원들은 대체로 주둔지의 일반 주민들에게 안하무인으로 대해 왔고, 이제 그 대가를 치러야 할 때가 온 것이다. 주민들의 이러한 성향은 동인도네시아뿐만 아니라 동부 자바, 빠순단, 동부 수마트라 등 여러 자치주에서도 비슷한 양상을 보였다.

그래서 임박한 합주군 군대의 마카사르 입성에 대해 자치주 정치가들

까월라랑 대령. 과거 NICA 정부에서 네덜란드군 장교로 임관된 현지인 출신 장교 7인 중 한 명. KNIL 출신 병사를 공화국으로 흡수하고 그들의 반란을 진압하는 과정에서 두각을 나타냈다.

과 관료들이 지나치게 호들갑을 떨며 긴장 국면을 조장한 정황도 엿보이는데, 주민들과 군인들의 공포심을 자극하는 것이 자치주 정권에 이익이 되기 때문이었다. 안디 아지스의 반란 배후에도 반합중국 인사들의 선동이 있었다. 안디 아지스 개인은 많은 사람으로부터 흠잡을 데 없는 군인이라는 평을 들었으나, 그가 일으킨 반란 사건은 남의 장단에 춤춘 꼭두각시놀음에 불과했다. 실제로 마카사르 시내의 KNIL 병력을 배후에서 조종한 것은 안디 아지스가 아니라 네덜란드군 사령관 스홋보르흐 대령과 동부 인도네시아 자치주 검찰총장 사우모킬(Soumokil) 박사였다.

한편 자카르타의 합중국 정부는 동인도네시아를 합병할 목적으로 연합부대를 만들었다. 동부, 중부, 서부 자바에서 차출한 육군 대대들이 주력을 이루고 합중국 공군과 해군, 경찰의 지원을 받았다. 이 부대의 지휘는 북부 수마트라 사령관인 알렉스 에버르트 까월라랑(Alexander Evert Kawilarang) 대령이 맡았다.

아지스의 부대는 1950년 4월부터 8월까지 마카사르에서 벌어진 반란의 주력이었으나, 베스틸링의 APRA 반란이 특수부대 중심으로 이루어진 것과 달리 안디 아지스의 반란은 일반 KNIL 부대 전반을 포괄했다.

아지스가 내세운 반란 목적은 동인도네시아 자치주를 현상유지하는 것이었다. 요컨대 동인도네시아 자치주가 인도네시아 공화국에 흡수되는 것을 반대한 것이다. 그와 동시에 그는 현지 KNIL 부대가 합중국군으로 편입되는 것도 거부했다. 1950년 4월 5일, 안디 아지스의 부대가 마카사르의 주요 거점들을 공격해 점령하고 지역사령관 A. J. 모꼬긴타 중령을 체포하면서 반란이 시작되었다.

술라웨시 주민들이 KNIL 반란을 진압하기 위해 상륙한 워랑 대대를 환영하고 있다.

타이밍을 뺏긴 합중국군의 주력 부대가 출발을 준비하는 동안 1950년 4월 11일 워랑 대대가 남부 술라웨시에 선발대로 도착했다. 워랑 대대는 항구에서 강력한 저항을 받아 마카사르에 직접 상륙하지 못하고 약 100킬로미터 남쪽의 예네뽄또에 상륙했는데, 그곳 주민들이 그들을 환영하는 사진이 1950년 5월 13일자 「머르데까」지에 실려 당시의 분위기를 전했다. 세 명의 합중국 병사들이 주민들 앞을 지나가고 주민들 뒤로는 "우리들의 군대, 환영합니다"라는 현수막이 걸려 있는 사진이었다. 남부 술라웨시 주민들은 진심으로 합중국군의 상륙을 환영했다.

합중국군과 KNIL 부대 사이엔 아직 이렇다 할 전투가 벌어지지 않았고, 합중국 측은 안디 아지스에게 96시간 이내에 자카르타의 육군사령부에 출두하라는 최후통첩을 전달했다. 아지스는 자신이 반란군의 수괴가 되어 반역 행위를 하게 되리라는 것 역시 상상해본 적이 없었다. 그는 여전히 정의의 편이라 믿었고 단지 그를 둘러싼 상황과 정부가 변했을 뿐이었다. 그러니 그로서는 억울하기만 했다. 그렇다고 예전 나치와 맞서던 네덜란드 지하저항군 시절처럼, 또는 그의 KNIL 부대에 저항하던 산속 공화국군 게릴라들처럼 절대적으로 전력이 부족한 상황에서 합중국에 맞서 지하투쟁을 벌이는 것은 결코 가능한 선택지가 아니었다. 유럽 본토의 레지스탕스들은 강력한 연합군을 등에 업고 그들의 지원을 기대했지만 아지스와 그의 KNIL 부대가 지하로 스며든다면 그 누구의 지원도 받을 수 없을 터였다. 그에게 반란을 사주한 동인도네시아 자치주 검찰총장 사우모킬 박사는 합중국군이 상륙하자 부리나케 마나도를 통해 암본으로 달아났고, 믿어 의심치 않았던 그의 상관 스홋보르흐 대령은 네덜란드 귀환을 준비하며 몸을 사렸다. 그는 그들의 세 치 혀에 휘둘려 놀아나다가 결국 홀로 버려졌음을 뼈저리게 깨달았다. 아지스는 결국 중앙정부의 최후통첩에 따라 투항하여 4월 15일 자카르타에 출두했다. 그러나 죄를 묻지 않겠다던 중앙정부도 약속을 지키지 않았다. 반란 3년 후에야 열린 군사재판에서 14년형을 선고받은 아지스는 혐의를 수긍하고 항소하지 않는 대신 대통령 사면을 청원했다.

안디 아지스가 투항하자 반란에 가담했던 KNIL 보병 출신 병사들은 더 이상 누구를 따라야 할지 모르는 처지가 되었다. 현지 KNIL 부대에는 안디 아지스 대위 외엔 다른 현지인 장교가 없었기 때문이다. KNIL 부대가 합중국군의 통제를 받아야 하는 어정쩡한 상태가 될 판이었다. 한편 합중국군의 최후통첩에는 부대의 철수와 무장해제, 그리고 포로들의 석방 요구도 포함되어 있었다. 그러나 안디 아지스가 투항한 후에도 반란군은 최후통첩의 다른 요구 조건들을 지키지 않았으므로 알렉스 까윌라랑 대령의 긴급 대응 부대가 1950년 4월 26일 현지에 도착하자 현지 분위기는 험악하게 돌아가기 시작했다.

1950년 5월 15일 KNIL 출신 병사들이 막사 인근에 게양된 인도네시아 국기를 억지로 내리면서 일촉즉발의 상황이 이어졌다. 합중국 대통령 수카르노가 술라웨시 순회를 위해 마카사르에 도착하던 날에 맞춰 벌어진 사건이었으므로 계획적이라고 할 수밖에 없었다. KNIL 부대 인근 민간 가옥 기둥이나 현수막에 합중국을 비난하는 문구들이 쓰였고 합중국 장교 한 명이 KNIL 부대의 총격으로 사망하는 사건도 벌어졌다. KNIL 부대의 도발에도 불구하고 합중국군 측은 대단한 인내심을 발휘했지만, 오히려 분개한 현지 주민들이 민병대를 조직해 KNIL 부대를 공격했고 리빵바젱 대대와 마우 인도네시아 대대 휘하의 현지 게릴라 부대들도 KNIL 부대를 상대로 교전을 준비했다.

이러한 상황에서 KNIL 부대는 몸을 사리는 대신 오히려 마카사르를 장악하여 합중국군의 예봉을 꺾으려 했으므로 마침내 시내에서 대규모 전투가 벌어졌다. 5월 15일 KNIL 부대가 합중국군의 병영을 공격했고 주민들의 집을 불태우며 화교 지역의 가옥과 가게들을 파괴했다. 마카사르 전역이 화염에 휩싸였고 곳곳에 피비린내와 화약 냄새가 진동했다. 하지만 KNIL 부대의 공격은 합중국군 측에서도 어느 정도 예측했던 것이었다. 곧 합중국군의 반격이 시작되었고 동시에 리빵바젱 대대, 마우 인도네시아 대대의 게릴라 부대들도 근거지인 마카사르 인근 뽀로방껭 지역과 빨랑가 지역에서 내려와 전투에 합류했다. 게릴라 2개 대대와 주민들로 구성된 민병대가 함께 KNIL 부대를 몰아붙이면서 전세는 금방 역전되기 시작했다.

상황이 이렇게 전개되자 합중국군 참모장 A. H. 나수티온 대령과 KNIL 부대의 부참모장 뻐레이라(Pereira) 소장이 각각 마카사르에 도착해 사태를 파악하고 협상에 나섰다. 1950년 5월 18일 그들이 참관한 가운데 합중국 측 대표 슨똣 이스깐다르디나타 중령과 레오 로폴리사 대위가 KNIL 측

대표 스홋보르흐 대령, 무스 중령, 테이만 중령 등과 회합을 했다. 그 결과 KNIL 부대와 합중국군 사이의 경계선이 확정되고, 두 부대는 서로 50미터 이상 근접하지 못하도록 하는 접근금지령이 채택되어 일단 급한 불을 껐다. 이 협상은 KNIL 부대를 다른 세 곳으로 분산시킨다는 결정도 담고 있었지만 그 부분은 지켜지지 않았다.

그러나 7월에 접어들면서 불안한 휴전은 금방 깨지고 다시 맹렬한 교전이 시작되었다. 가장 격렬한 전투가 벌어진 곳은 마리소에 있던 KNIL 병영과 봄슈트랏 거리 마또앙인의 KNIL 병영 인근, 호그팟의 KNIL 간부 숙소 등이었다. 전투는 사흘 밤낮으로 계속되다가 7월 말이 되어서야 소강상태에 접어들었다.

KNIL 부대의 해산

KNIL 부대는 1950년 7월 27일 정식으로 해체된다. 이제 당면한 문제는 KNIL 부대원들을 어느 부대로 배속시키느냐 하는 것이었다. 그중 일부는 네덜란드 왕립군에 귀속됐고 또 다른 일부는 합중국군의 일원으로 받아들여졌지만, 아직 진로가 결정되지 않은 KNIL 부대원들은 심리적으로 큰 압박감을 느꼈다. 주민들은 그들을 네덜란드 식민주의자들의 주구라 여겼고, 네덜란드 측은 철수를 준비하면서 그동안 자신들이 끝없이 전쟁터로 내몰았던 현지인 부하들의 운명에 별반 신경을 쓰지 않았다.

마카사르의 KNIL 부대원들은 1950년 7월 26일 왕립 네덜란드군으로 임시 편입된 후에도 오히려 인도네시아 태생 병사들을 네덜란드군에서 내쫓거나 무장해제시켜 합중국군에게 넘기려는 네덜란드군 지휘관들의 강압에 곤혹스러워했다. 그러한 불안과 절망 끝에 그들은 폭주했다. 게양된 인도네시아 국기를 임의로 내려 분쟁을 초래하는가 하면 인근 마을에 가족을 방문하고 돌아온 합중국군 장교를 잔인하게 살해하기도 했다.

이러한 다양한 도발에 대해 합중국군은 오히려 대수롭지 않게 반응했다. 합중국군이 너무 인내심을 발휘하는 게 아닌가 싶을 정도였다. 하지만 이것은 합중국 동인도네시아 전역사령관 까윌라랑 대령의 대응 자제 지시에 따른 것이었다. 당시 안따라 통신은 이렇게 보도했다.

어제 오후 5시 정각에 까윌라랑은 마카사르의 정당 및 조직 대표들을 접견했다. 그는 합중국군이 KNIL 측 도발에 인내로 일관하는 것에 대해 주민들이 실망하고 있음을 잘 안다고 말했다. 그러나 합중국군은 정부의 정규군이며 KNIL은 합중국군으로 재편되지 않는 한 단지 객으로 와 있는 다른 나라의 군대일 뿐이다. 합중국군은 KMB 협정을 준수하고 있다. 우리의 전투력으로 현재의 문제를 즉각 해결할 수도 있지만 그렇게 되면 혼란만 더욱 가중될 것이고 전 세계가 이 사건을 주목하고 있는 가운데 우리나라의 위신은 땅에 떨어질 것이라고 말했다.

그러나 KNIL 부대의 도발과 합중국군의 인내 사이에서 결과적으로 합중국군이 다음 단계를 어떻게 할 것이냐는 내부적 딜레마가 발생했다. 더욱 인내해야 하느냐 아니면 적정선에서 물리력을 사용해 겁을 주느냐 하는 문제였다. 더욱이 KNIL 부대에 대한 마카사르 주민들의 반발은 더욱 거세어져 해당 지역 KNIL 부대와의 모든 상거래 행위를 보이콧하기에 이른다. 이제 KNIL 부대원들은 병사들을 먹일 식료품을 사들일 수도, 커피 한 잔 사 마실 수도 없는 상황이 되었다.

그렇게 형성된 험악한 분위기는 언제라도 폭발할 수 있는 심각한 상황이었으므로 합중국군 측은 긴장 국면을 해소하기 위해 1950년 8월 5일 인도네시아 주둔 네덜란드군 대표와 회합을 하기로 했다. 네덜란드군 대표 세 명과 UNCI의 대표도 참석한 회합에서 합중국군은 긴장 완화를 위해 주민들을 설득해 KNIL 부대에 대한 보이콧을 풀도록 했다. 그러나 이 협상 결과가 나온 지 불과 80분 후인 그날 오후 5시 20분을 기해 KNIL 부대는 합중국군 병영과 가루다 부대 10여단 참모들의 숙소에 대한 조직적인 공격을 감행했다. 협약에 대한 즉각적인 배신과 도를 넘어도 너무 넘어버린 이 사태로 합중국군과 하사누딘 사단에 편입된 토착 게릴라 부대들, 마카사르 주민들은 크게 격분했다.

전투 초기엔 KNIL 부대가 전장을 장악하는 듯 보였지만 시간이 지나면서 전세는 곧 역전됐고 항공과 해상 지원에 힘입은 합중국군은 게릴라 부대, 민병대들과 더불어 KNIL 부대들을 격퇴했다. 독립전쟁을 치르면서 초창기엔 대책 없는 오합지졸이었던 인도네시아군이 이제 네덜란드군과 대등하게 맞서 격퇴할 수 있을 정도의 전투력을 갖추게 된 것이다. 불과 72시간이 채 되지 않아 KNIL 부대가 각각의 병영 안에 포위되어 전멸될 위기에 처하자 1950년 8월 8일 마침내 만다이 비행장에서 합중국군을 대표한 까윌라랑 대령과 인도네시아 주둔 네덜란드군 최고사령부를 대표한 스헤플라르 소장 간에 조약이 체결된다. 그들은 모든 네덜란드군이 마카사르를 떠나고 보유 장비 전량을 합중국군에게 양도하는 것에 합의했다. 이 명령을 따르지 않는 장병들은 왕립 네덜란드군에서 축출될 것임도 분명히 했다.

1950년 8월 8일 오후 4시 체면을 잔뜩 구긴 네덜란드군은 마카사르에서 철수했고 주민들은 조롱과 야유를 퍼부었다. 이는 1949년 12월 27일 네덜란드로부터 주권을 이양받은 후 처음으로 네덜란드군과의 전투에서 거둔 분명한 군사적 승리였고, 그 결과 네덜란드군을 해당 지역에서 물리적으로 몰아낼 수 있었다. 이로써 이 지역에선 자치주 국기 대신 인도네시아 국기인 적백기가 영원히 휘날리게 되었다.

퍼핏마스터 크리스 사우모킬 박사

1949년 12월 27일 인도네시아에 대한 네덜란드의 주권 승인은 열도 각지에서 다양한 반향을 불러왔다. 인도네시아 북단 북부 술라웨시도 큰 충격을 받은 곳 중 하나였다.

동인도네시아 자치주는 발리, 롬복, 술라웨시, 암본 및 오늘날의 NTT 주와 NTB 주를 모두 아우르는 광대한 지역으로 이곳이 한 개의 국가로 남았다면 인도네시아와 필리핀, 뉴기니 사이의 거대한 해상제국이 되었을 것이다. 이 지역은 1945~1949년 독립전쟁이 진행되는 동안 친공화국파와 친네덜란드파로 나뉘어 내부적으로 첨예하게 대립했고, 네덜란드는 그런 상황을 이용해 양쪽을 이간질하며 이 지역에 대한 통제력을 강화하려 했다. 공화국군에 합류해 독립전쟁에 참전했던 이 지역 출신 인도네시아군 장교들은 고향의 그런 상황을 안타까워했는데, 이들은 주로 1948년 조직된 민병대 출신으로 공화국군에 합류한 후 대체로 합동 KRT-X 군단(일반예비군단 X)에 함께 배치되어 있었다. 이들의 대표격인 A. G. 렘봉 중령은 동료인 J. F. 바라우(Warouw) 중령과 함께 H. N. 수무알 소령, 삐엣안똥 대위 등 많은 후배 장교들과 지연으로 맺어진 긴밀한 공동체를 형성하고 있었다. 이들은 나중에 제16여단으로 재편되어 마디운 공산당 반란 진압에도 참여했고 네덜란드군의 제2차 공세 당시에도 최전방에서 전투를 치렀다.

1948년 10월 제16여단은 네덜란드의 영향력 아래 놓여 있던 깔리만탄과 동인도네시아를 해방하려는 계획을 세웠는데, 이때 렘봉 중령은 삐엣안똥 대위의 도움을 받아 특수부대를 조련하면서 북부 술라웨시 KNIL 출신 병사들을 결집하려 했다. 렘봉 중령은 필리핀을 통해 북부 술라웨시를 공격하고자 했다. 태평양전쟁 당시 연합국 소속 게릴라였던 렘봉 중령이 필리핀을 무대로 활동했던 것이 이런 작전 계획을 가능케 했다.

하지만 역시 연합군의 한 축이던 네덜란드군을 공격하려는 렘봉 중령의 계획을 필리핀의 연합군 사령부가 승인했을 리 없다. 그런데도 렘봉 중령은 실제로 제16여단의 지휘권을 바라우 중령에게 넘기고 자신은 먼저 필리핀으로 출발하려 했다. 그러나 1948년 12월 19일 네덜란드군이 제2차 공세를 벌여 공화국 거점들을 공격해오는 바람에 도리어 네덜란드군에 체포되는 신세가 되었다. 그의 불운은 그것으로 끝나지 않았다. 그는 인도네시아가 주권을 이양받은 후에도 여전히 네덜란드의 영향력에서 벗어나지 못한 북부 술라웨시를 실질적으로 해방할 계획을 세웠지만, 그 꿈을 미처 이루지 못하고 1950년 1월 베스털링의 APRA 반란을 맞아 반둥에서 사살되고 만다.

네덜란드군의 2차 공세가 계획에 차질을 주었지만 독립전쟁 중에도 KNIL 흡수 통합 계획은 계속되어 많은 인도네시아군 장교들이 비밀리에 깔리만탄과 술라웨시 각지에 보내졌다. 비록 주권 이양과 함께 자치주들이 합중국으로 통합되었지만, 현지 KNIL 부대들은 여전히 친네덜란드 성향을 띠었고 인도네시아 정규군에 대해서도 대체로 적대적이었으므로 이 작업은 조심스럽게 진행되면서 때로는 비밀을 요하기도 했다. 삐엣안똥 대위의 지휘 아래 워워르, 샘오기, 렉시 아네스, 알로 땀부운 같은 현지 청년 민병대원들의 도움을 받아 북부 술라웨시 인도네시아군 사령부도 설치되었다.

주권 이양 초기 동인도네시아의 상황은 태평양전쟁 직후처럼 극도로 불안정했다. 일본이 패망할 당시 자카르타에서는 독립선언서가 낭독되고 수카르노 정부가 구성되었지만, 동인도네시아를 비롯한 외곽 지역엔 정권 공백 상태가 벌어졌다. 이 지역은 태평양전쟁이 끝날 무렵 일본군 제56남방함대의 군정이 이루어졌고, 일본 패망 후엔 1945년부터 맥아더 장군의 연합군이 장악했다. 연합군은 태평양전쟁 중 남서태평양 지역을 점령하면서 비악 섬과 모로타이 섬에 군사기지를 세워 북부 말부꾸에서 술라웨시 앞바다까지를 통제권 안에 넣었고, 모로타이 기지에서 날아오른 연합군 전폭기들이 암본, 마나도, 마카사르, 발릭빠빤 등지의 일본군 거점들을 폭격했다. 이 지역에는 전후 연합군 선발대로 호주군이 상륙했고 나중에 네덜란드 민간정부에 지역의 정권을 이양했는데, 태평양전쟁 중 호주에서 네덜란드령 동인도의 망명정부를 이끌던 H. 판 무크 박사가 호주군을 따라 들어와 서부 뉴기니의 머라우께에서 식민지 회복 활동을 총지휘했다. 네덜란드 식민정부가 동인도네시아 지역을 통해 되돌아왔다는 것은 그만큼 그 지역이 네덜란드에 우호적이었음을 의미한다.

그러나 이 지역의 인도네시아인들 상당수 역시 당연히 네덜란드의 귀환을 환영하지 않았으므로 깔리만탄, 술라웨시, 말루꾸 등지에서 봉기가 발생했고, 호주군은 네덜란드와 현지인 민족주의 진영 사이에서 곤혹스러워했다. 게다가 일본군에 부역한 대부분의 자바와 수마트라 민족주의자들과 달리 동인도네시아 지역의 민족주의자들은 일제강점기 동안 지하저항세력이 되어 연합군을 도와 일본과 싸웠음에도, 네덜란드군이 이에 아랑곳없이 코웃음치며 짓밟으려 했기에 현지인들의 반감은 더욱 강했다.

한편 주권 이양 이후 1949년 12월부터 1950년 4월 사이에 동인도네시아 출신 장교들이 대거 자바 외곽 도서의 합중국군 선발대 임무를 받아 아흐맛 유누스 모꼬긴타 중령과 뿌뚜헤나가 이끄는 동인도네시아 지역군위원회(KMTIT)를 도왔다. 1950년 5월 북부 술라웨시-북부 말루꾸 사령부(KOMPAS-SUMU)가 조직되면서 제16여단은 해체되고 바라우 중령이 KOMPAS-SUMU의 사령관으로 취임했다. 그전에 공화국 국방부는 펜쩨 수무알(Ventje Sumual) 소령, 다안모곳 소령, 에디 가골라 대위, 삐엣안똥 대위를 마나도로 보내 공화국 정규군이 네덜란드군 지역사령부로부터 현지 치안 업무를 넘겨받고 북부 술라웨시의 KNIL 부대원들을 정규군에 통합시키는 임무를 수행하도록 지시했다.

한편 네덜란드군은 지역군위원회를 통해 인도네시아군에 합류한 KNIL 출신 전투원들에게 영향력을 행사하려 했고, 특히 KNIL 하사관들을 부추겨 욥 바라우 중령의 제16여단 출신 인도네시아군 병력 도착을 방해하려 했다. 동인도네시아에서의 반인도네시아군 정서를 조장하는 일은 동인도네시아 지역과 깔리만탄을 아우르던 네덜란드군 깔리만탄 지역 군사령부의 스홋보르흐 대령을 등에 업은 동인도네시아 자치주 검찰총장 크리스 사우모킬 박사가 주도했다. 그는 KNIL 부대를 부추겨 암본, 마카사르, 마나도 등지에서 인도네시아군에 대한 반감을 고조시켜 상륙이 임박한 인도네시아군에게 저항하도록 했다. 그들의 목적은 인도네시아 공화국의 중앙정부로부터 분리된 동인도네시아 독립국가의 성립을 선포하고 마카사르-마나도-암본을 잇는 군사정치적 네트워크를 조직한다는 '메테코히 계획(Plan Metekohi)'을 확정하려는 것이었다.

스홋보르흐 대령은 KNIL 부대 출신으로 합중국군에 합류한 병력이 자바의 인도네시아군 본대가 도착하기 전에 합중국군 내에서 독립적인 대대 및 중대 단위 부대로 자리 잡도록 마카사르, 마나도, 암본의 KNIL 병사들에게 영향력을 행사했다. 반인도네시아군 정서를 고취한 결과 이들 지역에서 다양한 봉기가 발생했는데, 1950년 1월 암본에서 KNIL 출신 병사들의 군사 봉기가 벌어졌고, 그해 4월엔 마카사르에서 안디 아지스 대위의 부대가 반란을 일으켰다.

앞서 소개한 바와 같이 안디 아지스는 동인도네시아 자치주 수꼬와티 대통령의 경호부대에서 근무했고, 3월 30일 합중국군으로 편입된 KNIL 부대의 중대장이기도 했다. 안디 아지스는 마나도에서 방금 도착한 크리스 사우모킬 박사를 스홋보르흐 대령과 함께 만나 4월 5일 마카사르에 도착할 인도네시아군 워랑 대대의 상륙을 막아달라는 사주를 받는다. 이미

현지에 합중국군(APRIS)이 조직되었
으므로 본토로부터 공화국의 정부군
이 굳이 상륙할 이유가 없다는 논리
였다. 사우모킬 박사는 마카사르의
'동인도네시아 독립국가'가 네덜란드
의 적극적 지원을 받는 '메테코히 계
획'에 따라 인도네시아 합중국으로부
터 분리되어야 한다고 주장했다. 안
디 아지스는 그들에게 사주받은 대
로 TNI를 상대로 군사작전을 벌여
4월 5일 마카사르의 헌병 막사를 위
시한 TNI 장교 숙소를 공격했고, 선

크리스 사우모킬 박사

발대로 와 있던 모코긴타 중령과 다른 TNI 장교들을 체포한 후 마카사르
항구를 폐쇄해 H. V. 워랑(Worang) 소령이 이끄는 워랑 대대의 상륙을
저지했다.

　　동인도네시아의 분리독립 위기를 진압하기 위해 수카르노 대통령의
명령에 따라 당시 국방장관이자 육군중장이었던 족자 술탄 하멩꾸부워
노 9세는 합중국군 고위사령관이자 수마트라에서 TNI 합병 작업을 지휘
한 알렉스 까윌라랑 대령을 1950년 4월 15일 동인도네시아 지역군 사령
부로 발령했다. 까윌라랑 대령은 수하르토 중령의 가루다마따람 여단,
수쁘랍또 수까와티 중령의 브라위자야 부대, 코사시 중령의 실리왕이 부
대, 워랑 소령의 워랑 대대와 과거 제16여단 출신인 안디 마탈라타 중령
의 대대 등의 지원을 받아 술라웨시에서 뻐르띠위(Pertiwi) 작전을 전개
해 현지 반란을 진압했다. 그사이 안디 아지스가 투항함에 따라 워랑 대
대의 마카사르 입성은 별다른 저항을 받지 않았다. 며칠 후 수라바야로

부터 주력부대가 LST 수송선 편으로 마카사르에 상륙했고 그 병력의 위세에 눌려 마카사르에서 KNIL 부대의 영향력은 점차 축소되어갔다.

마카사르에 도착한 KOMPAS-SUMU 사령관 욥 바라우 중령은 당시 국방부 정보사령관이던 줄키플리 루비스 중령에게 직접 요청해 수하르요 소령을 참모장으로 삼고 네덜란드 지역군 사령부로부터 현지 치안을 인수인계받는 임무를 수행했다. 그는 마나도 상륙을 위한 준비도 차근차근 진행했다. 줄키플리 루비스는 독립전쟁 초기 일본군과의 전투에서 목숨을 잃은 소년 장교 다안모곳 소령의 PETA 동료였던 인물이다.

마카사르-마나도-암본을 포괄하는 새로운 국경선을 그으려던 네덜란드의 시도가 안디 아지스의 반란 실패로 벽에 부딪히자, 크리스 사우모킬 박사는 크게 실망하여 네덜란드군의 B-25 전폭기를 빌려 타고 마나도로 향했다. 그는 북부 술라웨시의 TWAPRO 지도자 마위끄러를 사주해 현지 KNIL 부대의 TNI 합병에 저항하도록 하려 했다. 그러나 비행기가 마빵엇 비행장(지금의 샘 라뚜랑이 공항)에 착륙했을 때 자신은 내리지 않고 수하들만 마나도 시내로 보내 마위끄러를 만나도록 했다. 사우모킬 박사는 수완 좋은 선동가일 뿐만 아니라 용의주도한 전략가였으며, 동시에 사전에 위험을 감지해내는 조심스러운 촉각의 소유자였다. 우려한 대로 그의 수하들은 도중에 청년민병대에 체포되었고 위협을 느낀 사우모킬은 곧장 마빵엇을 이륙해 암본으로 들어가 4월 25일 남말루꾸 공화국(Republik Maluku Selatan, RMS)의 수립을 선포했다. 남말루꾸를 인도네시아 합중국으로부터 분리하는 것뿐 아니라 동인도네시아 자치주로부터도 분리하여 완전한 독립국가를 수립하려는 것이었다. RMS의 독립선언은 나중에 RMS 망명정부의 제3대 대통령으로 추대되는 마누사마와 레드베레, 그린베레 특수부대를 포함한 KNIL 부대 2천여 명의 열렬한 지지를 받았다.

사우모킬은 이 선언을 통해 요하니스 마누후뚜를 RMS의 초대 대통령으로, 암본을 RMS의 수도로 정하고 그 정통성을 과시하기 위해 암본의 친공화국 정당인 독립인도네시아당(PIM) 당수 뿌뺄라를 전격 체포했다.

미나하사 KNIL 쿠데타

안디 아지스 반란 사건 소식은 마나도에도 전해졌다. 마나도의 KNIL 부대가 이 소식에 민감하게 반응한 이유는 안디 아지스 사건 이전인 3월 말에 마나도 남쪽 와네아 지역의 KNIL 예비군단 기지에서 네덜란드군 수비대 사령관이 전체 네덜란드군 장사병 대표들을 소집해 가졌던 회합 때문이었다. 이 회의의 목적은 '메테코히 계획'에 대한 지지를 끌어내고 동인도네시아에서 TNI가 군사적 주도권을 장악하지 못하도록 하는 것이었다. 당연히 회합의 초점은 TNI 부대의 미나하사 지역 상륙을 어떻게 막아내느냐에 맞춰져 있었다. 이를 사주한 스홋보르흐 대령은 마카사르 사령부의 네덜란드군 장교 대표들을 보내 이 회의를 감독했다. 그러나 회의는 애초 의도와는 전혀 다른 방향으로 흘러갔다.

당시 북부 술라웨시는 참모 본부와 통신, 보급부대 등으로 구성되어 북부 셀레베스 KNIL 군사령부의 관할권 아래에 있었다. 이 사령부 직속으로 보병 1개 대대와 KNIL 예비부대, 통신부대, 헌병대, 그리고 병참부대가 있었다. 대부분의 병사와 하사관은 미나하사 지방 토착민이었고 대대참모에서 소대장까지 각급 단위부대 장교들은 네덜란드 혼혈이었다.

이 회의에서는 이미 퇴역한 KNIL 병사들을 재소집하는 방안도 거론되었으나 토착 KNIL 출신들의 강력한 반대에 직면했는데, 그들 대부분이 수카르노의 공화국 정부를 지지하는 상황에서 재소집의 목적은 그 공화국 정부군과 맞서 싸우자는 것이었기 때문이었다. 제2차 세계대전이 끝나 일본군이 물러난 후 다시 네덜란드의 식민지 상태로 돌아간다는 사실에 크게 실망하던 차에 돌아온 네덜란드군이 예전 식민지 시대와 마찬가지로 차별과 착취를 일삼은 것이 문제였다. 주민들은 네덜란드가 태평양전쟁 당시 일본군과 제대로 싸워보지도 못하고 항복한 겁쟁이인 주제에 주민들을 핍박한다며 반감을 보였다. 네덜란드군과 장교들의 위상은 이미 바닥에 떨어진 상태였다.

이 회의에서 발언권을 얻어 일어선 살몬 상병은 비록 일천한 계급에 인사처 행정병 신분이었지만 비판적 발언을 소신껏 쏟아냈다. "네덜란드 왕국은 이미 인도네시아 공화국의 독립을 승인했습니다. 진정으로 여왕의 결정을 존중한다면 미나하사 역시 즉시 네덜란드로부터 독립해 인도네시아 국토로 편입되어야만 합니다. 우리 미나하사 출신들이 KNIL 부대원으로서 TNI에 저항한다면 이는 분명 공화국에도, 여왕에게도 반역으로 규정될 것입니다."

그의 발언은 비수가 되어 장교들 가슴에 꽂혔다. 살몬은 다른 주제에 대해서도 언급했다. "이런 상황에서 만약 우리가 동포인 TNI 부대와 전투를 벌인다면 나중에 전사하거나 은퇴한 미나하사 KNIL 부대원과 그 가족들에게 누가 연금을 줄 것인지 생각해보세요. 우린 명분도 실리도 없는 전투에서 무의미하게 죽고 싶지 않습니다."

회의에 참석한 KNIL 은퇴 장병들은 살몬 상병의 발언에 동요하기 시작했다. 참석자 대부분은 그의 발언에 동의하는 눈치였다. 회의 분위기가 그렇게 흐르자 네덜란드 장교들은 눈살을 찌푸리며 살몬 상병을 노려보았지만 그의 비판을 누를 만한 논리를 내놓지 못한 채 스홋보르흐 대령의 지침만을 강요했다. 참석자들의 반감은 더욱 깊어졌다.

결국 네덜란드 장교들은 이 회의에서 자신들이 목적했던 북부 술라웨시 KNIL 부대의 은퇴 장병 재징집 안건을 통과시키지 못했을 뿐 아니라 메테코히 계획에 대한 지지도 이끌어내지 못했다. 당시 이 회의엔 마카사르 네덜란드군 사령부에서 보낸 장교들뿐 아니라 사우모킬 박사도 참석했다. 사우모킬 박사는 동인도네시아 자치주의 검찰 총장으로서 마카사르에서 까와누아, 월터르 몽인시디 등 공화국 측 청년민병대원들의 사형을 구형한 바 있는 골수 친네덜란드 인사였다. 마나도에서 메테코히 계획이 좌절되자 사우모킬은 네덜란드군 장교들과 함께 곧바로 마카사르로 돌아가 안디 아지스에게 반란을 사주해 수카르노의 합중국 정부에 대한 저항 정서를 조장하려 했다. 네덜란드군은 당시 KNIL 부대원들의 미묘한 감정을 전혀 고려하지 않았다.

제2차 세계대전 직후 북부 술라웨시는 통일공화국전선, 후프덴본드, TWAPRO 등 친공화국, 반공화국 분파들이 정치적으로 얽히고설킨 복마전을 이루었다. 이들 중 마위끄러가 이끄는 친네덜란드 분파 TWAPRO가 미나하사 의회를 장악하고 있었다. 한편 현지 KNIL 부대원들 상당수는 태평양전쟁 당시 미군사령부 휘하에서 일본군과 싸웠고, 그 후 영국군 사령부 밑에서 동남아시아의 일본군 무장해제를 수행했다. 그러나 전쟁이 끝나 고향으로 돌아온 그들은 다시 네덜란드군 휘하로 돌아가 공화국 정부군과 싸워야 했는데 이제 네덜란드군에 소속되어 있다는 사실은 자신과 가족들의 신분과 안전에 오히려 위협이 되고 있었다. 그들의 가족 대부분은 극렬 청년 자경단들에게 몰매를 맞으며 "NICA의 개"들이란 비난을 듣고 심지어 고문까지 당했는데, 그나마 온건 성향의 끄리스(KRIS, 술라웨시 인도네시아 시민군 민병대)가 개입해 학살 행위로 발전하는 것을 막았다. 그런 상황에서 TWAPRO가 의회의 다수를 점하긴 했지만 연합군 편에서 태평양전쟁을 치르고 돌아온 후에도 네덜란드군에게 변함없이 차별 대우를 받고 있던 KNIL 부대원들에게 네덜란드 측의 의지를 적극적으로 강요할 수 없었던 것이다. 당연히 TWAPRO의 영향력은 급격히 줄었고 반대파 J. A. 마엥꼼이 이끄는 GIM(독립인도네시아 운동)이 TWAPRO에 맞서 또모혼, 랑오완, 똔다노 등지의 친공화국 청년 민병대의 지지를 모았다.

스훗보르흐 대령이 보낸 장교들이 와네아 회합에서 KNIL 부대원들로부터 반TNI 작전전개에 대한 지지를 얻어내지 못하자 미나하사 의회 TWAPRO의 입장은 곤혹스러워졌다. TWAPRO는 이번엔 의회에서 메테코히 계획에 대한 지지를 끌어내면서 KNIL의 동의를 토대로 반대파의 극렬한 저항을 극복하려 했다. 하지만 메테코히 계획을 추진하다가 반란으로 몰려 자카르타 정부와 충돌해 내전이라도 벌어지면 마나도가 피바다가 될 것이란 반대파의 반박에 친네덜란드 분파들도 주저하지 않을 수 없었다.

게다가 술라웨시 민중은 전쟁에 지친 상태였고 일제강점기 당시 겪었던 고통을 되풀이하고 싶지 않았으며 더 이상 자녀들을 연합군이나 일본군을 위한 전쟁에서 희생시키고 싶지도 않았다. 결국 미나하사 지방 전체에서 공론화된 이 논쟁은 내전 발발 위험을 반대하는 쪽으로 기울었는데, 모로타이 출신들을 중심으로 KNIL 부대 내의 반네덜란드 성향 젊은 세대들이 여론을 주도했다. 이러한 상황이 친공화국진영을 고무하여 네덜란드군 지휘부에 대한 '쿠데타'를 일으키는 배경이 된다.

마나도에서 벌어진 5월 3일 사태는 1950년 4월 25일 오후 8시 KNIL의 프레드 볼랑(Fred Bolang) 상사(훗날 TNI 육군 준장으로 전역)가 적백기 형태의 재킷을 맞춰 입고 자신의 집을 찾아온 청년무장전선(FLP) 민병대 소속 로렌스 세랑, 렉시 아네스, 프란스 워워르 등을 만나면서 시작된다. 이 회합에서 볼랑은 공화국군에 합류해 청년민병대와 함께 네덜란드군을 상대로 쿠데타를 지휘해달라는 제안을 받았다. 그들이 볼랑을 선택한 이유는 그의 인품과 화려한 전공을 높이 샀기 때문이었다.

그는 태평양전쟁 당시 연합군 톰 해리슨 소령 휘하의 특수부대 소속 게릴라로서 깔리만탄 오지에서 일본군과 싸웠다. 미나하사에 돌아온 볼랑은 네덜란드 점령군에게 고분고분하지 않았다. 1946년 2월 14일 마나도 KNIL 부대 제12중대가 일으킨 항명반란 사건인 적백기 사건에 연루되지 않았음에도 마나도의 네덜란드군은 볼랑의 일거수일투족을 오랫동안 예의 주시했다. 볼랑은 1939년 곰봉의 KNIL 하사관 학교를 중퇴한 경력밖에 없었지만 제2차 세계대전에서 많은 전공을 세워 영국군 마운트배턴 제독으로부터 대영제국 메달을, 맥아더 연합군사령관으로부터도 태평양 메달을, 인도네시아 주둔 네덜란드군 총사령관 스포르 장군에게서는 기사 훈장 등을 받은 바 있었다. 그는 분명 전쟁 영웅이었으나 네덜란드군은 그를 위험 인자로 취급했다.

그러나 그의 서훈과 명성 때문에 네덜란드군도 볼랑을 함부로 대하진 않았던 모양이다. 1946년 적백기 사건이 끝나고 주동자들이 모두 체포된 후 마나도는 네덜란드군 특수부대 그린베레와 레드베레의 집중적인 감시를 받았다. 그러나 마나도를 장악한 네덜란드군은 KNIL 출신 쁘라뚜가 이끄는 똔다노, 랑오완, 또모혼의 청년민병대와 모로타이의 KNIL 소년단 출신 게릴라들의 간헐적 공격에 시달려야 했고 이들 청년민병대는 떨링 기지를 공격해 그곳 네덜란드군의 무장해제를 시도하기도 했다. 4월 초 뚜뚜로옹 상사가 이끄는 소규모 KNIL 부대가 떨링 주둔 부대의 무기고를 습격한 후 곧바로 뽀모혼으로 들어가 그곳 친공화국 청년민병대에 투항하며 획득한 무기들로 무장을 하여 마나도 공격을 준비했다. 그러나 떨링 KNIL 부대 공격은 사전에 네덜란드군 비밀정찰국(NEFIS)에 정보가 누설되고 누에스 소령이 이끄는 KNIL 부대와 앙트와넷 중위의 레드베레 특수부대, 헤타리아 중위의 그린베레 부대 등의 요격을 받아 실패하고 말았다.

그러나 네덜란드군을 미나하사에서 몰아내려는 청년민병대의 높은 사기는 여전히 불타올랐다. 그들은 KNIL 부대 출신을 TNI로 흡수하여 네덜란드군에 무력행동을 전개하도록 하는 비밀임무를 수행하던 수무알, 가골라, 안뿡 등 TNI 장교들의 전폭적 지원을 받았다. 더욱이 까월라랑, 욥 바라우, 에버르트 랑키 등 미나하사 출신 장교들을 전면에 내세운 TNI의 전략은 현지 KNIL 하사관들을 공화국 측으로 기울게 하는 데 더욱 긍정적인 효과를 거두었고 그린베레와 레드베레 부대에 소속된 북부 술라웨시 출신 병사들 역시 그 영향을 받았다. 민족적 통일을 염원하는 일부 KNIL 출신 부대원들은 까왕꼬안에 소재한 박티 끄리스 교원학교 선생인 까레수삣 같은 공화국 측 인사들과 잦은 회합을 가져 민족주의적 견해를 경청했고, 월터 세랑과 헤르마누스가 운영하는 '국민의 생각'이라는 신문사에서 지하운동 모임을 갖기도 했다. 볼랑 역시 그런 하사관들 중 하나였으므로 그날 밤 그가 청년무장전선의 제안을 수락한 것이 그리 놀라운 일은 아니었다.

떨링의 KNIL 제18보병 대대 기지에 대한 공격 작전을 조율하는 회의가 뒤를 이었고 볼랑과 그의 부대는 청년민병대, 다른 KNIL 하사관들과 함께 거사일을 결정하며 완벽한 보안을 유지했다. 떨링 숙소에 사는 인원으로 구성된 제1단은 5월 2일 밤 11시 정각에 숙소 내 모든 KNIL 인원들을 무장해제한 후 무기고를 열기로 했고, 제2단도 11시에 떨링 숙소에서 무기를 받아 혹시 있을지 모를 저항 움직임에 대비하기로 했다. 마나도 외곽의 KNIL 분견대들로부터 있을지 모를 공격에 대비하는 병력을 또모혼으로 실어 나를 차량들은 청년민병대가 띠띠웅언 지역에 준비해 놓기로 했다. 모든 준비를 마친 후 5월 2일 밤 9시 볼랑 상사는 말끔한 군복 차림에 무장을 하고서 떨링 기지에 들어서려 했다. 그런데 예정에 없던 지프차 한 대가 다가왔다. 지프차를 운전한 네덜란드인 대위는 볼랑을 태워 떨링 기지가 아닌 마나도 사령부로 향했다. 지역사령관 누에스 소령이 볼랑을 호출한 것이다. 방에 들어선 볼랑에게 누에스는 단도직입적으로 말했다. "난 합중국군 대대를 구성할 생각이야. 뿌루깐 중위를 소령으로 진급시켜 지휘를 맡기고 셈벨 부관을 대위로 진급시켜 참모장을 맡길 걸세. 볼랑 상사, 자네는 대위로 진급해서 제4중대를 맡아주게. 무슨 얘기인지 알겠나?"

작전이 누설된 것으로 본 볼랑의 예상과는 달리 누에스는 현지토착민 병사들을 장교로 진급시키고 상응하는 보직을 주는 방침에 대한 볼랑의 의견을 듣고자 했다. "이렇게 하세. 떨링에 돌아가서 부하 간부들을 모아 내일 아침 이리로 데려오게. 그들에게 내가 직접 얘기하겠네. 어떤가?"

누에스 소령의 방을 나서면서 볼랑은 한숨을 돌렸다. 그간 누적되어 온 현지인 병사들의 불만을 누그러뜨리려는 조치는 고마웠지만 그렇다고 계획을 미룰 수는 없었다. 부대로 돌아온 볼랑 상사는 즉시 초소 앞으로 병사들을 불러 모았다. 그는 78명의 병사를 3개 소대로 나누어 자신이 직접 1개 소대를 이끌고 나머지 2개 소대는 앙까우 상사와 멩코 상사가 각각 지휘하도록 했다. 부대는 떨링 기지를 나와 무장청년전선의 부대가 기다리는 띠디웅언을 향해 곧장 나아갔다. 시간이 늦어지면서 계획이 빗나갔다고 생각한 청년민병대원들은 인근에 흩어져 숨어 있었다. 볼랑의 모습을 보고 로렌스 세랑, 월터 세랑, 렉시 아네스 등이 그제야 한숨을 돌리며 은신처에서 나와 모습을 드러냈다. "청년민병대의 이름으로 프레드 볼랑 동지가 우리를 지휘해주십시오!"

모든 병사는 어깨 위의 KNIL 계급장을 떼어버렸다. 계급은 더 이상 의미가 없었고 그들은 이제 오직 청년무장전선의 전사일 뿐이었다. 모든 부대원은 렉시 고찰과 그 동료들이 준비해놓은 트럭들에 나누어 타고 또 모혼으로 향했다. 콘보이는 마나도 도시를 한 바퀴 돌면서 장애물들을 우회했다. 그런 후 아이르마디디, 떵가리, 똔다노를 거쳐 도시를 빠져나간 그들은 새벽 3시 정각에 또모혼에 도착해 경계 대기 상태에 들어갔고 로렌스 세랑, 샘오기와 그 동료들이 구축한 첩보망을 통해 마나도로부터의 소식을 기다렸다.

새벽 4시 정각 네덜란드군이 떨링의 무기고에서 중화기들을 옮기고 있다는 소식이 들려왔다. 그때 TNI의 수무알 소령과 삐엣안똥 대위도 또모혼에서 그들과 합류했다. 부대 방어가 느슨하다는 마나도 상황을 첩보망을 통해 들은 볼랑 상사는 5시 15분에 중무장한 1개 중대를 이끌고 마나도를 공격해 들어갔다.

첫 번째 목표는 KNIL 본부를 공격해 무기를 확보하는 것이었다. 마나도에 도착한 그들은 팀을 나누어 2개 소대가 사령부와 참모 숙소를 포위했고, 다른 1개 소대가 라뚜랑이 거리에서 딴중바뚜와 사리오로 갈라지는 삼거리를 장악했다. 이 사건은 1946년 2월 14일 벌어진 적백기 사건 이후 두 번째 군사 쿠데타라 불리게 된다. 작전은 순조로웠고 모든 것이 신속하게 진행되었다.

프레드 볼랑은 로렌스 세랑과 함께 오전 10시 사령부 병영을 공격해 누에스 소령을 포함한 KNIL 부대원들의 항복을 받아 그들을 무장해제시켰다. 누에스 소령은 믿을 수 없다는 표정이었다. 기지 내의 모든 KNIL 부대원들은 체념한 듯 명령에 순순히 따랐고 인질이 된 장교들도 부하들이 무기를 버리도록 협조했다. 간단히 공격을 마친 볼랑의 부대는 또모혼의 거점을 마나도로 옮겨 떨링에 본부를 세웠다.

상황을 장악한 볼랑은 간략한 형식을 갖춰 지역사령관 누에스 소령으로부터 군 통솔권과 민간정부 통제권을 인도네시아 합중국 정부를 대표하는 청년민병대에게 이양하도록 했다. 모든 장교와 네덜란드인 하사관들은 그들의 가족과 함께 가택연금을 당했다. 그러나 쿠데타에 가담하지 않고 병영에 남아 있던 일반 인도네시아인 KNIL 병사들은 아무런 제재

없이 개인 사물을 가지고 귀가하도록 조치했다. 볼랑의 부대원들은 KNIL 병사들의 입장을 누구보다도 잘 이해하고 있었다. 그렇게 지역을 장악한 후 로렌스 세랑은 동인도네시아 자치주의 적백청기를 내리고 인도네시아 합중국의 적백기를 게양했다.

오후 2시가 되자 마나도 전체를 친합중국 세력이 장악했고 곳곳에서 적백기가 휘날렸다. 마나도에서 벌어진 복잡한 군사 행동과 네덜란드 측의 패배 소식을 들은 네덜란드군 사령관 스홋보르흐 대령이 다음 날 마카사르에서 마나도로 곧장 날아와 현지 '반란군'과 무전 연락을 통해 누에스 소령을 만나게 해달라고 요청했다. 그러나 B-25 전폭기 편으로 마빵엇 비행장에 착륙한 스홋보르흐 대령은 비행장에 무장한 청년민병대원들이 대거 나와 있는 모습을 보고 위험을 느껴 곧장 다시 이륙해 마카사르로 돌아갔다. 동인도네시아 자치주 관할 네덜란드군 사령관이 반란군의 포로가 될 위험을 감수할 수는 없는 일이었다.

마나도에서 벌어진 5월 3일 사태에 대한 소식은 마카사르에도 빠르게 퍼졌는데, 까월라랑 대령은 안디 아지스의 경우와 같이 편향된 정보통으로부터 마나도에서도 TNI를 반대하는 반란이 일어났다는 잘못된 보고를 받았다. 네덜란드 측 장교들도 프레드 볼랑 상사라는 악명 높은 과격분자가 이끄는 군사 행동이 벌어져 마나도가 반란으로 아수라장이 되었다고 사실을 왜곡했다. 마나도에서 친네덜란드 반란 행위가 벌어졌다고 판단한 까월라랑 대령은 워랑 대대와 무자인 대대를 마나도로 출발시켜 '5월 3일 반란'의 주역들을 토벌하도록 지시했다.

한편 마나도에서 벌어진 이 사건은 자카르타의 네덜란드군 고위 장교들에게도 경종을 울렸다. 네덜란드군 총참모장 뻐레이라 소장은 마카사르로 날아가 까월라랑 대령을 만나 합중국군으로 편입되는 KNIL 부대원들을 현재의 편제대로 일괄 편성해달라고 요구했다. 그런 상태에서

KNIL 부대원들 중 합중국군으로 적극 편입하고자 하는 인원들을 따로 추려내자는 것이었다. 뻐레이라는 어떤 식으로든 합중국군 내에 KNIL 부대의 존재를 유지하려고 했다. "그러지 않으면 KNIL 부대원들의 불만이 이런 반란의 형태로 계속 불거져 합중국 행정부를 괴롭히게 될 것이오."

뻐레이라 소장의 논리에 까윌라랑 대령은 반대 의사를 분명히 했다. "그건 우리가 알아서 할 일입니다. 우린 그들을 전면 재편성할 것이오."

욥 바라우 중령

KNIL의 해산은 이미 확정된 사안이었다. 마나도 시내 상황을 파악하기 위해, KOMPAS-SUMU 사령관 바라우 중령은 뻐레이라 소장에게 네덜란드군 KNILM 항공기 편으로 마나도로 들어가달라고 요청했다. 바라우는 적군 항공기를 빌려 탈 정도로 배포가 컸지만, 현지 KNIL 반란군이 합중국에 적대적이라는 네덜란드군 측의 와전된 정보로 인해 네덜란드 항공기를 사용하는 편이 더 안전할 것이란 생각도 있었다. 그는 용의주도한 인물이었다. 하지만 바라우 중령이 온다는 소식에 무장청년전선의 까렐 수뻿과 알렉스 멩코는 마빵엇 비행장에서 이제껏 해본 적 없는 최고의 군대식 의전을 준비했다.

마나도에 도착한 바라우 일행은 현장의 상황이 마카사르에서 들은 것과 전혀 다른 것을 알고 벌어진 입을 다물 수 없었다. 마나도의 KNIL 부대는 TNI에게 반기를 든 것이 아니라 현지 네덜란드군을 제압해 놓고 TNI의 입성을 기다리고 있었다. 의장대가 바라우 일행의 도착을 팡파르로 환영했고, 각 잡고 도열한 볼랑 상사의 부대가 바라우 중령의 사열을 받았다. 함께 간 뻐레이라 소장은 쿠데타군의 적대 행위가 두려워 환영 행사 내내 비행기 안에서 그 장면을 지켜볼 수밖에 없었다. 그는 마나도 사리오 거리에 수용된 KNIL 지휘관 누에스 소령을 만나러 시내에 들어갈 엄두도 못 내고 곧바로 마카사르로 돌아갔다.

바라우 소령을 통해 현지 실상을 알게 된 까윌라랑 대령은 현지 KNIL 쿠데타군을 TNI 소속 '5월 3일 대대'로 조직하는 것을 승인했고, 그 자신도 5월 10일 마나도를 직접 방문해 실로 오랜만에 조상의 묘소를 찾았다. 이로써 그는 술라웨시에서의 짐을 덜고 남말루꾸의 RMS 반란 진압에 집중하게 됐다. 한편 마카사르에서 출발할 때 반란군을 토벌하겠다며 기염을 토했던 워랑 대대는 5월 10일 마나도에 상륙해 '반란군' 청년민병대들을 위시한 마나도 주민들의 열렬한 환영을 받으며 얼떨떨해했다. 그래서 '5월 3일' 사건은 미나하사 병사들의 부대명이 되었고 1950년 5월 20일 띠깔라 광장에서 공식적인 명명식 행사가 열렸다. 바라우 중령은 모든 주역에게 공화국 정부를 대신해 게릴라 금성 훈장을 수여했다.

5월 3일 대대는 KNIL 출신 병사들과 무장청년전선 민병대 출신들을 주축으로 구성되었다. 알렉스 멩코가 소령 계급장을 달고 대대장이 되었고 부대대장 겸 참모장 프레드 볼랑 대위, 제1중대장 알렉스 앙코우 대위, 제2중대장 뚜몽고르 대위, 제3중대장 시몬 쁜또 대위, 제4중대장 렉시 아네스 대위, 예비중대장 로렌스 세랑 대위가 포진했다. 5월 3일 대대의 무장은 리-엔필드 소총 1천여 정, 수냉식 비커스 기관총 4문, M-23 자동소총, 81밀리 박격포 3문, 스텐 기관단총 100정 등이었다. 5월 3일 대대는 추가 모병한 청년들을 KNIL 출신 베테랑 병사들이 훈련시켜 병력을 보강했다. 신병 교육이 끝나자마자 KTTIT 사령관 까윌라랑 대령휘하에서 멩코 소령, 프레드 볼랑 대위를 지휘관으로 하는 1천 명의 병력이 1950년 7월 와이껠로호를 타고 암본으로 출발해 말루꾸의 RMS 반란 진압 작전에 투입되었다.

그 후 5월 3일 대대는 실리왕이 부대에 소속되었고 부대장도 멩코 소령에서 마무숭 소령으로 바뀐다. 마나도에서 조직되었지만 5월 3일 대대는 말루꾸 작전을 마친 후 다시는 마나도로 돌아가지 못했고 여러 부대로 나뉘었다가 곧장 자바 섬으로 가는데, 수마트라와 술라웨시, 말루꾸에서 혁혁한 공을 세운 알렉스 까윌라랑 대령 역시 실리왕이 사단으로 전보된다. 자카르타에 도착한 5월 3일 대대는 공화국군의 G. H. 만띡 대위(훗날 중장으로 퇴역)에게 인계되고 프레드 볼랑 대위는 마카사르로 돌아가 제7지역군 인사참모를 맡게 된다.

자카르타에서 5월 3일 대대는 두 부대로 쪼개져 한쪽은 예비군단으로 흡수되고 다른 한쪽은 서부 자바의 반둥 인근 찌마히로 옮겨간다. 반둥은 제2차 세계대전 이전까지만 해도 KNIL 부대 총사령부가 있던 곳이어서 KNIL 출신들에게는 감회가 새로웠다. 서부 자바 지역 역시 1880년대에 약 5천 명의 북부 술라웨시 미나하사 청년들이 모집되어 반유마스 등 자바 출신 동료들과 함께 레인저 훈련을 받던 곳이었다. 그들은 특수부대로 조련되어 다시 여러 군사작전에 동원되었고 상당수는 KNIL 부대의 훈련소가 있던 수방에 자리를 잡았다.

이 사건에서 이름을 알린 많은 장병 중 적지 않은 사람들이 이후에도 승승장구해 인도네시아 현대사에 한 획을 그었다. 이 사건에서 외곽 지원을 했던 까윌라랑 대령, 바라우 중령, 수무알 소령 역시 1950년대 말 뻐르메스타 사건과 PRRI 반란 사건에 연루되기 전까지 공화국 정규군의 중심 인물로 성장해갔다.

남말루꾸 공화국(RMS)의 반란과 청년 장교 리야디 중령의 죽음

북쪽으로 태평양 외곽을 이루는 할마헤라 섬으로부터 남쪽으로 NTT 경계의 웨떠르 섬까지를 아우르는 말루꾸의 총면적은 85만 제곱킬로미터에 달하지만, 육지는 10퍼센트밖에 되지 않는다.

크리스티안 로버르트 스테번 사우모킬 박사는 마카사르에서 안디 아지스의 반란을 사주하고, 마나도에선 TWAPRO 당을 통해 KNIL 부대와 합중국군 간의 대결을 유도하려다 여의치 않자 암본으로 날아가 남말루꾸 공화국(Republik Maluku Selatan)의 수립을 선포하며 인도네시아 합중국으로부터 분리독립을 시도했다.

그는 1905년 10월 13일 동부 자바의 수라바야에서 남말루꾸인 아버지와 유럽 혼혈 어머니 사이에서 태어났다. 당시 암본 지역은 물론 동인도 전역에 그런 부부와 혼혈아가 많았다. 그는 수라바야에서 학교에다니다 네덜란드로 유학해 레이던 대학에서 법학을 전공했고, 1935년 인도네시아로 돌아와 자바 총독부의 법무 공무원으로 재직했다. 그는 네덜란드 식민 정권의 특혜를 톡톡히 받은 만큼 총독부에 충성을 다했다. 1942년 인도네시아에 진주한 일본군에 체포되어 버마와 태국의 수용소로 끌려다녔지만 용케 살아 돌아와 말루꾸에서 단번에 태평양전쟁 영웅으로 떠오른다. 그는 동인도네시아 자치주의 검찰총장이 될 정도로 높은 평판과 대중적 인기를 누렸고 자치정부나 네덜란드 측으로부터도 신망이 두터웠다.

베스털링의 APRA 반란이나 안디 아지스의 반란, 그리고 남말루꾸 반란에는 일정한 공통점이 엿보인다. 바로 인도네시아 합중국의 해당 자치주들이 통일 인도네시아 공화국으로 흡수되는 것에 적극적으로 반대했다는 점이다. 그들은 헤이그 원탁회의에서 KNIL 부대가 해산 과정을 거쳐 공화국 정부군 TNI에 통합되는 것이 결정된 후, 미래에 대한 두려움을 품게 된 KNIL 부대를 반란군의 주력으로 사용했다. KNIL 부대 출신 중에서도 특히 독립전쟁 기간 내내 네덜란드 편에서 싸웠던 병사들은 합중국과 합병되면 처절한 숙청 대상이 될 것을 두려워했다. 인간사 새옹지마라, 독립전쟁 당시 공화국군의 주력을 이루었던 일본군 PETA 출신들이 수디르만 장군 사망 이후 크게 위축되고 훗날 시마뚜빵과 나수티온 같은 KNIL 장교 출신들이 군권을 쥐게 될 줄 알았다면 이런 반란들은 애당초 일어나지 않았을 것이다.

한편 당시 암본의 관료들은 암본이 인도네시아 합중국으로 합병되면 거대한 위험이 닥칠 거라고 겁주며 주민들에게 분리독립의 당위성을 주입했다. 때마침 그 증거로 아지스 반란의 후폭풍으로 1950년 4월 20일 동인도네시아 자치주가 해체되자, 사우모킬은 이를 오히려 남말루꾸 분리독립의 호기라고 보았다. 게다가 그는 안디 아지스의 반란 실패로 마카사르에서 말루꾸로 달아날 때 놀라운 수완을 발휘해 마카사르에 주둔하고 있던 KNIL 부대의 그린베레와 레드베레 특수부대를 암본으로 빼돌린 상태였다. 덕분에 암본은 남말루꾸 지역을 지배할 만한 강력한 군사력을 갖추게 되었다.

그는 암본에서 회합을 통해 남말루꾸 분리독립에 대한 KNIL 부대 청년들과 저명한 마누사마의 지지를 요구했고, 필요하다면 남말루꾸 대표회의 의원 전원이 목숨을 내걸겠다며 각오를 다졌다. 그러나 정작 독립선언은 사우모킬 박사가 아니라 당시 남말루꾸 대의원 의장 J. 마누후뚜가 발표하는 것으로 이야기가 흘러갔다. 마누후뚜는 노회한 정치가답게 사우모킬이 다 차려놓은 밥상에 숟가락만 얹으려 했다. 그는 결국 남말루꾸 공화국 독립선언서에 서명하고 초대 대통령으로 취임하지만, 재임 기간은 채 10일도 되지 못했다. 사우모킬은 그리 만만한 사람이 아니었다.

KNIL 부대원들과 '위대한 동쪽당' 당원들을 움직여 열렬히 분리독립에 대한 사전 홍보를 전개해 말루꾸의 민심을 휘어잡은 사우모킬은 자신감을 얻어 자카르타 정부를 지지하는 사람들을 위협하거나 투옥시켰다. 그리고 1950년 4월 25일 마침내 남말루꾸 공화국의 독립을 선포했다.

그는 독립선언과 함께 남말루꾸 공화국(RMS)의 외무장관이 되었다가 며칠 후인 5월 3일 마누후뚜를 끌어내리고 자신이 대통령으로 취임하나, 그 영광은 오래가지 못했다. 그는 1950년부터 1966년까지 무려 16년간 RMS의 대통령이었으나 수도 뉴빅토리아의 화려한 집무실에 앉아 있던 기간은 6개월에 불과했다. 남말루꾸의 독립선언은 필연적으로 합중국과의 전쟁을 초래했고, 사우모킬은 정부군의 공격을 피해 오랫동안 산골짝과 정글 속 은신처를 전전해야만 했다.

남말루꾸 독립선언은 특히 KNIL 부대의 열렬한 지지를 받았다. KNIL 부대 해산과 합중국군과의 통합에 결사반대하던 그들은 오랜 전우였던 왕립 네덜란드군이 철수하면서 자신들도 함께 네덜란드로 데려가길 원했지만, 네덜란드군은 KNIL을 그렇게까지 살갑게 여기진 않았다. 그들은 KNIL 부대원들을 기어이 현지에 떼어놓으려 했다. KNIL 부대는 근 5년간 네덜란드군 편에서 공화국군과 치열한 전쟁을 벌였는데, 어느 날 갑자기 헤이그에서 네덜란드와 인도네시아가 악수하더니 별안간 전쟁이 끝나버린 것이다. 그리고 주권 이양이 이루어지는 과정에서 KNIL 부대원들은 낙동강 오리알 신세가 되었다. 공화국군과의 통합을 거부하고 네덜란드로부터도 버림받자 절망한 그들은 합중국으로부터 분리독립한 남말루꾸 공화국에서 돌파구를 찾고자 했다.

RMS의 반란적 독립선언에도 불구하고 자카르타 정부는 우선 평화적 타결책을 찾으려 노력했다. 자카르타 정부는 말루꾸 출신의 저명한 인사들을 암본에 보내 사우모킬과 그 각료들을 만나 뜻을 되돌리도록 설득했으나, 지지부진하던 회담은 결국 실패했고 군사작전 외에는 더 이상 다

네덜란드군 장군 앞에서도 당당하던 슬라멧 리야디 중령

른 선택지가 남지 않았다. 결국 1950년 7월 까윌라랑 대령을 사령관으
로 하는 정부군의 진압 작전이 시작되었다.

　정부군 측 중심인물은 까윌라랑 대령과 슬라멧 리야디 중령이었다. 합
중국군 사령부는 당시 마카사르에 본부를 두고 있던 동인도네시아 지역
군 사령관 까윌라랑 대령 휘하에 남말루꾸 군사령부를 설치하고, 중부
자바 수라카르타 출신 스노빠티 부대 제5여단장 슬라멧 리야디 중령을
RMS 진압 작전의 야전사령관으로 불러들였다. 까윌라랑 대령과 리야디
중령의 조합은 꽤 흥미로웠다. 당시 30세이던 까윌라랑 대령은 미나하사
족 후손으로 자카르타의 자티느가라에서 태어나 반둥 소재 네덜란드 사
관학교를 우수한 성적으로 수료했다. 그는 네덜란드령 동인도 정부 말기
에 네덜란드군 장교로 임관한 단 일곱 명의 현지인 중 한 명이었다. 다른

여섯 명은 G. P. H. 자띠꾸수모, 압둘 까디르, 나수티온, 시마뚜빵, 아돌프 렘봉, 모꼬긴타 등으로 독립전쟁이 벌어지자 공교롭게도 모두 공화국군에 합류해 전공을 세우고 훗날 주요 보직을 섭렵하며 인도네시아군의 든든한 기둥이 된다.

한편 당시 23세에 불과하던 이그나티우스 슬라멧 리야디는 수라카르타 출신으로, 독립전쟁 첫날부터 게릴라로 참전해 수라카르타 총공세로 수라카르타를 점령하면서 뛰어난 야전 지휘 능력을 보여준 바 있었다. 남말루꾸 군사령부(KOPAS MALSEL)의 야전사령관으로 발탁될 당시 리야디는 서부 자바에서 까르또수위르조의 다룰이슬람 반군들과 싸우던 중이었다. 그의 부대가 애당초 중부 자바의 수라카르타를 떠나 서부 자바에 온 것도 반둥에서 벌어진 APRA 반란의 잔당 소탕을 위해서였기에 리야디는 거의 모든 반란 사건에 진압군으로 나선 셈이다. 리야디는 1927년 7월 26일 수라카르타에서 군인인 아버지와 과일장수인 어머니 사이에 태어나 유아 때 삼촌에게 입양되었다가 수카르노처럼 큰 병을 앓으면서 자바 전통에 따라 이름을 바꿔 현재의 이름이 되었다. 다시 부모의 집으로 돌아와 성장했고 네덜란드식 학교에서 교육을 받았다.

일본이 네덜란드령 동인도를 점령했을 때 리야디는 일본이 후원하는 해양학교에서 공부했고, 졸업 후 항해사로 일했다. 그는 바다에 나가지 않을 땐 자카르타 감비르역 근처 숙소에서 본의 아니게 항일투사들을 많이 만나는데, 1945년 2월 14일 일본의 패색이 짙어질 즈음 친구들과 숙소를 이탈해 수라카르타로 돌아가 지하저항군에 합류했고 일제강점기가 끝날 때까지 그들과 함께 일본군과 싸웠다. 일본 패망 후에는 게릴라 부대에 합류했고 뛰어난 지휘 능력을 보여 고속 진급해 수라카르타에서 제26연대를 지휘한다. 1947년 네덜란드군의 제1차 총공세에서 리야디는 암바라와와 스마랑 같은 중부 자바의 주요 도시에서 부대를 지휘했고 머

암본 섬. 우측 위로 뚤레후, 히뚜라마, 술리, 빠소 등 전투 지역 지명들이 보인다.

라삐 화산과 머르바부에 이르는 지역을 관할했다. 1948년 9월에 승진하여 4개 대대와 학생군 1개 대대를 지휘하게 된다. 2개월 후 네덜란드군이 제2차 총공세를 벌여 당시 공화국 수도였던 족자를 함락시킬 때 리야디와 그의 부대는 끌라뗀 지역을 돌파해 수라카르타에 접근하지만, 네덜란드군의 족자 점령이 더 빨랐다. 리야디는 나중에 수라카르타 총공세를 벌여 수라카르타를 탈환하는 데 큰 공을 세웠다.

독립전쟁이 끝나자마자 그는 서부 자바로 이동해 APRA 반군과 다룰 이슬람 반군에 맞섰고, 이번엔 남말루꾸 공화국 반란 진압을 위해 말루꾸의 최전선에 배치되었다. 리야디 중령의 제5여단 스노빠띠 부대는 마카사르에서 재정비하면서 마나도로부터 도착하는 워랑 대대, 5월 3일 대대의 합류를 기다렸다. 까윌라랑 대령은 먼저 전선으로 출발했으므로 리야디가 까윌라랑을 처음 만난 것은 1950년 7월 17일 부루섬의 남레아 해안을 바라보는 KRI 빠띠 우누스호(KRI는 인도네시아 해군 함선의 접두어)의 선상 브리핑에서였다.

남말루꾸 공화국 반란 진압 작전은 부루 섬 상륙으로 시작했다. 태평양의 섬마다 치열한 공성전을 벌이며 차근차근 일본 본토를 향해 치닫던 태평양전쟁 당시 미해병대처럼 합중국군은 동쪽으로 진군하면서 삐루, 스람 반다, 따님바르, 게세르 섬 등에서 상륙공격 작전을 벌였고 남말루꾸의 섬들을 하나하나 점령하며 암본의 남말루꾸 공화국 반란 정부에 대한 봉쇄선을 구축했다. 첩보에 의하면 남말루꾸 공화국의 주력은 KNIL 2개 대대와 KST 특수부대 2개 중대, 서부 자바의 바뚜자자르 기지를 출발해 바로 몇 주 전 도착한 KNIL 그린베레 부대였다. 이 그린베레 중대는 예전에 일부 병력이 빠져나와 베스털링 대위의 APRA 반란에 가담해 반둥을 쑥대밭으로 만든 바로 그 부대였다. 그 외에도 스람 섬과 암본 섬엔 2천여 명 규모의 청년민병대가 무장하고 있었다. 부루 섬을 함락시킨 지 닷새 만에 325대대와 5월 3일 대대는 다시 KM 와이껠로, 상륙정 스톰보글, 상륙정 트루펜보글 및 여러 척의 상륙정에 나누어 탔고 리야디 중령은 사령선인 KRI 라자왈리호에 올랐다. 그들의 다음 목표는 스람 섬의 삐루 시를 장악하는 것이었고 까윌라랑 대령은 이를 '파자르 작전(여명 작전)'이라 명명했다.

해안에 상륙한 부대는 오후 3시 이미 삐루 시 외곽에 도달했다. 삐루 시는 KST 특수부대 출신 KNIL 부대가 방어하는 지역이었다. 그때 5월 3일 대대 정보장교 깔랑이 중위가 앞으로 나섰다. 그들이 마주한 RMS의 지휘관 누씨 대위는 예전 KST 부대에서 깔랑이 중위의 동료였다. 그래서 깔랑위 중위는 교전을 벌이기 전 단신으로 적진에 들어가 투항을 권유하겠다며 리야디 중령의 재가를 요청했다. 친구에게 총을 겨누고 싶지 않은 진심은 충분히 이해할 수 있다. 그러나 모든 선의가 항상 해피 엔드인 것은 아니다. 특히 전장에서는 말이다.

깔랑이 중위는 까잇질리 병장, 그리고 남레아에서 RMS 지휘관이었다가 전향해 5월 3일 대대에 합류한 레스딸루후 하사와 함께 백기를 들고 RMS 진영으로 넘어갔다. 그러나 그들이 한 시간 넘게 돌아오지 않자 리야디 중령은 더 기다리지 않고 예정된 공격을 시작했다. KRI 라자왈리의 함포 사격을 등에 업고 시작한 공격은 시가전 양상을 보여 집집마다 치열한 전투가 벌어졌고, 공격을 시작한 지 한 시간여 후인 오후 6시 30분 양측에 큰 피해를 남기면서 결국 정부군이 삐루 시를 장악할 수 있었다. 깔랑이 중위와 그 부하들은 삐루 시 중앙광장에 처참한 시체로 발견되었다. 반군들이 그들을 모욕하며 모진 고문 끝에 잔인하게 살해한 것이다. 깔랑이 중위는 남레아 전투에서 오웬 기관단총 한 자루와 탄창 4개만을 가지고 두 개의 RMS 기관총 진지를 무력화시켰던 용맹스러운 군인이었다.

깔랑이 중위 일행의 주검을 본 5월 3일 부대원들은 크게 격분하여 RMS 병사들의 시신을 훼손하고 단검 던지기 과녁으로 삼는 등 잔혹함을 잔혹함으로 갚았고, 리야디 중령의 허가를 받아 RMS 잔당들을 깊숙이 추격해 들어갔다. 삐루 시는 7월 22일 오전 8시 정부군에 완전히 장악되었다.

7월 26일 오전 6시 KRI 라자왈리 사령선은 아마히에 상륙한 352대대가 기습을 당해 위기에 빠졌다는 긴급한 보고를 받는다. 352대대는 리야디 중령이 수라카르타에서부터 직접 지휘했던 각별한 부대였으므로 장사병 개개인의 이름을 모두 외고 있었던 것은 물론 그들의 풍부한 전투 경험도 잘 알고 있었다. 공중 지원까지 요청한 것으로 보아 매우 급박한 상황임은 분명했지만 삐루 만에 들어선 KRI 라자왈리는 아마히로부터 너무 멀리 떨어져 있었다. 리야디 중령은 전문을 보내 최선의 방어와 반격을 독려할 수밖에 없었다. "최선을 다해 끝까지 포기하지 마라! 포기한다면 우리 모두를 부끄럽게 만드는 일이야!"

7월 27일 오전 8시 KRI 라자왈리는 다시 아마히에 접안했고 급히 하선한 리야디 중령 앞에 어수선한 352대대의 상황이 펼쳐졌다. 수로소 중대의 병사들이 여기저기 흩어져 있었는데 352대대장 수르자디 소령은 그들이 전날 새벽부터 수류탄과 기관총을 앞세운 RMS의 맹공격을 받았다고 보고했다. 이 전투로 352대대 병사 22명이 사망하고 많은 부상자를 냈지만 RMS 측은 불과 4명의 시체만 남겼고 352대대의 브렌 기관총 3정을 탈취해간 것을 확인했다. RMS의 노련한 특수부대가 적은 숫자로 전장을 마음껏 휘저은 후 철수한 것이다. 정부군은 군함을 타고 기동했으므로 그 움직임을 숨길 수 없었지만 RMS 특수부대는 야음을 틈타 언제든 기습해올 수 있는 상황이었다. 리야디 중령은 휘하 부대들의 경계를 강화했다.

8월 13일 KRI 라자왈리호를 타고 마카사르에 돌아간 슬라멧 리야디는 임시 사령부로 사용하던 웨이난트 호텔에서 까윌라랑 대령을 만나 야전 상황을 보고하고, 최근 마카사르에서 벌어진 TNI와 KNIL 부대의 충돌 사건에 대해 브리핑을 받았다. 까윌라랑과 리야디는 말루꾸의 전황을 토대로 암본의 RMS 본거지 공격을 위해 병력과 화력의 증강이 필요하다는 부분에 의견을 같이했다. 까윌라랑은 리야디가 자카르타로 날아가 육군사령관 나수티온 장군에게 직접 상황을 보고하고 지원 요청할 것을 지시했다.

리야디 중령은 속으로 쾌재를 불렀다. 당분간 전장을 떠나는 게 기뻐서가 아니라, 급히 전장으로 달려오느라 미처 마치지 못한 일을 마침내 매듭지을 기회가 왔기 때문이었다. 그는 애인 수라크미에게 가져다 줄 기념품으로 RMS의 깃발을 품고 있었다. 두 달 전 수라바야에서 약혼식을 올릴 때 약속한 것이었다. 물론 리야디는 RMS 깃발 대신 소박한 결혼반지를 품고 있었어야 했을지도 모른다. 하지만 총알 구멍 난 흙투성이 RMS 깃발만으로도 더없이 기뻐할 만큼 리야디와 수라크미의 사랑은 젊고 애틋했다. 그들은 1950년 8월 19일 중부 자카르타의 멘뗑에서 결혼식을 올렸다. 나수티온에게 현황 보고와 병력충원 요청을 마친 다음 날이었다.

그러나 신혼여행을 갈 여유도 없이 리야디는 8월 20일 다시 말루꾸로 돌아가야 했다. 끄마요란 비행장에서 남편을 전장으로 떠나보내는 수라크미는 슬펐지만 한편으론 국가의 중대사를 늠름한 양어깨에 짊어진 남편이 한없이 자랑스러웠다. 그러나 그렇게 남편과 함께 보낸 하룻밤이 결혼생활의 전부였다는 것을, 창공으로 날아오르는 비행기를 바라보던 수라크미는 아직 상상도 하지 못했다.

1950년 9월 28일 까윌라랑 대령은 '스노빠띠'라는 작전명의 암본 총공격을 명령한다. 까윌라랑 대령 자신은 아무런 설명도 하지 않았지만 그가 가장 중요한 작전의 명칭을 '스노빠띠'로 붙인 것은 독립전쟁 당시 스노빠띠 여단을 이끌었고 남말루꾸의 전장에서도 용맹스럽게 최전선을 누비는 리야디 중령에 대한 존중의 마음을 담았던 것인지도 모른다.

인도네시아군 공식 문서에 따르면 이 작전은 3군 입체 작전으로 진행되었다. 육군에서는 352 대대와 5월 3일 대대, 빠띠무라 대대, 클롭빠트 대대, 워랑 대대, 삐속 대대, 기밀작전중대, 특수전대, 362 대대, 백골 대대, 예비참모부 등은 물론 기갑과 포병 부대까지 자바 섬 전역과 술라웨시 남부, 북부에서 14개 대대가 차출되어 동원됐고 해군에서는 KRI 빠디우누스, KRI 라자왈리, TRI 항뚜아, KRI 벤뗑, KRI 남레아, KRI 앙강, KRI 안드레스, KRI 아마하이, KRI 삐루 등의 군함들과 4척의 LST 장비수송선, 10척의 LCVP 상륙정, 3척의 병력 수송선(KM 와이껠로, KM 와잉빠우, KM 와이발롱) 등이 동원되었다. 한편 공군에서는 B-25 전폭기 2기, P-51 머스탱 전투기 4기가 동원되었고 남레아 항구와 부루 섬에 카탈리나 수상이착륙기 4기가 대기했다. 암본 공략에 대대적인 물량이 동원된 것이다.

9월 28일 미명에 삐루 만의 접촉점에서 세 척의 코르벳함과 병원선 기능을 겸한 병력 수송선 세 척, 보병양륙정 두 척, 상륙정 열 척으로 이루어진 선단이 목표를 향해 천천히 움직이기 시작했다. 그들은 일정 지점에서 두 무리로 나뉘어 한 무리는 암본 동쪽 측면의 뚤레후로 향했고 다른 한 무리는 북쪽 해안의 히뚜라마를 향했다.

문제는 팀워크였다. 당시 동인도네시아 지역엔 정규군이 제대로 구축되어 있지 않으므로, 이 작전을 위해 자바 각지에서 불러 모은 생면부지의 부대들을 섞어놓고 제대로 된 합동훈련 한 번 없이 직접 대규모 작전에 투입하는 것이 까윌라랑 대령에게는 큰 부담이었다. 더욱이 상륙작전을 벌이는 자바 출신 부대원 중엔 바다에 발 한 번 담가보지 못한 병사들도 부지기수였고, 특히 수라카르타 병사들 상당수는 배를 타본 적도 없어 작전 지역으로 항해하던 나흘간 계속 토하다가 상륙 후에는 바닷물에 젖은 비스킷으로 허기를 때워야 했다. 부루 섬 정글의 정부군 병사들은 대부분 배를 곯고 있었다.

한편 그런 상태의 정부군이 마주해야 할 RMS의 부대는 풍부한 전투경험을 가진 그린베레 특수부대와 레드베레 공정대 출신 정예들이었다. 그들의 전투력은 지금까지 만난 그 어떤 상대보다도 월등했으므로 RMS 반란 진압 과정을 통틀어 정부군에게 가장 큰 인명 피해가 발생하는 전투가 벌어졌다. 두 갈래로 나뉜 정부군 주력 중 히뚜라마를 향한 부대는 수디아르또 중령이 지휘했고, 뚤레후를 향한 부대는 슬라멧 리야디 중령이 직접 지휘했다. 두 부대의 상륙 작전이 까윌라랑 대령의 작전대로 진행된다면 그들은 빠소에서 합류해 함께 암본 공략에 나설 참이었다. KRI 항뚜아의 함포 사격 지원을 받으며 정부군은 오전 7시 히뚜에 상륙했으나, 지휘관 수디아르또 중령은 상륙정이 해안에 닿자마자 피격되어 사망하고 만다. 상륙정의 문이 채 열리기도 전이었는데 RMS 측 저격수가 상륙정 문의 작은 틈새를 놓치지 않고 발사한 총탄이 상륙정 안에 있던 수디아르또의 머리통을 터뜨렸다. 그의 전사로 루스민 소령이 히뚜 해안의 지휘를 맡게 된다.

"슬라멧, 너한텐 안된 일이지만 난 여기서 너보다 빨리 죽기로 했어."

"바보 같은 녀석. 내가 먼저다. 수디아르또, 너 같은 굼벵이가 어떻게 나보다 빨리 가겠어?"

"내가 너보다 나이가 많잖아!"

"웃기지 마, 내가 너보다 상관이야. 넌 명령 없이는 죽을 수 없어. 하지만 난 암본을 완전히 점령한 다음에 죽을 거다!"

KRI 라자왈리호가 암본을 향하던 어느 날, 아침을 먹으면서 리야디 중령과 수디아르또 중령이 이런 호기로운 대화를 나누었다고 함께 승선했던 슬라르디 중위는 훗날 기록하고 있다. 그런데 수라카르타 게릴라 시절부터 절친이었던 두 사람 중 수디아르또 중령이 정말로 히뚜 해안에서 먼저 유명을 달리한 것이다.

반면 뚤레후에서의 상륙 작전은 비교적 안전하게 진행되었다. 아침 7시 첫 번째 선단이 뚤레후 앞 바다에 정지하자 리야디 중령이 직접 지휘하는 352대대와 5월 3일 대대, 워랑 대대, 클롭파트 대대, 삐속 중대 등은 상륙정으로 옮겨 타고 8시에 대형을 이루어 뚤레후 해안 전역에 상륙했다. 기밀작전 부대는 M. Q. 마루아페이 중위가 지휘했는데, 이들은 RMS 반란군에서 투항해온 병사들로 구성된 부대였다. 이 부대는 까윌라랑 대령과 부관 M. 유숩(Jusuf) 대위(훗날 육군 대장으로 예편), 그리고 두 명의 소년병 장교 레오 로뿔리사 중위와 무스키타 중위(모두 중장으로 예편)와 함께 뚤레후 북방에 상륙했다.

지휘관 수디아르또 중령을 잃고서 우여곡절 끝에 히뚜 해안을 장악한 정부군은 스노빠티 작전 계획에 따라 계속 전진하다가 히뚜 뒤편 고지대에 다다르자마자 다시 치열한 전투에 휘말렸다. RMS군은 비록 히뚜 해안에서 물러났지만 조금만 틈을 줘도 반격하여 정부군의 움직임을 위축시켰고 정부군 측에 많은 사상자를 냈다. RMS군은 벼랑과 구릉 지대, 굽이치는 오르막길 투성이인 와낫 지역에 강력한 방어선을 구축하고 있었으므로 격전이 불가피했다. 그러나 정부군이 피해를 무릅쓰고 계속 밀어붙이자 결국 견디지 못한 RMS군은 마침내 떨라가꼬독 방면으로 후퇴해갔다. 그러자 수리요 수반드리오 소령 휘하의 백골 대대는 아마카랑 산과 헬라 산을 우회하여 측면으로 기동했고 백골 305부대가 하살 지역에서 적과 교전하자 붉은 코끼리 362부대의 2개 중대가 백골 부대를 지원했다.

뚤레후에서의 안전한 상륙이 무색하게 해안에서 불과 1킬로미터 떨어진 곳에서 KNIL 부대와 치열한 교전이 벌어져 5월 3일 대대에서만 20명이 전사했다. 슬라멧 리야디 중령의 부관 수끼르모 중위(훗날 대령으로 예편)도 총상을 입어 KRI 와이껠로호로 후송되어 치료를 받아야 했다. 오후 4시경 RMS의 방어선을 돌파한 정부군은 8킬로미터를 더 전진해 정글 한복판에서 다시 RMS군과 조우해 교전을 벌였고 폭우로 전황이 고착되자 각자의 진지에서 밤을 맞는다.

"그렇게 비가 쏟아붓는데도 까윌라랑 대령이나 슬라멧 리야디 중령 모두 피로에 지칠 대로 지쳐 길섶에서 잠들어 있더라고요. 우린 비옷도 없고 텐트도 없었어요. 그런 건 당시 우리에겐 꿈에서나 만져볼 수 있는 사치품이었죠."

훗날 인도네시아 전군사령관을 역임하게 되는 M. 유숩 대위는 당시를 그렇게 회고했다. 아침이 밝자 전투가 다시 벌어졌고 저격수들이 극성을 부려 부대의 전진은 매우 느렸다.

10월 2일 목요일 새벽 5시 미명에 술리로부터 그리 멀리 떨어지지 않은 즘바딴두아 지역에서 352 대대의 수미트로 중대가 교착 상태에 빠졌다는 보고를 받은 슬라멧 리야디 중령은 혼자 지프차를 몰고 암본 동쪽 해안의 뚤레후 마을 외곽을 빠져나갔다. 잠이 덜 깬 병사들은 화들짝 놀라 벌떡 일어서 경례를 붙이면서도 리야디 중령이 혼자 나서는 모습에 우

호주제 오웬 기관단총

려의 눈길을 주고받았다. 그건 매우 무모한 일이었다. 그들이 뚤레후에 상륙한 건 불과 일주일 전의 일로, 공화국군은 이제 겨우 술리 지역 근처까지 진주했을 뿐 남말루꾸 공화국 수도인 뉴빅토리아까지는 아직 많은 거리를 남겨놓고 있었다. 반란군은 아직 암본 섬의 상당 부분을 장악한 상태였고 뚤레후와 술리 사이엔 자신을 교묘히 은폐한 많은 저격수가 노리고 있었다. 정부군 야전사령관 리야디 중령은 그들이 노리는 가장 중요한 타깃이기도 했다. 더욱이 당시 리야디 중령의 무장은 RMS로부터 노획한 오웬 기관단총 한 자루뿐이었다.

병사들이 우려한 대로 도중에 숲 한가운데에서 매복군에게 공격을 당한 리야디는 불행 중 다행으로 근접거리에서 왼쪽 팔에 총상을 입고서도 탄창이 다 비도록 적이 도망친 방향으로 총을 쏴댄 후 급히 부대로 돌아와 부상을 치료했다. 이 사건을 보고받은 까윌라랑 대령은 놀란 가슴을 쓸어내렸지만 부하들 사이에서는 리야디가 근거리에서 총격을 받고도 끄떡없는 불사신 지휘관이라는 소문이 신속하게 퍼져 나갔다. 그것은 좋은 징조였다. 이 사건으로 불사신이 지휘하는 정부군의 사기는 크게 올랐고 4일간 치열한 전투를 벌인 끝에 마침내 술리가 정부군의 손에 떨어졌다.

하지만 10월 4일 RMS군이 매우 치밀한 전술을 펼치며 하살과 떨라가꼬독에 진출한 정부군을 총공격하고 나섰으므로 305부대와 362부대는 모두 퇴각하지 않을 수 없었다. RMS군은 10월 7일에도 히뚜 지역까지 공격해 들어와 정부군은 해안 가까이 밀려났다. 그러나 해안에선 인근 KRI 라자왈리의 함포 지원과 항공기 공중 지원도 받을 수 있었으므로 정부군은 그곳 방어선을 기점으로 다시 반격하여 하살 방면으로 추격해 들어갔지만, RMS 잔당들은 떨라가꼬독과 두리안빠따 지역에서 정부군을 저지하려 했다. 밀고 밀리는 치열한 공방전이었다. 당초 정부군은 상륙 후 4~5일 이내에 암본을 함락시킬 계획이었으나 예상보다 강한 저항 때문에 부득이 작전 일정을 대폭 수정하지 않을 수 없었다.

결국 까윌라랑 사령관이 최전선까지 나와 전황을 확인한 후 어떤 희생을 치르더라도 즉각 암본에 상륙, 점령할 것을 독려했다. 암본의 RMS군은 암본 만 깊숙이 있어 접근이 쉽지 않았다. 까윌라랑 대령은 암본 남쪽 버구알라 만에도 상륙을 지시했는데, 이는 보충 병력이 필요한 일이었다. RMS 반란을 진압하면서 여러 섬을 거쳐온 병사들은 극심한 피로감에 지쳐 있었고 사망자와 부상자도 넘쳐났다. 병력 보강이 불가피했다.

이런 상황에서 두 번째 스노빠띠 작전의 개시일이 11월 3일로 결정되었다. 결전의 날을 앞두고 정부군 부대를 3개 그룹으로 재편성했다. 제1군엔 수르요 수반드리오 소령의 지휘 아래 백골 대대, 가자마다 352대대, 수따르노 대대를 편성했고 제2군은 슬라멧 리야디 중령 휘하에 워랑 대대, 글롭파트 대대, 마흐뭇 대대, 파아 분견대, 메단 포병대, 팬저 기갑 부대, 제니 공병대를, 제3군은 아흐맛 위라나타꾸수마 소령 밑으로 5월 3일 대대, 루까스까르따르조 대대, 뽀니만 대대를 편성한 것이다. 당연히 리야디 중령이 주력을 담당했다.

11월 3일 작전 계획에 따라 제1군의 352대대는 히뚜 지역 왼쪽의 샛길을 통해 떨라가꼬독을 공격해 들어갔다. 그러나 교전 첫날 그들은 와넷 철교에 교착되고 마는데, 이는 RMS가 해당 지역을 더욱 견고하게 방어하고 있었기 때문이었다. 루스민 소령은 352대대 군인들을 독려해 소총에 대검을 부착하고 RMS 진지를 향해 돌격해 들어갔다. 이 치열한 백병전에서 양쪽 모두 심대한 사상자가 발생했고 두 시간의 사투 끝에 RMS군 방어선이 무너지면서 결국 정부군이 와넷을 점령했다. 352대대는 1개 중대 병력을 잃었고 RMS군은 포로 한 명 남기지 않고 모두 전멸했다. RMS군 역시 서슬 퍼런 각오를 다지고 전투에 임하고 있었던 것이다.

352대대와 동시에 히뚜 우측 샛길로 기동했던 수따르노 대대는 비교적 수월하게 전선을 돌파해 RMS군을 두리안빠따 지역까지 몰아붙였다. 이렇게 두 개 대대의 동시 공격으로 정부군은 그날 오후 떨라가꼬독 지역을 확보했고 백골 대대는 그 배후에서 히뚜 지역에 남은 RMS 잔당들을 소탕했다. 다음 날 아침 352 대대의 2개 중대가 떨라가꼬독에서 느거리나니아와 빠소라마 지역으로 들어가는 지름길로 기동했고, 그 후 본대가 대로를 통해 두리안빠따로 이동해갔다. 그들은 최대한 빨리 빠소-히뚜-라하를 잇는 삼거리를 확보해 정부군에게 밀려 퇴각하는 RMS 부대의 퇴로를 끊으려 했다.

한편 수따르노 대대는 하살에서 출발해 루마띠가 지역을 점령하기 위해 도로를 따라 기동했다. 계획대로라면 루마띠가를 점령한 후 그들은 적이 집결해 있는 갈랄라 지역에 엄호 포격을 해야 했다. 그러나 그들은 RMS의 강력한 저항으로 시간을 맞추지 못하고 있었고 그사이 오후 1시 제2군이 바뚜메라 지역까지 기동해 들어오고 있었다. 그날 새벽 2시 30분 제2군의 슬라멧 리야디 중령은 계획대로 파아 분견대를 앞세워 바뚜공 인근 또이사뿌 지역에 상륙로를 열도록 하고 마흐뭇 대대를 빠소-느거리라마의 북쪽 방면으로 진출시켰다.

5시 30분 파아 분견대와 마흐뭇 대대는 서로 멀리 떨어진 상태에서 RMS군과 교전을 시작했고 서로의 거리가 좁혀지면서 급기야 치열한 백병전까지 벌인 끝에 파아 대위의 부대가 무거운 인명 손실을 내며 마침내 바뚜공을 점령했다. 이로써 빠소 지역에 느거리라마, 바뚜공, 뚤레후-와이따띠리 등 3개 방면으로부터 압박을 가하게 되었다. 이제 마지막 한 방으로 빠소를 함락시킬 준비가 된 것이다.

클룹파트 소령의 돌격부대는 포격이 빗발치는 전선 최전방에서 악전 고투 중이었다. 그들은 와이따띠리를 확보하려 했는데 RMS의 강력한 저항으로 4주 이상 교착 상태에 빠졌다. RMS군은 야포부대의 포격 지원과 기갑부대를 최대한 활용하여 정부군의 진군을 막았는데 그 과정에서 RMS와 정부군 양측의 야포부대, 기갑부대 등 중화기 부대들끼리의 정면 대결도 처음으로 벌어졌다. 기갑부대의 근접전에서 정부군은 탱크 3대를 잃으면서 RMS군의 팬저 6대를 파괴했고, 포격전에서도 RMS는 크게 밀려 대부분의 장비를 버리고 도주하기에 급급했다. 산중턱의 RMS 진지와 지하 은폐 시설들도 하나하나 소탕되었다.

훗날 작가 A. 론도누우가 집필한 H. V. 워랑의 회고록 『우리들의 초상』에서 워랑은 와이따띠리를 점령하기 위한 전투의 치열함을 이렇게 묘사했다.

워랑 부대는 와이따띠리에서 적군의 저항에 부딪히며 치열한 교전을 시작했다. 적은 자연 지형지물을 이용해 매우 전술적인 방어선을 구축하고 있었다. 진지의 앞으로는 강이 흘렀고 왼쪽과 오른쪽은 험한 벼랑과 급한 경사지로 보호되어 있어 정부군으로서는 매우 극복하기 어려운 지형이었다. 게다가 RMS군은 옛날 일본군이 버리고 간 벽돌로 진지를 견고하게 구축했기 때문에 단번에 무너뜨릴 수도 없었다. 결국 우린 그 진지들을 하나하나 치고 들어가 소탕해야 했다. RMS군은 잘 무장되어 있었고 야포와 기갑부대의 지원을 받고 있었으므로 거기서 처음으로 야포와 야포, 탱크와 탱크가 맞붙는 전투가 벌어졌다.

이런 상황에서 오후 6시 해가 질 무렵 RMS의 강력한 방어선을 마침내 무너뜨릴 수 있었다. 그러나 다음 날 아침 RMS군이 반격을 감행해왔다. 그들은 기관총과 박격포, 그리고 팬저 탱크포까지 동원했지만 워랑 대대는 이에 굴하지 않았다. 하지만 정부군의 공격 예봉이 무너지고 적의 월등한 전투력에 밀려 수세로 돌아서면서 우선 방어에 치중할 수밖에 없었다.

RMS군은 중화기도 다수 보유했던 반면 워랑 대대는 기본 화기만 갖추고 있었으므로 화력에서 큰 차이가 났다. 그래서 정부군이 수세로 돌아섰을 때 워랑 대대는 적 탱크포, 야포, 박격포의 쉬운 타깃이 되었고 인명 피해가 크게 늘면서 사기도 떨어지고 말았다. 그러나 야포 지원과 기갑부대를 거느린 제2군의 클롭파트 부대가 합류하자 상황은 다시 호전되었다. 와이따띠리의 야전 상황은 이처럼 매우 급박했다. 버구알라만 해안은 도로에서 불과 100미터 정도 떨어진 곳이었고, 그 사이엔 야자나무들이 있었다. 까윌라랑 대위는 훗날 이렇게 회고했다.

와이따띠리에서의 전투는 정말 버거웠다. 적들은 철통같은 방어 작전을 펼쳤고 그 결과 우린 전혀 전진할 수 없었다. 우린 거기서 4주간이나 묶여 있었다. 와이따띠리의 일부 지역을 우리 손에 넣긴 했지만, 적들은 나머지 부분을 내어주려 하지 않았다. 와이띠띠리의 야자수들이 모두 포격에 부러져버려 1943년 11월 태평양전쟁에서 미군이 일본군과 전투를 벌이던 타라와 섬, 길버트 섬을 떠올리게 했다.

말루꾸의 RMS 반란에 맞서 전국에서 모은 병력을 이끌고 1950년 7월 17일 반란 진압 작전이 시작된 후 우여곡절 끝에 암본 상륙이 시작되어 10월 3일 리야디의 부대가 까윌라랑 대령과 함께 반란군 수도인 뉴빅토리아를 점령하기 위해 전진했지만, 맹그로브 숲이 우거진 늪지대에서 그들은 정글 카빈과 오웬 기관총으로 무장한 RMS군의 강력한 저항과 변칙적 반격을 받아 또다시 한 달 이상 지체하며 큰 인명 피해를 감수해야만 했다. 간신히 뉴빅토리아에 들어서면서도 리야디의 부대는 거듭 공격을 받았다. 11월 3일 이미 격렬한 전투를 벌였고, 전투 마지막 날인 11월 4

일로 접어들고 있었지만 RMS군의 저항은 더욱 맹렬했다. 훗날 TNI 육군 소장으로 예편하는 하인 빅토르 워랑은 자신의 회고록에 암본 전투 마지막 날의 상황을 이렇게 기록하고 있다.

암본 시가전에서 우리는 강력한 저항과 마주해야 했다. RMS군은 이미 동쪽 전선에서 밀리고 있었지만 기갑부대와 예상보다 많은 KST, 레드베레, 구 KNIL 부대 등 예비병력을 아직도 운용하고 있었다. 우린 실탄 부족에 시달리며 자주 곤경에 처하곤 했다. 하지만 그럴 때마다 슬라멧 리야디 중령이 우리들 사이에 나타나 사기를 북돋으며 독려하곤 했다. 내 부하들은 이미 2개 중대 이상 전사하거나 다친 상태였다. 적의 기갑부대는 아직도 맹렬히 기세를 떨쳤고 내 부하 중 구석으로 몰린 1개 소대가 그들에게 꼼짝없이 전멸당하는 것을 보았다.

그날 탱크를 타고 전투를 독려하던 리야디 중령은 암본 시내의 반군 기지를 향해 전진하다가 저격수에게 피격당한다. 복부를 관통하는 총상을 입은 리야디는 병원선으로 급히 후송되나 전선으로 되돌아가려는 그의 고집을 꺾기 위해 군의관들은 다량의 모르핀을 주사해야만 했다. 그리고 수술을 했지만 리야디의 용맹도, 용량을 초과해버린 모르핀도 그의 생명을 구할 수 없었다. 그는 그사이 너무 많은 출혈을 했고 내장 곳곳이 끊겨 나간 총상은 복구할 수 없을 만큼 깊었다. 당차고 용맹스러운 슬라멧 리야디 중령이 오래도록 살아남았다면 오늘날의 인도네시아는 무척 다른 모습일지도 모른다. 그러나 단 한 발의 총탄이 젊은 영웅을 쓰러뜨렸다. 리야디 중령은 결국 사랑하는 신부 수라크미에게 돌아가지 못하고 전투의 마지막 날 밤 숨을 거둔다. 그리고 그날 정부군은 마침내 뉴빅토리아를 함락시켰다. 리야디는 시신조차 고향에 돌아가지 못하고 암본에 묻혔다. 그의 전공을 기려 많은 도로와 건물들이 그의 이름을 땄는데, 그중 5.8킬로미터에 달하는 수라카르타의 중앙통 도로가 대표적이고 인도네시아 해군의 프리깃함 한 척도 'KRI 슬라멧 리야디'라고 이름 붙었다. 해군 군함이 육군 장교의 이름을 따르는 것은 사뭇 이례적인데, 어쩌면 리야디가 해양학교를 나와 잠시 항해사로 일했던 경력에 주목했는지도 모른다. 그는 중령으로 전사했고 사후 육군 준장으로 추서되었다. 리야디는 사망 후 많은 훈장과 서훈을 받았다. 그중 1961년 5월의 빈땅삭띠 훈장과 1961년 7월의 빈땅 게릴라 훈장이 대표적이다. 그는 렝꽁 전투의 다안모곳 소령과 함께 2007년 11월 9일 인도네시아 국민 영웅의 칭호를 받는다.

한편 마누사마와 일단의 말루꾸 정치인들과 함께 네덜란드로 망명할 기회마저 놓친 RMS의 사우모킬 대통령은 뉴빅토리아가 함락되자 남은 병력을 이끌고 스람 섬으로 들어가 정부군과 오랜 기간 대치하며 힘겨운 항전을 벌였다. 그러나 그들의 위상은 이미 국가의 군대가 아니라 반란 잔당의 수준이었다. 그로부터 무려 13년이 지난 1963년 12월에 이르러 사우모킬은 비로소 체포되고 부루 섬과 스람 섬에 연금되어 있다가 1964년 4월 피에르 윌리엄 블록 등의 변호사를 대동하고 재판을 받았다. 그의 모국어는 분명 말레이어였음에도 재판에서 굳이 네덜란드어로만 말하는 고집을 부렸다. 그는 최후의 순간까지도 인도네시아 공화국을 인정하려 들지 않았고 네덜란드어를 알아듣지 못하는 일부 법관들과 군인들을 조롱했다. 그는 결국 사형을 선고받아 1966년 4월 12일 오비 섬에서 처형되었다. 사우모킬이 죽자 네덜란드에 있던 RMS 망명정부에서는 마누사마를 RMS의 다음 대통령으로 추대했다. 마누사마는 1992년까지 26년간 RMS 망명정부의 제3대 대통령으로 재직했고 1993~2010년의 17년간 제4대 대통령을 지낸 프란스 뚜뚜하뚜네와를 거쳐 지금은 존 와띨레떼라는 작가가 제5대 대통령으로 재직 중이다.

1951년 '꼬따인뗀(Kota Inten)'호를 타고 로테르담에 입항하는 암본인들

암본인들의 엑소더스

네덜란드가 350년간 동인도를 식민 지배하면서 네덜란드로 이주한 인도네시아계 이민들의 숫자가 결코 적지 않지만, RMS의 뉴빅토리아가 함락된 다음 해인 1951년엔 KNIL 소속 암본인들을 중심으로 한 말루꾸인들이 대거 네덜란드로 이주하는 사건이 있었다. 이는 KNIL 부대원들이 원하는 연고지에서 전역할 수 있도록 해주는 조건 때문이었다.

암본인들은 KNIL 군복을 입는 것을 가문의 영광으로 여겼다. 네팔인들로 이루어진 영국군의 구르카(Ghurka) 부대만큼이나 암본인으로 이루어진 KNIL 부대는 전투에서 용맹과 악명을 동시에 떨쳤다. 그러다가 1950년에 들어서 KNIL 부대의 해산이 확실시되자 인도네시아 전역에 산재한 KNIL 부대에 배치되어 있던 암본인들은 크게 상심했고, KNIL에 잔류할 수 없다면 철수하는 네덜란드군과 함께 네덜란드에 가서 살게 되기를 희망했다. 그러나 그들의 희망은 거부되었다. 당시 KNIL은 반드시 해산되어야 하는 애물단지 신세로 전락했고, 네덜란드는 그들을 전장으로 내모는 거라면 몰라도 굳이 본국으로 데려가기는 싫었으며 가능한 한 인도네시아에서 전역시키고자 했다. 결국 그들의 선택지는 반란이 진행 중이던 남말루꾸에서 전역해 RMS 반란을 통해 말루꾸에 자기들의 공화국을 세우는 것이었다. 인도네시아 전 지역에 예전과 같이 자신들의 영향력을 유지하려던 네덜란드 측은 기꺼이 그 요청만을 받아들여 KNIL 부대원들을 암본에 데려다주려 했다. 물론 인도네시아 공화국 정부는 이를 허용하지 않았다.

1950년 11월 암본이 함락되고 반군 잔당이 스람 섬으로 들어가자 이제 암본인 KNIL 부대원들은 스람 섬에서 전역하겠다며 목소리를 높였다. 그런 심리적 메커니즘은 충분히 이해할 수 있다. 암본인들은 그동안 네덜란드를 주군의 나라, 또는 혈맹처럼 여겼으므로 KNIL 군복을 자랑스러워했고 인도네시아 공화국군을 향해 분연히 총부리를 겨눌 수 있었다. 이제 암본이 함락되자 암본인 KNIL 부대원들은 인도네시아인보다는 네덜란드인이 되고자 했고, 네덜란드에 갈 수 없다면 곧 소탕될지언정 반군이 되겠다는 각오를 보였다. 한편 네덜란드 측은 백여 년간 자국을 위해 싸워준 KNIL 부대의 암본인 병사들에게 자기들이 내세운 '전역 조건'이란 약속도 지켜주지 못한다는 도덕적 손가락질을 받을 위기에 몰렸다. 결국 네덜란드는 그들을 네덜란드로 데려가 전역시키지 않을 수 없었다. 물론 네덜란드에서 전역시킨다는 것이 앞으로 꼭 그곳에서 살게 해준다는 의미는 아니었지만 그렇다고 대놓고 얘기하지는 않았다. 그리하여 1만 2,500여 명의 암본인 KNIL 부대원들이 가족과 함께 네덜란드에 도착했고 네덜란드 땅을 밟음과 동시에 전역하여 민간인 신분이 되었다.

철수하던 영국군을 따라 영국에 이주한 인도인들이 빠른 속도로 주류 사회에 편입되었던 것과 달리, 이 암본인들은 언젠가 인도네시아로 추방

네덜란드에 도착한 암본인들의 절망감은 종종 테러로 표출되었다. 이 사진은 1977년 5월 RMS 테러리스트들이 인질 납치극을 벌였던 보펜스밀더 마을 유치원의 잔해 모습이다. 테러리스트들은 20일간의 대치 끝에 인질들을 모두 풀어주고 투항했다.

되어야 할 임시 체류자로 분류되어 수용소 같은 임시 숙소에서 모여 살아야 했다. 그중 일부는 나치 시절 유대인수용소를 재활용한 곳도 있었다. 1968년까지도 80퍼센트 이상의 암본 이주자들은 네덜란드 국적을 얻지 못했고, 그것은 네덜란드 주류 사회와 현지 암본인 공동체 사이에 넘지 못할 깊은 실망과 배신의 골을 만들고 말았다.

　이제 그 당시와는 전혀 다른 세상이 되었지만 뉴빅토리아가 함락된 후 70년 가까이 되도록 RMS의 망명정부가 네덜란드에 아직도 존재한다는 엄연한 사실에서 당시 암본인들의 깊은 절망과 꺾이지 않는 고집을 읽을 수 있고, 비록 이름뿐인 망명정부일지언정 그들을 결집하는 최후의 보루로서의 의미를 어렴풋이나마 알 수 있다.

8장 권력 투쟁: 공화국 장군들의 반란

풍운의 장군들

네덜란드는 헤이그 원탁회의를 통해 네덜란드령 동인도에 인도네시아 합중국을 구축했다. 하지만 그들이 완전히 철수하기 전인 1950년 상반기부터 자체 대통령과 의회까지 있는 국가 수준의 자치주들이 급속히 붕괴하기 시작했다. 이는 국민의 합의로 성립된 것이 아니라 네덜란드의 현지 이권을 보호하기 위해 인위적으로 세워진 괴뢰국가들의 태생적 운명이었다. 무너지는 합중국 시스템과 네덜란드 연방 구조를 어떻게든 유지해보려던 세력들의 반란이 족족 실패하면서 그 붕괴엔 가속도가 붙었다.

그 결과 1950년 8월 마지막 주 단위 국가였던 동수마트라 주까지 해체되자, 1950년 8월 17일 수카르노는 독립선언 5주년을 맞아 이제야말로 인도네시아가 진정한 단일 국가로 거듭났음을 선포했다. 합중국에서 다시 공화국으로 돌아온 인도네시아는 새로 정비된 1950년 수정헌법을 기반으로 삼았다. 1949년의 연방헌법과 1950년의 수정헌법은 모두 의회주의 기반으로, 최고 권력은 총리에게 있어 대통령의 권한을 대폭 제한하는 시스템이었다. 공식적으로 축소된 대통령의 위상이 수카르노에겐 불만거리였지만 그는 늘 국부로서의 위엄과 권한을 한껏 발산했다.

의회 민주주의 초창기는 매우 불안정한 시기였다. 새롭게 임명된 의회

안에는 수많은 정치 정당들이 날카롭게 대립했고 내각은 재편을 거듭했다. 인도네시아의 미래상에 대한 이견도 충돌했다. 수카르노가 발족한 인도네시아 민족당 주축의 민족주의자들은 세속 국가의 형태를 원했고, 마슈미당 주축의 이슬람주의자들은 샤리아 율법이 지배하는 이슬람 국가를, 1948년 마디운 사태 이후 전국적으로 사냥을 당한 끝에 지리멸렬하다가 1951년이 되어서야 비로소 활동 재개가 허락된 인도네시아 공산당은 프롤레타리아 독재의 공산주의 국가를 각각 희구했다. 경제적 측면에서도 거대 네덜란드 기업들과 화교들이 주도하는 경제 상황에 대한 불만의 목소리가 드높았다.

지역적으로는 수카르노의 권위를 인정하지 않는 서부 자바의 까르토수위르조 휘하 다룰이슬람 반군이 1949년 8월 7일 '인도네시아 이슬람 국가'의 수립을 선포한 후 그들을 지지하는 반군들이 1951년 남부 술라웨시와 1953년 아쩨에서도 봉기를 일으키며 꽤 오랜 기간 맹위를 떨쳤다. 한편 네덜란드 연방제를 지지하던 이들이 1950년 반둥 아프라 반란에 동조했다가 진압당하고 같은 해 마카사르에선 반란이, 말루꾸에선 분리독립이 시도되었음을 이미 앞서 살펴보았다.

군에서도 장교들 간의 첨예한 갈등이 분열을 일으켰다. 과거 식민지 시절 KNIL 부대 출신 장교들은 전문적인 군 엘리트들을 중심으로 한 소규모 군대를 유지하고자 했고, 절대다수를 이루던 일본 군정 시절의 PETA 출신들은 독립전쟁이 끝나고 그 효용 가치가 급격히 떨어지자 조기 퇴역당할 것을 우려해 전문성보다는 민족주의적 열정에 방점을 둔 군대를 만들려 했다. 네덜란드라는 거대한 적에 맞서 힘을 합쳐 싸워온 KNIL 출신 장교들과 PETA 출신 장교들 사이에 균열이 점점 커져 서로 적개심을 숨기지 않고 활활 불태우기 시작했다.

1952년 10월 17일 KNIL 출신 지도자인 육군사령관 압둘 하리스 나수티온 장군과 전군사령관 따히 보나르 시마뚜빵 장군이 병력을 움직여 대통령과 의회를 상대로 무력 시위를 벌이는 사건이 벌어졌다. 당시 PETA 출신 분파의 영향을 받아 군 문제에 간섭해온 국민대표의회(DPR)에 대해 KNIL 출신, 그중에서도 네덜란드 정규 사관학교 출신 나수티온과 시마뚜빵 등 군 수뇌부가 크게 반발하면서 병력을 동원해 독립궁을 에워싸고 탱크와 야포의 포신을 겨눈 것이다. 그들은 정권 전복보다는 대통령과 정치가들을 겁주어 자신들의 의지를 관철하고자 했지만, 독립전쟁 당시 수디르만 장군의 지휘 아래 국민적 지지를 얻었던 군이 주권 회복 후 불과 몇 년도 지나지 않아 이제 헌정 질서를 우습게 볼 정도로 콧대가 높아졌다는 방증이었다. 그들은 군부대뿐 아니라 민간 시위대도 동원하는 꼼수를 썼다.

사건의 경위는 이랬다. 1952년 말, 군은 의회의 정치가들과 대립각을 세우고 있었다. 정치권은 군이 정치 세력화하는 것에 위협을 느끼고 군에 영향력을 행사하려 했다. 1952년 PSI당 주류의 내각은 군을 재편성하면서 6만 명의 비정규군과 3만 명의 경찰 병력을 감축하려 했다. 게다가 독립전쟁이 끝난 지 얼마 되지 않아 군은 벌써 네덜란드로부터 협력과 원조를 받고 있었는데, 이러한 행태는 군 안팎의 반발을 불러왔다. 이것은 군 수뇌부 대부분이 KNIL 부대 또는 네덜란드 사관학교 출신이었기에 가능한 일이었다. 이에 PETA 출신인 밤방 수뻐노(Bambang Supeno) 대령을 필두로 한 일단의 소장파 장교들이 군 지도부에 대한 불신임 결의안을 제출했다. 수뻐노 대령은 훗날 육군 소장으로 1965년 9월 30일 쿠데타의 주역이 되어 인도네시아 현대사를 피로 얼룩지게 하는 데 한 축을 담당하지만 이때만 해도 정의를 외치는 혈기왕성한 애국 장교였다.

나수티온과 T. B. 시마뚜빵을 포함한 군 수뇌부는 밤방 수뻐노의 행동을 군의 엄격한 계급 체계를 어지럽힌 하극상이라 받아들여 1952년 7월

11일 T. B. 시마뚜빵 소장의 집에서 17명
의 고위 군장령들이 모여 대책을 협의했다.
한편 의회에서도 일단의 정치가들이 군 수
뇌부에 대한 불신임 결의안을 상정했다. 9
월 28일 자이눌 바하루딘이 군 내부 갈등
종식의 방안으로 국방장관에 대한 불신임
결의안을 제출했고, 그로부터 불과 2주 후
카톨릭당의 까시모가 군 정상화와 이를 위
한 국가위원회 구성을 촉구하는 결의안을
상정한 데 이어, 그다음 날 마나이 소피안

군 지도부를 상대로 정풍운동을 벌인
밤방 수뻐노 대령

이 전날 까시모의 제안에서 한 걸음 더 나아가 국가위원회에 군 수뇌부 해
임 권한을 주자는 제안을 내놓은 것이다.

의회의 이러한 공격은 군 고위 장교들을 격분케 했다. 그들은 국회 역
시 기술적으로 군 관할 지역에 속한다고 생각하고 있었으므로 당시 군이
정치가들을 얕잡아 보던 끝없는 우월감을 미루어 짐작할 수 있다. 남부
술라웨시 제7지역군 사령관이 되어 있던 가똣 수브로토 대령은 자카르타
의 의회에 이렇게 엄포를 놓았다. "국회가 해산하든 군이 해산하든 어디
한 번 붙어보자고!"

국가와 의회 민주주의를 수호해야 할 군이 공화국 입법부인 의회와 대
결하겠다는 것이었다. 가똣 수브로토 대령이 기염을 토했음에도 불구하
고 1952년 10월 16일 의회는 마나이 소피안의 결의안을 통과시키고 수
카르노 역시 의회의 손을 들어준다. 기본적으로 수카르노는 군이 정치와
민생에 간여하는 것을 달가워하지 않았다. 독립전쟁을 거치면서 수카르
노 정부와 군은 화학적 결합 수준의 친밀함을 형성했어야 마땅했지만, 오
히려 서로 경원하거나 버거워하게 된 것도 사실이었다. 네덜란드의 끄라

이 작전으로 공화국 정부 전체가 족자에서 네덜란드군의 포로가 된 후, 수디르만 장군 이하 악전고투하며 목숨 바쳐 게릴라전을 수행해 백척간두의 인도네시아를 살려냈던 군 고위 장교들이 수카르노 정부에 대해 마음속 깊이 품고 있던 일말의 도덕적 우월감이나 정치권의 열등감은 정치가들과 군이 대체로 서로 불편함을 느끼게 한 근원이기도 했다. 군의 그런 우월감과 공명심은 교만함으로 진화했고, 군의 정치적 위상 역시 그 과정에서 비정상적으로 부풀어 올라 있었다.

한편 끝없는 토론에도 민생 문제 해법엔 좀처럼 도달하지 못하는 의회를 질책하던 수카르노가 근본적으로 자유 민주주의 체제를 그리 좋아하지 않는다는 속마음을 간파한 군 수뇌부가 수카르노와 같은 관점의 정치적 방향성을 가지고 있음을 증명해 보이기 위해 10월 17일 사태로 수카르노에게 의회 해산을 요청했다고 보는 견해도 존재한다. 어떤 이들은 이 사태의 배후에서 반수카르노, 반공산당 카드를 만지작거리던 PSI 인도네시아 사회당을 비난하기도 하고, 또 어떤 이들은 PSI 당과 마슈미당이 수끼만 내각의 총사퇴 후 정치적 주도권을 빼앗기자 인도네시아 공산당 당수 D. N. 아이딧(Aidit)이 이에 고무되어 배후에서 이 사태를 부추긴 것이라고도 한다.

그러나 수카르노는 기대와 달리 시마뚜빵과 나수티온이 국회 해산을 요구했던 이 사태를 "일종의 쿠데타 시도"라고 딱 잘라 정의했다. 실제로 1952년 10월 17일 사태는 철저히 계획된 것이었다. 육군 부참모총장 수또꼬 중령과 S. 빠르만(Parman) 중령이 작전 통제를, 무스토포 대령과 께말이드리스 중령이 야전 지휘를 맡았고 실리왕이 사단 정보처가 반둥과 서부 자바에서 데모대를 끌어모아 군용 트럭 편으로 자카르타로 보낸 것으로도 모자라 자카르타 군 사령부가 지역 깡패들을 움직여 자카르타 군중을 동원했다. 군은 각자 주어진 임무에 따라 일사불란하게 움직였고 인근 노동자들을 포함해 많은 군중이 이런 선동에 넘어가 데모에 휩쓸렸다. 일간지 「안 라얏」은 10월 18일 자 지면에서 노동자들이 전날 데모에 따라나서는 바람에 많은 회사와 공장이 문을 닫았다고 보도했다.

그렇게 조직되고 동원된 5천여 명의 군중이 1952년 10월 17일 자카르타의 도로 위에서, 지금은 외무부가 들어서 있는 중부 자카르타 소재 뻐잠본 거리의 국회의사당을 향해 살기등등하게 줄을 지어 행진해갔다. 국회의사당에 도착한 군중은 건물 안으로 뚫고 들어가 기물을 부수며 난동을 부린 후 독립궁을 향했다. 행진 과정에서 시민들이 동조하면서 군중의 숫자는 점점 더 불어나 시위대는 3만여 명에 육박했다. 그러나 네덜란드 강점기와 독립전쟁을 관통하면서 산전수전 다 겪은 수카르노는 그 정도의 압력에 간단히 무릎 꿇을 위인이 아니었다. 그는 군을 등에 업고 동원된 군중이나 자신을 겨눈 중화기들을 두려워하긴커녕 오히려 나수티온에게 대놓고 역정을 냈다. "당신들이 요구하는 사항을 잘 알겠지만, 방법이 틀려먹었단 말이오!"

수카르노는 모여든 시위대에게 독립궁 안으로 들어와 자신과 면담할 대표 다섯 명을 선발해달라고 요구했으나 아무도 나서지 않았다. 이는 마치 1980년대 후반 인도네시아에 진출한 한국 기업들이 파업을 일으킨 노동자들과 담판 짓기 위해 협상 대표가 나설 것을 요구했을 때 종종 발생하던 장면과도 비슷하다. 불이익당할 것을 우려한 주동자들은 시위대 등 뒤로 숨어버렸고 사주를 받아 동원된 시위대엔 대표라 할 만한 사람이 애당초 포함되어 있지 않았다. 그러자 수카르노는 박차고 나가 스스로 시위대 앞에 섰다.

"의회의 해산을 요구한다고 했습니까? 내 대답은 이렇습니다. 그런 건 독재자들이나 하는 짓입니다. 의회는 의회의 기능을, 대통령은 대통령의 기능을, 군은 군의 기능을 해야만 합니다. 이 나라의 자랑스러운 국민인

독립궁에 모인 시위대를 향해 사자후를 토하는 수카르노

여러분이 험난했던 시절을 거치며 지금까지 국민의 역할을 충실히 해온 것처럼 말입니다. 난 독재자처럼 행동하지 않겠습니다. 만약 우리 중 누군가가 민주주의를 파괴하려 한다면 그는 우리의 독립을 훼손하려 하는 것이나 다름없습니다. 그러니 우리의 독립과 주권을 파괴하려는 자들을 오히려 우리가 망가뜨려 끌어내리지 않는다면 이 나라는 무너지고 말 것입니다!"

화려한 언변을 동원한 수카르노의 연설에 군중들은 대체로 설득되었고 스스로 해산하기 시작했다. 그들을 뒤에서 독려하던 깡패들조차도 수카르노의 권위에 압도된 듯 상황을 거스르지 못했는데 그건 전혀 예상하지 못한 일이었으므로 나수티온과 시마뚜빵은 패가 말리기 시작했다. 군중을 해산시킨 수카르노는 이제 군 수뇌부를 만났다. 나수티온은 여전히 핏대를 세우며 인도네시아 전역에 비상 사태 선포를 주장했다. 그러나 수카르노는 국회 해산 요구는 물론 비상 사태 선포 요청도 완강히 거절 했으므로 수카르노에게 직접 총을 들이대면서까지 정권을 뒤엎을 의도 가 없었던 군 수뇌부로서는 더 쓸 수 있는 패가 없었다. 그러나 이날 군 의 하부 조직은 비상 사태가 선포될 것을 전제로 하여 애초 계획한 대로 움직였다. 이날 작전을 시작하면서부터 전화선을 끊어 통신을 차단했고 계엄령이라도 발동된 것처럼 시민들이 다섯 명 이상 모이는 것을 금지했 다. 또한 평소 야간 통행금지 시간이 밤 10시부터 새벽 5시까지던 것을 밤 8시부터 새벽 5시까지로 연장했다. 군은 『안 머르데까』, 『마잘라 머 르데카』, 『밈바르 인도네시아』, 『브리따 인도네시아』 등 비우호적인 매 체들을 검열했고 일단의 국회의원들을 체포했다.

시마뚜빵은 전군사령관으로서 국방장관 술탄 하멩꾸부워노 9세와 나 수티온 육군사령관을 대동하고 대통령을 만나 밤방 수뻐노 대령의 육군 수뇌부 경질 요구에 대한 대통령의 입장을 따져 물었다. 그러나 수카르 노는 진지하게 군 수뇌부의 경질을 고려 중이니 옷 벗을 준비를 하라며 대놓고 반격에 나섰고, 격분한 시마뚜빵은 지금 대통령이 큰 잘못을 저 지르는 것이라고 직언을 퍼부었다. 시마뚜빵은 사단장급 장교의 의견을 듣고 최고위 육군사령관을 경질한다면 사단장 역시 불만 가진 부하들의 청원에 따라 경질되어야 마땅한데, 그런 행위는 군의 계급체계를 뒤흔들 분명한 하극상으로서 일사불란하게 움직여야 할 군 지휘체계의 근간을 붕괴시킬 것이라고 주장했다. 시마뚜빵은 자신이 전군사령관으로 있는 한 그런 일은 절대 있을 수 없다고 못 박았다. 하지만 그는 자신의 바로 그런 행동이 대통령에 대한 하극상이란 사실을 깨닫지는 못했다.

이 사건 이후 군 내 갈등은 더욱 격렬해졌다. 수카르노에게 충성하던 일단의 장교들은 1952년 10월 17일 사태를 옹호했던 군 지휘관들을 무

국방장관이던 족자 술탄 하멩꾸부워노 9세(왼쪽)와 현역 시절의 시마뚜빵(오른쪽 약모 쓴 사람)

장해제시켰는데, 이러한 사태는 제5지역군 브라위자야 부대(동부 자바)와 제2지역군(남부 수마트라), 그리고 가똣 수브로토 대령의 제7지역군(남부 술라웨시)에서도 벌어졌다. 나수티온과 시마뚜빵의 관점을 공유하면서 마카사르에 앉아 자카르타의 의회에 엄포를 놓았던 가똣 수브로토는 사태 당시 자카르타에 있지도 않았지만 쿠데타 동조 혐의로 자신의 참모장이었던 욥 바라우 중령에게 체포되었다. 욥 바라우는 미나하사 KNIL 부대의 반란 사건 당시 살펴본 인물이다. 가똣 수브로토는 한직으로 밀려난 후 스스로 사임하고 군복을 벗을 수밖에 없었다.

이 사건을 주동했던 시마뚜빵과 나수티온 역시 무사할 리 없었다. 폐결핵으로 끝내 유명을 달리한 수디르만 장군의 후임인 시마뚜빵은 1950년 29세의 젊은 나이로 수카르노에 의해 인도네시아 전군사령관에 임명되었는데, 이 직위는 국방장관의 밑에서 육·해·공군 사령관들을 지휘하는 자리였다. 그러나 수카르노는 1953년 전군사령관이라는 직책을 폐지하고 시마뚜빵의 어깨에 별을 하나 더 얹어 국방부 군사 고문으로 보내면서 군권을 사실상 빼앗아버렸다. 실권에서 멀어진 시마뚜빵은 마음을 다잡고 '육군참모 및 지휘관 학교'에서 교편을 잡아 책을 쓰면서 조만간 완전히 막을 내릴 그의 군 경력 마지막 기간을 알차게 보내려 최선을 다했다.

T. B. 시마뚜빵이라고 알려진 따히 보나르 시마뚜빵(Tahi Bonar Simatupang)은 1920년 1월 28일 수마트라 시디깔랑에서 태어났다. 그는 인도네시아군은 물론 인도네시아 교회사에도 큰 족적을 남긴 인물이다. 그는 따루뚱과 바타비아에서 네덜란드식 교육을 받았고 네덜란드어에 능통했다. 1940년 5월 나치가 네덜란드를 침공함에 따라 본국 브레다에 있던 왕립사관학교가 동인도의 반둥으로 옮겨왔고, 때마침 시마뚜빵은 입학할 기회를 얻었다. 그는 1942년 사관학교를 우수한 성적으로 졸업하는데, 당시 동기생들 중 나수티온과 까윌라랑 등이 훗날 이름을 떨쳤다. 나수티온에 따르면 시마뚜빵은 동문 중 분석력과 발표력이 가장 뛰어났다고 한다. 그는 은관생도로 졸업했지만 만일 시마뚜방이 네덜란드인이었다면 분명 금관생도로 졸업했을 거라고 까윌라랑도 증언한 바 있다. 그러나 얼마 후 일본군의 공격을 받은 동인도는 1942년 3월 8일 무조건 항복했고, 시마뚜빵은 2년간의 사관학교 과정을 마치고 임관했음에도 KNIL 부대의 보직을 받지 못하고 오히려 일본군 자카르타 제1연대에서 '장교 후보생'으로 복무했다.

인도네시아 독립선언 후 그는 TKR(시민치안군)에 들어가 수디르만 장군 휘하에서 게릴라 활동을 하며 네덜란드군과 싸웠다. 그는 인도네시아 독립전쟁 중 1948~1949년에 거쳐 전군 부사령관을 역임했고 네덜란드의 헤이그에서 열린 원탁회의에서 인도네시아 공화국 사절단의 일원으로 참석해 군의 입장을 대변했다. 당시 그의 임무는 네덜란드를 압박해 인도네시아에서 KNIL 부대를 폐지하고 그 병력을 공화국군에 편입시키는 것이었다. 1950

년 수디르만 장군이 타계함에 따라 보나르는 29세의 나이에 소장으로 승진해 전군사령관 직위를 물려받았다.

그러다가 1952년 10월 17일 사태가 벌어졌다. 시마뚜빵은 1959년 7월 21일 중장 계급으로 군복을 벗는데, 그때 나이가 39세였다. 군문을 떠난 시마뚜빵은 교회에 열심히 다니며 신앙생활에 몰두했고 각종 교회 연합회나 기독교계 대학의 재단 이사장 등을 역임했다. 그는 회사뿐 아니라 사회 공동체에도 경영학 공부가 매우 필요하다는 것을 깨달은 선각자 중 한 명이기도 했다. 그는 동료 독립투사였던 알리 부디아르조의 여동생 수마르띠 부디아르조와 결혼하여 네 명의 자녀를 얻고, 1990년 1월 1일 세상을 떠나 깔리바타 영웅묘지에 묻혔다. 2013년 11월 8일 수실로 밤방 유도요노(Susilo Bambang Yudhoyono) 대통령에 의해 국가영웅의 칭호를 수여받았고, 남부 자카르타 찔란닥 지역의 한 도로도 그의 이름을 따서 붙였다.

1952년 10월 17일 사태로 함께 철퇴를 맞은 가똣 수브로토 대령은 1907년 10월 10일 중부 자바의 반유마스 태생으로, 1923년 마글랑의 KNIL 군사학교에 입학해 2급 하사관 계급을 달고 빠당빤장과 수까부미 등에서 복무했다. 어쩌면 일천한 하사관 계급으로 군 생활을 마쳤을지도 모를 그에게 기회가 찾아온 것은 일본이 동인도의 네덜란드군을 격퇴하고부터였다. 그는 KNIL 출신이면서도 PETA 보고르 훈련소에서 일본군 훈련도 받은 특이한 케이스였다. 그는 소정의 훈련을 이수한 후 반유마스에서 중대장 보직을 맡았고 나중엔 대대장 직책까지 수행하게 된다. 그가 일제강점기에 명성을 얻기 시작한 것은 현지인 부하들과 지역 주민들 편에 서서, 때로는 상관들의 차별적 명령에 항명도 불사했기 때문이었다. 그런데도 일본군 상관들이 그의 보직을 유지한 것은 뛰어난 장악력과 지휘 능력 때문이기도 했다.

무성한 수염이 트레이드 마크였던
가똣 수브로토 대령

수브로토는 인도네시아가 독립하자 KNIL 부대로의 복귀 대신 시민치안군 합류를 선택했다. 그는 암바라와 전투에서 전공을 세운 후, 대령 계급을 받아 사단장 보직을 맡았고 1948년엔 마디운에서 벌어진 공산당 반란 진압에 핵심적인 임무를 수행했다. 이 진압에서 그는 PKI 당수 무쏘를 지지하는 공산당 잔당들을 토벌하고 끝까지 항전한 아미르 샤리푸딘을 포함 11명의 공산당 수뇌부를 생포하는 전공을 올렸다. 그해 12월 네덜란드군의 2차 공세 와중에 족자 알리한 묘지에서 그들 모두를 처형한 것도 그가 내린 명령에 의해서였다. 독립전쟁 막판 리야디 중령의 수라카르타 총공세 당시 해당 지역 사령관이었던 가똣 수브로토 대령이 몸겨누워 있던 상황도 앞서 기술한 바 있다.

그는 1952년 까하르 무자까르(Kahar Muzakkar)가 일으킨 '남부 술라웨시 연합게릴라' 반란도 진압했는데, 그 과정에서 사용한 전술 전략이 기발했음은 물론 반란군들을 전향시켜 정부군에 합류시킴으로써 추가적인 유혈 사태를 방지한 조치로 부하들의 칭송을 얻었다. 이 업적으로 그는 찌레본에서 반유마스까지를 관할하는 디포네고로 제4지역군 사령관으로 승진했다가 곧 남부 술라웨시 제7지역군 사령관으로 자리를 옮긴다. 10월 17일 사태를 맞은 것은 남부 술라웨시 마카사르에서 근무하던 시기였다. 이 사건으로 부하에게 체포되면서 자존심을 크게 다친 가똣 수브로토는 자진 사임하고 군복을 벗지만, 1956년 육군 부사령관으로 다시 소집되어 수마트라와 북부 술라웨시에서 동시다발적으로 벌

왼쪽부터 밤방 수경 대령, 줄키플리 루비스 대령, 밤방 우또요 소장

어진 PRRI-뻐르메스타 반란 진압 작전에 임해 자기 역할을 다한 후, 1962년 6월 11일 55세의 나이로 세상을 떠났다. 육군 중장이었던 그에게 대장 계급이 추서되었고, 이례적으로 사망 일주일 후인 1962년 6월 18일 즉각적으로 대통령령에 의해 국가 영웅으로 지정되었다.

다시 1952년 10월 17일로 돌아가보자. 당시 쿠데타에 실패한 나수티온과 시마뚜빵은 얼마 후 군복을 벗고, 공석이 된 육군사령관 자리엔 어느 파벌에도 속하지 않은 전군 부사령관 밤방 수경 대령이 임명되었다. 앞서 독립전쟁 중 족자 총공세에 기획부터 참여했던 인물로 소개한 바 있다. 그는 1955년 2월 25일 군 회의에서 통일된 육군의 하나 됨을 선언하는 족자 헌장을 채택하는 등 나름 노력했으나 별다른 효과를 보지 못하자 스스로 책임을 지고 사퇴했다.

그 후임으로 육군 부사령관 줄키플리 루비스가 대리직을 맡았으나, 얼마 후 정부는 이와 꾸스마수만뜨리 장관을 통해 제2지역군 사령관 밤방 우또요 대령을 소장으로 승진시켜 육군사령관에 임명한다는 결정을 하달했다. 밤방 우또요는 일제강점기 의용군 출신이었다.

압둘 하리스 나수티온 육군사령관의 복귀

　그러나 밤방 우또요를 선택한 것은 PETA 출신 줄키플리 루비스의 반발을 불러왔고, 이는 이와 꾸수마수만뜨리 총리와 수카르노 대통령의 심기를 불편하게 했다. 렝꽁 전투에서 전사한 다안모곳 소령의 옛 친구이기도 한 줄키플리 루비스가 보인 몽니는 대단했다. 일단의 장교들이 새 육군사령관의 임명을 노골적으로 보이콧했고 임명식장엔 군악대조차 나타나지 않았다. 그들은 밤방 우또요의 임명 철회를 요구했다. 그러나 이에 개의치 않고 육군사령관 임명식이 예정대로 진행되자, 보이콧하던 장교들은 신임 육군사령관이 육군사령부로 진입하는 것을 몸으로 막아서기까지 했다. 이 사건은 정치권으로도 불똥이 튀어 자이눌 바하루딘이 의회에 청원을 넣어 알리 사스뜨로아미조요 내각을 실각시키는 계기가 된다.

　부르하누딘 하라합의 새 내각 역시 군 파벌의 질문 공세에 시달려야 했다. 군의 분열을 봉합하기 위해선 전군의 전폭적 신뢰를 받는 인물이 중심에 서야 했는데, 이미 대부분 자의 또는 타의로 군문을 떠난 상태였다. 결국 그들은 지난 3년간 군문을 떠나 있던 나수티온을 다시 불러들였다. 물론 그러기 위해서는 수카르노의 양해가 있어야 했다. 나수티온이 아무리 적임자더라도 한 번 수카르노와 각을 세웠던 인물이기 때문이었다. 마슈미당과 나들라툴 울라마 이슬람 분파가 지배적이던 바하루딘의 내각은 1955년 11월 1일 나수티온을 중장으로 승진시켜 다시 육군사령관에 임명했다.

나수티온은 군내 갈등을 불식하기 위해 '넓은 시작점' 또는 '중도'라는 개념을 도입했다. 이는 인도네시아군이 정치적 주도권을 잡아서는 안 되지만, 한편으로는 모든 결론 도출 단계에 적극적으로 참여해야 한다는 것이었다. 나수티온은 1958년 12월 중부 자바 마글랑에 위치한 군 사관학교의 생도들 앞에서 이렇게 연설한 바 있었다.

"우리는 군이 하나의 정치세력이 되어 극단적 조치를 취하는 작금의 남미 국가들의 선례를 따르고 싶은 마음이 추호도 없습니다. 그렇다고 군이 정권의 주구로 전락한 서유럽의 선례도 따르지 않을 것입니다."

당시 극적인 사과와 화해로 무대 전면에 복귀한 나수티온과 그의 잘못을 용서해준 수카르노는 상호 이해의 중요성을 깨달았다. 한편 1952년 10월 17일 사태에서 시마뚜빵과 나수티온이 요구했던 의회 해산은 뜬금없게도 시간이 흘러 1959년 7월 5일에 실제로 벌어진다. 그즈음 이미 돌이킬 수 없을 만큼 독재자의 길로 깊숙이 들어선 수카르노가 교도 민주주의를 실행에 옮기면서 국회를 해산한 것이다.

인도네시아 공화국 혁명 정부(PRRI)의 반란

1955년의 선거는 새 국회와 제헌의회를 구성하기 위한 것이었다. 그러나 이 선거에서도 서로 적대 세력이던 국민당(PNI), 마슈미, 나드라툴 울라마, 그리고 공산당(PKI)이 거의 같은 의석수를 나누어 갖게 되어 국내 정치 상황은 여전히 분열로 치달았고, 제헌의회는 이슬람 율법을 헌법에 포함하느냐의 문제로 막다른 골목에 봉착했다.

국제 외교 측면에서 수카르노는 1955년 반둥 회의를 조직해 아시아와 아프리카의 개발도상국들과 연계하여 당시 지배적 서구 열강들과 어깨를 겨루려 했다. 수카르노는 자신의 '상징적' 국가수반이라는 위치와 날로 혼란을 거듭하는 인도네시아의 정치 상황에 절망하고 분노했다. 그는 서구식 민주주의가 인도네시아에 맞지 않다는 결론을 내리고 '교도 민주주의'라는 새로운 체제를 주창한다. 그는 이 개념이 인도네시아의 전통 문화 속에 이미 오래전부터 녹아들어 있다고 보았다.

교도 민주주의란, 마을 지도자의 영도하에 모두가 동의할 수 있는 타협점이 발견될 때까지 토론을 계속하고, 지도자의 교도에 의한 질서 있는 토론과 만장일치를 통해 결론을 도출하는 시스템이었다. 그는 지도자의 통제를 전제로 한 교도 민주주의가 서구식 자유방임의 민주주의보다 인도네시아 상황에 더욱 적합하다고 보았다. 듣기엔 더없이 그럴듯한 이

모하마드 하타

교도 민주주의의 논리는 결과적으로 교도하는 지도자, 즉 수카르노 대통령 자신에게 전권을 달라는 것이었다. 또한 그는 정부가 정당에만 기반을 두지 말고 국가의 저변을 구성하는 '직능 그룹'에도 기초하고 있어야 한다고 제안했다. 국가적 차원의 민의는 대통령이 용인하는 한도 내에서 국가위원회의 논의를 통해 반영되어야 한다고도 했다. 그의 모든 제안은 자신의 절대 권력을 향하고 있었다.

수카르노가 북부 술라웨시 지역사령관 펜쩨 수무알 중령(맨 오른쪽)과 이야기를 나누고 있다.

모하마드 하타 부통령은 이러한 교도 민주주의 개념에 강력히 반대했고, 결국 이견을 좁히지 못한 채 그는 1956년 12월 부통령직을 사임한다. 오랫동안 손잡고 같은 길을 걸어온 수카르노와 마침내 갈라선 것이다. 자바인들이 주축을 이룬 정부에서 수마트라 출신으로서 비자바인들의 권익을 대표하는 상징적 존재였던 하타의 사임은 전국적 파장을 불러일으켰고 특히 비자바인들의 반발은 걷잡을 수 없었다.

1956년 12월부터 1957년 1월까지 수마트라의 북부, 중앙, 남부의 해당 지역군 사령부들은 지방정부의 행정권을 인수해 자카르타의 간섭 없이 군 위원회가 자치적으로 해당 지역들을 운영할 것임을 천명했다. 비슷한 시도가 1957년 3월 북부 술라웨시에서도 잇달아 발생했다. 그들은 정부 내 공산주의 영향력 일소와 중앙정부 세수의 공평 분배, 그리고 수카르노-하타 정·부통령 시스템의 원상 복구를 요구했는데, 이 중 핵심 문제는 지방정부에 불리한 세수분배 방식이었다.

하지만 이를 공화국 통일성에 대한 심각한 도전으로 받아들인 수카르노는 1957년 3월 14일 계엄령을 선포하고 무소속인 주안다 까르타위자야를 총리로 임명하는 한편, 확고한 친정부 성향의 나수티온 장군에게 군권을 맡겼다. 한편 수카르노는 유화책도 함께 펼쳐 반란 조짐이 보이는 지역들을 포함한 각 지역위원회의 지도자들을 1957년 9월 10일에서 14일까지 5일간 자카르타에서 열린 국가연석회의에 초청했으나, 이 회합은 당면한 문제에 종지부를 찍지 못했다.

국가연석회의에서 실패를 맛본 수카르노와 육군사령관 나수티온 장군은 반란 지역 사령관들에게 특단의 조치를 취해야 한다고 보고, 해당 지역에서 계속 자카르타 정부에 충성을 바치는 장교들을 활용하기로 했다. 나수티온이 그들을 통해 '지역 쿠데타'를 일으켜 북부 수마트라 사령관 말루딘 심볼론 대령과 남부 수마트라 사령관 발리안 대령을 1957년 12월에 축출하자, 그제야 메단과 빨렘방 등 수마트라의 주요 도시들에서 걷힌 세금이 비로소 자카르타로 흘러 들어왔다. 그러나 아직 건재한 중부 수마트라의 지역 사령관 아흐맛 후세인(Ahmad Hussein) 대령과 북부 술라웨시의 펜쩨 수무알 중령은 각각 PRRI 정부 수립과 뻬르메스타 운동을 선언하며 자카르타 중앙정부와의 관계를 단절한다. 이 장에선 PRRI 반란을 먼저 다루기로 한다.

1956년 12월 20일 빠당에서 조직된 '황소 위원회'는 사실상 PRRI의 전신이었다. 이 조직은 수마트라에서도 자바 섬에 비해 손색없는 수준의 높은 지역 발전을 추구했다. 이 위원회를 조직한 자는 이스마일 릉아 대령이었지만, 그 의장직은 아흐맛 후세인이 맡았다. '황소'란 명칭이 붙은 이유는 이 위원회가 두 차례에 걸친 제9사단 황소 부대 전현직 장교들의 회합을 통해 조직되었기 때문이었다. 독립전쟁 당시 만들어졌다가 중앙정부에 의해 해체된 이 부대는 숨버르, 리아우, 라아우 제도, 잠비 등을 포괄하는 중부 수마트라 전역을 관할했고, 특히 제9사단 제6연대는 수마트라 전역을 통틀어 최고의 정예부대였다.

황소 위원회 의장 아흐맛 후세인 대령

그들의 첫 회합은 1956년 9월 21일 자카르타에서, 두 번째 회합은 빠당에서 11월 20일에서 24일까지 전현직 장교 612명이 참석한 가운데 열렸다. 그 결과 1956년 12월 20일 '자존감 높은 지역 발전'이란 목표를 가진 황소 부대 출신들과 현역 장교들을 중심으로 황소 위원회가 결성된다. 주민 복지와 지역 발전을 도모하는 것 외에도 이 위원회는 중앙정부에 불만을 표출하는 창구였다. 사단급이었던 황소 부대가 황소 여단으로 축소된 후, 다시 제4보병연대로 축소되었다가 결국 메단 소재 제1지역군 뿌낏바리산 사령부에 흡수된 것에 대해 빠당 출신 장교들의 불만이 드높았다. 아흐맛 후세인 대령의 보직 역시 제1지역군 제4연대장이었는데, 지역사령관이나 사단장급이었던 다른 중령, 대령들에 비해 현저히 낮은 보직이었다.

황소 위원회는 황소 사단 전현직 간부들뿐 아니라 공산당을 제외한 거의 모든 정치 정당, 종교 지도자, 지식인, 청년 조직, 원주민들을 포함한 중부 수마트라 각 구성원들의 지지를 받았다. 이들은 "황소 위원회와 더불어 살든가 죽든가"라는 구호까지 제창했다. 하지만 이때까지도 이들은 여전히 공화국 정부를 존중했고 소속감도 가지고 있었다. 중앙정부의 까칠한 반응이 오히려 이들을 점점 더 밀어내는 형국이었다.

황소 위원회의 요구는 1. 보다 포괄적인 지방분권제로 각 지역의 자치권을 증대하고 중앙과 지방 간 예산 분배에 합리와 형평을 기할 것, 2. 부패와 관료주의의 온상이자 지역 발전을 방해하는 중앙집권 체제 폐지, 3. 중부 수마트라 제9사단 황소 부대를 부활시켜 육군 직속 일개 군단으로 둘 것 등이었다.

이후 황소 위원회 의장 아흐맛 후세인은 루스란 물요하르요 주지사를 밀어내고 군정 주지사를 자임했다. 그러나 중앙정부는 이를 벌하기는커녕 오히려 이들의 요구대로 중부 수마트라 지역군 사령부를 조직해 제1지역군 부낏바리산 부대로부터 독립시키고 아흐맛 후세인 대령을 KMDST의 사령관으로 임명했다. 중앙정부가 황소 위원회의 요구 사항 중 일부를 들어준 것이다.

황소 위원회가 조직되고 이틀 후인 1956년 12월 22일, 제1지역군 부낏바리산 부대 사령관 말루딘 심볼론 대령은 메단에 코끼리 위원회의 발족을 선언하면서 주안다 총리 정권으로부터의 분리와 관할 지역의 전쟁위험 상태를 선포했다. 황소 위원회의 선전에 고무되어 지나치게 나가버린 것이다. 당연히 중앙정부도 이번엔 가만히 있지 않았다. 즉시 강경 대응에 나선 육군사령관 나수티온 장군은 심볼론 대령을 해임하고 자민 긴띵 중령을 그 자리에 발령했지만, 명령은 즉각 실행되지 않았다. 더욱이 남부 수마트라의 발리안 중령이 가루다위원회를 조직하고 술라웨시의 펜쩨 수무알 중령은 부엉이 위원회를 조직하는 등 반란 조짐이 계속 뒤를 이었으므로 앞서 기술한 바와 같이 나수티온은 1957년 12월 지역 쿠데타를 유도해 우선 심볼론과 발리안을 축출했다.

중앙정부는 황소 위원회의 요구 사항 일부를 들어주었지만 지방자치, 지방분권주의 체제, 중앙과 지방의 공정한 예산 분배, 주안다 총리의 퇴진, 출신 배경을 배제한 직능 중심의 내각 구성, 대통령의 헌법 준수 같은 사안들에 대해선 전혀 양보하지 않았다. 이에 반발한 황소 위원회는 중부 수마트라의 지방세 수입을 중앙정부로 보내지 않고 자체적으로 지방 발전 용도의 비용으로 집행했다. 이뿐 아니라 황소 위원회는 중부 수마트라의 생산품들을 이용해 외국과 바터 무역을 시작했고, 그 소득 역시 지방 발전을 위해 지출했다. 그 후 중부 수마트라는 불과 수개월 만에 괄목할 만한 변화와 발전이 일어나 당시 인도네시아 내에서 가장 빠른 발전상을 보였다.

중부 수마트라는 그 선례를 따르려는 다른 지역들의 모범 사례가 되었지만 중앙정부와는 첨예한 갈등 양상으로 치달았다. 독립전쟁이 끝난 후 혼란한 정치 상황 속에서 진행되고 있던 국가 재건에 대한 체감 정도와 우선순위는 중앙정부와 지방, 특히 자바 섬과 그 외 지역 사이에서 큰 차이를 보였고, 수카르노의 중앙정부는 국가 발전에 대한 구체적 청사진이나 예산 배정의 형평성이 미흡한 상태에서 지방의 불만에 심각하게 귀 기울이지 않았다. 이러한 상황을 배경으로 막을 올리는 PRRI 사건은 곧이어 벌어지는 뻐르메스타 사건과 함께 국제정치 상황과 복잡미묘하게 얽혀 있었다.

케예스 비치 기자는 저서 『미국만 아니었다면 없었을』에서 1957년 미국이 빠당으로 무기를 공급하던 모습을 그렸다. 중장비와 건설 자재를 싣고 빠당 항에 도착한 미국 상선이 다음 기항지인 태국의 항구에서 태국군에게 공급할 목적으로 몰래 적재하고 있던 일단의 무기들을 아흐맛 후세인 대령의 명령으로 모조리 압수하는 일이 벌어졌는데, 그게 PRRI 반군이 미국으로부터 무기를 공급받는 대표적인 방식이었다. 미국은 그런 식으로 반군과 협력했다는 책임에서 빠져나갈 뒷문을 만들어놓았다. 뻐르메스타의 수무알 대령은 대놓고 마닐라까지 가서 미국 무기를 반란 지역으로 들여오려고도 했다. 미국이 반군과 손잡은 것은 전 세계적으로

1958년 2월 15일 PRRI 각료들. 왼쪽부터 딸란 잠벅 대령, 부르하루딘 하라합 전 총리, 아흐
맛 후세인 중령, 샤리푸딘 쁘라위라느가라 전 비상정부 수반, 말루딘 심볼론 대령

확산되어가던 냉전체제 속에서 수카르노의 인도네시아 중앙정부가 점점
공산 진영으로 기울 것을 우려한 미국이 분명한 반공 노선을 보인 PRRI-
뻐르메스타 반군에게 은밀히 보험을 들어놓으려 했기 때문이었다. 당시
미국 국무장관이었던 존 포스터 덜레스(John Foster Dulles)는 1957년
주인도네시아 미국 대사 앨리슨에게 다음과 같이 명료한 지시를 내린 바
있었다.

"수카르노가 공산당과 엮이게 놔두지 마시오. 그가 네덜란드에 무력을
사용하도록 내버려두지도 마시오. 극단주의자들의 등을 밀어주지도 마
시오. 그리고 그 무엇보다도 석유 자원이 풍부한 수마트라가 공산주의자
들의 손에 떨어지지 않도록, 가용한 모든 조치를 취하시오."

이런 혼란한 상황 속에서 수카르노가 1958년 1월 6주간의 해외 순방
길에 나선 사이, 1958년 2월 10일 중부 수마트라의 빠당에서 아흐맛 후
세인 대령이 중앙정부에 최후통첩을 내놓았다. 그 최후통첩은 '국가 보

전을 위한 투쟁 헌장'이라는 제목으로, 주안다 총리의 내각 퇴진, 의회주의 헌법에 명시된 명목상 대통령 역할로의 수카르노의 회귀, 공산당 배제를 전제 조건으로 한 하타와 술탄 하멩꾸부워노 9세 중심의 직능내각구성으로, 출신이나 배경과 관계없이 역할과 능력에 방점을 두고 각료를 선발할 것을 요구하고 있었다. 하지만 주안다 총리가 반란 세력의 이러한 요구를 들어줄 리 만무했다. 나수티온은 아흐맛 후세인, 심볼론, 잠벅 등을 즉시 군에서 제명하고 '대통령 시해 시도와 무력에 의한 국가 전복'이라는 뜬금없는 혐의로 체포령을 내렸다.

1957년 11월 30일 중부 자카르타 찌끼니 지역의 찌끼니 교원학교(뻐르찍, Percik)를 방문한 수카르노에게 수류탄이 투척되는 사건이 있었다. 시내 중심가 찌끼니 역에 인접한 이 학교는 아직도 졸업생들을 배출하는 유서 깊은 곳으로, 수카르노의 딸 메가와티도 이 학교의 동문이다. 당시 여기서 암살을 시도한 자들은 분명 다룰이슬람 반군들이었다. 이 사건으로 학생 여섯 명이 목숨을 잃었지만 수카르노는 무사했다. 하지만 격노한 수카르노는 다룰이슬람의 즉각 진압을 촉구했다. 나수티온이 의도적으로 방향을 살짝 틀어 이 사건에 PRRI 반란군도 연루되었다고 주장했던 것이다.

최후통첩 기한이 지나자 1958년 2월 15일 빠당에서 인도네시아 공화국 혁명정부(Pemerintahan Revolusioner Republik Indonesia, PRRI)의 수립이 선포되었다. 그러자 북부 술라웨시와 중부 술라웨시는 이틀 후인 2월 17일 PRRI 지지를 선언했다. 군이 장악한 외곽 지역들이 현 정권에게 연이어 반기를 든 것이다. PRRI는 과거 독립전쟁 당시 부낏띵기에서 공화국 긴급정부(PDRI)의 수반을 지냈던 샤리푸딘 쁘라위라느가라를 총리 겸 재무장관으로 추대했고, 북부 수마트라 지역사령관이었던 말루딘 심볼론 대령을 외무장관에, 미나하사 지역 출신의 야심만만한 욥 바라우를 건설부 장관에 포진시키는 등 중량감 있는 인사들을 영입해 제법 짜임새 있는 내각을 구성했다. 외견상 수카르노 대통령에겐 감정이 없지만 주안다 내각을 물리치고 대신 PRRI 내각이 국가를 운영하겠다는 모양새를 띠었다. 하지만 그렇다고 반란의 딱지가 떨어지지는 않았다. 하타는 반란정부 수립 소식에 크게 실망했고 수미트로 조요하디꾸수모, 부르하누딘 하라합, 샤리푸딘 쁘라위라느가라, 심볼론, 까월라랑 같은 저명한 인사들이 반란정부로 전향했다는 사실에 더욱 상심했다.

한편 미국을 포함한 외국으로부터 쇄도한 무기공급 제안은 반란 정부의 사기를 더욱 고무시켰다. 그들은 외국, 특히 미국이 적극적으로 개입해준다면 굳이 전쟁을 벌이지 않고도 정부군을 물러서게 할 수 있으리라 보았다. 그러나 그들이 상대해야 할 정부군 측의 나수티온과 아흐맛 야니는 녹록지 않은 원칙주의자들이었다. 황소 위원회가 처음 중앙정부에 도발해올 당시만 해도 군사적 해결을 주저했던 나수티온은 PRRI이 명백한 반란으로 발전하자 더 주저하지 않고 칼을 뽑아 들었다. 서방 국가들이 연루되어 있다는 소문은 진압군의 주력을 이룬 디포네고로 사단, 브라위자야 사단과 공군에게 오히려 더욱 분명한 반란 분쇄의 사명감을 드높였다.

나수티온으로서는 1955년 당시 자신을 육군사령관으로 복귀시킨 부르하누딘 하라합 전 총리가 이제 PRRI 반란군 쪽에 서 있는 것이 내심 부담으로 작용했다. 하라합은 자신에게 은인인 셈이었지만, 그가 속한 PRRI를 더욱 짓밟아 수카르노에게 자신의 충성심을 증명해야 하는 입장이었다. 또한 정보 사령관 줄키플리 루비스 대령을 비롯해 몇몇 요직의 육군 장교들이 뭔가 다른 꿍꿍이가 있다는 심증도 강했다. 1957년 10월 3일 반란군의 수무알 대령, 발리안 대령, 아흐맛 후세인 대령 등이 서명한 '기본적·교도적 지방 투쟁의 합동 프로그램'은 육군사령관인 자신의 교체와 공화국의 새로운 대통령 선출을 위한 선거를 요구하고 있었는데, 우군 요직에 앉은 줄키플리 루비스가 과연 어느 편에 서 있는지 석연치 않았다.

PETA 출신인 루비스는 의용군 출신 밤방 우또요 소장이 육군사령관에 임명되었을 때 휘하 장교들을 동원해 부임을 저지하는 막무가내식 사보타주를 아무렇지도 않게 저질렀다. 하물며 나수티온 자신은 KNIL 출신이었고 PRRI와 뻐르메스타의 반란군 고위 장교들도 대부분 KNIL 출신이었다. 정보 사령관 루비스가 등 뒤에 비수를 숨기고 있다면 얼마든지 나수티온을 KNIL의 연줄로 반란군과 엮어 넣을 수 있는 그림이 나올 터이니, 그것이 PRRI를 더욱 짓밟아야 하는 또 하나의 이유였다. 나수티온은 제7지역군 사령관 가똣 수브로토 대령이 1952년 10월 17일 사태 당시 자신의 참모장 바라우 중령에게 체포되었던 사건을 생생히 기억하고 있었다. 물론, 그와는 정반대로 북부 수마트라 아쩨 출신인 루비스가 어쩌면 PRRI에 내심 동조하고 있을지도 몰랐다. 그 어떤 경우에도 루비스가 어느 순간 자신의 등에 총을 겨눌지 모를 일이었다. 가까운 거리의 잠재적 적들로부터 자신과 정부를 방어하는 제일 나은 방법은 거대한 적이 등장해 모든 논란을 종식시키고 좋든 싫든 내부 역량을 결집해 함께 맞서 싸우도록 하는 것이었다. PRRI와의 몇 차례 협상에서도 만족할 만한 결과를 얻지 못하자 중앙정부는 대규모 병력을 보내 반란 지역의 의지를 완전히 꺾어놓으려 했다. 나수티온은 물론 이를 거절할 이유가 없었다. 나수티온은 아흐맛 야니를 '8월 17일 작전'의 지휘관으로 임명하고 대대적인 침공을 준비시켰다.

이 작전은 인도네시아군 합동 작전 중 가장 큰 규모로 기록되는데, 군함 6척과 수송선 19척이 동원되어 6,500명의 병력을 수마트라로 실어 날랐고, 그중엔 디포네고로 사단과 브라위자야 사단의 보병부대들은 물론 해군 소속 해병대 1개 대대도 포함되어 있었다. 온갖 반란 진압 작전에 동원되었던 실리왕이 사단이 이번만큼은 참전하지 않았다. 그들은 오랜 세월 같은 편에서 독립전쟁을 치러온 수마트라의 동료들에게 차마 총을 겨눌 수 없었던 것이다.

미 대사관 무관이자 야니의 절친이었던 조지 벤슨은 한밤중에 빠당 지역의 미군 지도를 요청하는 야니의 전화를 받고서 지도를 들고 그의 집을 찾아가 야니와 동료 장교들이 모인 자리에서 빠당 해방 작전을 함께 논의했다. 야니는 의도적으로 육군사령부를 피해 잘란 람방 거리의 자택에서 작전 회의를 즐겨 했는데, 이는 육군사령부가 오히려 보안에 취약해서 대부분의 작전 정보들이 반란군 측으로 새어나간 정황이 있었기 때문이었다. 야니는 누출된 정보를 토대로 빠당의 반란군들도 충분한 준비를 하고 있으리라 짐작했다. 반란군은 방어선에 죽창 형태의 지뢰들을 공중에서 흩뿌렸고 해안과 언덕에서는 박격포들이 언제라도 포탄을 날릴 준비가 되어 있었으며, 바우르만에도 상륙 방해를 위한 수중 장애물이 설치되었고 해변엔 지뢰가 촘촘히 깔렸다. 더욱이 4천 명 규모의 PRRI 정규 병력 외에도 수천 명의 청년군 지원자들이 화기를 지급받아 군사 훈련을 시작했다. PRRI의 방어선은 사기가 높았고 매우 견고해 보였다.

그러나 꼭 보이는 것만이 전부는 아니었다. 1958년 4월 16일 함포 사격으로 공격을 개시한 정부군이 4월 17일 육해공 합동으로 상륙 작전을 시도하자 PRRI의 방어선은 의외로 쉽게 무너지기 시작했다. 반란군은 의미 있는 저항을 하지 못했고, '8월 17일 작전'의 정부군은 후미의 사령부 참모들까지 그날 점심경 모두 빠당 시내에 진입하면서 날이 저물기 전에 반란군 수도를 함락시킬 수 있었다. 반군 잔당들은 부낏띵기로 도망쳐 들어갔다. 이 작전으로 정부군은 983명의 전사자와 1,695명의 부상자를 낸 반면, 반군 측의 인명 피해는 6,373명이 전사, 1,201명이 부상당했고 6,057명이 투항했다. 정부군의 압승이었다.

　이 전투에 참전해 중대를 지휘했던 베니 무르다니(훗날 육군대장과 통합군사령관 역임)는 당시 아흐맛 야니 대령이 훌륭한 수완을 발휘해 현지 주민들의 마음을 얻은 장면들을 증언했다. 야니는 PRRI 병사들이 떠빙 비행장에서 투항해 나오자 그들을 체포하지 않고 전향자로 받아들여 즉시 정부군과 나란히 공항 경비를 서도록 했고, 빠당에 머무는 동안 암살 위험을 무릅쓰면서도 그곳 주민들과 어울려 현지 이슬람 사원의 금요일 솔랏줌앗 기도회에 충실히 참석했다고 한다.

　줄키플리 루비스는 PRRI 반란군이 쉽게 패한 이유를 반란군 지휘관들의 부패에서 찾았다. 그의 분석에 따르면, PRRI가 미국에서 구매하거나 원조받은 막대한 군수 물자들은 어디론가 빼돌려져 정작 전장엔 충분히 보급되지 못했고, 지휘관들은 정부군이 공격해오자 부하들을 놔두고 도망가기에 급급했다는 것이다. 부패한 군대가 승리했다는 기사는 그 어떤 역사책에서도 읽어본 적이 없다. 그 역사가 수마트라에서 또 한 번 반복된 것이다.

　나수티온에게 의심받았던 루비스는 사실 PRRI와는 아무런 연결점이 없었다. 당시 정보사령관이던 그가 수마트라 출신이라는 사실이 수마트라를 기반한 PRRI와 싸워야 하는 정부군 수뇌에게 기우를 불러일으켰을 뿐이다. 1955년 밤방 수경이 육군사령관을 사퇴했을 때 부사령관이던 그가 잠시 육군사령관 자리를 물려받았으나 불과 한 달 만에 물러나야 했다. 가장 큰 퇴진 이유는 루비스가 줄곧 정보 계통에 몸담아와 야전 경력이 적었으므로 전국의 반군들을 상대로 전투를 지휘해야 할 육군사령관으로 부족한 점이 많다는 안팎의 잡음 때문이었다.

　그는 결국 한 달 반 만에 밤방 우또요 소장에게 그 자리를 내어준다. 그 바람에 루비스는 육군사령관 '대리'였던 것으로 기록되었고 마땅히 소장으로 진급되었어야 할 계급도 대령에 머물렀다. 몽니를 부릴 만큼 우또요 소장의 육군사령관 취임에 배가 아팠을 것은 인간적으로 충분히 이해되는 부분이다. 그는 PRRI 반란 시기를 포함하여 1958년까지 정보사령관으로 재직한 후 전역했다. 그는 오래전 1946년 7월 3일 투쟁연대의 쿠데타에 연루된 적이 있었지만 사면받았고, 그 이후 군복을 입고 있는 동안 두 마음을 품은 적이 없었다.

PRRI가 패한 후, 서부 수마트라 사람들은 극한의 폭력과 공포를 경험했다. 자바에서 온 군대가 그들 삶의 모든 것을 장악했고, 공산당의 지원을 받는 청년자경단 OPR이 현지 치안의 한 축을 맡아 나서며 무차별적인 폭력을 휘둘렀다. PRRI가 반공 성격을 극명히 드러내면서 공산당을 핍박한 것에 대해 이제 그 복수의 시간이 돌아온 것이다.

OPR은 PRRI에 저항하면서 조직된 시민군으로, 정부군은 OPR을 도시 치안과 방어에 동원했고 OPR이 사전에 '해방'시킨 지역에 정부군이 진주해 점령하는 식의 협력이 이루어졌다. OPR 소속 6천 명 안팎의 병력은 크게 치안과 재건 두 기능으로 나뉘어 투입됐지만, PRRI 추종자로 의심되는 사람들을 체포, 취조하는 권한도 주어졌다. 그들에게 뚜깡뚠죽(가리키는 사람)이란 별명이 붙은 이유는, 오만하기 짝이 없는 OPR 대원들이 거들먹거리며 내키는 대로 사람들을 손가락으로 가리키면 지적받은 사람은 고문을 당해 감옥에 갇히거나 무참히 살해되는 전횡이 저질러졌기 때문이었다. 대부분 자바 출신인 정부군 군인들에게 수마트라 토박이인 OPR 대원들이 고집스럽게도 서툰 인도네시아 표준어를 쓰려 했는데, 어색한 발음과 억양에 장난기 다분한 모습으로 사람들을 잔혹하게 고문하고 처형하는 모습은 사뭇 섬뜩하지 않을 수 없었다.

PRRI 사건 전후로 미낭까바우족은 대규모 이주를 했다. '반란군' 출신이라는 낙인이 두려웠기 때문이었다. 당시의 폭력적 상황들이 주민들의 자존감과 가치관을 뒤흔들었고, PRRI가 몰락함에 따른 패배감과 모욕감이 오랫동안 그들을 심리적으로 괴롭혔다. 이 시기에 태어난 신생아들 사이에 쁘라잇노, 마르또, 사디꾼 같은 자바식 이름이 유행했던 것도 PRRI 반란 지역 출신임을 감추려던 노력의 일환이었다.

나수티온은 한 발 더 나아가 수딴 샤리르, 수바디오, 모하마드 로엠, 쁘라워또, 아낙아궁 그데아궁 같은 이들을 모두 잡아들이라는 체포령을 내렸다. 이들이 PRRI-뻐르메스타 반군과 연루되어 수카르노가 1962년 1월 7일 마카사르를 방문할 때 그를 암살하려 했다는 것이었다. 벌어지지도 않은 일에 대한 실증적 증거도 없는 무모한 혐의였고, 스스로 신념과 원칙을 철저히 지키며 인도네시아 독립 달성을 위해 매진했던 수딴 샤리르나 모하마드 로엠 같은 인사들을 테러범으로 몬 것은 나수티온이 충성심을 지나치게 과시하려 폭주했던 측면이 엿보인다. 모하마드 낫시르, 샤리푸딘 쁘라위라느가라, 부르하누딘 하라합, 까스만 싱오디메조, 이사 안샤리, 부야 함까 같은 마슈미당 인사들에 대한 체포령도 뒤따라 떨어졌다.

당시 PRRI 측에서는 큰소리를 뻥뻥 쳤지만, 중앙정부가 실제로 군사적 진압 작전을 해오리라고는 생각하지 않았던 정황이 곳곳에 보인다. 이 사건은 충분한 각오도 없이 저지른 섣부른 혁명이었다. 중앙과 지방의 대결 구도를 만들어 지방자치에 대한 요구를 관철하려 했던 것인데, 중앙정부를 밀어붙이는 과정에서 일이 걷잡을 수 없이 커져버렸고 중량급 정치인들과 고급 장교들이 대거 참여한 만큼 쉽사리 패를 물리지 못했으리라는 견해도 있다. 어쨌든 반란 세력 인사들은 독립전쟁 당시 진압군 인사들과 어깨를 나란히 했던 전우이자 동료였으므로 훗날 선처가 이루어져 대부분 감형 또는 사면되었고, PRRI 주동자들 대부분은 그 후에도 자신들이 한 일이 반란 행위였다고 인정하지 않았다. 그들은 올곧은 신념에 따라 행동했다고 주장하지만, 진압군과 반란군 양측 모두 휘하에 있던 수천 명의 생명이 스러진 사건에서 주동자들은 대부분 그렇게 살아남고, 그 누구의 잘못도 아닌 셈이 된 것은 너무나 허무한 일이 아닐 수 없다.

이 사태의 주동자인 아흐맛 후세인 대령도 독립전쟁 참전 용사였다. 그는 수마트라 빠당에서 1925년 4월 1일 출생한 인물로, 1998년 11월 28일 73세의 나이로 세상을 떠난다. 반란군의 수괴였지만 군법회의를 통해 처형되지 않고 목숨을 부지한 그는 천수를 누렸다.

뻐르메스타 반란

북부 술라웨시에서는 D. J. 솜바(Somba) 중령의 스메스타 투쟁헌장 운동이 PRRI의 뒤를 이었다. 흔히 '뻐르메스타'라 부르는 이 사건은 PRRI 반란과 마찬가지로 중앙정부가 술라웨시 등 외곽 지역을 차별해 경제 지원이 제한되고 지역 발전이 늦어진 것에 기인했다. 자바 민족에 대한 반감도 또 다른 원인이었다. 자바인들에게 집중된 인구 비중이 신생 인도네시아 공화국의 발전 방향에 중대한 영향을 끼쳐 경제적·정치적 세력 구도 역시 자바인 중심으로 구축되고 있었다. 여기서 시작된 갈등이 분리독립의 유혹을 불러일으키던 차에 중부 수마트라에서 터진 PRRI 수립 선언에 북부 술라웨시는 더욱 고무되었다.

1957년 3월 2일 마나도 소재 사리오에 있는 뻐르메스타 대학 회의실에서 아침 7시에 열린 회의에 정치가, 학자들은 물론 일반 시민들도 참석하고 있었다. 여기서 빔 나요안 대위는 중부 수마트라에서 PRRI가 수립될 수밖에 없었던 중앙과 지방의 발전상 차이를 설명한 후 "술라웨시 중부와 북부의 뻐르메스타 투쟁 운동은 PRRI의 입장에 십분 동의하며 온전한 지지를 보낸다. 또한 이로써 지금 이 순간부터 뻐르메스타 역시 인도네시아 중앙정부와의 관계를 단절한다"며 말을 맺었다. 그러자 회의에 참석한 모든 사람들은 기립해 환호하며 이렇게 외쳤다. "PRRI 만세!

1958년 3월 2일 뻐르메스타 선언을 낭독하는 펜쩨 수무알 중령

뻐르메스타 만세! 솜바 만세!"

　솜바 대령은 중북부 술라웨시 지역군 사령관으로 이날 회의를 주재한 인물이었다. 회의가 30분간 휴회한 사이, 에디 가골라 소령, 빔 나요안 대위 등 장교들이 선언문 문구를 다듬었다. 회의가 재개되자 참석자들 앞에 나선 펜쩨 수무알 중령이 중앙정부와의 관계 단절 선언을 포함한 뻐르메스타 선언문을 낭독했다. 그러고 나서 돌프 룬뚜람비 소령이 이 선언에 동의하느냐 외치며 군중 심리를 유도하자 참석자들은 크게 환호하며 뜨거운 반응을 보였다.

　중앙정부는 이 소식을 듣고 펜쩨 수무알 중령과 솜바 대령, 그리고 그의 동료 장교들을 즉시 공화국 육군으로부터 불명예 제대 처리했다. 한편 현지인들의 반응은 사뭇 이중적이었다. 뻐르메스타가 중앙정부와의 관계 단절을 선언하자 마나도의 학생, 청년들이 뻐르메스타 부대에 자원

입대하기 위해 줄을 섰고 전 KNIL 부대 출신자들이 곧바로 마빵엇 훈련장에 집결해 군사 훈련을 시작했지만, 대다수의 주민은 진압군의 공격을 초래했다는 불안감에 떨기 시작했다.

미국의 개입은 이 시점에서도 뚜렷이 엿보이는데, 미국은 뻐르메스타 반군에게 군사 고문을 파견하고 혁명군에게 필요한 탄약과 고사포 등의 전쟁 물자를 대량으로 제공했다. 공산당 활동을 정지시키고 공산당 냄새를 조금이라도 풍기는 활동이라면 무조건 불허한 뻐르메스타의 행보로 인해 미국은 그들을 냉전시대의 진정한 동지로 여기게 되었다. 미국은 DC-3 다코타 수송기, P-51 머스탱 전투기, 비치크래프트 항공기, 통합 PBY 카탈리나 수상 이착륙기, A-26 인베이더 전폭기 등도 공급했다. 뻐르메스타는 이에 힘입어 혁명 경찰, 뻐르메스타 여군부대, 뻐르메스타 야드 정보부대 등도 창설했다.

뻐르메스타는 미국뿐 아니라 대만, 한국, 필리핀, 일본 등 친서방 아시아 국가들의 지원도 받았다. 이러한 원조를 토대로 뻐르메스타는 중북부 술라웨시에 강력한 군사력을 형성했고, 이들 중엔 학생 자원병들로 구성된 여러 개의 뻐르메스타 청년 특수부대가 상당수를 차지했다.

전운이 짙어지자 겁을 먹고 마나도에서 시외로 빠져나가는 사람들이 줄지은 가운데, 뻐르메스타의 지지 세력도 세를 불렸다. 주미 대사관 무관으로 나가 있던 알렉산더 에버르트 까윌라랑 대령이 돌아와 정부군 준장으로 전역한 후, 북부 술라웨시의 고향에서 뻐르메스타에 가담하자 뻐르메스타의 사기는 극에 달했다. 남말루꾸 공화국 반란 진압 작전의 영웅이었던 까윌라랑은 소장 계급을 달고 PRRI-뻐르메스타의 군사령관 겸 혁명군 참모장이 되었고, 곧이어 총사령관 자리에 올랐다. 중앙정부에 있었더라도 줄곧 출세 가도를 달렸을 까윌라랑의 정의감과 공명심, 그리고 미나하사 출신이라는 지연이 이 절체절명의 시기에 그를 PRRI와 뻐르메스타 편으로 기울게 했다.

대만 장개석 총통이 해병 1개 연대와 전투기 1개 편대를 모로타이로 보내 뻐르메스타군을 도우려 했으나, 중국이 자카르타 중앙정부의 편에 설 경우 중국과의 양안 관계가 악화될 것을 우려해 그러한 시도를 당시 대만 외무장관이 애써 무산시킨 바도 있었다. 그런데도 대만은 군수 물자와 2개 편대 규모의 전투기들을 미나하사의 반군들에게 보냈고, 1958년 8월 대만의 개입을 알아차린 자카르타 중앙정부는 대만계 화교들의 국내 사업체들과 자산을 국유화하고 서신 교환을 제한하는 한편 대만 학교도 폐쇄해버렸다.

중앙정부는 나수티온에게 뻐르메스타 반군 진압을 명령했다. 이 작전은 '삽따마르가 1호'라 명명되었고, 수마르소노 중령이 야전사령관이 되어 1958년 3월 중북부 술라웨시의 거점들을 공격해 들어갔다. 빨루와 동갈라는 프란스 까랑안 대위가 이끄는 기동여단이 점령했다. 한편 1958년 3월 말, 뻐르메스타는 얀 띰블렝이 이끄는 PPK 부대(정의수호군)의 도움을 받고, 얀 띰블렝의 전처인 다안 까라모이와 렌 까라모이가 이끄는 300명 규모의 또 다른 반군들을 규합했다. 다안과 렌은 뻐르메스타 여성청년대의 군사 훈련을 맡기도 했다. 얀 띰블렝은 성격이 포악하고 금강불괴 주술을 사용해 총알도 그의 몸을 뚫지 못한다고 알려진 인물이었다.

뻐르메스타군은 오히려 '자카르타 2호'라는 작전명으로 자카르타를 공격할 계획도 세웠다. 그 내용은 우선 정부군이 점령한 빨루와 동갈라를 탈환한 후 깔리만탄의 발릭빠빤, 발리, 다시 깔리만탄의 뽄띠아낙 순으로 점령한 다음 그 기세로 자카르타까지 공격해 들어간다는 것으로, 술라웨시와 깔리만탄, 발리까지 아우르는 자못 방대한 것이었다. 이 작전의 목적은 중앙정부를 압박해 PRRI-뻐르메스타와의 협상에 나서도록 만드는 것이었다.

A-26 인베이더 전폭기

　1958년 4월 13일 혁명군 소속 항공기들은 만다이, 마카사르, 떠르나떼, 발릭빠빤, 동갈라의 비행장 등 전술 목표들을 폭격했는데, 발릭빠빤 인근 섬 사이에서 정부군 군함 KRI 항뚜아를 격침하는 전과도 올렸다. 한편 정부군은 5월 18일 할마헤라 북방 모로타이 섬의 비행장을 점령하려는 메나 2호 작전을 해병대 훈홀츠 중령의 지휘하에 진행했다. 1958년 5월 18일 정부군의 수도모 제독은 P-51 머스탱 전투기와 B-26 전폭기의 공중 엄호를 받으며 육군과 해병대 급속 대응군을 싣고 암본 연안의 띠아가 섬으로 항진해갔는데, 미국인 앨런 로렌스 포프가 조종하는 A-26 인베이더 전폭기의 공격을 받았다. 그는 마나도의 마빵엇 비행장에서 이륙해 암본을 공격하고 돌아오던 길에 정부군 선단을 발견한 것이다. 위기를 느낀 배 안의 병력들은 대공포와 기관총은 물론 소총과 권총까지 동원해 대응 사격에 나섰다.
　이때 정부군 공군의 이그나티우스 데완또가 이 상황을 무전으로 듣고 정부군 해군을 돕기 위해 P-51 머스탱을 이륙시켜 수색하다가 정부군 선단이 혁명군 A-26기에 공격받는 것을 발견하고 기체에 장착된 6정의 12.7밀리미터 구경 기관총과 로켓을 발사했다. 총알에 맞은 A-26기가 화염에 휩싸이자 두 개의 낙하산이 튀어나왔다. 그들은 앨런 포프와 해리 란뚱이었는데, 포프는 나무에 걸렸고 란뚱은 산호초에 부딪혔다. 앨런 포프는 미국 CIA 소속 조종사로 뻐르메스타군을 돕던 중이었다. 당시 정부군 공군은 PRRI 반란군 진압을 위해 수마트라에 집결해 있었으므로 중북부 술라웨시와 동인도네시아 지역에서는 뻐르메스타 반군이 대체로 제공권을 장악하고 있었으나, 이 사건으로 미국 개입이 백일하에 드러나 세계 여론의 역풍을 맞으면서 해당 지역 제공권이 정부군에게 넘어가는 계기가 되었다. 비밀 공작이 탄로 난 미군은 더 이상 뻐르메스타군을 돕기 위해 항공기를 띄울 수 없었다. 이후 정부군은 해당 지역의 뻐르메스타 반군을 좀 더 수월하게 진압할 수 있었다.

술라웨시 주지사 안디 빵어랑은 모든 뻐르메스타 활동의 중지와 뻐르메스타에 대한 미국의 원조 철회를 촉구했다. 앨런 포프 사건으로 미국이 자카르타 정부를 기만하며 몰래 뻐르메스타를 도운 사실이 발각되자 치부를 들킨 미국은 이 사실을 철저히 부인했다. 존 포스터 덜레스 미 외무장관은 "수마트라에서 발생한 사건은 인도네시아 국내 사건일 뿐이다. 미국은 타국의 내정에 절대 간여하지 않는다"는 말만 되풀이했다. 아이젠하워 대통령도 수마트라와 술라웨시에서 미군 무기들이 발견된 사건에 대해 기자회견에서 이렇게 말했다. "인도네시아군이 발견한 무기들은 세계 암시장 어디에서나 쉽게 구할 수 있는 것들입니다. 게다가 분쟁이 있는 곳이라면 어디든 용병들도 있는 법이죠."

그러나 앨런 포프를 조사하는 과정에서 그가 필리핀에 미군 물자를 들여보내며 받은 확인서와 장교 클럽 출입증이 발견되면서 미국의 개입 사

1960년 4월 자카르타 군사 법정의 앨런 포프. 인도네시아군과 민간인 살해 혐의로 유죄판결을 받았으나 1962년 정치적 타결의 일환으로 케네디 행정부와 인도네시아 정부 사이에 무기 거래 협정이 성사되면서 풀려나 미국으로 돌아갔다.

실은 더욱 명백해졌다. 1957년 내내 수카르노 정권의 공산화를 우려한 미국 CIA는 반군 측에도 비밀리에 보험을 들어 1958년 1월부터 PRRI와 뻐르메스타를 지원하면서 B-26 전폭기와 P-51 머스탱 전투기 총 15대를 제공해 반란군이 마나도 비행장에 본부를 둔 '혁명 공군'을 창설케 했고 무기와 장비, 자금뿐 아니라 대만, 필리핀, 미국으로부터 용병들도 조달해주었다.

CIA의 지원에 고무된 반란군은 정부군 점령지인 발릭빠빤, 마카사르, 암본 등에 맹렬한 공습을 퍼부었는데, 반란군 항공기들은 대부분 CIA의 조종사들이 몰고 있었다. 그들은 1958년 5월 15일 예수승천일 일요일을 맞아 암본 시장을 폭격해 많은 민간인 인명 피해를 발생시키기도 했다. 그러던 가운데 앞서 기술한 바와 같이 암본 해상에서 격추된 반란군의 A-26

전폭기를 조종한 앨런 포프가 체포되면서 미국이 PRRI-뻐르메스타 반란에 적극적으로 개입하고 있다는 사실이 국제사회에 드러나게 된 것이다.

이 일로 미국은 불쌍할 정도로 체면을 구겼고 CIA의 활동에 대해 쏟아져 나온 국제적 비판 여론은 미국을 더욱 구석으로 몰아붙였다. 격분한 수카르노의 환심을 사기 위해 미국은 군사 원조를 제안하고 루피아 무역 결제를 허용하는 등 인도네시아에 유리한 제반 조건들을 내밀었고, 다른 한편으로는 부득이 PRRI와 뻐르메스타에 대한 모든 군사 원조를 중단해야만 했다. 이로 인해 PRRI와 뻐르메스타는 그 위력의 상당 부분을 상실하게 된다. 그러는 동안 정부군과 뻐르메스타의 전쟁은 더욱 격렬해져 몇몇 전략적 지역에서 치열한 쟁탈전이 벌어졌다.

정부군은 P-51 머스탱 전투기로 마빵엇 비행장을 공격해 상당수 대공포를 파괴했지만 뻐르메스타 측의 반격도 만만찮아 정부군은 세 대의 항공기를 격추당하면서 공격 목표를 달성하지 못했다. 뻐르메스타의 병사들은 대부분은 과거 KNIL 부대 출신들로 나이는 많았지만 풍부한 전투 경험을 가지고 있었으므로 매우 견고한 방어망을 구축하고 있었다.

1959년 2월 17일 뻐르메스타군은 '자카르타 스페셜 1호'라는 작전명으로 전 전선에서 총공세를 펼쳤다. 뻐르메스타군은 몇몇 전술 목표를 몇 시간가량 점령하는 성과를 보였으나 정부군의 육군과 공군이 격렬한 반격전을 벌여 곧 탈환하면서 전체 작전은 실패로 돌아갔고, 오히려 정부군의 계속된 반격으로 그동안 뻐르메스타군의 가장 강력한 거점이었던 몇몇 전략적 요충지마저 내주어야 했다.

앨런 포프 사건으로 반란군의 혁명 공군이 무력화되자 정부군은 '독립 작전'이란 작전명의 육해공 합동 작전으로 반란군 수도인 마나도 침공을 시도했다. 정부군은 반란군을 단시간 내에 마나도에서 몰아냈고, 반란군은 똔다노 호수 인근 지역에서 게릴라전으로 방어 작전에 나섰다. 점차 궁지에 몰리던 뻐르메스타 측은 1960년 중앙정부와의 대화 의사를 밝혔다. 뻐르메스타 측은 군사령관 알렉스 에버르트 까윌라랑 소장이 나섰고 중앙정부에서는 육군참모장 니콜라스 본단이 나왔다. 이 회합을 통해 뻐르메스타군은 TNI 정부군을 도와 자바 섬에서 공산주의자들과 싸우겠다는 중재안을 내밀며 합의를 시도했다. 1961년 중앙정부는 대통령령 322호를 통해 투항하는 PRRI와 뻐르메스타 연루자 모두를 무조건 사면 복권키로 했는데 이는 PRRI와 뻐르메스타 반군들뿐 아니라 서부 자바와 아쩨, 중부 자바, 남부 깔리만탄, 남부 술라웨시에서 아직 반정부 게릴라로 활동 중이던 다룰이슬람 반군들을 향한 메시지이기도 했다.

이 법령이 발표됨에 따라 많은 뻐르메스타군은 즉시 투항하기 시작했다. 솜바 대령, 까윌라랑 소장, 돌프 룬뚜람비 대령, 쁘핏 무하르또 까르또디르조 대령, 펜쩨 수무알 대령 등 수뇌부는 부하들을 모두 내보낸 후 제일 마지막으로 숲에서 나왔다. 사면과 복권은 그들에게도 적용되었고, 이로써 뻐르메스타는 완전히 해체되었다.

뻐르메스타 반란의 주동자들 대부분이 중앙정부에 충성을 약속하고 사면, 복권되었지만 욥 바라우만은 그럴 기회를 얻지 못했다. 본명이 야코프 프레더릭 바라우인 욥 바라우는 1917년 9월 8일생으로, 제2차 세계대전 이전에 KNIL에 입대했다가 인도네시아의 독립선언 이후 수라바야에서 술라웨시 인도네시아 공화국 청년민병대(PERISAI)에 가입해 나중엔 PERISAI의 부대장 자리까지 올랐다. 이 그룹은 수라바야에서 술라웨시 인도네시아 민중공동체(끄리스, KRIS)로 알려졌다. 그는 독립전쟁 초기 수라바야 전투에서 용맹을 떨쳤고 1946년부터 라왕의 제6해군사단 참모장, 시뚜본도의 제10기지 참모장 등 군 주요 보직을 섭렵했다. 1948년 제16여단 부사령관이 되었다가 필리핀을 통해 미나하사 침공을 계획했던 아돌프 렘봉 대령의 뒤를 이어 여단장으로 승진했다.

1950년 4월 바라우는 B군사령부로 부임하는데, 이 부대는 1952년 제24보병연대로 재편성되어 마나도에 본부를 두고 북부와 중부 술라웨시의 치안을 담당했다. 1950년 11월 그는 빠레빠레의 제23보병 연대장으로 발령받고, 1952년 3월엔 동인도네시아 제7지역군 참모장이 된다. 자카르타에서 10월 17일 사태가 벌어진 후 바라우는 직속 상관인 가뜻 수브로토 대령을 해당 사태에 동조한 혐의로 체포하면서 중앙정부에 대한 충성심을 과시했고, 그 결과 가뜻 수브로토가 맡았던 동인도네시아 제7지역군 사령관 자리에 앉게 되었다.

바라우는 그 후 제7지역군을 펜쩨 수무알 중령에게 인계하고 1956년 베이징 대사관 무관으로 근무하다가 지역 자치에 대한 불만이 고조되던 1958년 2월 수무알과 합류해 함께 도쿄로 날아가 이미 장기간 외유 중이던 수카르노 대통령과 담판을 벌였다. 그는 인도네시아에서 벌어지고 있던 위기 상황에 대한 명확한 조치를 촉구했다. 그러나 수카르노를 설득하는 데 실패한 바라우는 베이징 무관직을 내팽개치고 곧장 인도네시아로 돌아와 PRRI 반란에 가담했고, 1957년 3월 2일 수무알이 선언한 뻐르메스타 운동에도 참여했다. 그는 수무알, 까윌라랑과 함께 뻐르메스타 운동의 주요 지도자 중 한 명으로, 뻐르메스타 반란군이 PRRI 반란군과 연횡종대하자 PRRI의 부총리 겸 건설부장관의 자리에까지 올랐다. 그에겐 유연하게 시류를 타는 능력이 있었다.

그러나 영광은 잠시뿐이었다. 중앙정부의 진압군이 1960년 북부 술라웨시를 점령했을 때 바라우는 그해 4월 그와 반목하던 얀 띰블렝의 뻐르메스타군 제999여단 제7대대에 체포되어 6개월 동안 감금되었다가 1960년 10월 15일 살해당한다. 믿어 의심치 않았던 아군에게 당한 것이다.

뻐르메스타 반란군 안에서 다시 반란을 일으킨 얀 띰블렝은 바라우와 그 일행이 회합을 마치고 돌아가던 길에 총격으로 바라우의 무릎을 부순

후 체포했고 나머지 일행들을 몰살시키는 사건을 벌였다. 평소 아군들마
저 질리게 만든 잔혹함으로 악명을 떨친 얀 띰블렝의 악행은 이미 사면
복권이 가능한 수준을 훌쩍 넘어 있었다. 정부군이 그를 사면한다 해도
뻐르메스타 측 사람들조차 그를 가만둘 리 없었다. 그로서는 전쟁이 계
속되고 혼란이 지속하는 편이 당연히 더 유리했다. 그래서 그는 당시 진
행되고 있던 정부군과의 협상을 반대하며 자기 부대를 이끌고 반란을 일
으켜 바라우를 인질로 삼은 것이다.

펜쩨 수무알 대령이 바라우를 구출하기 위해 얀 띰블렝과 그의 부대를
10월 8일 협상에 불러내지만 그 의도를 눈치챈 얀 띰블렝은 극렬히 저항
하다가 전투 중 사살당했고, 그 자리를 살아서 빠져나간 잔당들이 수무
알 대령의 병력이 도달하기도 전에 근거지에 감금하고 있던 바라우를 끌
어내 살해하고 말았다. 얀 띰블렝은 금강불괴 주술이 걸린 부적인 반지
를 끼고 있어 소총 사격으로도 실탄이 몸을 관통할 수 없었으므로 그를
죽일 때 특별한 방법이 동원되었다고 하며 그의 잔혹한 성품은 금단의
주술을 너무 오랫동안 사용한 부작용이었다는 야사도 전해진다.

PRRI 반란의 수괴들이 그랬듯 뻐르메스타 반란의 핵심 인물 대부분도
천수를 누렸지만 바라우는 같은 편에게 처참한 최후를 맞아 1960년 10
월 15일 43세의 나이로 세상을 떠났다. 하지만 어찌된 일인지 그런 후에
샅샅이 탐문하고 수색해도 발견되지 않던 바라우의 시신은 긴 세월이 흐
른 후인 1992년에 똠바뚜 인근에서 비로소 발견되어 고향인 렘보껜에 안
치되었다.

수카르노의 더 나은 반쪽, 모하마드 하타

　수카르노의 곁을 그림자처럼 지키며 인도네시아 현대사의 고비마다 중대한 역할을 했던 모하마드 하타는 과연 어떤 인물일까? 대체로 수카르노의 강렬한 아우라에 가려진 하타라는 인물을 조금 더 자세히 들여다볼 필요가 있다.

　하타는 1902년 8월 12일 부낏띵기의 독실한 이슬람 가정에 태어났다. 그의 할아버지는 존경받는 울라마(이슬람 학자)였다. 아버지 하지 모하마드 자밀이 하타 생후 8개월 즈음 아내와 7남매를 남기고 세상을 떠나자 미낭까바우 지역 마뜨릴네알 공동체의 전통에 따라 하타는 외가에서 키워진다. 그는 부유한 외가 덕택에 네덜란드어도 배우고 방과 후엔 따로 이슬람 경전인 알꾸란 공부도 했다. 부낏띵기의 멀라유 학원(말레이 학교)을 마친 후인 1913년부터 1916년까지 그는 빠당 지역에서 ELS라고 부르는 네덜란드어 초급학교에 다녔다. 13세가 되었을 때 바타비아(지금의 자카르타)의 네덜란드 중등학교인 HBS 입학시험에 합격하지만, 나이 어린 그가 혼자 바타비아에 가는 것을 염려한 어머니의 만류로 빠당에서 MULO라는 네덜란드식 중등학교에 다니게 된다. 이 시기에 하타는 따헤르 마라 수탄이 이끄는 노동연대 사무실을 자주 방문했는데, 그곳에서 네덜란드 신문을 자주 읽고 네덜란드령 동인도 의회인 볼크스라드의 정치 토론 부분을 특히 즐겨 숙독했다. 그가 정치에 눈떠 전국적 정치 운동에 관심을 가지게 된 것은 16세 무렵이었다. 그는 1918년 발족한

'용수마트라넨본드(수마트라 청년조합)'의 재무부장으로 뽑히기도 했다.

1919년 하타는 마침내 바타비아의 HBS 학원으로 진학해 1921년 우수한 성적으로 졸업했고, 네덜란드 로테르담 상업학교(현재의 에라스뮈스 대학)로 진학했다. 1932년 그곳에서 경제학 석사학위를 받고 곧이어 박사과정을 시작했지만, 논문을 끝마치지 못했다. 그의 인생 판도가 바뀌면서 본격적으로 정치에 뛰어들게 되었기 때문이다. 하타는 네덜란드에서 네덜란드령 동인도협회에 가입했다. 이 단체는 나중에 '인도네시아 협회'로 이름을 바꾼다. 이 협회는 학생조직으로 시작했으나 점차 정치조직으로 변모하면서 인도네시아 독립을 강력히 촉구하기 시작했고, 하타는 『자유 인도네시아』라는 매체의 편집장을 맡아 협회의 주장을 지면에 실어 전달했다.

하타는 인도네시아의 독립에 더 많은 나라의 지지를 얻기 위해 유럽을 종횡하며 모든 정치 집회에 인도네시아 사절단장 자격으로 참석했다. 1926년에 그와 인도네시아 협회는 프랑스 비에르빌에서 열린 '평화를 위한 국제 민주주의 의회'에도 가입했다. 그는 1927년 제국주의와 식민압제 반대 연맹에서 주최한 브뤼셀 집회에도 참석해 인도의 자와할랄 네루, 이집트의 하피즈 라마단 베이, 세네갈의 라민 상고르 같은 저명한 민족주의자들과 친분을 쌓았다. 그해 말 스위스에서 열린 평화와 자유를 위한 국제 여성연맹이 주최한 또 다른 집회에서 하타는 '인도네시아와 독립에 대하여'라는 제목의 명연설로 뜨거운 반응을 얻었다. 그러나 인도네시아 협회의 활동을 못마땅하게 여긴 네덜란드는 1927년 6월 하타와 조직 수뇌부 네 명을 체포해 투옥했다. 그들은 감옥에서 6개월을 보낸 끝에 마침내 헤이그에서 재판에 회부되었는데, 하타는 자기 변론 기회를 이용해 인도네시아 민족주의의 의지를 강력히 표명했다. 인도네시아와 네덜란드의 이해가 상충하는 상황에서 인도네시아인으로서 무조건 네덜란드에 맹종할 수 없다는 취지의 연설을 법정에서 한 것이다. 하타는 인도네시아와 네덜란드가 서로 상생하려면 우선 인도네시아의 독립이 선행되어야 하고 식민지가 아닌 평등한 조건의 파트너가 되어야 비로소 상호협조가 가능함을 강조했다. 이 연설은 '자유 인도네시아 연설'이라는 이름으로 널리 알려졌다.

하타와 다른 인도네시아 협회 간부들은 1929년 석방된 후 인도네시아에 기반을 둔 민족주의자 수카르노가 설립한 인도네시아 민족당(PNI) 활동에 가담했다. 하타는 간부 학교를 설립해 장래성이 엿보이는 사람들에게 민족주의적 관점의 교육을 받을 수 있도록 했는데 경제학과 민족주의 운동의 역사는 물론 정부 행정 업무도 교육했다. 정치가가 되지 않았다면 하타는 훌륭한 교육자가 되었을지도 모른다.

하타가 인도네시아로 돌아온 1932년은 수카르노가 투옥되어 민족주의 운동이 침체기를 맞던 시기였다. 하타는 이미 네덜란드에서 이름을 알린 대표적 민족주의 지도자 중 한 명이었다. 그는 수카르노의 PNI에서 갈라져 나온 수딴 샤리르의 신PNI에 들어가 총재직을 맡는다. 그리고 그해 석방된 수카르노가 인도네시아당을 선택하면서 두 사람은 라이벌 구도를 이루었다. 1932년부터 1933년까지 하타는 신PNI의 기관지인 『국민의 권위』지에 정치와 경제에 대한 글을 싣는데, 그의 사설은 인도네시아 지도부를 구성할 새로운 간부 집단의 훈련 필요성을 역설했다. 또한 그는 라이벌인 수카르노에 대해 극단적으로 비판적인 사설을 여러 번 실었다. 나중에 대통령과 부통령으로 함께 인도네시아 정부를 이끌게 될 줄은 꿈에도 몰랐던 시절의 일이다.

네덜란드 식민정부는 수카르노를 다시 체포해 1933년 12월 플로레스 섬의 엔데 지역 유배형에 처하는 가혹한 판결을 내렸고, 1934년 2월 신PNI 자카르타 지부와 반둥 지부를 급습해 하타를 포함한 지도부 인사들

두움비라테(Duumvirate), 수카르노와 하타

도 체포했다. 하타는 1년간 글로독 교도소에 수감되어 『경제 위기와 자본주의』라는 책을 집필했다. 네덜란드 강점기는 엄혹한 시절이었지만, 민족주의 지도자급 인도네시아 인사들이 법정에서 연설도 하고 교도소에서 책도 쓸 정도의 권리와 자유는 주어졌다.

1935년 네덜란드 식민정부는 다시 하타와 신PNI의 샤리르를 포함한 그의 동료 지도자들을 파푸아의 보벤디굴로 유배시켰다. 유배지에 도착한 하타에게는 언젠가 유배가 풀리는 날까지 그곳에서 일당 40센트씩을 받으며 네덜란드 총독부의 공무원으로 일할 것인지, 아니면 연명할 음식 외에는 아무것도 주어지지 않고 고향에 돌아갈 기약조차 없는 고된 유배 생활을 할 것인지 어느 한쪽을 선택할 기회가 주어졌다. 하타는 공무원이 되려 했다면 이미 바타비아에서 공무원이 되어 큰돈을 벌었을 것이라 조소하며 후회 없이 후자를 택했다.

하타는 유배지에서도 『뻐만당안(관점)』이라는 신문에 꾸준히 기고했고, 고료를 받아 보벤디굴에서 자신과 동료들의 필요한 경비를 충당할 수 있었다. 그는 자카르타를 떠나올 때 상자 16개에 넘치도록 담아온 책을 가지고 동료들에게 경제학, 역사, 철학을 가르쳤고 당시 강의 자료들은 훗날 『지식의 장도로의 입문』, 『희랍 사상의 본질』 등의 책으로 엮여 나오기도 했다.

1936년 1월 하타와 샤리르는 말루꾸의 반다네이라라는 곳으로 이송되는데, 거기서 이와 꾸수마수만뜨리, 찝또 망운꾸수모 박사 같은 민족주의자들을 만나 교분을 쌓게 된다. 하타와 샤리르에게는 좀 더 많은 자유가 주어져 현지 주민들과의 접촉도 허용되었는데, 그들은 현지 어린이들에게 정치와 역사를 가르치는 과정을 열기도 했다. 하타는 반다네이라 유배 기간에 현지 소년 데스 알위를 양자로 입양하는데, 그는 훗날 이름을 떨친 역사가이자 외교관으로 성장한다.

그러다가 네덜란드군에게 항복을 받아낸 일본군에 의해 풀려난 하타와 샤리르는 1942년 3월 22일 자카르타로 돌아왔고, 샤리르는 일본에 저항해 곧장 지하로 스며든 반면 하타는 일본 군정의 내무장관 하라다 소장을 만나 점령군 자문관이 되어달라는 요청을 수락했다. 그는 일본의 힘을 이용해 서방 열강에 맞서 인도네시아의 독립을 얻어내려 했고 자카르타에서 재회한 수카르노와 그 지점에서 의견이 일치했다. 숙명의 라이벌이던 두 사람은 그때부터 서로 가장 신뢰해 마지않는 정치적 파트너가 되었다.

그 후 그는 일제강점기와 독립전쟁의 모든 과정을 수카르노와 함께 겪었다. 그러나 객관적 판단과 행정 처리에 능했던 하타의 부통령으로서의 업적들은 언젠가부터 직관적이고 선동적인 인기몰이를 하며 화려한 행동력을 과시하는 수카르노의 그림자에 가려졌다. 독립선언 후 부통령이 된 하타는 행정 업무를 처리하며 모든 정부 조직을 일일이 구성하는 한편, 수카르노가 제시하는 정부 정책에 대한 내각과 의회의 지지를 얻어내는 데 힘을 쏟았다. 두 사람은 전혀 다른 정치 스타일을 보였지만 오히려 그런 차이점으로 서로를 더욱 효과적으로 보완해줄 수 있었다. 그들은 '두움비라테(Duumvirate, 양두정치)'라는 별명으로 불리며 지금까지도 인도네시아 역사상 가장 훌륭한 대통령과 부통령의 조합으로 칭송받고 있다.

독립전쟁 막바지인 1949년 8월, 하타는 인도네시아 사절단을 이끌고 헤이그 원탁회의에 참가했다. 하타와 사절단이 최선의 외교력을 발휘한 이 회의에서 합의된 내용에 따라 네덜란드 점령지들을 포함한 16개 자치주의 연합인 인도네시아 합중국이 성립되었고, 수카르노와 하타는 여전히 그 합중국의 대통령과 부통령 지위를 지켜냈다. 그 결과 1949년 12월 마침내 네덜란드로부터 주권을 이양받게 된다. 4년이 넘는 치열한 전쟁을 통해 고작 수마트라와 자바 섬 일부만을 군사적으로 점령하고 있던 수카르노 정부는 일련의 조약들과 헤이그 원탁회의를 통해 외교력만으로 광활한 네덜란드령 동인도 전체를 손에 넣게 되었다.

하타는 부통령 재임 기간에도 정기적으로 대학 초청 강연을 다녔고 지성에 대한 추구를 게을리하지 않아 경제와 노동조합을 주제로 한 많은 서적과 에세이를 남겼다. 그가 열성을 다해 전파한 노동조합 사상은 하타의 개인적 취향을 반영한 평생 프로젝트였다. 그는 1953년 노동조합 사상 계몽 업적을 인정받아 인도네시아 노동조합협회의 공로패와 함께 '인도네시아 노동조합의 아버지'라는 호칭도 얻게 된다.

하타의 또 다른 중요한 업적은 인도네시아 외교 정책의 근간을 만든 점이다. 1948년 하타는 '두 바위의 대결'이라는 제목의 연설을 통해 미국과 소련 간의 냉전을 언급하면서 인도네시아의 외교정책은 진영 논리에 빠지거나 미국, 소련의 이해에 좌우되어서는 안 되며 항상 자국의 이해가 우선되어야 함을 강조했다. 하타는 냉전 체제 속에서 인도네시아가 스스로의 위상을 독자적으로 결정해야 하며 그러기 위해선 인도네시아가 자국 이익 우선의 기조를 가지고 국제사회에 적극적으로 참여해야 한다고 봤다. 이러한 하타의 사상은 '독립적·적극적 외교 방침'이라고 명명되어 오늘날 인도네시아 외교 정책의 바탕을 이루고 있다.

1955년의 선거를 통해 새 헌법을 기초할 헌법의회와 국민대표회의가 구성될 때 이미 하타는 수카르노에게 편지를 보내 부통령 사임 의사를 밝혔다. 인도네시아가 독립한 후 의회 민주주의 기반의 헌법이 채택되어 대통령의 역할이 많이 축소됨에 따라 부통령 직책 역시 그때 이미 그 의미의 대부분을 상실했음에도 계속 자리를 지키고 있는 것은 혈세 낭비라는 생각 때문이었다. 물론 정치적 노선 차이로 인한 갈등도 사퇴 원인 중 하나였다. 민주주의 신봉자로서 하타는 날로 더해가는 수카르노의 독재적 성향과 권위주의에 환멸을 느꼈다. 마침 그의 부통령 임기가 끝나가던 중에 수카르노가 교도 민주주의를 주창하며 나선 것에 하타는 크게 반발했다. 하타는 수카르노가 독재의 길로 빠지지 않도록 조언을 아끼지 않았으나 수카르노가 이를 귓등으로 흘렸으므로 더 이상 수카르노와 같은 길을 갈 수 없다고 판단하고 결국 그의 손을 놓아버렸다. 독립선언 후 11년 반 동안 둘도 없는 파트너로서 수카르노와 함께 인도네시아 공화국의 기반을 다졌던 하타는 부통령 임기의 연장을 요구하지 않고 1956년 12월 1일 부통령직에서 깨끗이 물러난다.

하타의 사임은 인도네시아 전역에 충격파를 몰고왔는데, 특히 비자바인들이 받은 상실감은 실로 컸다. 자바인 주도의 중앙정부에서 오직 홀로 비자바인들을 대변하고 있다고 여겨지던 하타의 사임은 비자바인들은 물론 인도네시아 공화국 혁명정부 반군들에게도 분명한 영향을 끼쳐,

각 지역이 인도네시아로부터 분리독립하려는 움직임을 보였고 뻐르메스타 운동에서도 지방분권제를 요구하는 목소리가 높아졌다. PRRI-뻐르메스타 반란군은 중앙정부와의 교섭에서 수카르노와 하타의 재결합을 주요 조건의 하나로 내걸기도 했다.

정부 밖에서 하타는 다시 수카르노를 공개적으로 비난하기 시작했다. 그는 예전과 달리 국가 발전에 대한 수카르노의 헌신과 노력이 크게 변질했다고 보았다. 그는 네덜란드가 인도네시아의 주권을 인정함과 함께 혁명(독립전쟁)은 끝났으므로 이제 정부 역량은 국가 발전에 그 초점이 맞춰져야 한다고 역설했지만, 수카르노는 1959년 독립기념일 연설에서 인도네시아의 혁명은 아직도 진행 중이라고 천명하며 하타의 의견을 정면으로 반박했다. 수카르노는 민생 안정과 국가 발전보다 국내 반란 세력들과 서구 열강의 신제국주의에 맞서 공화국을 지켜내는 '혁명'이 아직도 우선시되어야 하며, 그 싸움을 위해 전 국민이 자기를 중심으로 교도 민주주의의 기치 아래 단결할 것을 촉구했다.

1960년 출간된 『우리의 민주주의』에서 하타는 수카르노의 교도 민주주의가 또 다른 형태의 독재 체제라고 비난했고, 수카르노는 즉시 이 책을 금서로 지정했다. 수카르노는 그해 샤리르의 정당도 해산시켰고, 2년 후에는 내란 음모의 혐의로 샤리르를 투옥하기에 이른다. 수카르노의 폭주가 시작된 것이다. 하타는 샤리르의 체포를 '식민주의적'이며 '비이성적'이라고 언급하는 편지를 개인적으로 수카르노에게 보냈지만 이제 그런 구시대의 낭만적 방법은 수카르노에게 통하지 않았다. 부통령으로서 파트너를 이루고 있을 당시 하타는 이성적 사고와 논리적 판단을 근거로 언제 어떻게 폭주할지 모르는 즉흥적 성격의 수카르노에게 제어장치 역할을 해주었다. 그러나 하타가 수카르노를 떠나면서 수카르노는 이제 아무 거리낌 없이 독재를 향해 걸어 나갔고, 그 과정에서 과거 인도네시아의 독립과 혁명을 주도했던 민족주의자 삼인방인 수카르노와 하타, 샤리르의 관계는 와해하고 말았다.

훗날 대통령의 권한이 수카르노로부터 수하르토에게 넘어가던 격동기에 하타는 정치 일선에서 멀찍이 물러나 있었다. 그러나 1970년 6월 수카르노가 죽기 일주일 전 하타는 오랜 침묵을 깨고 수하르토에게 쓴 편지에서 새 정권이 수카르노에게 공정한 재판의 기회도 주지 않고 가택 연금한 조치가 매우 실망스럽다고 지적했다. 그는 1965년 9월 30일에 있었던 소위 공산당 친위 쿠데타 시도와 관련해 배후를 철저히 조사하고 수카르노에게도 스스로 변호할 기회를 줘야 한다고 주장했다. 당시 많은 사람은 수카르노가 쿠데타와 무관하다고 믿었고, 하타 역시 그렇게 믿은 사람 중 한 명이었다.

1970년 초, 당시 만연하던 정치권의 부패를 비판하는 일련의 데모와 시위가 벌어지자 하타는 수하르토 정권에 자의 반 타의 반 개입하게 된다. 수하르토는 다른 몇몇 인사들과 함께 하타에게 정부 내의 부패 감찰 위원회 위원과 고문을 맡겼다. 이 위원회의 조사 결과는 1970년 7월 그 내용 일부가 유출되기 전까지 철저한 비밀에 부쳐졌다. 그 내용이 어마어마했기 때문이었다. 그것은 시위대가 정부에 대해 품고 있던 의혹 대부분이 사실임을 확인해주는 것이었다. 그들이 조사한 고위 정치권의 부패 상황은 이루 말로 다 할 수 없을 정도였다. 그러나 오히려 수하르토는 1970년 8월 이 위원회를 해산하고, 조사된 부패 혐의 중 달랑 두 개의 케이스만 다루기로 함으로써 사회적 논란을 더욱 부추겼다.

하타는 1980년 3월 14일 세상을 떠나 자카르타 외곽의 따나꾸시르 공동묘지에 묻혔다. 그의 사후, 1986년 수하르토 정부는 그에게 '선언 영웅'이라는 칭호를 붙여주었다. 그의 딸 므티아 파리다 하타는 수실로 밤방 유도요노의 내각에서 여성인권부 장관으로 재직했고 인도네시아 정의통일당(PKP) 총재도 역임했다.

모하마드 하타의 약력은 매우 화려하다.

- 1902년 8월 12일 네덜란드령 동인도 서부 자카르타 포데콕 출생.
- 인도네시아 초대 부통령(1945. 8. 18~1956. 12. 1)
- 인도네시아의 세 번째 총리(부통령직과 겸임, 1948. 1. 29~1950. 9. 5)
- 인도네시아의 네 번째 국방장관(겸임, 1948. 1. 29~1949. 8. 4)
- 인도네시아의 네 번째 외무장관(겸임, 1949. 12. 20~1950. 9 .6)
- 1980년 3월 14일 향년 77세로 사망.

모하마드 하타가 부통령직에서 물러난 것이 1956년. 그로부터 60여 년이 지난 오늘날까지도 인도네시아 역사상 그처럼 대통령의 단순한 보좌역이 아니라 당당한 파트너이자 친구이자 선생이자 양심으로서 소신껏 능력을 발휘한 후 정치적 판단에 따라 깨끗하고 후회 없이 자리에서 내려온 부통령은 아직 없었다.

4부

독재자의 길

9장 절대 권력을 지향한 수카르노

독재자의 길로 들어서며

PRRI-뻐르메스타 반군과의 본격적인 전쟁이 시작되기 직전인 1958년 12월, 수카르노는 자신의 권력을 강화하기 위해 더욱 구체적인 행보를 시작했다. 그달에 그는 인도네시아 경제를 좌지우지하던 246개의 네덜란드 회사를 국유화했다. 그중엔 NHM과 로열더치셸 자회사인 바따프슈 뼛롤르움 마앗샤피즈, 에스콤토뱅크 및 당시 네덜란드 5대 무역회사 등 내로라하는 기업들이 포함되어 있었다.

이 과정에서 4만여 명의 네덜란드인이 인도네시아에서 추방되었다. 수카르노는 1949년 원탁회의에서 네덜란드 정부가 약속한 네덜란드령 뉴기니(서파푸아)의 미래에 대한 협상이 지지부진한 것을 빌미로 삼았다. 추방된 네덜란드인들 일부는 본국으로 돌아갔지만 대부분은 네덜란드령 뉴기니로 이주해 임시 거처를 얻었다.

수카르노의 민족주의 경제 정책은 1959년 대통령령 10호의 발표와 함께 더욱 가시화되었다. 이 대통령령은 농촌 지역에서 외국인들의 상업 활동을 금지하는 내용을 담고 있었는데, 그 외국인들은 대체로 화교들이었다. 당시 화교들은 대부분 인도네시아 국적을 취득하지 않은 채 농촌과 도시에서 소매 경제 전반을 장악하고 있었다. 이 정책으로 농촌 지역에 살던 화교들이 대거 도시로 이동했고, 그중 약 10만 명 정도는 아예 중국으로 돌아갔다. 최근에도 외국인 관련 정책이 손바닥 뒤집히듯 하며 현지 거류 외국인들의 운명을 하루아침에 뒤바꾸곤 하는데, 그건 이미 어제오늘의 일이 아니었다.

네덜란드 기업들의 국유화 조치는 국민들로부터 큰 환영을 받았으므로 수카르노의 입지는 매우 굳건해졌다. 이에 탄력을 받은 수카르노는 1945년 헌법을 대통령령으로 다시 발효시켰다. 이로써 그의 의지대로 교도 민주주의 원칙을 적용하기에 훨씬 용이한 대통령 중심제로 복귀한 것이다. 이 발표 선언을 '마니폴(정치 선언문, Manifesto Politik)'이라 하는데, 수카르노 대통령이 1959년 7월 5일 자 대통령령을 1959년 8월 17일에 발표할 때 '혁명의 재발견'이란 제목의 국정 연설을 통해 그해 9월부터 발효될 국가 방침의 큰 방향을 제시한 것이다. 수카르노는 우스덱(USDEK) 원칙에 따른 인도네시아식 사회주의를 꿈꾸었다. 우스덱이란 다음의 다섯 가지 방침을 포괄하는 것이었다.

1. 1945년 기본헌법(Undang-undang Dasar 1945)
2. 인도네시아식 사회주의(Sosialisme Indonesia)
3. 교도 민주주의(Demokrasi Terpimpin)
4. 조정경제(Ekonomi Terpimpin)
5. 인도네시아의 독자성(Kepribadian Indonesia)

수카르노는 1960년 3월 의회를 해산하고, 대통령이 의원 절반을 지명하는 새로운 의회 체제인 고똥로용 국민대표의회(DPR-GR)로 전환했다. 이로써 수카르노는 의회의 과반을 쥐고 모든 결정을 주무를 수 있게 되었다. 뒤이어 1960년 9월 그는 1945년 헌법에 따라 최고 입법기관으로서 임시국민자문의회(MPRS)를 설치했다. MPRS 의원들은 선거로 선출하는 DPR-GR 의원 전원과 대통령이 임명하는 '직능 그룹' 대표들로 구성되었다. 결국 대통령이 세운 이들이 절대다수를 차지했고, 모든 면에서 대통령의 의지가 무조건 반영되는 체제가 들어섰다. 박정희 정권의 통일주체국민회의나 유정회는 대략 이 모델을 따른 것으로 보인다.

한편 육군사령관 나수티온의 절대적 지지에 힘입은 수카르노는 PRRI-뻐르메스타 사태 연루 혐의로 이슬람 정당인 마슈미당과 수딴 샤리르의 인도네시아 사회당(PSI)을 해산시켰고, 이 과정에서 군은 사회주의자인 샤리르, 모하마드 낫시르, 함까 같은 이슬람 정치인들을 비롯해 수카르노의 정적들을 대거 체포했다. 그는 계엄령을 선포해 자신의 정책을 비난하는 신문들을 폐간시키기도 했다.

수카르노의 폭주가 시작되고 있었다.

수카르노 암살을 기도한 미그기

수카르노에 대한 암살 시도는 끊이지 않았다. 그중 1960년 3월 9일 인도네시아 공군 소속 미그17 전투기가 독립궁과 보고르궁에 기총을 난사하는 사건이 있었다. '단쩨'라는 별명으로 불린 다니엘 알렉산더 마우까르(Daniel Alexader Maukar)는 인도네시아 공군의 전도유망한 전투기 조종사였다. 그는 뛰어난 기량으로 명성이 높았고, 미 공군의 '탑건'처럼 최고의 조종사에게 주어지는 '타이거'라는 콜사인을 가지고 있었다.

단쩨가 이집트에서 미그17 전투기 훈련을 마치고 돌아온 것은 정부군이 PRRI-뻐르메스타 반군과 치열한 전투를 벌이던 때였다. 그는 비록 반둥에 살았지만 뻐르메스타 반란의 본거지인 북부 술라웨시 미나하사 지방 출신이었고, 미그17 전투기 같은 최신예 공군 전력에 합법적으로 접근할 수 있는 위치에 있었으므로 그의 이름은 뻐르메스타 반군 포섭 대

퇴역 후 전시된 인도네시아 공군 소속 미그17 전투기

상 리스트에 일찌감치 올라 있었다. 더욱이 그의 형 헤르만 마우까르는 부엉이 위원회의 비밀요원이고 그의 상관인 샘 까룬뎅은 부엉이 위원회의 반둥 지하조직 위원장이었기에, 뻐르메스타의 기조에 동조하는 반수 카르노 세력을 조직하던 그들이 단쩨의 사상에 일정한 영향을 끼친 것은 의심할 나위 없다.

그날 독립궁에서는 수카르노 대통령이 몇몇 장관들로부터 일일보고를 받고 있었다. 그는 아흐마디 장관에게 장난을 걸기도 하고 수간디 대령에 겐 다른 일로 호통을 치기도 했다. 그 후 즐겨 앉던 독립궁 테라스의 나무 의자에서 잠시 휴식을 취하고 있을 때, 단쩨의 미그17 전투기가 반둥 소재 라누드 후세인 사스뜨라느가라 공군 비행장 활주로를 날아올랐다.

미그17 전투기가 독립궁 상공에 나타난 것은 불과 몇 분 후의 일이었다. 굉음과 함께 급강하한 전투기는 기체에 장착된 23밀리 구경 기관포로 테라스를 포함한 독립궁 전반에 기총소사를 해댄 후, 다음 타깃인 보고르궁으로 쇄도했다. 대통령은 그때 이미 장소를 옮겨 독립궁 바로 옆

하늘에서 바라본 독립궁 전경

건물인 DPA 건물에서 다른 업무를 보고 있었다. 수카르노는 훗날 신디 애덤스를 통해 집필한 그의 자서전에서 "조금 전까지만 해도 앉아 있던 독립궁 테라스의 의자를 산산조각 낸 공습을 피할 수 있었던 것은 알라가 베푼 천운"이라고 회고했다.

단쩨는 보고르궁에도 기총소사를 가한 후, 북쪽으로 기수를 돌려 딴중쁘리옥 항구의 저유 시설을 불바다로 만들었다. 수십 년 후인 2009년 4월 『템포』지와의 인터뷰에서 펜쩨 수무알 전 뻐르메스타 반군 지휘관은 단쩨가 딴중쁘리옥의 저유 탱크를 파괴한 것에는 정부군 전력 약화를 겨냥한 전략적 의도가 있었음을 확인해주었다.

다니엘 마우까르의 공습은 단번에 전 세계의 이목을 집중시켰다. 이 사건으로 인도네시아는 충격에 휩싸였고 단쩨의 소행임이 알려지면서 공군에서도 일대 혼란이 일었다. 공군 최고의 조종사가 최신예 전투기로 대통령 암살을 시도한 것은 단순히 개인의 일탈이라고 설명하기엔 너무나 큰 사건이었다.

한편 소기의 목적을 달성한 단쩨는 모두가 예상했던 북쪽 싱가포르 방향이 아닌 남쪽으로 돌연 기수를 돌렸다. 연료가 부족했던 걸까? 미그17기는 반둥에서 네 시간 거리의 가룻 지역 렐레스 평원에 비상 착륙했다. 가룻 지역은 당시 다룰이슬람 반군 본거지가 있던 곳이었으므로 어쩌면 단쩨는 그들의 보호를 받으려 했는지도 모른다. 그러나 그는 신속히 출동한 실리왕이 사단 예하 부대에 체포되어 즉시 자카르타로 이송되었다.

독립궁이 공격받았다는 소식을 들은 나수티온 장군은 육군본부 회의실로 직행했고, 아흐맛 야니 장군은 사령관들을 불러 모아 긴급 대응군을 구성해 수도 자카르타의 방어를 강화했다. 이 사건으로 공군사령관 수리야다르마 중장이 사의를 표했으나, 수카르노는 사표를 반려한다. 1960년 3월 12일 자 『머르데까』지에는 오마르 다니(Omar Dani) 공군 중령이 120기의 항공기 전부를 포함하는 공군항공단 전체를 대표해 단쩨와 같은 반역 행위의 재발 방지와 수카르노 정부에 대한 충성을 재확인하는 성명을 발표하기도 했다. 몇 주 후 단쩨는 군사 재판정에 섰고 뻐르메스타 인물인 샘 까룬뎅이 그를 변호했다. 단쩨는 대통령을 살해할 의사가 없었다고 주장했다. "나의 영웅인 대통령을 내가 왜 죽이려 했겠습니까?"

단쩨는 대통령이 거기 있다는 표시인 황금색 깃발이 게양되어 있지 않은 것을 확인하고서 기총소사를 했다는 것이었다. 하지만 단쩨는 수카르노가 공산주의자들의 꼭두각시가 되었다고 비난하던 뻐르메스타 반군 사상에 영향을 받은 정황이 뚜렷했다. 단쩨는 자신만의 방법으로 정부의 잘못된 판단을 고쳐주려 한 것이지 국가에 반역 행위를 한 것은 아니라는 궤변을 내세웠지만, 군사 법정은 그에게 사형을 선고했다. 치명적인 최신예 전투기로 대통령이 있는 독립궁에 기총소사를 해댄 사건이 유죄

1960년 군사 법정에서 풀이 죽은 모습의 다니엘 마우까르(왼쪽)와 상관인 샘 까룬뎅(오른쪽)

가 아니라면 오히려 이상한 일이었다.

그런데 단쩨의 재판이 진행되면서 그의 배짱과 용모가 많은 여성의 호감을 샀다고 전해진다. 실제로 당대 최고 여배우였던 리마 멀라띠도 그의 구명을 위해 힘썼다. 그녀는 다니엘의 감방을 여러 번 찾아와 수카르노에게 사과하고 감형을 청원하라고 권했으나, 당시 28세였던 단쩨는 그저 미소만 지을 뿐 자기 소신을 고집하며 사과 제의를 완곡히 거절했다는 것이다. 그 얘기를 전해 들은 수카르노는 너털웃음을 터뜨렸다. "참 맹랑한 녀석이군. 아직 젊고 미래도 창창하겠지!" 그는 단쩨에게 내려진 사형선고를 8년형으로 감형해주고 군 복무 기간에 대한 군 연금도 받을 수 있도록 선처해주었다. 또 다른 설에 따르면, 수리야다르마 공군사령관이 직접 구명에 나서 간신히 사형을 면했다고도 한다.

1961년 6월 22일 수카르노는 중앙정부에 충성을 맹세한 모든 뻐르메스타 관련자들을 사면했고, 같은 맥락에서 1964년 단쩨도 사형에서 8년 형으로 감형해주었다. 수카르노가 하야한 후인 1968년 수하르토 정권이 들어서자 단쩨도 형기를 다 채우지 않고 감옥에서 풀려났다.

그런데 충격적인 사건들은 대부분 비밀스러운 음모와 반전을 내포하고 있듯, 이 독립궁 기총소사 사

여배우 리마 멀라띠의 젊은 시절

건에는 몰리 맘보라는 아름다운 여인이 등장하는 또 다른 이야기가 존재한다. 요가와 영어를 가르치던 몰리에게 흑심을 품은 수카르노가 추파를 던졌는데, 공교롭게도 그녀가 단쩨의 약혼녀였다는 것이다. 대통령이 있을 확률이 높은 자카르타의 독립궁은 물론 군이 보고르궁에까지 발사된 기관 포탄에 어쩌면 단쩨의 개인적 감정이 묻어 있을 개연성이 엿보이는 정황이다.

단쩨와 몰리는 결혼까지는 못 갔는데, 훗날 단쩨는 이 의혹을 단호히 부인했다. 자신의 행위를 이미 멋진 대의로 포장해놓은 터에 그런 추문을 수긍할 리 없었다. 이 이야기는 수카르노의 이미지를 실추시키기 위해 당시 뻐르메스타 반란군을 배후에서 돕던 미국 CIA가 퍼뜨린 헛소문이라는 얘기도 있다. 물론 이 기총소사 사건이 삼각관계와 치정이 얽힌 사건이라는 논리는 좀 무리일 듯하지만, 수카르노가 아름다운 몰리에게 수작을 걸었을 것이라는 부분은 그의 복잡한 여성 편력으로 볼 때 솔직히 믿음이 가는 대목이긴 하다. 사족이지만 감방에서 나온 단쩨는 나중에 목사가 되었고, 2007년 72세의 나이로 세상을 떠났다. 웬만한 반란과 반역을 저질러도 대체로 천수를 누리던 시절이었다.

다룰이슬람

1962년 5월 14일, 바이뚜라힘 이슬람 사원에서 열린 이둘 아다 기념 기도회 앞줄에 앉은 사누시 피르깟이 숨겨 들여온 권총으로 수카르노를 저격하는 사건이 벌어졌다. 이둘 아다는 이슬람력 12월 10일에 열리는 신에게 제물을 바치는 종교 축제로, 아브라함이 알라의 명으로 이스마엘을 제물로 바치려다 알라의 제지를 받아 염소를 대신 바친 것을 기념하는 것이다.

물론 이 사건은 성서 창세기에서 아브라함이 이삭을 제물로 바치려던 장면의 이슬람 버전이다. 알꾸란의 많은 태곳적 에피소드들이 이처럼 기독교의 성서와 유사점과 차이점을 동시에 보여준다. 성서에서는 아브라함이 본처 사라의 몸종 하갈을 첩으로 맞아 얻은 소생이라고 소개되는 이스마엘을 알꾸란에서는 아브라함의 적장자라 말하고 있고, 오늘날 아랍 민족들은 이스마엘의 후손이니 아브라함은 아랍인들의 조상이 되는 것이고, 아브라함의 하나님인 알라는 아랍인들의 하나님이란 것이 알꾸란의 가르침이다. 사라의 소생인 이삭과 그 피붙이 야곱의 후손들이 유대 민족이니 아브라함은 유대인의 조상이요, 그의 하나님 여호와는 이스라엘의 하나님이라는 성서의 가르침과 많은 면에서 유사하면서도 미묘한 차이를 보인다.

아무튼 이날 바이뚜라힘 사원에서 무슨 이유에선지 사누시의 총신은 방향을 잡지 못해 발사한 총탄들이 모두 수카르노를 비껴갔고, 오히려 인근의 국회의장 K. H. 자이눌 아리핀을 비롯한 사원 안의 다른 사람 여럿에게 부상을 입혔다. 불과 5~6미터 앞인데도 불구하고 방아쇠를 당기려는 순간 시누시는 갑자기 수카르노가 둘로 보여 조준을 제대로 할 수 없었다고 나중에 밝혔다.

당시 파다했던 소문처럼 수 카르노가 모종의 주술적 보호를 받았던 것일까? 사누시는 다음 순간 경호원들에게 제압 당했고, 수카르노는 그날 생채기 하나 입지 않고 살아남았다. 사누시의 배후엔 그를

다룰이슬람의 깃발

사주한 보고르 소재 이슬람 선생인 끼아이 바크룸이 있었고, 다룰이슬람의 입김이 선명해 보였지만, 수카르노는 그들에게 내려진 사형 선고를 어딘가 석연찮다는 이유로 나중에 감형해주는 통 큰 모습을 보였다. 이것이 수카르노를 노린 다섯 번째 암살 기도였다.

한편 인도네시아군은 여러 지역에서 활동하며 정부를 공격하던 다룰이슬람 반군들을 1962년 서부 자바와 아쩨, 1965년에는 남부 술라웨시에서 일련의 효과적인 작전을 벌여 섬멸했고 다룰이슬람의 지도자 까르토수위르조도 마침내 체포되어 1962년 9월 처형되었다.

다룰이슬람('이슬람의 집'이라는 의미) 또는 DI/TII(다룰이슬람/인도네시아 이슬람군)라고 약자로 쓰이는 이 조직은, NII(인도네시아 이슬람국)와 함께 인도네시아의 이슬람 국가 건설을 목표로 하는 과격 이슬람 조직이었다. 1942년 카리스마 넘치는 과격 이슬람 정치인 스까르마디 마리잔 까르또수위르조에 의해 조직된 이슬람 민병대로 시작된 이 조직은 샤리아법만을 유일한 규범으로 여겼고, 여기서 파생된 후대의 조직들은 대체로 테러 집단으로 인식되는 제마 이슬라미야를 비롯해 온건하고 비폭력적인 종교 그룹들까지 다양한 스펙트럼을 망라한다.

다룰이슬람의 창시자인 까르또수위르조는 1905년 중부 자바의 유전지대인 쯔뿌에서 태어나 어려서부터 네덜란드 학교의 세속교육을 받았

고 수라바야에서 네덜란드계 대학을 나
왔다. 그는 이슬람 민족주의자 쪼끄로
아미노또가 마련한 이슬람 기숙사에 들
어가 인도네시아 이슬람 연합당(PSII)에
적극적으로 참여했고, 정치 일선에 뛰
어들면서 그때까지 전공했던 의과 공부
를 중단했다. 어쩌면 수많은 인명을 전
쟁과 죽음으로 몰아넣는 다룰이슬람 반
군의 수장이 아니라 사람의 생명을 살
리는 의사가 될 수도 있었던 시점에서
인생의 방향이 갈린 것이다. 그는 서부

1950년 무렵의 까르또수위르조

자바 가룻 인근인 말랑봉을 여행하다가 이슬람 연합당 지역 지도자의 딸
을 만나 결혼했다. 하지만 샤리아 율법 중심의 이슬람 국가를 인도네시
아에 건설한다는 목표를 추구했던 그는 이슬람 연합당과의 노선 차이로
인해 결국 탈퇴해 나온다.

일제강점기였던 1942년에서 1945년 사이 까르또수위르조는 연합군
공격을 대비하던 일본군의 지원을 받아 가룻에 무장 민병대를 조직했다.
독립전쟁 기간 중 까르또수위르조는 서부 자바에 자유 투쟁 조직을 수립
하고 이를 '헤즈볼라와 사빌릴라'라고 칭했다. 이것이 다룰이슬람의 전
신이다. 이들은 네덜란드 점령지 내에서 끈질기게 게릴라전을 벌였다.
초창기의 다룰이슬람 민병대는 공화국 정부군과 원만한 관계를 유지했
지만, 1948년 렌빌 조약에 따라 공화국 부대들이 판 무크 라인 너머로
철수하면서 관계가 틀어졌다. 렌빌 조약은 아직도 강력한 공화국 거점들
이 남아 있던 서부 자바를 통째로 네덜란드에 넘겨준다는 내용을 담고
있었고, 까르또수위르조는 여전히 이를 받아들일 수 없었다. 그는 1949

년 8월 7일 네덜란드군이 맹위를 떨치던 서부 자바 한복판에 다룰이슬람(이슬람 국가)의 성립을 선포하고 자신은 지도자 이맘이 되어 네덜란드군에 맞서 싸웠다.

이어서 1948년 네덜란드의 제2차 공세로 족자가 함락된 이후 서부 자바로 스며드는 공화국 게릴라들도 가차 없이 공격했다. 이제 다룰이슬람은 네덜란드뿐 아니라 공화국의 세속 정부도 적으로 돌린 것이다. 이때부터 독립전쟁은 네덜란드군, 공화국군, 다룰이슬람군 간의 3파전 양상을 띠기 시작했다. 1949년 네덜란드가 주권을 이양한 후에도 다룰이슬람 조직은 해산하지 않고 오히려 그들 관할 지역으로 진입하는 공화국군을 적극적으로 공격했으므로, 결국 완전한 반란으로 진화하면서 인도네시아 중앙정부와 정면으로 충돌하게 되었다.

탈영병 출신인 압둘 까하르 무자까르가 이끄는 남부 술라웨시의 반란군들이 1951년 다룰이슬람에 가담했고, 1953년 9월 20일에는 다웃 버우르에가 아쩨에서 봉기해 자신을 까르또수위르조가 영도하는 인도네시아 이슬람 국가의 일부분이라고 천명하며 반란에 합류했다.

다룰이슬람은 1950년대 자유민주주의 시기에 당시 아직 미약한 중앙정부를 상대로 크게 득세했고, 1957년에는 서부 자바의 3분의 1을 지배하며 자카르타 인근까지 작전 반경을 넓혀 정부군을 위협하곤 했다. 또한 남부 술라웨시의 90퍼센트, 아쩨 지역의 농촌, 산림 지역 대부분을 실질적으로 지배했는데, 그 지역에서도 까르또수위르조를 조직의 최고 권위로 받아들였다. 이들은 인도네시아 이슬람군의 기치 아래 1만 5천여 명의 무장 게릴라를 거느렸고, 1957년 중부 자카르타 찌끼니의 교원학교(뻐르찍)에서 수카르노에게 수류탄을 투척한 사건과 1962년 앞서 언급했던 이둘 아다 기도회에서 수카르노를 저격하려던 사건의 배후이기도 했다.

그러다가 1957년 계엄령이 선포되고 1959년 수카르노가 교도 민주주의를 선언하면서 다룰이슬람 활동도 쇠락의 길을 걷기 시작했다. 아미르 파타의 지휘 아래 있던 중부 자바의 소규모 다룰이슬람 조직들이 1954~1957년 사이에 아흐맛 야니 대령의 반뗑 레이더스 부대에 의해 소탕되었고, 남부 술라웨시의 입누 하자르의 조직은 1959년에 투항했다. PRRI-뻐르메스타 반란군의 경우와 달리 투항하지 않은 다룰이슬람에 대한 중앙정부의 처벌은 무거웠다. 아미르 파타는 1954년, 입누 하자르는 우여곡절 끝에 1962년 각각 처형되었다.

1959~1962년에 걸친 3년간의 회담이 가져온 평화 협정으로 아쩨 지역에서 분쟁이 멈췄다. 이때부터 아쩨는 특권을 가진 자치주로서 인도네시아 공화국에 편입, 회복되었다. 오늘날 아쩨가 타 지역에 비해 샤리아 율법이 우선하는 이슬람 근본주의가 득세하고 중앙정부의 법률과 매우 다른 통치 규범을 갖게 된 것은 그들이 다룰이슬람의 전통을 이어받았기 때문이라 할 것이다. 그러나 극단주의 파벌들은 어디에나 존재하기 마련이어서 당시 이 협정에 만족하지 못한 잔당들이 중앙정부는 물론 아쩨 주 정부를 상대로 투쟁을 계속했고, 그들은 1976년 아쩨 독립운동 또는 수마트라-아쩨 국민해방전선으로 발전했다. 산속으로 들어간 반란군들은 사보타주와 무장투쟁으로 30여 년간 1만 5천여 명의 인명을 희생시킨 끝에 2007년 12월이 되어서야 중앙정부와 극적인 타결을 맺어 무장을 해제하고 자진 해산했다.

한편 정부군은 1959년 대대적인 병력을 동원해 '인간 그물 작전'을 펼치며 다룰이슬람군을 포위해 퇴로와 병참선을 끊고 우세한 화력을 과시하면서 게릴라들의 항복을 종용했다. 그 결과 서부 자바 교외를 단단히 틀어쥐고 있던 강력한 반군 거점들을 성공적으로 함락시킬 수 있었다. 까르또수위르조는 1961년 정부와의 전면전을 새삼 선포하고 일반인들마저 테러와 폭력의 대상으로 삼으며 최후의 발악을 했지만, 그 과정에서 추종자들이 점점 떨어져 나가 그 위세가 크게 위축되었고, 1962년 6월 가룻 인근 게베르 산의 은신처에서 마침내 정부군에게 체포되고 말았다.

체념한 까르또수위르조는 모든 추종자에게 항복할 것을 명령했고, 1962년 8월 찌러마이 산에서 활동하던 마지막 게릴라들이 투항하면서 서부 자바의 다룰이슬람은 완전히 와해했다. 까르또수위르조는 자카르타로 이송되어 군사 법정에 섰다가 반란과 대통령 암살 미수 혐의로 사형을 선고받고 1962년 9월 5일 총살당했다. 오랜 투쟁과 험난한 야전생활로 백발노인이 된 까르또수위르조였지만, 13년간 다룰이슬람 반군을 이끈 그의 저력을 두려워한 중앙정부가 재판과 처형을 이례적으로 매우 신속히 진행했다는 인상이 강하다.

이렇게 조직이 와해한 후 1970년대와 1980년까지도 '꼬만도 지하드'라는 이슬람 과격 집단의 테러가 종종 벌어졌는데, 모두 다룰이슬람 출신들의 소행이었다.

나사콤 체제의 출범

그동안 중앙정부의 골머리를 썩여온 반란군들을 모두 진압하자, 이번엔 그 과정에서 급격히 세력을 키운 군이 수카르노에게 부담이 되었다. 절대 권력을 지향하던 수카르노는 비록 자신을 지지하는 세력일지라도 자신을 넘어설 만큼 세력이 커지는 것을 그냥 두고 보지 않았다. 그래서 마치 한국의 박정희가 중앙정보부장과 대통령 경호실장을 서로 견제하도록 만들었듯이 수카르노 역시 군을 견제하려 했고, 그러기 위한 상대 세력으로 인도네시아 공산당을 지원하기 시작했다.

1960년 정부의 이념적 기반으로 도입한 나사콤(Nas-A-Kom) 체제에서 수카르노의 그러한 의지를 읽을 수 있다. 나사콤은 인도네시아 사회

건설 중인 붕까르노 스타디움(1962년 4월)

에 내재해 있다고 여겨지는 세 가지 사상적 경향, 즉 민족주의, 종교, 공산주의를 하나의 체제로 묶은 것이다. 수카르노는 이를 계기로 더 많은 공산주의자를 입각시켰고, 당시 PKI 당수 디파 누산따라 아이딧과 견고한 유대관계를 형성했다.

수카르노는 인도네시아의 위상을 높이기 위한 일환으로 1962년 아시안게임을 자카르타에 유치하는 데 성공했다. 이 아시안게임을 소화하기 위해 10만석 규모의 붕까르노 스타디움을 포함한 스나얀 스포츠 컴플렉스와 같은 많은 체육 시설이 건설되었다. 하지만 배후에는 정치적 부작용도 있어, 인도네시아는 이스라엘과 대만의 아시안게임 참가를 금지해 국제적 반발을 불러일으켰다. 이스라엘을 비토한 것은 인도네시아의 우방인 아랍 국가들과의 관계를 고려한 것이고, 대만을 거부한 것은 단일 중국을 주장하는 중국과의 외교관계 때문이었다.

국제 올림픽 위원회는 이러한 인도네시아의 배제 정책에 강력히 우려를 표했고, 이에 반발한 수카르노는 아시안게임이 끝난 후 가네포(GANEFO), 즉 '신흥국 대회'라고 불리는 비제국주의자들의 국제 경기를 따로 조직해 올림픽과 다른 길을 가겠다고 선언한다. 이 대회는 실제로 1963년 51개국 2,700명의 선수들이 참석한 가운데 자카르타에서 성황리에 개최되었다. 훗날 수카르노가 실각하지 않았다면 이 가네포 대회는 4년 후인 1967년에 또다시 열렸을지도 모른다. 한편에선 국격 상승이라 찬양했지만, 하지 않아도 될 일에도 자존심을 세우기 위해 국가 예산을 물 쓰듯 한 이러한 행동은 서구 열강과 대립각을 세우는 수카르노의 몽니이자 그의 고집을 보여주는 사례였다.

인도네시아 국격 향상 노력의 일환으로 수카르노는 국가 기념탑, 자카르타의 이스틱랄 사원, CONEFO 빌딩(현재 국회의사당 건물), 인도네시아 호텔, 사리나 쇼핑센터 등 기념비적 랜드마크들의 건축을 명해 자카르타를 과거 식민지 시대의 빛바랜 영광에서 벗어난 새로운 근대 도시로 탈바꿈시키려 했다. 현대적인 탐린 거리와 수디르만 거리, 가똣 수브로토 거리 등도 이 시절 설계되어 건축되었다.

1960년대 초반에 들어서면서 인도네시아는 대부분의 반군을 진압하고 국제적으로도 위상을 높이면서 경제 발전의 길로 들어섰다. 중앙정부는 당시 인도네시아 육지 면적 전부를 합친 것과 맞먹는 네덜란드령 서파푸아뉴기니의 합병을 시도했고, 말레이시아 연방의 확장을 방해하면서 동남아의 맹주는 물론 아시아와 제3세계의 맹주가 되기 위해 도약하려 하고 있었다.

비동맹 운동

수카르노는 자신의 대내적 권위가 굳건히 세워지자 국제 무대에 더욱 주목하기 시작했다. 그는 반제국주의를 기반으로 한 일련의 공격적이고도 강제적인 정책들을 시행해 인도네시아의 국제적 위상을 높이려 했는데 이러한 반제국주의, 반서방 정책들은 곧잘 다른 나라들과의 대결 양상으로 치달았다. 물론 이러한 국제 갈등은 다양한 인종과 분파가 공존하는 인도네시아의 단합을 유도하기 위해 의도적으로 고안된 측면도 있었다. 이러한 인도네시아 외교의 전면에 나선 인물이 수반드리오 외무장관이었다.

수반드리오는 서부 자바 말랑 출신으로 의학을 공부하던 중 독립운동에 가담했고, 제2차 세계대전 당시엔 항일 저항군에서 의료 실습을 했다. 1945년 이후 그는 수카르노의 충실한 지지자가 되어 공보처 사무총장을 역임했고, 수카르노의 특별 사절단으로 유럽을 다니며 1947년 런던에 공보처 출장사무소를 열기도 했다. 그는 1954~1956년 주소련 대사를 지낼 때 공산주의의 발전을 목도하며 좌익의 관점에서 세상을 바라볼 만

수반드리오 외무장관

큼 큰 영향을 받았다. 1956년 수카르노의 부름을 받아 자카르타에 돌아와 외무성 사무총장이 되었고, 1960년 마침내 외무장관 겸 제2부총리의 자리에 오른 후, 1962년엔 외무-경제 관계 조정장관을 겸임했다. 그는 이 세 직위를 동시에 유지했고 1966년까지 인도네시아 정보국 수장으로 지내면서 명실공히 수카르노 정권 최고 실세로 떠올랐다. 중국과의 수교도 그의

작품이었다.

수카르노는 1956년 베이징을 처음 방문한 후, 중국을 비롯해 공산권 전반과의 연대를 강화하기 시작했다. 소련 연방으로부터의 군사 원조 규모는 날로 증가해 1950년대 말에 이르러 소련은 그 어떤 서방 국가들보다 더 많은 군사 원조를 인도네시아에 퍼부었는데, 그 규모는 소련의 대 쿠바 원조와 맞먹을 정도였다. 공산권으로부터의 막대한 원조는 아이러니하게도 미국 아이젠하워 행정부와 존 F. 케네디 행정부로부터 거대한 군사 원조를 끌어내는 동력이 되었다. 동서 냉전이 한창이던 당시에 인도네시아가 공산 진영으로 넘어갈지도 모를 가능성이 미국에게 심각한 위협으로 작용했던 것이다.

이러한 배경으로 1956년 미국을 방문했을 때 수카르노는 뜨거운 환대를 받으며 미 의회 상하원 합동 연설을 했고, 얼마 지나지 않아 소련을 방문했을 땐 더욱 열렬한 환대를 받았다. 이에 그치지 않고 당시 소련의 니키타 흐루쇼프 서기장이 교환 방문 성격으로 1960년 자카르타와 발리를 방문하여 수카르노에게 레닌 평화 훈장을 수여하기도 했다. 1960년대 초반을 지나며 수카르노가 공산권에 한 발 더 다가간 것은 PRRI-뻬르메스타 반란에 미국 CIA가 군사 지원을 아끼지 않았던 사실이 들통났기 때문인데, 이를 상쇄하기 위해 케네디 대통령은 수카르노를 워싱턴으로 불러들여 환대하며 인도네시아에 수십억 달러에 달하는 민간 투자와 군사 원조를 제공했다.

수카르노는 1955년에 개최된 반둥 회의에 이어 '신식민주의와 제국주의(NEKOLIM)'라 비난하던 서방 열강들을 '구태 세력(OLDEDO)'이라 칭하며 그 반대 개념으로서 '신흥 세력 국가들(NEFO)'과의 새로운 동맹 관계를 구축하려 했다. 1961년 수카르노는 이집트의 가말 압델 나세르 대통령, 인도의 판딧 자와할랄 네루 수상, 유고슬라비아의 요십 브로즈 티

비동맹 운동의 주역들. 왼쪽부터 인도의 네루 수상, 가나의 은쿠루마 대통령, 이집트의 나세르 대통령, 수카르노 대통령, 유고슬라비아의 티토 대통령

토 대통령, 가나의 크와메 크루마 대통령 등과 함께 '5인의 발의'라는 공동선언을 통해 '비동맹 운동(NAM)'이라 명명한 또 다른 정치 동맹을 만들었다.

    NAM은 당시 냉전 체제 속에서 미국과 영국으로부터의 독립을 유지하고자 하는 국가들에게 정치적 공동체 의식과 영향력을 행사할 목적을 띠고 있었다. 수카르노는 이때까지만 해도 대외적으로 신흥 독립국들의 영향력을 증대시키며 좋은 이미지를 구축했고, 그래서 이집트 카이로와 모로코 라바트의 도로엔 그의 이름이 붙고 파키스탄 페샤와르엔 그의 이름을 딴 광장에 건설되기도 했다. 그는 1956년엔 유고슬라비아 베오그라드 대학에서 명예박사학위도 받았다.

10장 영토 분쟁: 주변국과의 갈등

서파푸아 합병: 인도네시아군 vs 네덜란드군

네덜란드령 뉴기니(서파푸아) 지역에서는 인도네시아와 네덜란드 사이에 또다시 전운이 감돌았다. 1945년 8월 17일, 인도네시아의 독립선언은 서파푸아 지역을 포함한 네덜란드령 동인도 전체의 독립을 선언한 것이었으나, 네덜란드는 서파푸아를 여전히 네덜란드 왕국의 한 주로 여겼다. 네덜란드는 이 지역의 독립을 최대한 늦추다가 1970년대에 별도 국가로 독립시킬 계획을 세웠으나, 인도네시아가 이에 동의할 리 없었다. 두 나라는 이 지역의 영유권을 놓고 치열한 경합을 벌였다.

파푸아 민족으로서는 당시 넓디넓은 파푸아뉴기니 섬의 서쪽 절반에 백만 명도 안 되는 인구가 희박한 밀도로 살고 있다는 것이 땅을 치도록 통탄스러웠다. 그들은 순박하면서도 더없이 용맹스러운 전사였지만, 서부 개척 시대의 아메리칸 인디언들처럼 그들이 이룬 원시 부족사회 시스템과 희소한 인구는 네덜란드군은 물론 이제 풍부한 전투 경험과 현대화된 장비까지 갖춘 인도네시아군에게 전혀 상대가 되지 못했다. 그들에겐 네덜란드인들뿐 아니라 인도네시아의 주류를 이루는 자바인들 역시 타민족일 뿐이었다.

1950년 12월 유엔이 유엔헌장 73조 e항에 의거하여 서파푸아의 미래

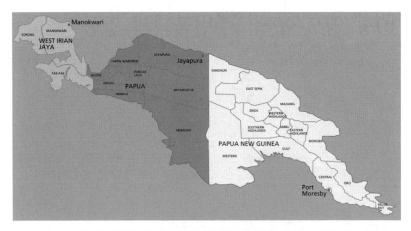

뉴기니 섬. 왼쪽은 인도네시아령 서파푸아, 오른쪽은 파푸아 뉴기니다.

는 민족자결주의 정신에 따라 파푸아 민족 스스로 결정해야 한다고 결의 했음에도 불구하고, 그들의 운명은 인도네시아와 네덜란드에 의해 결정될 판이었다. 외교권을 갖지 못했던 파푸아 민족 당사자들은 이 사안에 대해 국제사회에서 사실상 아무런 목소리도 낼 수 없었다. 한편 인도네시아 합중국의 독립을 논의한 1949년 헤이그 원탁회의 당시 네덜란드와 인도네시아는 서파푸아 지역의 미래에 대한 어떠한 합의에도 도달하지 못한 대신 1년 이내에 이 문제를 다시 협의하는 것으로 결론을 유보해놓은 상태였다.

그러나 인도네시아가 이 지역의 영유권을 강력히 주장함에 따라 네덜란드는 인도네시아를 설득해 이 문제를 국제재판소에 상정해 판결을 받으려 했다. 유럽에서 벌어질 재판이 불리할 것이 뻔했으므로 인도네시아는 당연히 이에 응하지 않았다. 그사이에 인도네시아는 몇 차례 서파푸아에 소규모 침공을 감행했으므로, 네덜란드는 부득이 서파푸아의 독립 준비를 서둘렀다. 그 결과물 중에는 1956년 해군사관학교 설립, 1957년

파푸아 군대 발족 등이 있었다. 이에 반발해 인도네시아 정부는 1956년 8월 17일 서파푸아 지역을 '서부 이리얀 주'라고 지정하고 띠도레 섬에 위치한 소아시우를 그 주도로 삼았으며, 자이날 아비딘 샤가 상징적으로 1956년 9월 23일 서부 이리얀 주지사로서 임명장을 받았다.

앞의 장에서 소개된 바와 같이 수카르노는 1958년 12월 17일 인도네시아 내의 모든 네덜란드 기업들을 국유화하는 1958년 제86호 법령을 발표했다. 이 조치로 플랜테이션, 네덜란드 무역회사 NHM, 전기 회사, 정유사, CBZ 병원(훗날 찝또망운꾸수모 병원으로 개명) 등을 포함한 기업체들이 국유화되었다. 그 과정에서 네덜란드인들을 인도네시아로부터 추방하면서 네덜란드에 대한 압박 강도를 높였고, 그 결과 두 나라 간의 교역량이 대폭 줄어들었다. 이와 함께 인도네시아 물자의 유럽 경매 시장을 네덜란드에서 독일 서부의 브레멘으로 옮겼고, 네덜란드 국영 항공기 KLM의 인도네시아 영공 통과를 불허했으며, 네덜란드 영화 상영을 금지하는 등 여러 조치가 이루어졌다. 자카르타에서 네덜란드 외교관들이 물리적 테러를 당하는 사태도 빈번했다. 이렇듯 인도네시아가 적극적 정책 공세를 취함에 따라 네덜란드는 1959년 서파푸아인들의 자치 국가 설립 준비 단계에 돌입했고, 인도네시아는 기다렸다는 듯이 헤이그 원탁회의에서의 합의 위반이라며 1960년 8월 네덜란드와의 외교 관계를 단절했다.

네덜란드 측은 1960년 제헌 위원회 성격의 뉴기니 위원회를 발족시켰고 병원들과 마노끄와리 조선소, 농업 연구단지, 플랜테이션 등을 설립했으며, 지역 방위를 위한 파푸아 자경 부대도 만들었다. 뉴기니 위원회는 1961년 4월 5일 파푸아인들의 독립국을 만들겠다는 의지를 공표하면서 인도네시아와 대결 양상으로 치달았다. 1961년 1월 뉴기니 위원회는 선거로 뽑은 16명을 포함, 총 28명의 인원으로 구성되어 1년 이내에 서

뉴기니 위원회의 발족. 네덜란드 율리아나 여왕(가운데)도 뉴기니 위원회의 멤버로 참여했다.

부 뉴기니의 미래와 나아갈 방향을 결정하는 임무를 맡았다. 뉴기니 위원회는 특별회의를 거쳐 국가 발표문을 초안했는데, 여기에 '서파푸아'라는 국호와 샛별 문양 국기가 포함되었다.

　원래 미국은 서파푸아가 인도네시아의 영토가 되는 것을 지지하지 않았다. 워싱턴의 유럽 상황 위원회는 인도네시아가 서파푸아의 영유권을 갖게 되는 것에 대해 백인 지배자가 황색 피부의 지배자로 바뀌게 되는 것일 뿐이라고 인식하고 있었다. 그것은 파푸아인들의 입장이기도 했다. 그러나 1961년 4월경부터 로버트 코머와 맥조지 번디는 그러한 미국의 기조를 바꾸어 인도네시아에 영유권을 이양하는 것이 합법적이라는 인상을 줄 만한 여러 계획을 준비하기 시작했다. 이번에도 냉전 체제하에서 인도네시아가 서방 세계에 앙심을 품고 소련 쪽으로 기울 것을 우려한 정치적 입장이 작용했다. 그 결과 1961년 유엔총회에서 미 외교관 엘스워스 벙커는 네덜란드로 하여금 2년 이내에 유엔을 통해 서파푸아를 인도네시아에 이양하라고 제안하기에 이른다.

인도네시아는 네덜란드와 갈등이 깊어갈 즈음 전쟁을 준비하며 무기 원조를 해줄 나라들과 협상을 시작했다. 먼저 미국의 문을 두드렸지만 거절당한다. 미국이 무기 공급을 거절하면 인도네시아가 소련으로 접근할 것은 뻔한데, 미국의 이런 태도는 자못 이해하기 어려운 일이었다. 인도네시아는 당연히 소련과 동유럽으로 눈을 돌렸다. 1960년 12월 나수티온 장군이 모스크바로 날아가 25억 달러 상당의 무기 구매 계약을 하고, 원금 상환을 시작하기 전에 장기간의 거치 기간을 누리는 좋은 조건까지 받아냈다. 이 무기 구매로 인도네시아는 남반구에서 가장 강력한 군사력을 가진 국가로 급부상했고, 네덜란드령 뉴기니에 대한 군사적 압력 강도를 높여갔다. 하지만 그 부작용으로 수카르노 정권은 이후 소련의 군사 원조에 계속 의지하지 않을 수 없게 된다.

인도네시아가 소련으로부터 구매한 군사 장비들 중엔 41기의 경량화물 수송 헬리콥터 MI-4, 9기의 중화물 수송 헬리콥터 MI-6, 30기의 미그15 제트기, 49기의 미그17 강습기, 10기의 미그19 전투기, 20기의 미그21 초음속 전투기, 12척의 위스키급 잠수함, 수십 척의 코르벳함, 그리고 나중에 서파푸아 침공 작전에 투입되면서 'KRI 이리얀'이라고 불린 스베르드로프급 순양함 1척 등이 포함되어 있었다. 그뿐만 아니라 22기의 경폭기 일류신 II-28, 14기의 장거리 폭격기 TU-16, 대함 미사일과 공대지 미사일 AS-1 커널을 장착한 12기의 해양 버전 TU-16기는 물론 IL-15, AQvia-15 등의 경수송기 26기, 안토노프 AN-12B 중수송기 6기, 그리고 미국산 C-130 허큘리스 중수송기 10기도 구매 목록에 포함되어 있었다.

그해 10월 유엔이 서파푸아 문제에 개입해왔다. 유엔에서 영국, 호주는 인도네시아의 팽창 정책에 반발해 서파푸아에 대한 네덜란드의 권리를 옹호하는 쪽이었으나 군사적 개입은 부담스러워했으므로, 결국 네덜란드는 서파푸아를 별도의 국가로 독립시키려는 계획에 대해 국제적 지지를 충분히 얻지 못했다. 반면 수카르노는 소련과 바르샤바 조약 기구 국가들 및 비동맹 운동 국가들로부터 서파푸아 합병에 대한 지지를 끌어냈고, 만약 인도네시아와 네덜란드 간에 이 문제로 전쟁이 발발할 경우 최소한 그 국가들이 네덜란드를 지원하지 않도록 유도했다.

서파푸아에서 네덜란드와 일전을 벌일 모든 준비를 마친 수카르노는 1961년 12월 19일 족자에서 '국민의 3대 명령(뜨리꼬라)'을 연설하며 네덜란드와의 군사 대치 상태를 선언했고, 서파푸아 침공을 지시했다. 이렇게 시작된 1961~1962년 사이의 네덜란드령 뉴기니의 점령, 합병을 목적으로 한 인도네시아의 군사 작전을 뜨리꼬라 작전이라 칭한다.

국민의 3대 명령(뜨리꼬라) 전문

인도네시아 공화국 군최고사령관이자 대통령인 본인은 서부 이리얀의 해방을 위해 네덜란드와 대결함에 있어 현재 네덜란드가 강점하고 있는 조국의 영토 서부 이리얀 해방의 의무를 수행해야 함을 기회 있을 때마다 군에 지시한 바 있다. 그리고 네덜란드가 아직도 우리 영토인 서부 이리얀을 식민지로 지배하고 있는 지금, 본인은 인도네시아 국민들과 서부 이리얀에 사는 동포들에게 다음과 같은 국민의 3대 명령을 수행할 것을 명한다.

1. 네덜란드 식민주의자들이 만든 '파푸아 괴뢰국가'의 성립을 무산시킬 것.
2. 인도네시아 영토인 서부 이리얀에 인도네시아 국기인 적백기를 게양할 것.
3. 조국과 민족의 통일과 독립을 수호하기 위해 국가 역량을 총동원할 것.

인도네시아 독립을 위한 우리의 투쟁에 위대한 신의 축복을!

족자, 1961년 12월 19일
대통령/ 군최고사령관/ PBR/ 서부 이리얀 해방군 KOTI 대장군
수카르노

'서부 이리얀 해방을 위한 만달라 사령부'라는 긴 이름으로 불린 뜨리 꼬라 작전의 사령관은 수하르토 소장이었다. 나수티온과 아흐맛 야니의 그늘에 가려져 있던 수하르토가 전면에 나선 순간이었다. 만달라 사령부 는 서파푸아 본토 침공을 위해 육·해·공군을 총동원했고, 이로써 인도네 시아와 네덜란드는 서파푸아의 패권을 놓고 바야흐로 대결 상태에 돌입 했다. 수카르노는 '단계적 동원' 정책을 발효시켜 국가 전체가 그의 명령 을 따르도록 체제를 정비했다. 이에 맞서 네덜란드는 항공모함 Hr. Ms. 카렐 도르만호를 서파푸아 해역으로 보내왔다. 태평양전쟁 당시 자바 해 전에서 전사했던 카렐 도르만 제독이 20여 년 후 강력한 군함이 되어 다 시 인도네시아에 돌아온 것이다. 인도네시아군의 침공에 대비한 네덜란 드 측은 해군 주축으로, 1950년까지는 해병대와 해군 비행단을 포함했 으나 1958년부터 변화를 보여 소롱, 팍팍, 머라우께, 까이마나, 떠미나 부안 등에서 육군과 해병대의 증강이 이루어졌다. 수하르토는 서파푸아 합병을 위한 초기 단계로서, 최단 기간 내에 서파푸아 지역에 잠정적 해 방구를 조성하거나 자카르타 정부의 통제권이 미치는 지역을 확보하라 는 명령을 받았다.

1962년 인도네시아군이 서파푸아 지역에서 공수부대를 투하하고 해 군을 동원한 상륙 작전을 시작하는 동안, 수반드리오 외무장관은 네덜란 드와의 외교적 대결 수위를 점점 높여갔다. 뜨리꼬라 작전은 인도네시아

항공모함 Hr. Ms. 카렐 도르만. 카렐 도르만 제독 사후 20여 년이 지나 강력한 전투함으로 인도네시아에 돌아왔다.

공군이 제공권을 장악한다는 전제로 침입-침식-합병의 세 단계로 기획되었다. 첫 단계인 침입 단계에서는 소규모의 병력이 공중 낙하와 해안 상륙을 통해 적 후방에 침투하여 네덜란드군의 주의를 끌고, 그렇게 해서 네덜란드군으로부터 소홀해진 지역에 인도네시아군 주력이 수륙 양면으로 총력전을 벌여 거점을 확보하며 침식 단계를 수행하고, 그다음 인도네시아 정부의 통제력을 서파푸아 전체에 뻗치는 것이 합병 단계였다. 하지만 물론 모든 단계가 계획대로 흘러가진 않았다.

인도네시아군은 본격적인 침공에 앞서 서파푸아에 자원병들을 침투시키는 비밀 작전을 시작했다. 뜨리꼬라 작전은 이미 선포되었지만, 제공권을 장악해야 할 인도네시아 공군력의 대부분이 자바 섬에 밀집해 있었기에 뜨리꼬라 작전 수행은 시간이 필요했다. 그래서 육군은 우선 자원병들을 운용한 침투 작전을 위해 해군에는 이들을 서파푸아 해안으로 실어 나를 운반선과 상륙정을, 공군에게는 병력 수송용 허큘러스 수송기들을

와티메나 공군 작전사령관(오른쪽)과 뜨리꼬라 작전을 지휘 중인 수하르토 장군

요청했다. 이 작전은 공군으로서는 병력만 실어 나르면 끝나는 간단한 작전이었지만 매우 비밀리에 진행되어 공군 사령부에서도 특정 고위 장교들 외에는 이 작전의 존재를 알지 못했다. 암본 제도에서 조직된 인도네시아 경찰군 기동타격대도 몇 개의 전투단을 이루어 서파푸아 침공 작전에 참여했다. 안똔 수자르워 총경이 이끄는 기동타격대 특수전대는 고롬 섬에 조직되었고, 그 침투조 하나가 서파푸아 팍팍 해안에 상륙, 내륙으로 진주해 네덜란드 지역에서 사보타주와 파괴 공작을 수행했다. 현재 자카르타 시내 뜨루노조요 거리의 경찰청 박물관에는 당시 뜨리꼬라 작전에 참전한 경찰군 활약을 상세히 조명하는 자료들과 설치물들이 있다.

그렇게 시작된 뜨리꼬라 작전은 어설픈 침투 단계인 1962년 1월 12일에 인도네시아군을 레푸안에 처음 낙하시킨 허큘리스 수송기들이 기지로 복귀한 지 며칠 후인 1월 15일, 인도네시아와 네덜란드 군함들이 격돌하는 해전이 벌어졌다. 이를 '아루 해전'이라 한다.

서파푸아 해안 블락호엑의 아루 섬 인근에서 인도네시아군 측 해군 부

재규어급 고속 어뢰정 KRI 마짠뚜뚤
오른쪽은 아루 해전에서 전사한 요스 수다르소 해군 준장

참모장 요스 수다르소(Yos Sudarso) 해군 준장의 기함 KRI 마짠뚜뚤과 수도모 대령의 KRI 마우, KRU 마짠꿈방 등 고속 어뢰정급 군함 세 척이 상륙 병력 해병대원 150명을 싣고 항진하고 있었다. 그날 밤 9시경 KRI 마우는 자신들의 항로 좌우측에 적 선박들이 잠복 중임을 레이더로 발견했는데, 그 순간 네덜란드군의 록히드 P2V-7B 넵튠 전투기가 기관포를 난사하며 기습해 들어왔고, 네덜란드 군함도 KRI 마우 쪽으로 사격을 해왔다. 수도모 대령은 응사를 명령했으나 KRI 마우의 사격은 적함을 맞히지 못했다. 요스 수다르소 준장은 결국 퇴각을 명령했지만, KRI 마짠뚜뚤이 기관 고장을 일으켜 의도치 않은 우측 선회를 하기 시작했고, 이 동작을 보고 인도네시아군이 공격을 위해 포열을 맞추는 과정이라 판단한 네덜란드군은 즉각 집중 포격을 가해왔다. 요스 수다르소는 최후의 순간까지 "과감히 응전하라"는 명령을 내렸고, 그의 KRI 마짠뚜뚤은 네덜란드 프리깃함 Hr. Ms. 에버트슨으로 돌진하며 사격을 가했으나 치열한 대응포격을 받고 밤 10시 50분 격침되고 만다. 이 사건으로 요스 수다르소 준장과 29명의 인도네시아 수병이 전사하고 55명의 생존자가 네덜란드군의 포로가 되었다. 하지만 그렇게 KRI 마짠뚜뚤이 마지막까지 응전하

며 적의 주의를 끌어준 덕에 KRI 마우와 KRI 마짠꿈방은 최소한으로 피해를 줄이고 무사히 전역을 이탈할 수 있었다.

그런 참패를 겪으면서도 인도네시아군의 침투 작전은 그 후 8개월 동안 끈질기게 계속되었다. 562명의 병력을 해안으로 상륙시켰고, 네덜란드군의 레이더망을 피해 저공비행한 인도네시아군 수송기가 1,154명의 공수부대를 서파푸아 내륙 깊숙이 흩뿌렸다. 인도네시아군은 이 작전을 수행하면서 야간에만 수송기를 띄웠는데, 이는 작전 초창기에 사용된 18명 정원 경량 수송기 C-47 다코타기의 성능이 크게 떨어져 네덜란드군 넵튠 전투기에 족족 요격당했기 때문이었다.

천신만고 끝에 침투에 성공한 병력은 1962년 4월부터 서파푸아 전역에서 게릴라 작전을 수행했지만, 군사적 성과는 지극히 적었다. 이 과정에서 인도네시아 병사 94명 이상이 전사하고 73명이 부상을 당한 반면 네덜란드군의 피해는 미미했다. 하지만 1962년 중반까지 계속된 침투 작전으로 이 지역의 병력을 꾸준히 증강한 인도네시아군은 두 번째 작전 단계에 돌입했다. 인도네시아 공군은 소련으로부터 공급받은 튜폴레프 TU-16 뱃저 전폭기에 AS-1 커널/KS-1 커밋 대선박 미사일을 장착해 배치하여 네덜란드 군함 Hr. Ms. 카렐 도르만호와의 일전을 대비했다.

1962년 여름까지 인도네시아군은 서파푸아의 네덜란드 주둔군 거점인 비악에서 대규모 상륙 작전과 공습을 감행했다. 이 작전은 '자야위자야 작전'이라 명명되었는데, 소련과 동유럽에서 지원해준 여러 척의 군함을 포함한 100여 척의 함선이 동원되어 괄목할 만한 병력을 움직였다. 이는 인도네시아군 역사상 가장 큰 규모의 작전이었다. 비악 섬에서 7천 명의 공수부대, 4,500명의 해병대, 1만 3천 명의 보병들이 동원되어 수륙 양면으로 네덜란드 거점들을 공격하는 동안, 1962년 8월 13일에서 14일에 걸쳐 인도네시아 공수부대가 북서쪽 방면의 소롱과 남동쪽 방면

머라우께에도 대거 투하되었다. 그러나 이 작전은 네덜란드 군정보국과 정찰기에 사전 노출되었으므로 인도네시아군은 철저히 준비된 네덜란드 군의 강력한 저항에 부딪혀 막대한 손실을 감수해야 했다.

서파푸아 전역에서 네덜란드 해군은 구축함 5척, 프리깃함 2척, 잠수함 3척, 탐사선 1척, 보급선 1척, 그리고 유류 탱커 2척을 보유했고 공군력은 해군에서 지원된 넵튠 전투기 11기, 호크 헌터 F-MK4 12기, 호크 헌터 MK6 12기로 구성되어 있었다. 여기에 네덜란드 지상군은 다수의 대공포대, 해병대 5개 중대, 3개 보병 대대를 보유했다. 방어 계획의 일환으로 네덜란드군은 마리드 6 NNG를 사용해 인도네시아군 통신 체계를 교란하는 것도 염두에 두고 있었다.

미국은 이 사태로 인도네시아에서 공산주의자들이 득세할까 우려하며 네덜란드와 인도네시아를 협상 테이블로 떠밀었다. 1962년 2월 미국 법무부 장관 로버트 케네디도 네덜란드를 방문했을 때 인도네시아와 무력 충돌이 벌어지면 미국은 네덜란드를 지원하지 않을 것을 분명히 했다. 또한 미 외교관들이 총력을 다한 결과 1962년 8월 15일 뉴욕 협정이 체결되는데, 애초 서파푸아의 자치 독립을 지지했던 호주도 미국의 압력을 받아 인도네시아와의 합병 지지로 선회했다. 뉴욕 소재 유엔 본부에서 체결된 뉴욕 협정엔 인도네시아 수반드리오 외무장관과 네덜란드 측의 얀 헤르만 판 로에이언, C. W. A. 슈르만이 각국 대표로 나서서 서명했는데, 그 내용은 다음과 같았다.

1. 네덜란드는 서파푸아의 통치를 유엔 사무총장 산하의 유엔 임시집행위원회 (UNTEA)에 위임하며 UNTEA는 이를 다시 인도네시아에 양도한다.
2. 신탁통치 기간 동안 유엔 깃발을 게양한다.
3. 인도네시아와 네덜란드 국기의 게양은 유엔 사무총장과 각국 정부의 협약에 따른다.

4. 치안 유지를 위해 유엔은 파푸아 경찰력을 지원하며 현지 네덜란드군과 인도네시아군은 신탁통치 기간 동안 유엔 사무총장의 관할하에 둔다.

5. 인도네시아는 유엔의 지원 아래 서파푸아의 주민들에게 다음 방식을 통해 스스로의 미래를 자유롭게 결정할 기회를 공여한다.

   a. 서파푸아 주민대표들 간의 협의.

   b. 인도네시아와의 합병 여부에 대한 국민투표 일정 확정.

   c. 국민투표 용지 준비.

   d. 국민투표는 국제 표준에 따라 실시되며 여기 참여할 모든 성인 남녀의 권리 보장.

6. 국민투표는 1969년 말 이전에 실시한다.

네덜란드는 이 뉴욕 협정을 비준함으로써 내키진 않지만 서파푸아 합병에 대한 인도네시아의 의지를 마침내 인정해주었다. 네덜란드 정부 역시 또다시 전쟁에 휘말리고 싶지 않았다. 그 결과 자야위자야 작전은 조기에 종결되고, 1963년 서파푸아는 일단 인도네시아 영토에 합병되었다.

네덜란드가 인도네시아에 식민지를 넘겨주기로 한 것은 사실 미국의 입김 때문이었다. 네덜란드는 북대서양조약기구 회원국으로서 미국의 우방이었음에도 당시 케네디 행정부가 인도네시아의 손을 들어준 것은 냉전이란 특수 상황이 크게 작용했기 때문이다. 냉전의 영향으로 한국이 동족상잔의 전쟁을 치르고 남북이 서로 적이 되어가던 시기에 인도네시아는 미국과 소련 사이에서 외교적 줄타기를 하며 자국을 위한 최선의 결과를 유도해냈다. 결국 서파푸아에 대한 인도네시아의 강경한 군사 행동과 소련의 적극적 군사 원조가 역설적으로 미국에 경종을 울려, 서파푸아 분쟁에서 적국이 되어가던 인도네시아 편에 서서 우방인 네덜란드를 압박하게 했다. 국제정치란 참 오묘하다.

뉴욕 협정은 미 외교관 엘스워스 벙커가 추진한 협상의 결과였다. 그
는 네덜란드의 체면을 살려주기 위해 네덜란드-인도네시아 간의 휴전을
중재하면서, 10월 1일 네덜란드가 서파푸아를 일단 유엔 임시집행위원
회(UNTEA)에 위임하는 모양새를 취하고, 여기서 한 박자 쉰 후 1963년
5월 1일 UNTEA가 다시 인도네시아에게 이양하는 것으로 정리했다. 최
소한 네덜란드가 어쩔 수 없이 떠밀려 서파푸아를 곧장 인도네시아에 양
도하는 모양새만은 피했다. 서파푸아의 수도였던 홀란디아는 꼬따바루
로 이름을 바꾸었다.

서파푸아의 영유권이 손에 들어오자 대번에 안면을 바꾼 인도네시아
는 1963년 9월 5일 서파푸아를 '격리 지역'으로 공표하고 파푸아 민족을
대상으로 강압 정책을 펼쳤다. 인도네시아 정부는 뉴기니 위원회를 해산
시키고 파푸아 국기와 국가를 금지했는데, 이는 파푸아인들의 거센 반발
을 불러와 1965년 독립을 위한 파푸아 해방 운동 조직인 '자유 파푸아
운동(Organisasi Papua Merdeka, OPM)'이 결성된다.

이를 짓누르기 위해 인도네시아 정부 측은 살인, 감금, 고문은 물론 폭
격까지 포함한 가혹한 철권 통치를 시작했다. 그것은 과거 네덜란드 식
민 정부나 일본 군정과 비교해서도 뒤질 바 없는 강력하고도 참혹한 것
이었고, 국제사면위원회에서는 이 과정에서 10만여 명의 파푸아인이 인
도네시아군에 의해 목숨을 잃은 것으로 파악했다. 자유 파푸아 운동 측
역시 자체 군대를 조직해 저항에 나섰지만, 병력이나 화력 면에서 절대
적 열세였으므로 달걀로 바위 치기와 다를 바 없었다.

뉴욕 협정에는 서파푸아가 1969년까지 국민투표를 해서 계속 인도네
시아의 일원으로 남을 것인지 독립 노선을 걸어갈 것인지 결정한다는 조
항이 포함되어 있었다. 그것은 어쩌면 현대사에서 서파푸아가 국제기구
의 감독 아래 공식적인 독립을 얻을 수 있는 마지막 기회였다. 그러나 인

1969년 파푸아 국민투표 당시의 사진. 진행 과정에 수많은 의문이 제기된 이 투표 결과를 통해 파푸아의 인도네시아 공화국 잔류가 결정되었다.

도네시아 정부가 방치할 리 없었다. 인도네시아 점령군이 앞장서 국민투표를 조직하면서 투표 결과가 반드시 합병 찬성으로 나오도록 공작했다는 것은 공공연한 비밀이다.

OPM 멤버였던 모세스 웨러에 따르면, 국민투표인 뻬뻬라(PEPERA)가 열리기 몇 주 전부터 인도네시아군은 파푸아 주민대표들을 체포해 위협하거나 뇌물로 구슬리면서 인도네시아와의 합병에 몰표를 던지도록 공작을 벌였다고 한다. 그 후 투표에서 이상한 일들이 계속 벌어졌는데, 유엔이 파견한 두 팀의 감독관들이 총 1,022표 중 불과 200여 표가 개표된 시점에서 어떤 이유에선지 개표소를 떠난 것도 석연치 않은 장면이었다.

뻬뻬라의 결과는 합병 찬성이었다. 어차피 인구도 얼마 되지 않았고 명색이 국민투표였으니 해당 지역 인구 유권자 81만 6천 명 모두에게 의견을 물어야 마땅했지만, 인도네시아군은 1천여 명의 부족장에게만 투표권을 주었고 그들이 합병 찬성에 몰표를 던졌다. 그사이 전체 인구의 10퍼센트가 넘는 10만 명 이상이 인도네시아 점령군에 의해 목숨을 잃었는데도 파푸아 주민대표들이 자발적으로 인도네시아와의 합병을 선택한 것은 그 진의를 의심하지 않을 수 없다. 당연히 자유 파푸아 운동은 물론 독립 옵저버들이 그 결과에 의구심을 제기했지만, 미국과 호주가 이 투표 결과를 유엔이 즉시 승인하도록 외교력을 발휘했다. 서방 강대국들이 개입해 인도네시아 정부에 절대적으로 유리한 이 투표 결과를 기정사실로 하려는 것이었다.

여전히 미국-인도네시아-소련의 미묘한 정치 삼각관계가 기저에 깔려 있었지만 거기 개입된 경제적 이권들도 무시할 수 없었다. 안타깝게도 돈은 대개 정의의 반대 방향으로 그 위력을 발휘하곤 한다. 서파푸아의 막대한 천연자원에 군침을 흘리던 서방 국가들로서는 서파푸아가 신생 자치독립국이 된다면 한편으로는 이에 불만을 품고 악다구니를 쓸 것이 분명한 인도네시아를 상대하면서, 그와 동시에 하이에나처럼 이권을 향해 곳곳에서 달려들어 쟁탈전을 벌일 열강들과 이전투구를 하면서 그 혼란 속에서 관련 부대 비용을 예측할 수도 없는 위태로운 사업 투자를 해야 하는 상황이 펼쳐질 터였다.

그보다는 합병이 이루어질 경우 저 광대한 파푸아 전역에 스스로 강력한 점령군을 보내 무자비한 철권을 휘둘러 결과적으로 자신들의 투자를 보호해줄 자카르타 중앙정부와 적정선에서 거래를 하는 것이 훨씬 이문이 남는 장사임이 분명했다. 그러한 상업적 계산은 파푸아 민족의 의지에 대체로 반하는 것이었다. 유엔총회에서 84개 회원국이 투표 결과 수용에 찬성표를 던졌고 30개 회원국은 기권했다. 서파푸아인들의 운명은 그렇게 인도네시아에 귀속되는 것으로 결정되고 말았다.

그리하여 서파푸아는 인도네시아의 26번째 주로 편입되며 '이리얀자야'라는 새 이름으로 불리게 된다. 그러나 서파푸아를 '국가'의 지위로 만들려 했던 네덜란드에 동조한 적잖은 해당 지역 주민들은 이 투표 결과를 수용하지 않았고, 결과적으로 분리주의 자유 파푸아 운동(OPM)이 일어나 오늘날까지도 중앙정부에 반기를 들고 봉기하는 사태가 일어나고 있다. 사실상 거의 침략 수준으로 진행된 인도네시아의 서파푸아 합병을 자카르타 정부는 애써 정당화했는데, 인도네시아 교과서에서도 가르치고 있는 합병 논리는 다음과 같다.

1. 서파푸아는 1945년 8월 17일부터 이미 인도네시아 공화국의 영토였으나 당시 아직 네덜란드에 강점당한 상태였다.
2. 네덜란드는 헤이그 원탁회의에서 서파푸아를 인도네시아에 이양키로 약조했다.
3. 서파푸아를 인도네시아가 합병한 것은 인도네시아의 영토를 네덜란드의 강점 상태로부터 되찾은 정당한 조치다.
4. 또한 인도네시아의 서파푸아 합병은 파푸아 주민들 스스로 원한 결과이기도 하다.

한편 수카르노의 환심을 사려던 미국의 노력은 수카르노가 영국 식민지였던 말레이시아와 대결하면서 서방 국가들에 등을 돌려 결국 물거품이 되고 만다. 하지만 미국은 서파푸아에 매장되어 있던 엄청난 양의 구리와 황금에 눈독을 들이다가 수하르토가 정권을 잡자 프리포트 맥모란사를 통해 이 지역 광산권을 기어코 손에 넣어 막대한 실리를 챙겼다. 수카르노가 여전히 대통령이었다면 불가능한 일이었을지도 모른다. 그로부터 몇 년 후 발생하는 수카르노의 하야를 둘러싼 일련의 사건들에 이러한 경제적 이권을 노린 서방 국가들의 입김이 개입했을 개연성을 강하게 시사하는 대목이다.

그라스버그 광산 전경

　프리포트 맥모란 사는 인도네시아에서 채굴 허가를 받은 첫 외국 회사
로 등록되었으며 그 허가 기간은 1981년부터 30년간이었다. 물론 프리
포트 맥모란 사는 모종의 수단과 방법으로 특권을 누리며 1972년부터
이미 채굴 활동을 하고 있었다. 이 회사의 수완엔 혀를 내두르지 않을 수
없다. 프리포트 맥모란 사는 허가 기간이 끝난 2011년 이후에도 가용한
모든 불법과 편법, 인도네시아 부패 고위 관료 및 정치인들과의 뒷거래
를 통해 스캔들을 일으켰고, 조코 위도도 정부와 대립하면서도 전 정권
실세들에게 주식을 나누어주는 등의 방법으로 기어이 채굴 허가를 몰래
연장해 2041년까지 채굴 사업을 계속하려 했다. 과연 미국의 일개 기업
이 그런 식으로 인도네시아라는 동남아의 맹주를 무릎 꿇릴 것인지, 아
니면 과거 수카르노가 국유화라는 무기로 서방 기업들과 대결했던 것처
럼 인도네시아가 이 회사에 철퇴를 날릴 것인지 세계가 그 귀추에 주목
했다. 프리포트 맥모란 사는 결국 인도네시아 자회사의 지분 51퍼센트를
인도네시아 정부에 넘기고, 오랜 기간 끝내 세우지 않았던 제련소를 현

지에 건설하는 조건으로 2041년까지의 채굴 허가를 연장받았다.

1988년 이 회사가 개발한 서파푸아의 그라스버그 광산은 현재 세계 최대의 금광이다. 현지 주민들은 프리포트 맥모란 사와 인도네시아 정부의 환경 파괴와 인권 말살 행위에 대해 여러 가지 방법으로 저항했다. 자유 파푸아 운동 조직과 연계하여 가스관을 폭파하기도 했고, 1996년에는 유럽과 인도네시아에서 프리포트 맥모란 사의 직원들을 납치하는 사건도 벌어졌다. 이 사건의 피해자들이 풀려나는 과정에서 두 명이 살해되었다.

1980년대에 인도네시아 정부는 '트란스이미그라시' 이주 정책의 일환으로 자바 섬과 수마트라에서 수만 명을 이리얀자야로 이주시켰는데, 이는 중앙정부를 지지하는 골수분자들을 대량으로 현지에 심어 중앙정부의 통제력을 강화하려는 시도라고 의심받았다. 2000년 와히드 대통령 시절엔 현지 분리독립 움직임을 완화하기 위해 파푸아에 더욱 폭넓은 자치권을 부여하기도 했지만, 파푸아의 독립 의지는 여전히 그 불씨가 꺼지지 않고 있다. 자카르타 중앙정부에 저항하는 자유 파푸아 운동 측이 파푸아의 독립에 대해 가지고 있는 논리적 근거들이 비교적 잘 설명된 자료를 여기 옮겨놓는다.

1962년 인도네시아는 미국, 영국, 호주의 지원을 받아 서파푸아를 침공하고 불법적으로 강점하여 '이리얀자야'라는 이름을 붙였다.

국제법은 모든 인간 한 명 한 명이 평화적 방법으로 스스로의 운명을 결정해야 한다고 규정하고 있다. 그러나 서파푸아에서는 독립을 지지하는 평화 시위는 물론 파푸아 깃발을 소유하고 있다는 것만으로 인도네시아 침략자들에게 반역죄로 체포되어 감금당하고 고문당해야 했다.

우리가 인도네시아로부터의 독립을 요구하는 것은 다음과 같은 근거에 의거한다.

2012년 자유 파푸아 운동 지지자들이 호주 멜버른에서 정치범 석방을 요구하는 시위를 하고 있다.

1) 서파푸아의 멜라네시아 후손들은 인도네시아인들과 종족적 기원이 전혀 다르다. 따라서 인도네시아는 과거 네덜란드의 식민지였다는 점 외에는 서파푸아와 그 어떠한 역사적 공통분모도 가지고 있지 않다.

2) 서파푸아는 제2차 세계대전에서 연합국을 도와 일본군을 무찔렀다. 당시 일본군은 호주를 침공할 수도 있었지만 파푸아인들의 치열한 항전으로 여의치 않아 결과적으로 수많은 미국, 영국, 호주인의 생명이 구원받은 셈이었다. 그래서 연합군은 파푸아를 그들의 혈맹으로 인식했다. 그러나 당시 자바와 수마트라가 주축을 이룬 인도네시아의 수카르노 정권은 일본군에 부역한 주축국의 일원이었다. 파푸아와 인도네시아는 현대사의 출발점 자체가 다르다.

3) 인도네시아가 침공하기 이전, 파푸아는 네덜란드 식민주의자들로부터 독립을 쟁취해 합법적 자치주로서 이미 기능하고 있었다.

4) 미국과 그 동맹국들은 서파푸아의 금, 원유, 가스, 청동 등의 매장량이 막대하다는

사실을 알고 있었던 반면 서파푸아인들과 네덜란드는 그렇지 못했다. 프리포트, 리오 틴토, 브리티시 페트롤륨, BHP 빌리턴 등 미국, 영국, 호주의 주요 기업들은 자카르타와 일련의 독점 계약을 맺고 서파푸아에서 수십 억 달러의 이익을 창출하고 있다. 그러나 서파푸아 지방정부는 자카르타 정부가 걷어들이는 해당 세금의 불과 6분의 1만을 받고 있을 뿐이다.

5) 인도네시아군은 서파푸아를 침공한 이래 전체 인구의 최소 6분의 1을 학살했다.

6) 1961년 수카르노는 인도네시아의 공산화를 원치 않는다면 서파푸아에 대한 인도네시아의 입장을 지지하라며 케네디 미대통령을 협박한 바 있다. 1962년 인도네시아가 서파푸아를 침공할 당시 파푸아의 부족들이 가지고 있던 자위 수단이란 고작 낡은 창과 활뿐이었으므로 인도네시아군은 손쉽게 파푸아를 무력으로 짓밟을 수 있었다. 더욱이 미국은 전후 복구비를 주지 않겠다고 협박해 네덜란드가 서파푸아를 공식적으로 인도네시아에 이양하도록 공작했다. 네덜란드는 공정한 국민투표를 통해 파푸아인들이 인도네시아에 편입할지를 결정한다는 전제하에 영유권 이양에 동의했으나, 국제적 지지를 등에 업은 인도네시아군은 소재가 노출된 서파푸아의 전 정부 요인들과 독립을 지지하는 지도자들을 모두 검거해 살해했다. 인도네시아군은 그렇게 8년간 파푸아인들을 압박한 끝에 1969년 투표를 실시했는데 그것은 전체 파푸아인들을 대상으로 한 국민투표가 아니라 인도네시아 정부가 선택한 공모자와 민족 반역자 1,022명이 참여한 간접투표였다.

7) 1965년과 1966년 사이 민주적으로 선출된 수카르노 대통령이 미국이 공작한 쿠데타에 의해 하야하자 1967년 미국 프리포트 사는 서파푸아에서 금과 동을 채굴하는 30년짜리 허가를 획득한다.

8) 이것은 자카르타 정부에 엄청난 세금 수입을 안겨주었을 뿐만 아니라, 서파푸아의 천연자원을 착취하는 이 외국 회사들은 인도네시아군에도 막대한 보호비를 지급하여 결과적으로 더 많은 서파푸아인들이 인도네시아군에게 살해당하는 토대를 만들었다.

9) 서파푸아에서 일하는 외국인들도 프리포트 사의 광산 지역엔 좀처럼 진입 허가를 받지 못한다. 자카르타에 충성을 맹세한 서방 언론의 인권 조사관들이나 외국 정치가

들(특히 미국 외교관 등)조차 진입이 허용되지 않는다. 외국인 근로자들 역시 이 시설에 진입할 수 없다. 이 시설에서 벌어지고 있는 온갖 불법과 인권 침해 행위 때문이다.

10) 인도네시아는 망명을 원하는 서파푸아 출신들조차 인도네시아 송환, 파푸아 합병에 대한 승인 및 지원을 하도록 호주 정치 지도자 존 하워드를 설득했고 호주 총리는 그들을 일본군 침략자들로부터 막아준 파푸아 민족에게 등을 돌렸다.

입장이 다른 만큼 관점도 다르기에 자유 파푸아 운동 측의 주장 전체엔 쉽게 동의할 수 없는 부분도 분명 있지만, 서파푸아가 인도네시아에 합병되는 과정에서 직접 전쟁을 벌인 네덜란드군이나 인도네시아군의 전사자 숫자와는 비교할 수도 없을 만큼 파푸아 주민 십 수만 명이 학살 수준으로 죽어나간 것은 부인할 수 없는 사실이며, 최근까지도 파푸아 분리독립 움직임을 진압하는 과정에서 비난받아 마땅한 인권 말살 행위가 발생한 것이 상당 부분 사실로 확인된 바 있다.

서파푸아가 인도네시아에 합병되는 과정에서 한국남방개발주식회사(KODECO)의 최계월 회장이 등장한다. 2015년 11월 27일 일본 도쿄에서 향년 96세로 타계한 최계월은 뜨리꼬라 작전이 한창이던 당시 서파푸아의 민족대표를 자칭하며 일본에 온 부족장 3명을, 그들로 인해 벌어진 일본과 인도네시아 간의 외교 분쟁에도 불구하고 교외로 빼돌려 장기간 보호했다. 그 후 자카르타의 수카르노를 찾아간 부족장들은 서파푸아의 인도네시아 편입 의사를 천명했고, 이에 일정한 영향을 끼친 공로로 최계월은 수카르노의 초청을 받아 깔리만탄의 벌목 사업권을 불하받고 박정희의 5·16정권으로부터 자금을 지원받아 인도네시아에서 'KODECO'라는 대기업을 일궜다.

그의 청년기에 대해서는 와세다대학교 법학과 졸업, 일본군 소위 출신으로 오사카 방공부대 근무, 야쿠자 경력, 일본 정계 인맥 등 특이한 이력들이 단편적으로 소개되어 있을 뿐이다. 1993년 한국에서 방영된 TV 드라마 〈제3공화국〉에서 최계월은 석유 파동으로 에너지 위기를 맞은 한국에 인도네시아산 원유를 실은 유조선을 들여온 난세의 영웅으로 묘사되기도 했다. 파푸아 부족장들과 관련된 공로로 수카르노 대통령이 다이아몬드 광산을 불하해주려 한 것을 그가 거절했다는 전설 같은 얘기도 전해진다. 아직 젊던 그가 파푸아 부족장들에게 어떤 조언과 설득으로 영향을 줄 만한 경륜이 있었는지 알 도리가 없고, 1963

1963년 당시 젊은 최계월 회장과 박정희 국가재건최고회의 의장

년 사실상 인도네시아에 합병되는 서파푸아의 운명에 최계월 회장이 실제로 얼마나 기여했는지도 판단하기 힘들다. 그러나 네덜란드의 압제에서 막 해방된 신생 독립국에서 어느덧 그럴싸하게 포장된 명분으로 군사력을 앞세워 소수의 원시 부족들이 사는 드넓은 영토에 쳐들어가 학살마저 개의치 않아 '침략자'라는 국제적 비난을 받으면서도 침공작전의 잇따른 실패로 사기가 떨어진 수카르노에게는 이역만리 타국에서 친인도네시아 성향의 파푸아 부족장들을 보호해준 한국인이 참으로 고마웠을 것이다. 하지만 이러한 에피소드가 부각됨으로써 수카르노와 서파푸아(이리얀자야) 합병을 바라보는 한국인의 시각이 수카르노나 최계월 쪽으로 편향되면서 정작 서파푸아인들의 입장은 도외시한 측면이 분명 존재한다.

말레이시아 대결 정책: 인도네시아군 vs 영연방군

인도네시아의 독자적 외교 노선을 확립하려던 수카르노는 독립전쟁의 미해결 과제로서 네덜란드령 뉴기니의 합병과 국제사회로부터 존경받는 실질적 강국의 위상을 확립하는 데 우선 초점을 맞추었다. 그래서 1950 ~1962년 동안 지속해서 주장한 네덜란드령 뉴기니에 대한 주권이 여러 차례 유엔총회에서 비준 획득에 실패하자, 인도네시아는 이에 대한 반동적 성격으로 1955년 반둥 회의를 주최하며 비동맹 운동의 중심 국가로서 위상을 높이면서 국제사회에서의 영향력을 확대하려 했다.

그뿐만 아니라 1958년 동인도네시아의 뻐르메스타 반란과 수마트라에 근거지를 둔 혁명정부 PRRI 반란 등 위기 상황에 대처하면서 인도네시아는 괄목할 만한 군사력 증강을 이루어 동남아시아의 군사 강국으로 거듭났다. 소련의 무기 원조를 받은 인도네시아는 네덜란드와의 외교협상에서 뉴기니에 대해 더욱 강력한 목소리를 낼 수 있었고, 급기야 1962년 두 나라 간의 외교 분쟁이 절정에 달했을 때 인도네시아군은 네덜란드령 뉴기니에 대규모 공수 작전과 상륙 작전을 벌이는 무력 행사를 할 수도 있었다. 비록 침투 병력은 네덜란드군과 토착 파푸아 민중군에게 대체로 격파되어 전술적 목적을 달성하진 못했지만, 인도네시아는 네덜란드령 뉴기니 침공을 통해 위협적인 군사력을 국제사회에 과시했다.

인도네시아의 군사·외교적 공세뿐 아니라 미국의 압력이 가중되자, 네덜란드는 아직 군사적 우위를 점하고 있었지만 어쩔 수 없이 등 떠밀려 지역의 주권을 인도네시아에 넘겨주고 물러났다. 결과적으로 1962년 말 인도네시아는 서구 열강에 대해 거대한 외교적 승리를 거두고 스스로 동남아의 맹주라 자처하며 콧대를 높이 세우게 된 것이다.

영국이 말레이시아 연방의 설립을 국제사회에 공표한 것은 인도네시아가 그토록 기세등등하던 1963년의 일이었다. 영국은 당시 독립한 지 6

년 된 말레이시아 연방(지금의 서부 말레이시아)과 싱가포르, 영국령 북부 보르네오, 사라왁 주를 통합하여 말레이시아의 지경을 크게 확장하려 하고 있었다. 1950년대 후반부터 영국 정부는 동아시아 지역에서 자신들의 역할에 대한 재평가 작업을 시행했다. 식민지로 되돌아와 다시 한번 끝까지 착취해보려 했던 네덜란드와 달리, 제2차 세계대전 이후 해외 식민지들을 유지할 역량을 상실한 영국은 식민지들을 우호적 영연방 국가로 독립시키면서 유지비 부담을 덜려 했다. 그러한 맥락에서 영국은 북부 보르네오의 식민지를 1957년 영국으로부터 이미 독립한 말레이시아 연방, 1959년에 자치 지역이 된 싱가포르와 합병하는 것으로 가닥을 잡은 것이다. 이러한 말레이시아 연방의 물리적 확장에 인도네시아 공산당(PKI)이 극렬 반발했지만, 당시 서파푸아를 놓고 네덜란드와 일전을 벌이고 있던 인도네시아는 다른 것에 신경 쓸 여력이 없었으므로 이때까지만 해도 공식적으로는 이를 온건히 지지하는 쪽이었다.

한편 브루나이가 말레이시아 연방에 합류할지는 아직 불투명했다. 브루나이 술탄 오마르 알리 사이푸딘 3세로서는 브루나이가 말레이시아 연방에 합류할 경우 자신의 정치적 입지가 축소될 것이 불을 보듯 뻔했다. 또한 당시 브루나이의 막대한 산유량은 독자적인 경제 성장을 충분히 담보할 만했으므로 한동안 말레이시아 연방 합류를 심각하게 검토하는 듯하다가 결국 자주독립 노선을 선택하게 된다.

한편 브루나이 정치가인 A. M. 아자 빈 셰이크 마흐뭇 박사는 보르네오 북쪽 지역들이 독자적인 '북부 보르네오 연방'으로 독립해야 한다고 주장하며 말레이시아 연방 광역화를 반대했다. 그러나 브루나이가 이 신생국의 일원으로 참여하는 것 역시 술탄의 이해와는 상반되었으므로 두 사람은 대립각을 세우기 시작했다. 아자이 뜬금없이 보르네오 징집병 훈련에 인도네시아의 지원을 요구하자, 인도네시아 전군사령관 나수티온 장군은 심정적 지원을, 수반드리오 외무장관은 그보다 더욱 광범위한 지원을 시사하며 화답했다. 주변 지역들이 말레이시아 연방에 합류해 말레이시아가 강력한 라이벌로 떠오르는 것보다는 지역적으로 분열된 군소 국가로 남는 것이 인도네시아의 국익에 도움이 되기 때문이었다. 몇 차례의 회합 끝에 인도네시아는 깔리만탄 지역에서 소수의 자원병을 모아 북부 깔리만탄 정부군(TNKU)이라 이름 짓고 군사 훈련을 시작했는데, 그 병력이 1962년 12월 8일 '브루나이 반란'이라 칭하는 봉기를 일으켰다. 그러나 엉성하게 훈련되고 장비도 빈약했던 이들은 브루나이 술탄을 체포하거나 유전 지대를 장악하거나 유럽인 인질을 확보하는 등의 주요 목표들을 모두 놓치며 분명한 실패의 길로 들어서고 있었다. 봉기 발생 수 시간 만에 싱가포르 주둔 영국군이 즉각 대응에 나섰고, 30시간 후 구르카 부대가 브루나이 주요 도시의 방어와 술탄 경호를 위해 싱가포르에서 날아오면서 봉기의 실패는 기정사실화되었다.

인도네시아는 브루나이 반란에 대한 직접적 개입을 부인했지만, 말레이시아 연방 성립을 훼방하려는 TNKU의 목적에 적극적으로 동조한 것만은 분명한 사실이었다. 브루나이에서 TNKU의 군사적 패배가 있은 뒤 1963년 1월 20일, 수반드리오 외무장관은 말레이시아 연방 수립안에 대한 종전의 동의를 철회하고 본격적인 말레이시아 대결 정책을 발표한다.

말레이시아 연방 수립안이 인도네시아를 위협하기 위한 영국의 신식민주의 음모라며 목소리를 높이기 시작한 수카르노는 보다 은밀한 다른 동기도 가지고 있었다. 전 인도네시아 외무상 그데 아궁이 훗날 밝힌 바에 따르면, 인도네시아가 서파푸아 합병을 위해 총력을 기울이던 당시 수카르노는 인도네시아 정부나 민중이 말레이시아 연방 구성안에 대해 반대의 목소리를 크게 내지 않도록 통제했다고 한다. 그러다가 서파푸아에서 외교적 대승리를 거둔 후 자신감이 충만해진 수카르노가 인도네시아의 재고된 위상과 증강된 군사력을 주변국에 과시하고자 말레이시아와의 분쟁을 키운 측면도 있다. 하지만 당시 날로 가중되던 인도네시아 공산당(PKI)의 말레이시아 연방안 불복 압박에 어느 정도 등 떠밀리기도 했고, 국내외 전반적 정치 상황이 자신에게 불리해지려 하자 차제에 말레이시아와의 또 다른 분쟁을 통해 세간의 관심을 돌리려 했다는 주장도 있다.

수카르노는 말레이시아가 영국의 괴뢰국가이자 신식민주의의 실험장이라 비난하며, 말레이시아의 확장 정책이 이 지역에 대한 영국의 통제권을 더욱 공고히 하려는 시도이며 인도네시아의 안보를 좀먹는 것이라고 주장했다. 비슷한 맥락에서 필리핀까지 나서서 영국령 보르네오가 술루 열도의 연장선이며 필리핀과 역사적 교접점이 있음을 들어 북부 보르네오의 영유권을 주장했다.

수카르노는 북부 보르네오를 인도네시아로 흡수하겠다는 주장을 한 것은 아니었고, 말레이시아 연방의 성립이 '마필도', 즉 말레이시아와 필리핀, 인도네시아를 포괄하는 비정치적인 민족 대통일 성격의 연합체에 중대한 걸림돌이 될 것이라 주장했다. 당시 필리핀 대통령 디오스다도 마카파갈은 이 개념에 반대하지 않았고 마닐라 성명을 내놓으며 오히려 동조했다. 그런데 이처럼 필리핀이 노골적으로 적대적 태도를 보이지 않았음에도, 말레이시아가 '말라야의 계승국'임을 필리핀이 인정하지 않고 시간을 끌자 말레이시아는 필리핀과의 외교 관계를 단절하며 강경한 대응을 보였다.

수카르노의 정치적 제스처는 얼마간의 반향을 얻어 영국령 보르네오 지역인 사라왁과 브루나이의 좌파 정치가들이 연방안에 반대하며 수카르노와 연계하려 했지만, 1963년 9월 마침내 말레이시아가 성립되는 것을 막을 수 없었다.

1963년 1월 20일 말레이시아 연방국가 성립안에 대해 인도네시아가 대결 정책을 천명하며 나서기에 앞서, 1962년 코볼드 위원회는 말레이시아 연방의 영속적 존립 가능성에 대한 보고서를 제출했다. 위원회가 작성한 코볼드 보고서는 보르네오 식민지 지역에서는 말레이시아 연방의 확장 건립을 지지하는 목소리가 크다는 부분에 방점을 찍었다.

그러나 말레이시아 연방 성립에 대해 인도네시아와 필리핀의 반대가 날로 거세지자, 반대 의견도 청취하고 말레이시아 연방으로 편입될 후보 지역에 대한 논란을 잠재울 목적으로 필리핀과 인도네시아의 대표들이 1963년 7월 30일 마닐라에서 마주 앉았다. 그러나 정상회담을 며칠 앞둔 1963년 7월 27일 수카르노 대통령은 격정적인 수사를 동원하며 말레이시아를 "쳐부수겠다"는 의지를 분명히 내비쳤다. 그것은 수카르노가 즐겨 쓰는 쇼맨십의 일환이었지만 그 파장이 적지 않았다. 그런데도 말레이시아 회합에서 인도네시아와 필리핀은 유엔이 조직하는 국민투표에서 북부 보르네오와 사라왁의 대다수가 찬성표가 던진다면 말레이시아 연방 수립을 비준하겠다며 한발 물러섰고, 유엔은 1963년 9월 14일까지는 국민투표 결과 보고가 나올 것으로 일정을 잡았다.

마닐라 회합에 앞서 말레이시아 정부는 8월 31일 서둘러 말레이시아 연방의 성립을 선포했는데, 마침 이날은 말레이시아의 독립기념일로 날짜를 일부러 그렇게 맞춘 것이었다. 그러나 마닐라 협상이 진행되는 동안 인도네시아와 필리핀 정부의 반발에 밀려 말레이시아 연방 수립 공식 선포는 1963년 9월 15일로 연기되었고, 유엔 위원회는 두 영국령 보르네오 식민지가 말레이시아 연방 합류를 지지하느냐에 대한 보고서를 제출하기로 했다.

말레이시아 연방 수립 선포는 기약도 없이 더 뒤로 밀릴 참이었다. 그러나 마닐라 협상 결과가 나온 후 말레이시아 수상 툰쿠 압둘 라흐만

(Tunku Abdul Rahman)은 이미 상정한 말레이시아 연방국가가 1963년 9월 16일부터 성립할 것임을 다시금 발 빠르게 천명했다. 아직 관련 절차가 진행되지 않은 상황에서 벌어진 말레이시아의 이 돌출 행동에 인도네시아와 필리핀은 말레이시아가 마닐라 협상을 존중하지 않았다며 불쾌함을 표했고, 수카르노는 더욱 화려한 수사를 동원해 말레이시아와 툰쿠 수상을 성토했다.

한편 편입 후보지인 북부 보르네오와 사라왁도 말레이시아에 호의적인 유엔 보고서가 나올 것을 확신하면서 1963년 8월 31일 말레이시아의 여섯 번째 독립기념일을 맞아 말레이시아의 일부로서 미리 독립을 선언했다. 9월 14일 유엔 보고서가 제출되고 말레이시아 연방안에 대한 전체적인 추인이 이루어지면서 말레이시아는 1963년 9월 16일 연방국가로서 공식적인 출범을 한다. 그러자 이 과정에 불만을 품은 인도네시아는 즉각 반발하며 말레이시아 대사를 자카르타에서 추방했고, 이틀 후 시위대가 자카르타의 영국 대사관에 불을 질렀으며, 대규모 시위대가 싱가포르 대사관과 싱가포르 외교관들의 자택까지 쳐들어가 기물을 파괴하고 사람들에게 린치를 가했다. 한편 말레이시아에서는 인도네시아 기관원들이 체포되고 폭도들이 쿠알라룸푸르의 인도네시아 대사관을 공격해 들어갔다. 본격적 충돌의 서막이 오른 것이다.

그러자 앞서 서파푸아 합병의 원동력이 되었던 뜨리꼬라 선언으로 재미를 톡톡히 본 수카르노는 그와 비슷한 방법을 썼다. 1964년 5월 3일 자카르타에서 열린 대규모 집회에서 수카르노 대통령은 '두 개의 국민명령(드위꼬라)'이라는 선언문을 발표하는데, 이것은 인도네시아와 말레이시아의 대결 국면을 더욱 부추겼다.

인도네시아 혁명의 기치를 높이 휘날려

말라야와 싱가포르, 사라왁 그리고 사바의 혁명 민중이 정진해
말레이시아를 분쇄할 수 있도록 도움을!

선언문 원문의 제목이 '지원 촉구 명령'이라 번역되는 이 드위꼬라 선언의 목적은 사라왁 지역을 북부 깔리만탄 공산당이 통제하는 독립국으로 만드는 것이었다. 그것은 브루나이 반란 주동자 아자 박사가 그렸던 그림과 대체로 일치했다. 인도네시아 입장에서 말레이시아가 영토를 확장해 동남아에서 인도네시아에 맞설 대형 국가로 등장하는 것은 가장 피하고 싶은 시나리오였다. 그래서 실제로 1964년부터 1966년까지 소수의 인도네시아 군인들과 자원병들, 그리고 말레이 공산 게릴라들이 북부 보르네오와 말레이반도에 침투해 신생국 말레이시아를 지키려 배치된 영국군인 영연방군을 상대로 전투를 벌이는가 하면 싱가포르에서 맥도날드 매장을 날려버리는 등 여러 건의 폭파 공작을 감행했다.

수카르노는 대내적으로 반영 감정을 부추겨, 1964년에는 영국대사관이 방화로 전소되었고, 차터드뱅크와 유니레버의 인도네시아 영업소들을 포함한 인도네시아 내 모든 영국 기업에 대해 국유화 조치를 단행하기도 했다. 이제 수카르노는 외국 기업에 대한 국유화 조치를 전가의 보도처럼 휘둘렀다.

가장 위험한 해

1961년 보르네오 섬의 남쪽에는, 5개 주로 이루어진 깔리만탄이 위치했고, 북쪽으로는 술탄 국가인 영국령 브루나이와 영국 식민지인 북부 보르네오(나중에 사바 주로 명칭을 바꿈), 사라왁 주가 깔리만탄과 1천 마일의 국경을 접하고 있었다. 사라왁에 90만 명, 사바에 60만 명, 브루나이에 8만 명 등 영국령 3개 주에 주민 약 150만 명이 살고 있었는데 그

보르네오 섬

중 절반이 다약족이었다. 한편 사라왁에서는 31퍼센트가 화교, 19퍼센트가 말레이인이었고, 사바에는 21퍼센트의 화교와 7퍼센트의 말레이인, 브루나이에는 28퍼센트의 화교와 54퍼센트의 말레이인들이 살았다.

남부 사바의 따와우 지역에는 인도네시아인 인구가 밀집해 있었고, 사라왁엔 왕성한 경제 활동을 하는 화교들이 번성했다. 다약족은 압도적인 인구에도 불구하고 해당 지역 전반에 걸쳐 부족 단위로 흩어져 살았고 정치적으로도 전혀 조직되어 있지 않았다. 사라왁은 5개 행정 지역으로 나뉘어 있었고, 사바는 북부 해안의 제셀턴(지금의 코타키나발루)에 수도를 두었지만 주민들은 군락을 지어 지역 전역에 산재해 살았다. 국경은 양 끝을 제외하곤 대체로 해발 2,500미터를 넘나드는 능선을 따라 이어졌는데, 쿠칭에서 브루나이나 사바 동쪽 해안의 산다깐 등으로 이어지는 도로들이 나 있었지만 내륙 마을로 이어지는 길은 아예 없었고 해안 도로도 간헐적으로만 존재했다. 당시에는 측량도 제대로 되지 않아 대충 만든 영국 지도들에 해당 지역의 구체적인 등고선을 표시하지 못했는데, 인도네시아 쪽 상황은 더 형편없어 1964년에 참전한 군인들은 교과서에서 뜯어온 흑백지도 한 장만 달랑 가지고 기동했다고 증언했다.

깔리만탄의 5개 주 중 북부, 동부, 서부 깔리만탄이 국경에 접해 있었다. 서부 깔리만탄 주도인 서부 해안의 뽄띠아낙은 국경으로부터는 약

160킬로미터 떨어져 있었고, 동부 깔리만탄 주도 사마린다는 남쪽 해안에 위치해 국경으로부터 350킬로미터 떨어져 있었다. 국경 지역 가까이엔 서쪽에만 일부 도로들이 있었지만, 서부와 동부 깔리만탄을 연결하는 도로는 아예 만들지도 않은 상태였다. 따라서 국경의 양측 모두 차량 기동이 가능한 도로가 없고 온전한 지도도 없어 사람들이 걸어 다닌 흔적을 따라 움직이는 것이 최선인 상황이었다. 그 대신 국경 양쪽엔 큰 강들이 흘러 유용한 이동 경로가 되었고, 영국군은 그곳을 호버크래프트 선박으로 오르내리곤 했다. 이 지역의 빽빽한 정글엔 경비행기가 뜨고 내릴 잔디 활주로나 보급 물자를 투하할 적당한 공터도 거의 없었으며 헬리콥터로 기동하는 것조차 여의치 않은 곳이 대부분이었다.

뽄띠아낙을 가로지르는 적도는 쿠칭으로부터 100마일 정도 거리였으므로, 언제나 푹푹 찌는 날씨에 연간 강우량이 3천 밀리미터 정도인 북부 보르네오는 항상 높은 습도를 유지했다. 보르네오는 기본적으로 열대 우림이 뒤덮은 산악 지대였고, 강들이 경계를 이루는 곳엔 벼랑이나 가파른 경사면이 불과 몇 미터 폭의 능선과 이어져 있었다. 높은 강우량과 깊고 넓은 강들은 군사적 기동을 크게 제한했고 빽빽한 맹그로브 숲이 해안 지대를 뒤덮어 수많은 작은 만을 이루었는데, 이러한 상황은 국경의 양쪽 끝은 물론 브루나이 지역 역시 다를 바 없었다. 나중에 말레이시아-인도네시아 간의 교전이 시작된 후에도 이런 자연환경 때문에 대대적인 병력과 장비를 동원하는 전면전은 아예 불가능했다.

말레이시아 대결 정책, 인도네시아-말레이시아 분쟁 또는 보르네오 분쟁이라 불리는 사태는 1963년부터 1966년 사이 인도네시아가 말레이시아 연방의 확장을 반대하면서 벌어진 군사적 갈등이라 정의할 수 있다. 두 나라의 대결이 전쟁이라고 공표되지 않았던 것은 대부분 보르네오 섬의 인도네시아와 말레이시아 국경 지대에서 벌어진 국지적 충돌에 한정되었고 소규모 육상 교전이 대부분이었기 때문이었다. 자연환경이 한몫한 덕분이다. 교전은 국경을 사이에 두고 소대와 중대 규모의 부대 간에 벌어졌다. 인도네시아는 보르네오 침투 작전을 통해 사바와 사라왁 지역이 싱가포르나 말레이시아 본토와는 인종적·종교적 차이가 있다는 부분부터 이간질하며 침식해 들어가 말레이시아 연방 확대를 저지하고 아예 원점으로 되돌리려 했다.

말레이시아-인도네시아 국경의 길도 없는 험난한 보르네오 정글 지대에서 인도네시아군과 영연방군 모두 긴 행군을 해야 했다. 그래서 양쪽 모두 경무장한 보병 작전과 공중 이동 중심이었는데, 고성능 헬리콥터와 풍부한 물자를 가진 영연방군 측은 베트남전에서 미군이 그랬던 것처럼 병력 이동과 전방 기지 운용을 그나마 좀 더 효과적으로 할 수 있었던 반면, 인도네시아군은 주로 강을 타고 은밀히 이동했다. 간혹 항공 지원이나 함포 사격을 등에 업기도 했지만 그런 경우는 매우 적었다. 대결 양상이 장기화되면서 말레이시아군은 꾸준히 역량을 높여갔고, 호주와 뉴질랜드도 군사 지원을 확대했다. 영연방군은 서부 말레이시아와 싱가포르에 극동 연합 전략본부를 구축했다.

1962년 12월 브루나이 반란 진압을 위해 북부 보르네오에 도착한 병력은 1963년 1월 보르네오 영국군사령부(COMBRITBOR) 휘하에 배치되었다. 월터 워커 소장은 라부안에 본부를 둔 보르네오 작전 지휘관(DOBOPS)이었고 극동 최고사령관 데이비드 루스 제독에게 직접 보고해야 할 위치에 있었다. 1963년 초 극동 최고사령관은 베릴 벡 제독으로 정기 교체되고, 같은 해 중반엔 싱가포르 주재 참모장 팻 글레니 준장이 극동사령부 부사령관으로 부임했다.

사라왁과 북부 보르네오에는 식민지 사령관인 주지사들을 포함하는 비상 위원회가 설치되었다. 브루나이에서는 국가 고문 위원회가 술탄 직속으로 설치되었고, 쿠알라룸푸르의 말레이시아 국가방위 위원회 휘하 국가집행 위원회가 사바와 사라왁에 설치되었다. 군사 명령은 말레이시아 국가작전 위원회에서 나왔는데, 말레이시아군 총참모총장 툰쿠 오스만 장군과 클로드 페너 총경이 공동 위원장을 맡고 있었다. 극동 영국군 총사령관도 이 위원회의 회원 자격으로 회합에 정기적으로 참석했다. 한편 제2차 세계대전이 끝날 즈음 사라왁의 브룩 왕조도 종말을 고하고 있었다. 영국 벵갈군 출신 탐험가 제임스 브룩이 범선을 몰고 보르네오 섬 북부 쿠칭에 도착해 마침 브루나이 술탄 왕국에서 벌어지고 있던 반란 진압에 결정적 협조를 하면서 1841년 얻게 된 '사라왁의 백인 왕'이라는 지위는 100년 남짓 그의 혈통을 따라 상속되었다.

그 마지막 상속자 찰스 바이너 브룩이 사라왁 주민들을 위한 제일 나은 방법이라 믿으며 사라왁의 왕좌를 영국 왕실에 양위했다. 이로써 사라왁은 런던의 식민 정부가 직접 통치하는 왕실 식민지가 되었고, 곧 신임총독이 부임해왔다. 그러나 1946년 절대적 인구 점유율을 보이는 말레이인들이 양위 반대 운동을 벌이며 사라왁의 영국 고등집정관 던컨 스튜어트를 암살하는 사태가 벌어졌고, 뒤이어 아흐맛 자이디 아드루쩌가 이끄는 사라왁의 반말레이시아 운동이 전개되었다.

좌익과 공산당 세포 조직들은 1930년대와 1940년대부터 이미 사라왁의 도시 화교 사회에 자생하며 뿌리내리고 있었다. 사바의 초기 공산당 조직 중엔 '반파시즘 연맹'이 있었는데, 이 조직은 나중에 민족해방군과 항일연맹으로 발전했고 다시 북부 보르네오 항일전선, 서부 보르네오 항일연합 등으로 세분화되었다.

이 중 서부 보르네오 항일연합은 우찬이라는 화교가 이끌었는데, 그는 1952년 사라왁 식민정부에 의해 한 번 중국으로 추방되었던 사람이었다. 1946년 결성된 해외중국청년연합, 그 전위대인 해방연맹, 1950년대에

부각된 진보청년연합 등을 포함한
사라왁의 다른 공산당 조직들도 당
시 사라왁에서 활동했다. 이들 조
직은 공산 게릴라 조직으로 발전했
는데, 반말레이시아 북부 깔리만탄
인민군(PARAKU)과 사라왁 인민
게릴라(PGRS)가 그것이었다. 이러
한 다양한 공산당 조직들을 영국이
나 서구 매체들은 '비밀 공산당조
직(CCO)' 또는 '사라왁 공산당 조
직(SCO)'이라고 불렀다.

오마르 다니 공군사령관. 드위꼬라 작전에 공산 게릴라들을 동원한다. 그는 훗날 9·30 친공 쿠데타에 참여한다.

　사라왁 공산당 조직은 화교들이
주류를 이루었으나 상당수의 다약
족 지지자들도 있었다. 말레이 인종이나 사라왁 토착민들의 지지는 미미
했지만 한창 전성기엔 SCO 회원 숫자가 2만 4천 명에 이르기도 했다.
1940년대와 1950대를 거치면서 현지 화교 학교들을 통해 마오쩌둥 사
상이 전파되었고, 제2차 세계대전을 거치면서 공산주의의 영향력은 노
동 집단과 1959년 이 지역에서 처음으로 발족한 정치 정당인 화교 주류
의 사라왁 통합국민당에도 파급되었다.

　1962년의 브루나이 반란 이후 사라왁 봉기가 일어났다. SCO는 당시
인도네시아 공산당(PKI)이 거대 정치 세력으로 커져 강력한 영향력을 행
사하고 있던 인도네시아의 지원을 받았고, 당연한 일이지만 그런 인연으
로 그들은 1963~1966년의 인도네시아-말레이시아 대결 국면에서 브루
나이 반군과 인도네시아군의 편에 서서 싸웠다.

　브루나이 반란의 여파로 어수선한 와중에 북부 깔리만탄 정부군

1964년 10월 29일 말레이시아 말라카 주 떠렌덕에서 체포된 인도네시아 무장 게릴라들

(TNKU) 잔당이 국경을 넘어 인도네시아로 건너갔고, 영국군의 보복을 두려워한 화교 공산주의자들도 수천 명 단위로 사라왁을 빠져나갔다. 물론 그들의 동료 상당수는 사라왁에 남아 게릴라가 되어 지하로 스며들었다. 수반드리오 외무장관은 보고르에서 TNKU 및 PGRS 지도자 그룹과 가진 회합에서 지원을 약속했다. 이 약속에 따라 나수티온 장군은 육군특수전연대(RPKAD)에서 훈련 교관 세 명을 사라왁 국경 인근의 낭아바단으로 보내 300여 명의 훈련병을 교육했고, 3개월 후 두 명의 위관급 장교들을 추가로 파견했다.

PGRS는 800명 규모의 병력을 이루었고 서부 깔리만탄 바뚜히땀이라는 곳에 근거지를 두었는데, 인도네시아 정보국 소속 파견대 120명과 중국에서 훈련받은 일단의 간부들이 합류한 상태였다. 열성적인 PKI 당원들이 주류를 이루었고 아랍 혈통의 혁명가 소피안이 그들을 이끌었다. PGRS는 사라왁에서 일련의 습격 작전을 벌이기도 했지만, 더 많은 시간과 정성을 사라왁 현지의 지지자 포섭에 들였다. 수카르노가 공공연히 공산당과 밀월 관계를 맺고 있었지만, 여전히 대체로 반공주의 노선을 견지하던 인도네시아 군부는 PGRS의 좌익 성향을 우려해 그 활동을 금지하려 했다. 그러나 공산당에 우호적인 인도네시아 공군 오마르 다니 장군이 드위꼬라 작전 사령관이었으므로 PGRS는 말레이시아 대결 정책이 진행되던 동안 군의 핵심 전력 중 하나로 활동할 수 있었다.

1964년 인도네시아군은 말레이시아의 스멘안중을 공격하기 시작했고, 5월엔 말레이시아와의 전쟁을 관장하는 비상사령부를 구성했다. 지난 뜨리꼬라 작전처럼 이 작전은 당연히 드위꼬라 작전이라 불렸고, 작전의 수뇌부인 비상 만달라 사령부는 줄여서 꼴라가 사령부라 불렀다. 오마르 다니 공군 장군을 사령관으로 하여 휘하에 3개 지휘소를 두고 있었는데, 수마트라 소재의 제1대는 3개 공수 대대와 1개 해병 대대를 포함한 육군 12개 대대로 이루어졌고, 께말이드리스 준장 지휘하에 말레이시아의 스멘안중을 작전 목표로 했다. 제2대는 서부 깔리만탄의 벙까양 소재로 해병대, 공군, 육군 특수전 연대에서 차출된 13개 대대로 구성되었고, 제3대는 해군과 해병대로 구성된 비상 전단사령부로 여단 병력의 상륙 부대를 태우고 리아우와 동부 깔리만탄 경계에서 작전을 수행했다.

1964년 8월 말레이시아반도의 조호르 지역에서 인도네시아 무장 게릴라 16명이 생포되었고, 보르네오 접경 지역에서도 인도네시아군의 움직임이 활발해졌으므로 말레이시아군은 방어 수위를 높였다. 그러나 방어 작전에 투입된 말레이시아군은 숫자가 적어 국경 초소를 중심으로 경계 활동에 치중하며 인도네시아군의 침투를 저지하는 것이 고작이었다. 실제로 인도네시아군과 교전을 벌인 상대방은 영국군과 호주군의 SAS 특수부대였다. 2006년에 잡지 『앙까사』는 당시 교전에서 인도네시아군 2천여 명과 영국군·호주군 200여 명이 전사했다고 보도한 바 있다.

그런데 사실상 첫 침투 공격 작전은 1963년 4월 보르네오에서 벌어졌다. 낭아바단에서 훈련받던 병력은 첫 작전을 위해 부대를 둘로 나누었다. 4월 12일 첫 번째 침투 부대가 사라왁 제1지역의 떠버두에서 경찰서를 공격해 접수했는데, 이곳은 쿠칭에서 40마일, 깔리만탄과의 국경으로부터는 2마일 떨어진 지점이었다. 또 다른 침투 부대는 그다음 달 쿠칭 남쪽의 굼방이라는 마을을 공격했다. 그러나 영국군의 반격도 만만치 않아 이 작전에 투입된 부대원들은 불과 절반만이 깔리만탄 지역으로 귀환할 수 있었다. 이 떠버두 공격을 기점으로 인도네시아와 말레이시아의 대립 국면은 본격적인 군사 대결로 치달았다.

평화 협상이 시도되었으나 곧바로 막다른 골목에 부딪히자 인도네시아는 침투 작전을 재개했다. 8월 15일 50명 규모의 인도네시아군이 월경하여 일련의 교전을 벌였는데 영연방군의 구르카 소총부대 6연대 2대대가 한 달 동안 인도네시아군 15명을 사살하고 3명을 생포하는 전과를 올렸다. 영국군의 네팔 용병인 구르카 부대는 상대 병력이 매우 잘 훈련되고 기민한 명령 체계에 따라 움직이고 있으나 탄약 소모가 크고 교전 규칙이 무너진 상태라고 보고했다. 다른 말로 하자면 무리를 지어 신속하게 움직이면서 조심성 없이 아무한테나 마구 총을 쏴댄다는 의미였다. 침투 병력의 규모는 첫 주에 300명, 둘째 주에는 600명 규모로 파악되었다. 이때 벌어진 롱자와이 전투는 제3지역 한복판에서 벌어진 본격적인 교전이었고 1963년 9월 말레이시아는 정규군의 보르네오 본격 배치를 천명했다.

인도네시아 정부는 말레이시아 국경 분쟁 개입을 부인하고 해병대의 일부 열정적 이상주의자들이 독자적으로 벌인 행동이라며 발뺌했지만, 인도네시아군의 도발 사실은 너무나 명백했으므로 그동안 수카르노가 가지고 있던 '반제국주의 투사'의 이미지는 크게 훼손되고 말았다. 브루나이 출신 아자이 나서 보르네오 분쟁에 인도네시아 정부가 개입하지 않았다며 극구 변호하기도 했지만, 당시 정황과 브루나이 반란 실패 이후 인도네시아에 망명 중이어서 인도네시아 측 입맛에 맞는 말을 할 수밖에 없었던 아자의 입장을 고려하면 그 말을 믿을 사람은 아무도 없었다. 수카르노는 1월 하순경 언제라도 휴전 준비가 되어 있다고 밝히며 평화 공세를 취했다. 인도네시아의 개입을 부인하던 와중에 휴전을 언급하였으니, 수카르노는 본의 아니게 인도네시아군의 개입을 간접적으로 인정하고 만 것이다.

호주 영화 〈가장 위험한 해〉(1982)의 포스터. 1965년 9월 30일 인도네시아 공산당 쿠데타 전후의 상황을 조명했다.

아무튼 이를 계기로 방콕에서 협상이 시작되었으나, 국경 분쟁은 여전히 멈추지 않고 협상도 곧 결렬되고 말았다. 그들은 도쿄에서 다시 협상을 시작했으나 이 역시 불과 며칠 만에 결렬되었다. 그러나 평화 협상이 진행되던 짧은 기간 동안 사라왁을 방문한 태국 감시단은 며칠 전 월경했다가 다시 국경을 넘어 돌아가던 잘 무장된 일단의 인도네시아 군인들을 분명히 목격했다고 전했다.

1964년 8월 17일 인도네시아 독립기념일 행사에서 수카르노는 인도네시아가 "가장 위험한 해"를 살아가고 있음을 천명했고 곧이어 인도네시아군이 본격적으로 말레이반도에 대한 공수 작전과 상륙 작전을 개시했다. 동부 말레이시아 보르네오 섬에서의 국경 분쟁이 서부 말레이시아, 즉 말레이 본토로 확전된 것이다. 수카르노는 말레이시아와 그곳 영연방군의 무릎을 꿇리는 장면을 벌써 머릿속에 그렸을지도 모른다. 그날 당장 공군, 즉각 대응군(PGT) 공수부대와 해병대, 그리고 십여 명의 말레이시아 공산주의자들이 포함된 백여 명 규모의 상륙 부대가 보트를 타고 말라카 해협을 건넜다. 그들은 말레이반도 지하 저항세력의 협조를 받아 해안 방어선을 돌파하고 급기야 쿠알라룸푸르에 입성하며 해방군으로 환영받기를 꿈꿨으나, 그들을 기다리던 것은 영연방군의 견고한 방어선이었다. 그들은 상륙과 동시에 영연방군에게 포위되었고 불과 며칠 만에 대부분 생포되고 말았다.

그러나 수카르노는 포기하지 않았다. 9월 2일 자카르타에서 이륙한 록히드 C-130 허큘리스 수송기 세 대가 저공비행으로 레이더망을 피해 말레이반도를 향해 날아갔다. 그중 두 대가 그날 밤 싱가포르로부터 100마일 정도 떨어진 조호르 지역 라비스에 공수부대원 96명을 투하했다. 이들은 번개를 동반한 폭풍 때문에 여기저기 흩어져버렸는데, 하필이면 뉴질랜드군 보병 연대 1대대에 배속된 구르카 소총부대 10연대 1대대 근처에 내려앉고 말았다. 말레이시아 제4여단 주도로 벌어진 소탕 작전으로 96명의 인도네시아 공수부대원 중 90명이 체포되거나 사살되었고, 말레이시아 측이 입은 인명 손실은 단 두 명뿐이었다. 다른 한 대의 C-130기는 출격 당일 뗑아 소재 영국 공군 기지에서 발진한 재블린 FAW 9 전투기에 요격당해 말라카 해협에서 격추되고 말았다. 작전은 완벽하게 실패했다.

인도네시아가 분쟁을 말레이반도로 확대하자 순다 해협엔 팽팽한 긴장감이 감돌았다. 마침 순다 해협을 통과할 예정이었던 영국 항공모함 HMS 빅토리어스와 두 척의 호위 구축함이 영연방군의 전력을 최고 수위로 높여주었고, 이에 고무된 영연방군은 만약 말레이반도에 대한 인도네시아의 침투 시도가 계속된다면 꼴라가 사령부가 있는 수마트라 본토를 공습하겠다며 엄포를 놓았다. 순다 해협 위기는 3주 만에 사뭇 완화되는 듯했으나, 1964년 12월 영연방 정보국이 쿠칭 인근 깔리만탄 지역에서 인도네시아군의 증강 징후를 발견하고 영국군 2개 대대를 보르네오에 추가로 배치하면서 긴장은 다시 고조되었다. 한편 말레이시아와 인도네시아가 계속 군비를 증강하자 호주와 뉴질랜드 역시 1965년 초 보르네오에 본격적으로 전투 부대를 투입하면서 일촉즉발의 상황에 돌입했다.

그러던 와중에 유엔이 말레이시아를 준회원 국가로 받아들이며 그렇지 않아도 커지던 화염에 기름을 붓자 격분한 수카르노는 1965년 1월 20일 유엔을 탈퇴하고 '코페코'라는 신흥국 협의체를 구성하여 유엔과 맞서려 했다. 이는 '가네포'라는 별도의 신흥국 국제 운동경기를 개최해 국제 올림픽 협회와 맞서려던 것과 같은 맥락의 몽니였다. 뭔가 마음에 들지 않으면 판을 깨버리고 자신을 중심으로 다른 판을 만들곤 하던 수카르노가 이번에도 특유의 고집을 부린 셈이지만, 또 한편으로는 그 몽니가 걷잡을 수 없이 점점 더 커짐에도 매번 상당한 수준으로 성공시키는 저력과 영향력을 보여준 것으로 평가되기도 한다.

클라렛 작전

클라렛 작전은 1964년 6월부터 1966년 초까지 영국군 주도로 장기간 은밀하게 이루어진 일련의 월경 습격 작전이었다. 이 습격 작전들은 영국, 호주, 뉴질랜드의 특수부대인 육군특전대(SAS)와 일반 보병부대들의 합작으로 이루어졌다. 초기 단계에서 영연방군과 말레이시아군은 인도네시아군의 공격에 대비해 국경 통제와 인구 밀집 지역 보호에 초점을 맞췄다. 그러나 1965년에 이르러 그들은 더욱 공격적인 태도를 보이며 적극적으로 국경을 넘어 정보를 수집하고 퇴각하는 인도네시아 침투 부대들을 '급속 추격'해 공격하기도 했다.

영국군 헬리콥터에 오르는 호주군

    그들은 국경 너머에서의 매복 작전을 1965년 5월 상부로부터 승인받아 7월부터 실행했다. 당시 극비로 분류된 이 군사 작전은 인도네시아군이 동부 말레이시아 지역으로 침입하는 것을 감지하기 위해 사라왁이나 사바 주에서 인도네시아의 깔리만탄 지역으로 내보내는 소수의 정찰팀 활동을 포괄했다. 처음엔 그 월경 거리를 3천 야드(2,700미터)로 제한하던 것을 나중엔 1만 야드(9,100미터)까지 확대했다. 소대, 중대 단위의 일반 부대도 국경 너머 인도네시아 지역에서의 매복 작전에 투입되었다. 이 작전들은 백일하에 드러날 경우 외교적 문제가 될 민감한 것이었으므로 공식적으로는 그 존재 자체가 부정되었고 '공격적 방어'란 개념으로 뭉뚱그려졌다. 그들은 '황금률'이라 알려진 특정 조건하에서 고위 지휘관의 작전 통제에 따라 움직였고, 투입된 병사들 역시 비밀을 발설하지 않겠다는 함구 서약을 해야 했다.

클라렛 작전은 전쟁 후반부에 인도네시아군에게 현저한 인명 피해를 발생시켜 인도네시아 측을 수세로 돌려세우고 작전이 종료될 때까지 전쟁 주도권을 영연방군으로 가져오는 데 핵심적 역할을 했다. 영국은 이 작전에 대한 비밀을 1974년 해제하고 공개했지만, 호주 정부는 1996년까지도 이 작전에 개입했다는 사실을 공식적으로 인정하지 않았다. 영국과 달리 인도네시아에서 멀지 않은 이웃의 호주로서는 말레이시아 대결 정책 당시 인도네시아의 뒤통수를 치고 있었다는 사실을 털어놓기가 매우 곤혹스러웠을 것이다.

양측의 대립과 갈등이 한창 고조되고 있던 1965년 8월 9일 싱가포르가 말레이시아 연방에서 축출된 사건은 영국 관료들마저 당황하게 했다. 이는 말레이시아의 호전적 정당들이 일으킨 정치적 파국이었다. 그런데 싱가포르의 축출을 말레이시아 연방의 와해 조짐으로 받아들인 인도네시아는 그간 줄기차게 주장해왔듯이 그 사건이야말로 말레이시아 연방이 영국의 인위적 창작물이라는 사실을 입증하는 것이라고 목소리를 높였다.

그러다가 자카르타에서 대사건이 터졌다. 1965년 10월 1일 새벽, 자카르타에서 쿠데타가 발생해 육군사령관 아흐맛 야니 중장을 포함한 6명의 주요 군 장성들이 살해되고, 전군사령관 나수티온 장군만이 간신히 목숨을 건진 것이다. 뒤이어 전개된 혼란 속에서 수하르토 장군이 쿠데타를 진압하며 신속하게 상황을 장악했다. 쿠데타가 실패하고 사태의 배후로 인도네시아 공산당 PKI가 지목되자 그 당원들과 동조자들은 과거 마디운 사태 당시 그랬던 것처럼 또다시 전국적으로 사냥을 당했는데, 그 과정에서 공산당을 중용했던 수카르노의 국정 장악력은 크게 약화되고 공산당이 한 축을 맡고 있던 말레이시아 대결 국면은 새로운 양상으로 접어들었다.

쿠데타 이후 일련의 사건들을 통해 수하르토가 권력을 확보하면서 보르네오에서의 침투 작전 강도나 규모가 크게 위축되었다. 그는 수카르노와의 차별성을 부각했고, 동시에 강력한 반공 노선을 천명하여 공산당과 화교들을 학살하는 광기가 인도네시아 전역을 휩쓰는 것을 방조했다. 쿠데타 후 단기간에 막강한 권력을 손에 넣은 수하르토는 마침내 1967년 3월 수카르노를 축출하고 새 내각을 구성했다.

말레이시아 대결 정책은 그보다 빨리 막을 내렸다. 1966년 5월 28일 방콕에서 열린 회담에서 말레이시아와 인도네시아 정부가 대결 상황이 종식되었음을 함께 선포한 것이다. 그러나 수하르토의 국가 장악 능력은 이때까지만 해도 아직 검증되지 않았으므로 보르네오의 긴장 상태는 여전히 지속되다가, 수하르토가 적극적으로 나서서 체결한 8월 11일의 평화협정이 국회 비준을 받으면서 인도네시아-말레이시아 대결은 마침내 막을 내렸다. 하지만 협상이 진행되던 중에도 클라렛 작전은 계속되었고, 1966년 3월에는 구르카 부대 1개 대대가 깔리만탄 지역에서 두 번의 치열한 전투를 벌였다. 인도네시아 측에서도 국경 지역에서 간헐적으로 소규모 전투를 도발했는데, 영연방군 센트럴 여단 105밀리미터 야포 부대에 포격을 시도하다가 오히려 영국 포대의 정확하고도 신속한 응사로 인도네시아군 76밀리미터 야포 부대가 단숨에 무력화되는 상황이 벌어지기도 했다.

1966년 초 인도네시아의 정치적 혼란이 차츰 정리되면서 인도네시아군은 영국군 포로 생포 작전을 중지했고, 사바와 사라왁 지역에서 PGRS 부대들과 연계해 게릴라 작전을 수행했다. 사바에서는 결코 국경을 넘지 않았으나 사라왁에서는 2월과 5월에 다시금 두 그룹의 전투 부대가 국경을 넘어 동조자들을 집결시켰다. 그들은 여러 차례 교전으로 심각한 인명 손실을 입고서도 6월까지 버티다가 대립 국면이 종식되었다는 소식을 듣고서야 다시 국경을 넘어 돌아오는데, 그 과정에서 마지막까지 호주군과 교전을 벌였다. 적잖은 인도네시아 병력이 센트럴 여단 지역을 가로지를 거란 징후가 포착되었는데, 숨비 중위가 이끄는 80명 규모의 의용군과 600명 규모의 강습 중대가 브루나이 방면으로 빠르게 진행했고 1/7 구르카 부대가 그들을 추격, 매복했으나 따라잡지 못했다. 이에 대한 보복으로 영연방군은 야포를 동원해 매복 포격전을 벌였는데, 그것이 클라렛 작전의 마지막 장이었다.

1965년 9월 30일 쿠데타 이후 소강상태에 접어든 인도네시아-말레이시아 간의 군사 갈등은 1966년 5월 새롭게 시작된 평화협상이 타결되어 그해 8월 11일 평화협정이 서명되고 인도네시아가 말레이시아 연방의 성립을 인준하면서 완전히 해소되었다. 공식적인 통계에 따르면 이 대결 사태로 영연방 측은 구르카 부대원 43명을 포함해 영국, 호주, 뉴질랜드군을 통틀어 114명의 전사자와 181명의 부상자를 냈지만, 인도네시아군에서는 590명의 전사자와 222명의 부상자가 발생했다. 그러나 실제 인도네시아군의 전사자는 정규군과 자원병들을 모두 합쳐 수천 명에 이른다는 것이 통설이다.

그때 수카르노가 하야하지 않았다면 북부 보르네오와 사라왁의 운명은 과연 어떻게 되었을까? 수카르노는 인도네시아 전역을 네덜란드로부터 독립시켰고 암본과 미나하사, 미낭까바우, 아쩨 등에서 모든 반란군을 분쇄하면서 그 과정에서 미국의 군사 개입도 물리치고 오랜 기간 공을 들여 서파푸아마저 인도네시아로 편입시킨 인물이다. 그가 수하르토에게 내몰려 하야하지 않고, 그래서 끝까지 말레이시아 대결 정책을 밀어붙였다면 오늘날 사라왁의 코타키나발루나 사바 지역은 인도네시아의 영토가 되어 있었을까? 그렇다면 브루나이 역시 절대 무사하지 못했을 것이다.

수카르노의 여인들

수카르노 일생의 마지막 에피소드들을 향해 더 나가기 전에 그의 개인 사를 잠시 들여다보며 숨을 고르기로 한다.

수라바야에서 만나 결혼한 첫 번째 부인 시티 우타리와, 반둥 하숙집 주인으로 만나 수카르노와 가장 오랫동안 결혼생활을 한 잉깃 가르나시, 그리고 벙꿀루 유배지에서 만나 세 번째 부인이 된 파트마와티에 대해서 는 앞에서 기술한 바 있다.

수카르노는 1954년 살라띠가에서 30세의 과부 하르띠니를 만나 네 번째 결혼에 이른다. 파트마와티는 이에 격분해 수카르노를 떠나지만, 공식적으로 이혼하지는 않았다. 그래서 파트마와티는 여전히 영부인의 칭호를 유지하게 되나, 수카르노와 함께 보고르궁에 살게 된 하르띠니가 각종 국가 행사에서 실질적인 영부인 역할을 한다.

1943년 잉깃 가르나시를 밀어내고 수카르노와 결혼한 파트마와티는 12년간 결혼생활을 하면서 두 아들과 세 딸 등 다섯 명의 자녀를 낳았고, 대통령 수카르노의 자녀들이라는 뜻으로 수카르노뿌뜨라(수카르노의 아 들), 수카르노뿌뜨리(수카르노의 딸)라는 단어를 이름에 넣었다. 수카르 노 이후 수하르토, 하비비(Habibie), 압두라흐만 와히드를 거쳐 인도네시 아의 제5대 대통령이 된 메가와티 수카르노뿌뜨리는 파트마와티의 장녀 로 그 이름은 '수카르노의 딸, 위대한 여인'이라는 거창한 뜻을 지닌다.

당시 인도네시아에서는 여성의 권익 개선을 위해 결혼법을 고쳐야 한

네 번째 부인 하르띠니

다는 움직임이 일고 있었다. 오래
전 수카르노가 20년 가까이 결혼
생활을 한 조강지처 잉깃을 버리
고 자신에게 왔을 때만 해도 파트
마와티는 이러한 법 개정 문제에
별다른 관심을 두지 않았지만, 이
제 그가 다른 여자와 결혼하려 한
다는 사실을 알고서부터는 입장
이 바뀌었다. 여권 투쟁의 전면에
적극적으로 나서지는 않았지만
남성 우월주의와 이슬람식 중혼
제도에 맞서 여성 권익을 위해 싸

워 달라는 각종 여성단체의 요청이 빗발치자 이에 어느 정도 부응한 것
도 사실이다. 수카르노는 이전 부인들을 모두 이혼으로 정리한 것과 달
리 파트마와티와는 이혼하지 않고 아내를 넷까지 둘 수 있도록 하는 이
슬람법에 따라 본처의 허락을 받아 두 번째 부인을 두려 했다. 그것은 커
가는 자녀들을 위한 수카르노 나름의 배려였는지도 모른다.

　그러나 자존심을 크게 다친 파트마와티는 대통령궁을 나와 따로 집을
얻어 살았다. 하지만 주변의 중재를 받아들여 이혼은 하지 않은 채 영부
인이라는 칭호를 그대로 유지했다. 하지만 파트마와티가 본처인 상태에
서 수카르노가 두 번째, 세 번째 부인을 계속 들이는 상황은 여성 권익
운동에 사실상 치명타가 되었다. 파트마와티는 이혼을 원했지만, 당시
나는 새도 떨어뜨리던 대통령 수카르노의 의지를 거슬러 이혼을 주재하
겠다고 나설 이슬람 성직자가 없었다. 여성 단체들은 그녀에게 차라리
대통령궁으로 돌아가 자신의 권리를 주장하라고 강권했고, 수카르노의

1966년경의 파트마와티

새 부인 하르띠니는 파트마와티의 그런 궁색한 처지를 이해하는 듯했지만 정작 그 소식을 들은 수카르노는 짜증을 낼 뿐이었다. 아름다운 시를 쓰는 시인의 삶이 꼭 아름다운 것만은 아닌 것처럼 위대한 대통령이 꼭 좋은 남편인 법은 없다.

한편 본격적으로 사회 활동을 시작한 파트마와티는 특히 폐결핵 아동들에게 관심을 가지고 수카르노 부인 재단을 통해 모금한 돈으로 1954년 지금의 파트마와티 병원의 전신인 마담 수카르노 병원의 초석을 놓았다. 파트마와티는 1980년 5월 14일 메카에 움로(하지와는 별도로 평시에 행하는 성지 순례)를 다녀오던 길에 쿠알라룸푸르에서 심장마비로 세상을 떠난다. 그녀는 1945년 8월 17일 독립선언문 낭독 당시 사용되었던 인도네시아 국기를 직접 재봉한 일, 독립전쟁이 있던 그 격랑의 시절을 수카르노와 함께 보낸 사실과 여성 인권운동 및 사회활동에 기여한 공적을 평가받아 인도네시아 국가영웅으로 지정되었다. 고향 병꿀루에는 그녀의 이름을 딴 파트마와티 수카르노 공항이 있다.

수카르노는 지금까지 언급한 부인들 외에 더 많은 여인과 결혼식을 올렸다. 그의 공식적인 부인은 9명을 헤아린다. 어떤 이들은 11명까지 거론하기도 한다. 젊은 시절의 수카르노는 호남형 미남으로 명망 높은 독립투사이자 훗날 오랫동안 국가를 대표하는 대통령직에 있었으니, 많은 여성이 그를 흠모한 것은 그리 놀라운 일도 아니다. 부인이 되지는 않았지만 뜨거운 염문을 뿌린 상대들도 많았고, 국내 도시들은 물론 일본과 필리핀에도 애틋한 로맨스를 나누었던 여인들이 있었다고 전해진다.

29세의 나이로 수카르노의 네 번째 부인이 된 하르띠니는 수카르노를 처음 만났을 때 이미 다섯 명의 자녀를 둔 과부였다. 본처이자 인도네시아 독립 후 줄곧 영부인의 자리를 지킨 파트마와티의 위상을 위협하는 존재가 된 하르띠니는 언론과 여성 단체들의 날선 공격을 받아야 했다. 그녀는 수카르노와 결혼하며 그 모든 비난을 감내해냈다. 게다가 그녀는 수카르노가 자신에게만 머물지 않고 결국 다른 여자들과도 사랑하고 결혼하게 될 것을 예감하고 있었다. 파트마와티가 남편과 별거하면서도 수카르노의 이름을 전면에 내걸고 활발한 사회활동을 한 것과 달리, 하르띠니는 함부로 나서지 않고 있는 듯 없는 듯 조용히 희생하고 인내하면서 끝까지 수카르노의 곁을 지켰다. 수카르노는 그 후 다른 여성들의 품을 수도 없이 들락거렸지만 결국 그의 임종을 지킨 사람은 하르띠니였다. 그녀는 강인한 영부인이었다.

하르띠니는 1924년 동부 자바 뽀노고로에서 태어났다. 산림청 공무원인 아버지의 발령지를 따라 여러 번 이사를 하면서 초등학교는 말랑에서 나왔고 반둥의 우스만 가문에 수양딸로 들어가 그곳에서 중학교와 고등학교를 마쳤다. 그녀는 아름답게 자라나 뭇 남성들의 흠모를 받다가 수워노라는 남자와 결혼해 중부 자바의 살라띠가에 정착했으나, 남편은 자식만 다섯 남기고 먼저 세상을 떠나고 만다. 그 후 그녀는 1952년 수라바야의 슈하다 이슬람 사원 준공식에 참석하러 가던 수카르노와 우연히 만나는데, 수카르노는 첫눈에 하르띠니에게 마음을 빼앗긴다. 일 년 후 수카르노는 쁘람바난 힌두 사원의 라마야나 노천극장 준공식을 위해 족자에 갔다가 하르띠니를 떠올리고 지인을 통해 '스리하나'라는 가명으로 편지 한 통을 써 살라띠가의 하르띠니에게 보냈다. 받는 사람의 이름도

공식 행사에 참석한 영부인 하르띠니(가운데)

하르띠니가 아니라 '스리하니'였다. 둘은 그동안 가명으로 편지를 교환하며 애정을 키웠던 것이다. 스리하나는 스리하니에게 그렇게 수십 통의 낭만적인 편지와 선물을 보냈다.

수카르노는 새 애인에게 늘 로맨틱했지만, 본처에겐 어쩔 수 없이 소홀하거나 가혹한 일면을 보이곤 했다. 하지만 아무리 그래도 파트마와티에겐 매우 나쁜 시기에 가슴에 못 박는 말을 하고 말았다. 1953년 1월 15일, 막내아들인 구루 수카르노뿌뜨라를 막 출산하고 몸을 추스르던 파트마와티에게 둘째 처를 들이겠다며 허락을 청한 것이다. 파트마와티는 배신감에 치를 떨면서도 수카르노의 감언이설과 이슬람 관습법에 눌려 마지못해 수락할 수밖에 없었다. 수카르노는 1953년 7월 7일 찌빠나스 궁에서 하르띠니와 결혼식을 올렸다. 하르띠니는 1954년 보고르궁에 입주한 후 그곳에서 벌어지는 수카르노의 각종 행사에 안주인 자격으로 늘 수카르노의 곁을 지켰다. 그녀는 수카르노가 실각하기 전까지 대부분의 국가 행사에 실질적 영부인으로서 참석했는데, 그중엔 호찌민 베트남 공산당 서기장, 노로봄 시아누크 캄보디아 왕자, 아키히토 일왕과 미치코 왕비를 위한 연회도 있었다.

1950년대를 지나면서 수카르노는 강력한 민족주의와 혁명 노선을 내세우며 독재자의 길로 들어섰고, 이 시기 하르띠니는 보고르궁에서 수카르노와 가장 오랜 시간을 함께한 사람이었다. 그러나 수카르노의 결혼 행진곡은 끊임없이 울려 퍼져 1961년엔 랏나 사리 데위(Ratna Sari Dewi), 1963년 5월엔 하르야띠(Haryati), 1964년 8월엔 유리끄 상어르(Yurike Sanger)와 연이어 결혼식을 올렸다. 그럼에도 수카르노를 향한 하르띠니의 마음은 변함이 없었으므로 훗날 그녀는 굳은 충정을 가진 자바 여인의 아이콘이 되었다. 수카르노는 하르띠니 이전에도, 그리고 그 이후에도 많은 여성을 만나고 또 결혼하지만, 하르띠니를 선택했던 결정만큼은 신의 한 수였다 할 것이다. 그녀는 1970년에 남편을 먼저 보낸 후 2002년 3월 12일 세상을 떠났다. 슬하의 자녀 중 따우판 수카르노뿌뜨라와 바유 수카르노뿌뜨라는 수카르노와의 사이에서 얻은 아들들이다.

수카르노의 여성 편력은 계속되었다. 그와 별거한 파트마와티는 더는 신경 쓰지 않았을지 모르지만, 곁을 지키던 하르띠니의 입장은 그럴 수 없었다. 그녀의 마음을 찢은 첫 번째 여자는 항공기 승무원 출신 까르띠니 마노뽀(Kartini Manoppo)였다. 수카르노는 그녀와 다섯 번째 결혼식을 올렸다. 수카르노는 그녀를 직접 보지 않고 가루다 항공 승무원이던 시절의 초상화를 보고 사랑에 빠졌다고 전해진다. 볼랑 지역 출신의 까르띠니는 명망 높은 집안에서 잘 교육받은 여인이었다. 그녀는 수카르노와의 사이에서 1967년 또똑 수리야완 수카르노라는 아들을 얻었다.

까르띠니 마노뽀와 또똑 수리야완 수카르노(왼쪽). 랏나 사리 데위(나오꼬 네모또)와 수카르노

둘의 결혼생활은 1968년까지 9년간 꽤 오래 이어졌다.

여섯째 부인인 일본인 네모또 나오꼬는 랏나 사리 데위 또는 데위 수카르노라는 이름으로 더 잘 알려져 있다. 도쿄 출신인 1940년생 나오꼬가 57세의 수카르노를 만난 것은 1959년 토쿄 긴자의 임페리얼 호텔 인근 호스티스 바에서였다. 당시 19살이었던 나오꼬는 예술을 전공하는 학생 신분으로 바의 접대부로 일했고 수카르노는 일본을 국빈 방문 중이었다. 그 만남에는 수카르노의 환심을 사기 위한 일본의 공작이 있었다는 소문도 있다. 아무튼 일국의 국가 원수가 미모의 호스티스를 만나게 된 경위는 정확히 알 수 없지만 거기서 불꽃이 튀었다.

나오꼬는 1962년 인도네시아에 들어와 수카르노와 결혼하면서 이슬람에 입교했다. 수카르노는 파트마와티 때부터 그의 아내들과 자식들의 이름 뒤에 수카르노라는 이름을 넣게 했는데 나오꼬 역시 마찬가지였다. 그는 나오꼬에게 산스크리트어로 '여신의 보석 같은 정수'라는 의미로 '랏나 사리 데위 수카르노'라는 인도네시아 이름을 붙여주었다. 그러나 1965년 9월 30일 쿠데타를 자카르타 대통령궁에서 함께 겪은 후 수카르노의 명성이 시들 무렵, 그녀는 인도네시아를 떠났다. 그러다가 1970년 6월 20일 딸과 함께 자카르타에 돌아와 이튿날 수카르노의 다른 여인들과 함께 남편의 임종을 지킨 그녀는 그 후 프랑스에 머물다 1983년이 되어서야 인도네시아를 다시 방문했다. 수카르노가 세상을 떠난 지 13년이 지난 후였다. 여전히 아름다운 그녀의 귀환은 인도네시아에 일대 센세이션을 일으켰다. 그러나 다시 인도네시아를 떠나 스위스, 프랑스, 미국 등 여러 나라를 전전하며 화제를 뿌리던 그녀는 2008년에 이르러 도쿄 시부야에 안착하였다. 그녀는 수카르노와의 사이에서 딸을 하나 얻어 까르띠까 사리 데위 수카르노라고 이름을 붙였다.

데위 수카르노는 솔직담백한 성격으로 유명하고 일본에서 지금도 '데위 부인'이라고 불린다. 그녀는 수카르노를 하야시키고 정권을 잡은 수하르토가 세상을 떠난 2008년 1월 한 뉴스에 출연해 수하르토가 캄보디아의 폴포트 같은 폭군이었다며 맹비난하기도 했다. 2012년 이후 그녀는 여러 반려견과 살면서 일본 세무당국의 의심스러운 눈초리를 받으며 화장품 사업과 함께 자선 사업도 펼치고 있다. 노년에 접어들어서도 늘 예쁘게 단장하고 여전히 파트타임 일을 하고 TV에도 출연하며 2005년 도쿄에서 열린 미스 인터내셔널 미인대회에 배심원으로 참가하기도 했다. 연예인 못지않게 매체들과 만나는 것을 즐기고 있다.

그녀가 1992년 미국 콜로라도 아스펜의 한 파티에서 필리핀 전 대통령의 손녀 미니 오스메냐와 벌인 말다툼 끝에 벌인 폭행 사건은 세계 곳곳에서 해외 토픽으로 다루어졌다. 데위는 오스메냐의 얼굴을 와인잔으

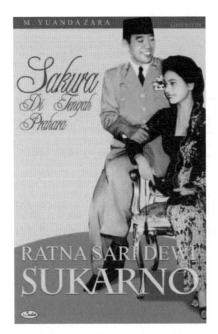
데위 수카르노의 삶을 다룬 전기

로 때려 37바늘을 꿰매는 상해를 입혔고 자신은 소란죄로 34일간 구치소 신세를 졌다. 두 사람은 이미 몇 개월 전 다른 파티에서 앙숙이 되었는데, 그 이유는 필리핀 부통령으로 출마하겠다는 오스메냐의 포부를 데위가 한껏 비웃었기 때문이었다.

그로부터 2년 후 데위는 화보집을 출간했는데, 반라의 포즈와 문신 비슷한 보디페인팅을 한 모습이 포함되어 있었다. 인도네시아인들은 데위가 수카르노의 이름을 욕되게 했다며 성토했다. 이 화보집은 인도네시아에서 발매되지 못했음은 물론 일본에서도 즉시 판매 금지되고 말았다. 한편 그녀는 1967년 수카르노가 하야한 후 일체 정치에 간여하지 않았고 유엔 환경 프로그램(UNEP)에서 일하며 난민과 독재정권하에 사는 사람들을 돕고 싶다는 희망을 피력한 바 있다. 의붓딸인 메가와티 정권에 대한 질문을 받았을 때 그녀는 "메가와티는 자신이 무엇을 할 수 있는지 서서히 알아가게 될 것이다. 인도네시아에서 무슬림 여성이 대통령을 하는 건 쉽지 않은 일이다"라는 인상적인 답을 하기도 했다.

데위를 아내로 맞고서도 수카르노는 1963년 5월 21일 하르야띠와 일곱 번째 결혼식을 올렸다. 하르야띠는 무용수이자 국무부 예술과 소속 공무원이었다. 그녀의 공연을 본 수카르노는 환심을 사려 노력했고 결국 23살의 하르야띠와 결혼하게 된다. 그러나 결혼생활은 2년밖에 지속되지 않았다. 두 사람 사이엔 자녀가 없었고 수카르노는 성격 차이를 들어 하르야띠와 이혼했다. 우연이었는지는 모르지만 당시 수카르노는 데위와 다시 가까워지는 듯했다. 데위의 미모는 여전히 압도적이었다.

그러나 세상은 넓고 아름다운 여인은 얼마든지 있는 법이다. 1963년 유리끄가 수카르노의 눈에 띈 것은 고교 2년생인 그녀가 비네까 뚱갈 이까 대원이 되어 붕까르노 경기장에서 뿌사카 깃발을 게양할 때였다. 요즘이라면 아동청소년 보호법으로 구속될 일이지만 수카르노는 엄청난 나이 차이에도 불구하고 미성년자였던 유리끄에게 마음이 끌렸다. 수카르노는 유리끄에게 사랑의 편지와 함께 값비싼 목걸이를 보냈다. 고가의 선물 공세를 벌이는 권력자에게 어린 여학생의 마음은 흔들렸고, 결국 그들은 1964년 4월 1일 결혼식을 올렸다. 수카르노의 여덟 번째 결혼식이었다.

하지만 최고 권력자의 아내가 된다는 것이 상상처럼 꼭 좋은 것만은 아니었다. 게다가 유리끄는 다른 안주인이 버젓이 들어앉아 있는 대통령궁에서 함께 살 수 있는 것도 아니었으므로 대통령의 부인이라는 화려한 이름표만 있었을 뿐 늘 외롭고 두려웠다. 수카르노는 유리끄를 위해 동부 자카르타 찌삐낭 지역에 저택을 마련해 부모와 함께 살게 해주었다. 그 집은 도망친 사기꾼에게서 검찰청이 압류한 것이었다. 높은 담장과 튼튼한 철문이 있는 호화로운 곳이었지만 그곳에 속박된 유리끄는 문밖을 마음대로 드나들 수도 없었다.

한번은 유리끄가 자궁 외 임신으로 오랫동안 병원에 입원했는데 결국 자궁을 들어낼 수밖에 없었다. 다시는 임신할 수 없게 된 것이다. 그곳의 의사 아리핀이 입원실에 TV와 외국 잡지를 가져다주는 등 많은 배려를 해주었는데 그게 오히려 독이 되었다. 그가 가져다준 잡지에는 이탈리아 유명 여배우 지나 롤로브리지다와 수카르노가 만나는 사진이 실려 있었

유리끄 상어르

다. 그런데 정작 질투를 터뜨린 것은 수카르노 쪽이었다. 그 젊은 의사가 유리끄에게 관심을 가진 것이란 생각에 질투심이 불타오른 수카르노는 병원에서 언성을 높이며 TV와 잡지들을 죄다 내다 버리게 했고 그 의사를 신식민주의 괴뢰로 엮어 잡아가 조사하도록 했다. 의사에게 그 후 어떤 일이 벌어졌을지는 미루어 짐작할 수 있다.

그러나 그런 나날도 어느덧 막바지에 이르고 말았다. 어느 날 헌병들이 경호하는 지프차를 타고 나타난 수카르노의 안색이 무척 어두웠다. 1967년 3월 12일, 오랫동안 살아온 대통령궁에서 쫓겨 나오는 길이었다. 그는 유리끄와 몇 마디 말만 나누고는 끄바요란바루에 소재한 파트마와티의 집으로 황망히 떠났다. 수카르노가 몰락하자 유리끄의 삶에도 당장 어려움이 닥쳤다. 대통령의 가족으로서 받았던 연금이 더는 나오지 않았으므로 20여 명에 달하던 식모와 하인을 모두 내보내야만 했다.

수카르노가 남부 자카르타 위스마 야소 건물(지금의 사뜨리아 만달라 군사 박물관)에 연금될 즈음 유리끄의 가족은 더 이상 찌삐낭 저택을 유지할 수 없었다. 집을 비우라는 검찰청의 요구도 빗발쳤다. 유리끄는 수카르노가 준 집을 그렇게 간단히 넘기고 떠날 수 없었으므로 수카르노의 결정을 기다렸지만, 오랫동안 아무런 소식도 들을 수 없었다. 그러던 어느 날 수카르노가 보낸 메모가 인편으로 전달되었다. 담배 봉투에 급히 갈겨쓴 친필이었다. 메모의 형태나 내용으로 유리끄는 수카르노가 어떤 곤경에 처해 있는지 짐작할 수 있었다. 당시 수카르노는 실제로 접견이나 외부와의 서신 왕래를 철저히 금지당하고 있었다.

"아가야. 그 집을 떠나는 게 낫겠다. 어차피 그 집은 이제 우리 것이 아니야."

이와 함께 수카르노는 유리끄에게 이혼을 요구했다. 수카르노의 아내라는 위상이 유리끄의 삶과 미래에 걸림돌로 작용할 것이라는 이유였다. 유리끄는 처음엔 거부했지만, 나중엔 수카르노의 진심을 믿고 순순히 이혼에 응하기로 마음을 정했다. 그녀가 수카르노의 부고를 듣게 된 것은 그로부터 얼마 지나지 않아서였다.

헬디 자파르(Heldy Djafar)가 아홉 번째 부인이 될 당시 수카르노는 65세의 노인이었고 헬디는 18세의 꽃다운 나이였다. 헬디 역시 유리끄 못지않게 젊고 아름다웠다. 그러나 그들의 결혼생활 역시 불과 몇 년뿐이었다. 그런데 그들의 결별은 유리끄의 경우와 정반대였다. 수카르노의 위상과 미래가 점점 위태로워지자 헬디 측에서 먼저 이혼을 요구했다. 나이 어린 아내는 쓰러져가는 거목의 무게를 감당하지 못했다. 한편 노인의 고집은 때때로 구질구질해서, 수카르노는 자기가 죽기 전엔 절대 이혼해 줄 수 없다고 목청을 높였다고 전해진다. 하지만 헬디는 21세가 되던 해인 1968년 6월 19일 기어코 반자르 왕족 출신인 구스띠 수리안샤 누르라는 남자와 두 번째 결혼을 한다. 늘 여인을 떠나가던 수카르노가 말년엔 그렇게 버림받기도 했다. 수카르노의 부음을 듣던 당시 만삭의 몸이었던 헬디 자파르는 장례식에도 가지 못했다.

수카르노는 아홉 번의 결혼을 통해 다섯 명의 아내로부터 모두 열 명의 자녀를 얻었다. 인도네시아의 5대 대통령을 지낸 메가와티 수카르노뿌뜨리는 파트마와티에게서 얻은 장녀였고, 막내 구루 수카르노뿌뜨라는 수카르노의 예술적 기질을 물려받아 안무가이자 작곡가, 문화 영화

파트마와티와의 사이에서 얻은 다섯 자녀와 함께한 단란한 한때

제작자로 활동했다. 그의 형 군뚜르와 누나들인 라크마와띠, 쑥마와띠 등은 모두 정계에서 활동했다. 수카르노가 나오꼬에게서 얻은 딸 까르띠까는 2006년 글로벌 기업인 바클리스 은행의 CEO였던 네덜란드인 프릿츠 세이허르스와 결혼했다. 그녀의 다른 자녀들은 비교적 조용히 살았지만 수카르노의 아들딸이라는 이름표는 때로는 명예로서, 또는 굴레로서 그들을 평생 따라다녔다.

5부

역사 속으로

11장 수카르노의 몰락

파국으로 가는 길

공산 진영과의 관계를 돈독히 하는 한편 린든 존슨의 미 행정부와는 점점 더 소원해지던 1964년, 수카르노는 반미 캠페인을 시작했다. 정부 관료들은 미국 기업들이 인도네시아에서 보유하고 있던 각종 이권을 비난했고, 인도네시아 공산당의 사주를 받은 폭도들은 물리적 공격을 감행했다. 할리우드 영화는 상영이 금지되었고, 미국 서적과 비틀스의 앨범이 거리에서 불태워졌다. 심지어 미국 로큰롤을 연주한 인도네시아 밴드 꾸스플러스는 옥고를 치러야 했다. 장발을 단속하던 같은 시기 한국의 기준으로 본다 해도 꾸스플러스의 혐의는 '퇴폐 조장'이란 죄목이어야 할 것 같지만, 수카르노 정권은 미국 음악을 하는 이 밴드를 반역 행위자라고 못 박았다.

그 결과 인도네시아에 대한 미국의 원조는 중단되었고, 그 과정에서 수카르노는 "그 잘난 원조 갖고 꺼져 버려라(Go to hell with your aid)"라는 유명한 말을 남긴다. 엎친 데 덮친 격으로 미국과 서방의 지원을 받은 말레이시아가 유엔 회원국이 되자 격분한 수카르노가 1965년 1월 7일 인도네시아를 유엔에서 탈퇴시키면서 국가의 위상은 더욱 추락하였다. 비동맹 운동 회원국들도 여러 파벌로 분열되면서 반서방 외교 정책

마오쩌둥과 함께한 수카르노

을 진심으로 지지하는 국가들이 줄어들자 수카르노는 언젠가부터 비동 맹이라는 단어를 더 이상 사용하지 않게 되었다. 그 대신 공산주의 국가 들에 더욱 살갑게 접근하면서 중국, 북한, 북베트남, 캄보디아 등과 새로 운 동맹 관계를 맺고, 이를 '베이징-평양-하노이-프놈펜-자카르타 축'이 라 명명했다.

1965년 1월 "제국주의가 편만한" 유엔에서 인도네시아를 탈퇴시킨 후 수카르노는 유엔에 필적할 국제기구의 설립을 모색하다가 당시 유엔 회 원국이 아니었던 중국의 지원을 받아 신흥국회의(CONEFO, 코네포)를 발족했다. 한편 서파푸아 병합을 위한 뜨리꼬라 작전 때부터 시작된 소 련의 군사 원조로 발생한 막대한 부채에 부담을 느낀 인도네시아 정부는 이참에 배를 갈아타 중국에 대한 의존도를 점차 높여갔다. 수카르노는 빈번하게 베이징-자카르타 축을 언급했고, 이것은 새로운 반제국주의 국제기구 코네포의 핵심을 이루게 된다.

수카르노는 국내에서 자신의 권력을 더욱 공고히 다진 끝에 1963년 MPRS를 통해 마침내 종신 대통령의 직위에 올랐다. 마니폴-우스덱과 나사콤에 대해 쓴 그의 저서들은 각급 학교와 대학에서 반드시 공부해야 하는 교과서가 되었고, 그의 연설은 모든 학생이 암기해야 하는 과제가 되었다. 신문은 물론 당시 하나뿐이던 국영 인도네시아 라디오(RRI), 국영 TV(TVRI)는 '혁명의 도구'가 되어 수카르노의 의지를 전파하는 데 주력했다. 수카르노는 새로 인도네시아에 편입된 이리얀자야(현재의 서파푸아)의 수도를 자신의 이름을 따 수까르나뿌라로 명명했고, 칼스텐쯔 피라미드라 불리던 인도네시아 최고봉을 수카르노봉이라고 개명하는 등 우상화 작업도 시도했다. 이제 인도네시아에서 그의 통치 권력은 누구도 대적할 수 없을 것 같았다. 하지만 실은 수카르노의 교도 민주주의를 떠받치고 있던 중요한 두 기둥인 군과 공산당이 반목하고 있었으므로 언제 붕괴할지 모르는 위태로움이 태동 중이었다. 군과 민족주의자, 이슬람 그룹들은 수카르노의 비호를 받으며 빠르게 세를 키워가는 공산당에 위협을 느꼈고 인도네시아의 공산화가 임박했다는 위기의식을 공유했다.

인도네시아 공산당(PKI)은 1965년 당시 중국과 소련을 제외하고는 전 세계에서 가장 큰 공산당 조직을 가지고 있었다. 전국적으로 350만 명의 당원들을 거느렸고 특히 중부 자바와 발리에서 그 위세는 하늘을 찔렀다. 당원 외에도 청년 행동대원 300만 명이 저변을 떠받쳤고, 또 다른 350만 명의 회원을 거느린 노동조합과 9백만 명의 회원을 가진 인도네시아 농민전선도 사실상 공산당의 통제 아래에 놓여 있었다. 이외에도 인도네시아 여성 운동(Gerwani) 같은 여성 운동과 문인 및 예술인 조직, 문학 운동까지 고려하면 인도네시아 공산당은 전국에 2천만 명이 넘는

노동자 대회에서 연설하는 수카르노

지지자를 보유하고 있었던 셈이다. 1920년대부터 인도네시아 현대사 속에서 좌충우돌하던 천덕꾸러기 인도네시아 공산당은 마침내 가장 강력한 정당으로 성장해 있었다. 물론 마디운 사태와 같은 반란행위로 낙인찍힌 민족 반역자의 이미지를 쇄신하기 위해서는 정권에 적극 협력하는 모습을 보여야만 했다.

1959년 7월 수카르노는 국회를 해산하고 초헌법적 대통령령을 발표하며 국정을 통제하는데, PKI는 그런 수카르노의 조치를 전폭적으로 지지했다. 그 시기에 수카르노는 군 장성들을 승진시켜 주요 보직에 배치하여 군에게도 힘을 실어주면서 공산당과 경쟁하여 세력 균형을 이루게 했고, 교도 민주주의는 그 균형 위에 서 있었다. PKI는 교도 민주주의를 찬양하면서 민족주의와 종교, 공산주의를 포괄하는 나사콤 체제를 제창한 수카르노를 칭송했다. 이렇게 정권의 비위를 맞추며 세를 불리던 인도네시아 공산당은 무산계급 프롤레타리아의 봉기를 추구하는 종래의 공산주의와는 사뭇 다른 접근 방식을 보였다.

교도 민주주의 시기에 공산당 지도부와 민족주의 부르주아 집단이 합작하여 사회 전반을 통제하고 정치·경제적 문제들을 해결하려 했지만 여의치 못했다. 당시 큰 폭의 무역 적자와 바닥이 드러난 외환 보유고, 극심한 인플레이션이 경제를 짓눌렀고, 군과 관료들의 부정부패가 극에 달해 있었다. 수카르노가 중국에 접근한 것은 이런 문제들을 해결하려는 측면도 있었지만, 군과 민족주의자들은 중국 공산 정권과의 밀접한 관계가 결과적으로 인도네시아의 주권을 갉아먹지는 않을까 우려했다.

특히 군부는 수카르노의 말레이시아 대결 정책이 오직 공산주의자들을 위한 것이라며 반발했다. 그래서 훗날 인도네시아 전군사령관이 되는 레오나르두스 벤야민 무르다니 등 여러 장교를 비밀리에 말레이시아로 보내 인도네시아군에도 말레이시아와의 평화를 추구하는 세력이 있음을 전달하며 수카르노 정부 몰래 막후 협상을 벌였다. 말레이시아와의 대결 정책은 뒷날 9월 30일 쿠데타의 주요 원인 중 하나로 꼽히기도 한다. 실제로 쿠데타 세력들은 대체로 대결 정책을 지지하는 쪽이었고, 살해당한 장성들은 이에 비판적 시각을 가진 사람들이었다.

쿠알라룸푸르에서도 반인도네시아 데모가 벌어졌다. 시위대는 인도네시아 대사관 건물을 공격해 수카르노의 사진을 훼손했고, 시위대가 이들이 탈취해온 인도네시아의 국가 상징물인 '가루다 빤짜실라'를 말레이시아 수상 툰쿠 압둘 라흐만이 발로 밟는 사건도 있었는데, 이 일로 말레이시아에 대한 수카르노의 앙심은 더욱 깊어졌다. 수카르노는 인도네시아 공화국과 국가 원수를 모독한 말레이시아 연방에 대해 "말레이시아를 분쇄하자"라는 유명한 발언과 함께 대대적인 보복에 나서려 했다. 그러나 당시 핵심 장성들은 그 명령을 냉담히 받아들였다. PRRI 반란 진압 작전

등 다수의 군사 작전을 통해 수카르노의 신뢰를 얻었던 육군사령관 아흐맛 야니 중장조차 영국을 등에 업은 말레이시아와 일전을 치르는 것이 당시 인도네시아군의 역량으로는 감당하기 힘든 일이라 여겼다. 그러나 말레이시아와의 대결에 군부가 대체로 소극적인 상황에서 PKI만 적극 동조할 경우 수카르노가 PKI에게 더욱 기울어 국내 정치 균형이 깨질 것을 우려한 전군사령관 나수티온 장군은 이 전쟁에 찬성했다.

육군은 영국군을 능히 상대할 수 있으리라는 확신이 없었고, 그렇다고 전쟁에 나서지 않자니 불같이 화를 낼 수카르노를 마주해야 하는 진퇴양난에 처해 있었다. 결국 육군 장성들은 마지못해 깔리만탄에서 말레이시아와의 전쟁에 나섰지만, 서부 깔리만탄 지역사령관으로 작전을 수행한 수빠르조 준장이 "말레이시아와의 대결이 전심전력으로 이루어지지 않고 뒤에서는 오히려 계속 작전을 방해하는 것 같다"며 불만을 토로할 정도로 군 핵심부는 열의를 내지 않았다.

디포네고로 사단 장병 대다수는 고위 장성들이 말레이시아를 두려워하므로 마지못해 어정쩡한 자세로 전쟁에 임했고, 결과적으로 고위 장성들이 국가로부터 부여받은 임무를 저버렸다며 실망하고 분개했다. 이렇게 육군은 내부 분열을 겪기 시작했다. 수빠르조 준장도 이 시기에 나수티온이나 아흐맛 야니 등 군 수뇌부에게 환멸을 느낀 것 같았다. 그는 얼마 후 같은 생각을 품고 있던 밤방 수뻐노 소장 등 군내 소장파들과 손을 잡고 9월 30일 쿠데타의 주역이 되어 군 기득권 세력과 전투를 벌였다. 그들은 군 수뇌부 장성들을 공격, 납치, 살해한 다음 날 할림 공군 기지에서 수카르노와 독대하여 담판을 벌이려 했다. 애국심이라는 예측 불가능한 감정에 휩싸인 이들이 극단으로 치달아가면서 쿠데타 분위기는 점차 무르익었다.

말레이시아와의 대결 정책에서 군의 지지를 받고 있지 못함을 알게 된

인도네시아 공산당(PKI) 집회에서 연설하는 수카르노

수카르노는 크게 낙담하면서 언제나 열렬한 지지를 보내주던 PKI에 더욱 의지했다. PKI는 말레이시아를 영국과 신식민주의의 괴뢰국가라 여겼으므로 가장 적극적으로 수카르노를 지지했다. 물론 정치란 게 늘 그러하듯 PKI의 그런 행동의 배후엔 궁극적으로 공산주의 정권을 인도네시아에 창출하겠다는 정치적 의도가 깔려 있었으니, PKI도 수카르노에게 오직 충성만을 바치는 순수한 파트너일 리 없었다. 수카르노 역시 PKI의 위세를 자못 이기적으로 자신의 목적에 이용하고 있었다.

PKI가 수카르노의 총애를 얻어 순풍을 타자 반대 세력들은 입장이 곤란해졌다. 국제 공산당 조직들과 연계하여 '자카르타-베이징-모스크바-평양-프놈펜'을 잇는 본격 공산주의의 총아로 커가던 PKI의 거대한 세력에 밀린 군과 이슬람 민족주의 등 정치적 반대파들은 중대한 위협을 느꼈다. 수카르노도 이를 실감했지만 이들의 불안감을 일축하며 PKI의 급격한 세력 확대를 방치했다. 아직 말레이시아와의 대결 정책이 진행 중이고 유엔 탈퇴로 인도네시아의 국제적 위상이 추락하고 있었으므로, 수카르노로서는 내부 결속을 위해서라도 PKI의 위세를 계속 이용할 필요가 있었다.

한편 대부분 지주였던 이슬람 성직자들은 지방에서 벌어진 PKI의 토지 몰수 행위와 "마을의 일곱 악마들"에 대한 공산주의자들의 공격에 심각한 위협을 느꼈다. 일곱 악마란 대체로 지주나 부유한 농가를 지칭하는 용어였다. 군과 이슬람 세력 양쪽 모두 PKI에 대한 반감이 깊었고, 그 감정은 1920년대 공산당이 인도네시아에 소개된 이후 벌여온 크고 작은 소요와 봉기, 배신과 반란, 특히 1948년 독립전쟁 와중에 신생 인도네시아 정부의 등에 비수를 꽂은 마디운 공산당 반란의 기억에 기인한 측면이 컸다. 그것은 마치 PKI의 DNA와도 같았다.

나사콤 체제하에서 수카르노는 군과 이슬람 민족주의, 공산당 세 그룹 사이의 중재자를 자임했지만, 이젠 누가 봐도 공산주의자들의 입장과 의지에 일방적으로 동조하는 기색이 역력했다. PKI는 사실 수카르노의 정책들을 무조건 지지하지 않고 대체로 비판을 삼가며 긍정적 입장을 결정한 후에야 본격적으로 지지를 표하는 신중한 태도를 견지했다. 한편 수카르노는 PKI가 인도네시아에서 가장 잘 조직되고 이념적으로 강건한 정당이라고 생각했으며, 국제 공산 진영으로부터 보다 많은 군사적·재정적 원조를 받아낼 수 있는 유용한 채널이라 보았다. 그뿐만 아니라 다른 정치 집단에 비해 보다 적극적인 지지까지 보내주니 PKI는 더할 나위 없는 최고의 파트너일 수밖에 없었다. 수카르노는 공산주의자들의 혁명 이념이 자신의 사상과도 많이 닮았다고 여겼으므로 공산당에 대한 감정은 더욱 각별했다.

그러던 중 1965년 1월 13일 미국 CIA는 수카르노가 우익 지도자들과 나눈 대화를 기록한 문건을 공개했는데, 그 내용은 다음과 같았다.

"당신들은 내 친구가 될 수도 있고 내 적이 될 수도 있소. 그건 당신들이 정할 일이오. 오늘 나에게 당면한 눈앞의 적은 말레이시아입니다. 하지만 말레이시아 문제를 해결하고 나서 언젠가 때가 오면 PKI도 정리할 것이오. 단지 지금은 그때가 아닐 뿐이오."

수카르노가 PKI를 쓰고 버릴 소모품 정도로 생각했다는 이 문건의 내용은 사실일까? 아니면 수카르노와 공산당을 이간질하려던 CIA의 교활한 공작이었을까? 그것도 아니면 우익 지도자들 듣기 좋으라고 말한 수카르노의 립 서비스에 불과했을까?

아무튼 이제 수카르노는 군이 자기편에 서주지 않는다면 그 영향력을 약화시킬 필요가 있었다. 그 일환으로 1963년 계엄령을 해제했다. 그러자 계엄령 체제에서 무소불위의 권력을 휘두르던 군의 위력은 현저히 약화되었다. 그 예비 단계로 1962년 9월 수카르노는 군의 우두머리인 나수티온 장군을 '승진'시킨다는 명분으로 실제로는 실권이 적은 전군사령관에 임명하고, 나는 새도 떨어뜨리는 막강한 위세의 육군사령관에 자신에게 확고한 충성을 바치던 아흐맛 야니 장군을 임명했다. 한편 공군사령관에 임명된 오마르 다니는 수카르노에게 충성을 다할 뿐만 아니라 공산당에서도 선호하는 인사였다. 말레이시아 대결 정책을 주도한 꼴라가 사령관에 육군 장성이 아닌 공군사령관이 뜬금없이 임명된 배경도 대체로 그런 것이었다.

1964년 5월 수카르노는 '문화 선언(Manikebu)'의 활동을 금지시켰다. 이 예술가 및 작가 협회에는 한스 바구스 야신이나 위랏모 수끼토 같은 저명한 인도네시아 문인들이 활동하고 있었는데, 그들은 모든 직책에서 해임되었다. 문화 선언은 쁘라무디야 아난타 뚜르가 이끄는 좌파 문인들의 모임인 시민 문화 협회(LEKRA)의 라이벌로 여겨지던 단체였다.

수카르노 대통령과 담소하는 오마르 다니 공군사령관(가운데)과 아흐맛 야니 육군사령관(오른쪽)

1964년 12월 수카르노는 수카르노주의 수호 협회(BPS)도 해체시켰다. 단체명만 보면 마치 수카르노를 전적으로 옹호할 듯한 이 협회는 실은 수카르노 자신이 과거 주창한 빤짜실라 이념을 공산당에 대한 반대의 명분으로 내세우며 수카르노를 난처하게 하던 곳이다. 또 1965년 1월 수카르노는 PKI의 압력을 받아 무르바당도 해산시켰다. 무르바는 트로츠키주의를 표방하는 정당이었는데, 그 이념이 정통 마르크스주의를 표방하는 PKI와 충돌했다. 이제 수카르노와 인도네시아 공산당은 우호와 연대를 넘어 거의 한 몸이 되는 수준의 관계를 유지했다.

1963년에 이르러 공산당 간부들은 공산당 행동대와 군경 간의 충돌을 고의적으로 유발시키는 한편, 당수 아이딧은 '공공의 안녕을 위해 경찰을 돕자'는 사뭇 정겨운 슬로건을 제창했다. 물론 그 속뜻은 경찰의 업무를 덜어주기 위해 '제5의 군대'를 만들자는 것이었다. 자신들이 야기한 사회 불안의 결과로 만들어질 제5의 군대는 분명 공산당에게 절대적으로 유리한 조직이 될 터였다. 아이딧은 군이 "지엽적 성향"을 배제해달라고 요구했는데, 이 역시 공산주의에 대한 과거의 나쁜 선입견을 가지고 낡은 반공 노선을 고수하지 말아달라는 요구를 완곡히 표현한 것이었다. 그는 좌익 작가와 예술가들에게도 민중군을 작품 주제로 사용해달라고 요구했다.

1964년 말에서 1965년 초 사이에 공산당의 사주를 받은 수천 명의 농민들이 지주의 토지를 약탈했고, 이로 인해 경찰을 등에 업은 지주와 진압에 저항하는 농민들 사이에서 대규모 충돌이 벌어졌다. 그 충돌의 기저엔 토지가 누구의 것이든 그 권리는 그것을 경작하는 농민들에게 있다는 공산당의 정치 선전이 깔려 있었다. 국가의 재화를 국민들이 함께 공유해야 한다는 논리도 한몫했다. 인도네시아 공산당은 농민과 공산당이 황제의 토지를 압수해 국민들에게 나누어 주던 러시아 볼셰비키 혁명을 흉내 내려한 듯하다.

1965년 초, 노동자들도 미국 기업들이 소유한 고무 농장과 원유 회사들을 점거하기 시작했다. 이 시기에 공산당 지도부 인사들이 각료에 임명되고 군 고위 장성들도 입각했다. 수카르노가 장성들의 지위를 장관급으로 격상시키면서 벌어진 상황이었다. 군사령관 장관, 육군사령관 장관 등 당시 각료 직함에서도 이런 분위기를 어느 정도 읽을 수 있다. 장성들은 어깨 위의 별 숫자에 따라 장관, 차관 또는 차관보 등의 각료직을 자동으로 겸임하게 되었다.

인도네시아 공산당에 적을 둔 장관들은 장성급 각료들에 비해 턱없는 수적 열세를 보였다. 군의 입지가 강력해진 만큼 군과 대등하게 힘을 겨루기 위해서는 PKI 역시 더욱 굳건한 지지 세력과 물리력을 확보할 필요

인도네시아 공산당 당수 아이딧

가 있었다. 그 해법이 바로 제5의 군대였는데 노동자 농민을 기반으로 창설되는 만큼 그 인적 자원의 저변은 종래의 군대와는 비할 바 없이 광범위했다. 1965년 4월 PKI 당수 아이딧이 육해공 및 경찰군으로 이루어진 인도네시아군 조직 외에 별도의 창립을 촉구한 제5의 군대는 북한의 노농적위대 개념과 유사한 것이었다. PKI는 제5의 군대 창설이 국가를 더욱 굳건히 세울 것이라 주장했고, 수카르노는 군의 강력한 반발에도 불구하고 이 구상을 전적으로 받아들여 1965년 5월 17일 제5의 군대의 창설을 공식적으로 촉구했다.

수반드리오 외무장관이 중국을 방문했을 때 주은래 수상은 '충(忠)' 브랜드 소총 10만 정의 무상 공급을 제의했는데, 9월 30일 쿠데타가 발생할 때까지도 그 인도 시기를 결정하지 못한 상태였다. 수카르노는 이 무기들로 제5의 군대를 무장시키고자 했다. 그는 군의 지지에 의구심을 품고 언제 쿠데타가 일어나 자신을 축출하려 할지 모른다고 여겼으므로, 자기가 PKI를 통해 직접 운용할 수 있는 군대의 창설은 당면 문제들을 단번에 극복해낼 묘수라고 생각했다. 그러나 속셈을 꿰뚫은 육군 고위 장성들은 당연히 이 계획에 동의하지 않았다. 육군사령관 아흐맛 야니 장군과 나수티온 국방장관은 공산당의 사병을 양병하는 일이라 여겨 이 구상을 거부했다. 결국 제5의 군대 창설을 둘러싼 공방은 군과 공산당 사이의 불신만 가중시켰다.

그러자 시의적절하게도 5월 29일 '길크라이스트 서신'이 등장한다. 이 편지는 영국 대사 앤드루 길크라이스트가 런던 외무성에 보내는 형식을 취했는데, "현지 군에 있는 친구들"의 도움을 받아 미국과 영국이 힘을 합쳐 인도네시아를 전복시키겠다는 내용이었다. 현지 군에 있는 친구들이란 보수적인 장성들을 뜻하는 것이 분명했다. 이로써 제5의 군대 창설을 반대하는 군 장성들을 숙청할 빌미가 마침내 마련된다.

수반드리오 외무장관 겸 정보국장이 꺼내든 이 편지는 군에 대한 수카르노의 의심과 경각심을 더욱 부추겼다. 훗날 귀순한 체코 공작원 라디슬로프 빗만은 PKI의 요청에 따라 인도네시아 군부의 반공주의 강경파 장군들을 끌어내리기 위해 체코 정보국에서 서한을 위조해 소련을 통해 넘겨준 것이라고 1968년에 주장했다. 그로 인해 9월 30일 쿠데타가 일어나 인도네시아군 고위 장성들 다수가 죽었으니, 그 공작은 대성공을 거둔 셈이다.

1965년 8월 17일 독립기념일 연설에서 수카르노는 인도네시아가 중국을 비롯한 공산주의 정권들과 반제국주의 동맹을 맺을 것이며 군은 정치에 절대 간여하지 말라는 의지를 밝혔다. 이 연설에서 그는 농부와 노동자들을 무장시키는 제5의 군대 창설을 승인했음을 다시 한 번 천명했다.

한편 수카르노가 국내외 정치에 모든 역량을 투입하는 동안 인도네시아의 경제 상황은 날로 악화되어갔다. 정부가 군비 충당을 위해 돈을 마구 찍어낸 결과 1964~1965년 사이 연 600퍼센트에 이르는 하이퍼인플레이션이 촉발되었고, 수출 전문 대단위 플랜테이션의 쇠퇴와 창궐하는 밀수로 외환 부족에 허덕였다. 결과적으로 인도네시아 정부는 서방과 공산 진영 양쪽에서 마구 끌어와 쌓인 차관들에 대한 상환 능력을 상실했으며, 모라토리엄 상황이 임박하고 있었다. 정부 예산 대부분이 군에 투입되었고 그 결과 도로, 철도, 항만, 공공시설 같은 사회 간접 자본 상황은 악화일로를 걸었다.

교통 인프라의 악화와 열악한 농업 수확량은 곳곳에서 식량 부족을 가져왔다. 중소기업 부문은 투자 부족으로 말라비틀어지고 산업 설비는 생산 능력 대비 20퍼센트 정도의 가동률을 보였다. 한때 인도네시아 독립의 원동력이자 전 국민의 자부심이었던 인도네시아군도 이제 창궐한 부정부패로 인해 인도네시아의 정치·사회·경제 모든 부분에서 걸림돌이 되어버렸고, 이를 개선하려면 수뇌부를 모두 갈아치워 체질을 쇄신해야 한다는 생각이 정부와 민간에 만연했다. 그러나 경제에 대한 관심 부족은 곤궁에 허덕이던 인도네시아 인민들과 아집에 휩싸여 말년으로 접어들던 수카르노 자신 사이에 결코 극복할 수 없는 거대한 틈을 만들고 말았다.

9월 30일 쿠데타 당시 인도네시아 경제 상황은 최악이었으므로 수카르노에 대한 민중의 지지도는 급격한 하향 곡선의 밑바닥에 있었다. 애국심의 결집을 요구한 말레이시아 분쇄 정책 역시 결과적으로 경제 상황을 악화시킬 뿐이어서 군 수뇌부와는 사뭇 다른 이유로 민중 역시 크게 호응하지 않았다. 인플레이션으로 식료품 값이 천정부지로 뛰었고 기아 선상을 헤매게 된 민중은 쌀, 설탕, 식용유 등 생필품 배급을 받기 위해 길게 줄을 늘어섰다. 가격 폭등의 요인은 집단 이기주의의 절정을 보여준 전군 급여 500퍼센트 인상과 물품 수급을 주도하던 화교 상인 축출 정책이었다. 극심한 인플레이션에 동반한 품귀 현상으로 인도네시아 인민들은 끼니를 걱정했고 포대 자루로 옷을 지어 입어야 했다. 전시도 아닌 상황에서 인도네시아 인민들은 군의 배를 불리며 정작 자신들 배는 곯아야 했다.

한편 수카르노는 경제 문제에 대한 어떠한 현실적 해결책도 제시하지 않았고, 그럴 능력이나 노력도 없었다. 대신 그는 새로운 사상적 개념들을 생각해냈는데, 그건 예로부터 그가 가장 재능을 보인 부분이었다. 이때 제창한 사상 중 하나가 '뜨리삭띠'였다. 이는 정치적 주권, 자급자족 경제, 문화적 독립을 의미했다. 그는 인도네시아인들이 궁극적으로 외국의 영향에서 벗어나 경제적으로 자급자족해야 한다고 촉구했다. 그러나 허울 좋은 이 말은 실상 인도네시아를 국제사회 속에서 독불장군으로 만들 뿐이었다. 그가 쁘리삭띠를 주창하면서 사용했던 수사들은 훗날 독자적 핵무장 과정에서 고립된 북한이 국제 경제 재제를 당할 때마다 국민들에게 자급자족을 역설하며 사용했던 것과 다를 바 없는 것이었다.

한때 인도네시아 국민들의 절대적 지지와 사랑을 받았던 수카르노도 이제 환갑을 넘기고 병을 얻어 얼굴이 부어올랐고, 1964년 초부터 1965년 9월 30일 쿠데타가 벌어질 때까지 와병설이 파다하게 퍼지면서 수카르노 사망 후 벌어질 권력 투쟁의 시나리오와 음모설이 호사가들 사이에 분주히 오르내렸다. 여러 차례에 걸친 세기의 스캔들과 여성 편력도 이젠 도덕적 비난을 불러올 뿐이었다. 국민들은 점차 수카르노의 독재에 피로를 느끼고 있었다. 그렇게 인도네시아는 시시각각 1965년 9월 30일 운명의 시간을 향해 다가가고 있었다.

9월 30일 쿠데타

1965년 10월 1일 새벽, 여섯 명의 육군 고위 장성이 납치, 살해되는 '9월 30일 쿠데타'가 벌어졌다.

아흐맛 야니 장군의 집은 보통 11명의 군인이 경호하곤 했는데, 일주일 전 여섯 명이 충원되었음을 야니도 알고 있었다. 이 충원병들은 라티에프 대령의 부대에서 왔으며, 라티에프는 9월 30일 쿠데타 주역 중 한 사람이다. 이들 여섯 명은 9월 30일 밤 야간 경비조로 투입되었다. 생일을 맞아 친구들과 파티를 즐기려고 집을 나서던 밤 11시경 야니의 부인은 길 건너편에서 감시하는 듯한 수상한 사람을 보았지만 대수롭지 않게 여겼다. 집에는 무장 경비원들이 잔뜩 있었으니 말이다. 야니 부인이 나중에 생각해보니 9월 30일 밤 9시경부터 경비조에게 뭔가를 묻는 전화가 일정한 간격으로 걸려 왔다고 한다. 그것은 쿠데타의 전조였지만 아무도 눈치채지 못했다.

야니 장군은 9월 30일 저녁 7시경 최고작전사령부(KOTI)에서 나온한 대령과 동부 자바 사단장 바수끼 라흐맛 장군 등을 만나고 있었다. 바수끼가 자카르타에 온 이유는 동부 자바에서 점점 고조되고 있던 공산당활동을 보고하기 위해서였다. 야니 장군은 다음 날 대통령에게 보고할때 바수끼와 함께 들어가기로 약속했다. 그렇게 일과를 마치고 잠든 야니 장군 자택을 10월 1일 새벽 200여 명의 군인들이 밀어닥쳐 겹겹이 포위했다. 그들은 대통령이 급히 부른다며 현관문 앞에서 야니를 독촉했다. 이른 새벽의 이례적인 호출이 어딘가 수상했지만 야니는 일단 따라나서기로 마음먹었다. 우선 목욕을 하고 옷을 갈아입으려 하자 병사들은이를 제지하며 잠옷을 입은 채로 따라나서라고 강경하게 요구했다. 그러나 전장에서 잔뼈가 굵은 육군사령관 아흐맛 야니는 일개 병사의 위협에겁먹지 않았다. 그는 독립전쟁 당시부터 수많은 전투에서 네덜란드군과싸웠고, 수마트라 미낭까바우의 PRRI 반란에서는 진압군 총사령관으로반란군을 격멸시킨 화려한 야전 경력을 가지고 있었다. 격노한 그가 예의 없는 병사의 뺨을 갈긴 건 어쩌면 당연한 일이었다.

하지만 그 순간까지도 이들이 반란군이라는 사실을 야니는 깨닫지 못했다. 그가 현관문을 닫고 안으로 돌아설 때 반란군 병사 한 명이 그의등 뒤 현관문을 향해 총구를 겨누었다. 좀 전 야니의 반응을 보고 그를살려서 데려가는 것이 불가능하다고 판단했던 것일까? 소총이 여러 번불을 뿜자 현관 유리를 관통한 총탄들이 야니의 등에 깊숙이 박혔다. 피격된 야니는 그 자리에서 피를 뿌리며 쓰러져 바로 숨을 거둔다. 거목이쓰러지는 것은 한순간이었다. 강직함과 지혜로움으로 명성을 얻었던 그

아흐맛 야니 장군과 수쁘랍또 소장

가 오래도록 살아남았다면 인도네시아의 역사는 크게 바뀌었을지도 모르고, 수하르토가 대통령이 되는 일도 없었을 것이다. 반란군 병사들은 야니의 시신을 트럭에 태워 쁜독거데 루방부아야의 반란군 본부로 향했다. 루방부아야는 '악어굴'이란 의미의 지역명이다.

10월 1월 새벽 수쁘랍또(Suprapto) 소장은 즐겨 그리던 그림도 그리지 못할 정도로 치통에 시달려 멘뗑 자택에서 잠을 이루지 못하던 중 급습을 당했다. 그는 시민치안군 시절 군에 합류하여 1946~1947년에는 수디르만 장군의 경호원으로 복무했고, 1949년 9월 중부 자바 디포네고로 사단 참모장으로 부임했으며, 1960년엔 수마트라 육군부사령관에, 1962년 7월엔 인도네시아 육군 부사령관에 오르는 등 탄탄대로를 달리던 인물이다.

반란군은 대통령 경호부대인 짜끄라비라와 부대원들이었다. 그들은 수카르노로부터 급한 소환이 있다며 수쁘랍또의 동행을 요구했다. 그런 상황이 처음이 아니었기에 곧 옷을 갈아입고 나오겠다고 했는데, 병사들이 이를 허락지 않자 그는 뭔가 잘못되었음을 직감했다. 그는 마치 범죄자처럼 반란군들에게 체포되어 루방부아야 지역으로 끌려갔고, 반란군들은 상황 전파를 지연시키기 위해 집의 전화선을 모두 끊어버렸다. 이에 그의 아내가 빠르만 장군에게 편지를 써 인편으로 상황을 알리려 했지만, 그때 빠르만 역시 반란군에게 체포되어 끌려가고 있었다. 수쁘랍또 소장은 루방부아야로 붙잡혀온 다른 장성들과 함께 혹독한 고문을 당한 후 살해되었고 시신은 폐우물 안에 버려졌다.

빤자이딴 준장은 1945년 11월 대대장으로 군생활을 시작하여 1948년 3월 서부 수마트라 부낏띵기 지역 반뗑 사단의 교육사령관으로 임명되었고, 네덜란드의 제2치안 활동으로 족자의 수카르노 정부가 통째로 나포되자 부낏띵기 긴급 정부의 보급을 책임졌던 인물이다. 그는 1957년 서독 본에서 무관 생활을 했고, 인도네시아에 돌아온 후 군 수뇌부에서 주요 보직을 두루 거치다가 다시 미국 국방대학 장성급 참모 과정을 수료한 후 육군참모부의 제4차관보가 되었다.

루방부아야에서 출발한 반란군이 10월 1일 새벽 하사누딘 거리에 있는 빤자이딴 준장의 자택을 급습했는데, 그 과정에서 1층의 상주 사환들과 격투를 벌여 그중 한 명을 사살했다. 빤자이딴은 그 상황에서 빠져나갈 수 없음을 예감했다. 반란군이 가족을 인질로 삼자 빤자이딴은 결기를 다진 후 말끔한 정복 차림으로 2층에서 내려와 반란군과 대치했다. 스스로 수의를 차려 입은 것이었다. 더 이상 설득과 타협의 여지가 남지 않자 그는 권총을 뽑아 들었지만 병사들의 총격이 먼저였다. 반란군의 총탄이 그의 머리를 깨뜨렸다. 반란군은 고분고분하지 않은 빤자이딴에게 분이 덜 풀린 듯 이미 숨이 끊긴 그의 시신에 수차례 더 총질을 한 후에야 트럭에 실어 루방부아야로 옮겨 갔다. 빤자이딴은 10월 1일 새벽에

빤자이딴 준장과 수또요 준장

벌어진 일련의 납치 살인 사건들 가운데 가장 군인다운 죽음의 모습을
보였다.

　수또요 준장은 인도네시아 헌병대장을 역임한 가똣 수브로토 장군의
부관을 역임했고, 헌병 장교로서 착실히 경력을 쌓아 헌병대본부 참모
장, 런던 무관, 반둥 장성·사령관 대학을 거쳐 1961년부터 군 검사장 및
법제처장의 지위에 올라 있었다. 그의 자택도 멘뗑 소재의 수머넵 거리
에 있었는데, 10월 1일 새벽 반란군이 차고를 통해 침입해 상주 가정부
에게 집 열쇠를 확보한 후 집 안에 들어와 강압적인 분위기를 조성하며
대통령이 부르니 따라나서라고 수또요를 강요했다. 별다른 저항 없이 반
란군 병사들을 따라 차에 오른 수또요 준장은 루방부아야로 가는 동안
병사들의 거친 행동과 강압적인 분위기에 수상한 낌새를 느꼈지만, 당시
혼란스럽게 돌아가던 군 내부 상황과 정세에 비추어 어쩌면 이런 급한

호출을 받을 만한 상황이 정말 벌어진 것이라 생각했을지도 모른다. 하지만 루방부아야에는 납치된 다른 장성들과 함께 혹독한 고문과 죽음만이 그를 기다리고 있었다.

빠르만 소장은 수쁘랍또 소장과 마찬가지로 인도네시아군 초창기부터 참여했던 인물이다. 그는 족자에서 헌병 장교로도 근무했고 자카르타 군정 시장의 참모장이 되었다가 정보 분석을 통해 레이먼드 베스털링의 APRA 반란군이 국방장관과 군 고위 장성들을 살해하려던 음모를 막아낸 정보통이었다. 그는 미국 헌병학교에서 공부한 후 자카르타 헌병단 사령관으로 임명되었고, 이후 헌병대와 국방부의 요직을 거쳐 런던 무관으로 발령된다. 그리고 1965년 6월 28일 소장으로 진급하며 육군사령관 아흐맛 야니 중장의 오른팔인 정보 담당 제1차관보가 되었다.

그는 며칠 전부터 공산주의자들의 이상 행동에 대한 경고를 접하고 있었지만, 정작 쿠데타가 벌어지던 10월 1일 새벽 그의 자택을 지키는 경비원은 단 한 명도 없었다. 빠르만 소장 부부는 그날 새벽 4시 10분경에 집 주변의 소란스러운 소리에 놀라 잠에서 깼다. 빠르만이 무슨 일인가 알아보려 나갔을 때 24명의 짜끄라비라와 부대원들이 응접실로 돌입해 중대 사태가 벌어졌으니 대통령을 만나러 가자며 강권했다. 그가 정복을 갖추는 동안 병사들은 응접실에서 기다리지 않고 안방까지 들어와 그를 감시했으므로 의아하게 여긴 그의 아내가 병사들에게 명령서를 보여달라고 했다. 그러나 한 병사가 명령서를 가져왔다며 자기 주머니를 툭툭 두드려 보였을 뿐 끝내 명령서를 꺼내 보이지는 않았다. 상황이 심상치 않음을 느낀 빠르만은 상관인 야니에게 이날 새벽 벌어진 일을 보고하라고 아내에게 당부했으나, 반란군이 전화선을 끊어놓은 상태였다. 그렇게 끌려간 빠르만 소장 역시 루방부아야에서 죽음을 맞았고, 그의 시신도 폐우물에 유기되었다.

빠르만 소장과 M. T. 하르요노 소장

   M. T. 하르요노(Harjono) 소장은 시민치안대에서 소령 계급을 달고 군 생활을 시작해 독립전쟁 당시 여러 보직을 거치고 헤이그 원탁회의에도 인도네시아 대표단의 일원으로 참석했던 인물이었다. 그의 자택에도 10 월 1일 새벽 어김없이 짜끄라비라와 부대원들이 찾아왔다. 그들은 문 앞에 나온 부인에게 대통령이 남편을 찾는다는 전언을 넣었다. 하르요노 소장은 아침 8시에 다시 찾아오라는 말을 전달한다. 일개 장군이 대통령의 지시를 임의로 연기시킬 리 없는 일이었으니, 하르요노는 이때 이미 이상한 낌새를 눈치챘을 것이다. 하르요노가 뜻대로 움직여주지 않자 반란군들은 동요하는 듯하다가 급기야 목청을 돋우며 화를 냈다. 하르요노는 그런 상황을 예상한 듯 아내와 아이들을 다른 방으로 피신시킨 후 방의 불을 끄고 문밖의 반란군들과 대치했다. 하지만 권총 한 자루 없이 소총으로 무장한 20여 명의 병사를 상대하는 것은 절망적인 일이었다. 초조함

을 참지 못한 반란군이 급기야 방문 자물쇠를 쏴 문을 부수고 들어오자, 하르요노는 어둠 속에서 신문지에 불을 붙이려던 한 병사에게 달려들어 소총을 뺏으려 시도하다가 오히려 어깨를 대검에 찔리는 부상을 입었다. 그 시점에서 저항을 중지했다면 그는 잠시 목숨을 연명할 수 있었을지도 모른다. 그러나 그는 급히 몸을 피해 정원 쪽으로 달려갔고 반란군들은 그를 가만두지 않았다. 반란군의 일제 사격을 받은 하르요노는 현장에서 즉사했다. 체포 과정에서 살해된 야니 중장이나 빤자이딴 소장의 경우와 같이 반란군들은 하르요노 소장의 시체를 트럭에 싣고 루방부아야의 반란군 본부로 달려갔다.

짜끄라비라와 부대원들의 공격을 받고도 아슬아슬하게 위기를 모면한 사람은 나수티온 장군뿐이었다. 아립 중위의 지휘 아래 반란군의 나수티온 체포조가 트럭 네 대와 지프차 두 대에 나누어 타고 뜨꾸 우마르 거리의 나수티온 장군 자택에 도착한 것은 10월 1일 새벽 4시경이었다. 나수티온은 평범한 단층 주택에 살았는데, 20명쯤 되는 경비병들은 군용 트럭의 접근을 이상하게 여기지 않았고 부관 피에르 뗀데안(Pierre Tendean) 중위와 함단 만수르 경위가 마침 잠든 시각이었다. 군용 트럭이 호의적인 병력이 아니라는 사실을 알게 되었을 때는 아립 중위의 부대가 담장을 넘어 경비병들을 제압하고 반란군 15명 정도가 집 안으로 쳐들어간 후였다.

그 시각 나수티온 부부는 모기에 시달려 잠을 이루지 못하고 있었다. 밖에서 들려오는 소란에 부인이 문밖을 내다보자 이미 짜끄라비라와 부대 병사들이 당장이라도 발포할 기세로 총을 겨누고 있었다. 그녀는 급히 문을 닫으며 남편에게 급박한 위험이 닥쳤음을 알렸고, 나수티온이 직접 상황을 확인하려고 문을 열자 반란군은 총격을 시작했다. 그가 급히 문을 닫고 부인이 자물쇠를 잠갔지만, 반대쪽에서 들어온 병사들이 침실을 향해 총격을 가해왔다. 쿠데타가 발생했음을 직감한 나수티온은

나수티온 장군과 뗀데안 중위

뒤쪽 정원으로 나가 이라크 대사관저와 접한 담을 향해 달렸다. 그가 가족을 반란군의 손아귀에 남겨둔 채 혼자 몸을 피한 것에 대해 일각에서는 비난을 하기도 하지만, 그때 그가 용맹스럽게 반란군과 맞섰더라도 이미 경비병들과 부관들이 제압된 상태에서 그 결과는 불을 보듯 뻔한 일이었다. 더욱이 전군사령관인 그가 사살되거나 생포된다면 인도네시아는 반란군의 손에 고스란히 넘어갈 확률이 훨씬 높아질 터였다.

한집에 살던 나수티온의 가족은 총소리에 놀라 모두 일어났는데, 나수티온의 어머니와 여동생 마르디아는 나수티온의 침실로 달려가 다섯 살 난 나수티온의 막내딸 이르마를 안고 피신하려 했다. 그 순간 반란군의 총격이 문을 뚫고 날아와 마르디아의 손을 관통했고, 어린 이르마의 척추도 세 발의 총탄으로 완전히 부서져버렸다. 피투성이가 된 이르마는 나중에 병원으로 옮겨졌으나 닷새 후 숨지고 말았다. 나수티온의 큰딸

얀띠와 유모 알피아는 부관들이 쓰는 별채의 침대 밑에 숨어 위기를 넘길 수 있었다.

나수티온 장군의 부관 뗀데안 중위는 권총을 장전하고 별채에서 뛰어나왔지만 몇 걸음 못 가서 반란군에게 붙잡히고 말았다. 어둠 속에서 반란군은 그를 나수티온 장군이라 착각했다. 그것이 나수티온에겐 행운이었고 젊은 뗀데안에겐 가혹한 사형 선고였다. 그들이 뗀데안을 나수티온으로 착각하지 않았다면 필사적인 수색 끝에 이라크 대사관저까지 쳐들어가 나수티온을 찾아내고야 말았을 것이다.

남편을 피신시킨 부인은 뒤뜰에서 돌아와 피투성이가 된 막내딸을 안아 들고 전화로 구급차를 부르려 했지만, 아립 중위가 저지하며 나수티온의 행방을 집요하게 물었으므로 그녀는 극도로 흥분한 채 언쟁을 벌여야 했다. 그러다가 호루라기 신호가 울리자 그들은 오인 체포한 뗀데안 중위만을 트럭에 태우고 신속히 철수했다. 뗀데안 중위는 루방부아야에서 다른 장성들과 함께 죽음을 맞았다.

나수티온의 이웃 요하네스 레이메나(당시 세 명의 부총리 중 한 명)의 집을 지키던 경찰 경비단장 까렐 삿쭈잇 뚜분이 나수티온의 집에서 벌어지던 소동을 목격하고 무슨 일인지 알아보려 다가오다가 사살되었다. 이 일로 레이메나 역시 그날 밤 숙청 대상에 올라 있었다는 얘기가 떠돌았으나, 이는 혼란 속에서 일어난 의도치 않은 사고였을 뿐이다.

이 모든 것은 9분 동안 벌어진 일이었다. 나수티온 부인이 이르마를 군 병원으로 데려간 후에야 경비병들이 알람을 울렸고, 뒤늦게 허겁지겁 달려와 상황을 파악한 자카르타 수비대장 우마르 위라하디꾸수마(Umar Wirahadikusumah)가 할 수 있는 일은 이미 아무것도 없었다.

'G30S 사태'라고 일컬어지는 이 쿠데타는 대통령 경호단장 운뚱 빈 샴수리 중령을 위시한 반란군 수뇌부가 브라위자야 사단, 디포네고로 사단의 지원을 받아 대통령 경호부대인 짜끄라비라와 부대를 움직여 일으킨 사건이었다. 운똥 중령은 잘 알려진 공산주의 옹호자였고, 1948년 마디운 반란에도 가담했다가 목숨을 건진 인물이었다. 반란군이 루방부아야의 본부로 생포해 간 수쁘랍또 소장, 빠르만 소장, 수또요 준장과 뗀데안 중위는 모진 고문과 조롱을 받은 끝에 차례차례 처형되었고 체포 과정에서 사망한 야니 장군 등 다른 장성들과 함께 폐우물에 버려졌다. 당시의 처참함을 고스란히 담은 그들의 시신이 수습된 것은 사흘이 지난 후였다.

쿠데타군은 라디오 방송국과 통일 광장을 점령한 후 CIA와 공모하여 국가 전복을 시도한 장성들을 체포, 제거하고 수카르노 대통령과 국가를 보호했다는 성명을 라디오를 통해 발표했고, 뒤이어 내각을 해산하고 '혁명대표부'가 그 자리를 대신할 것임을 공표했다. 중부 자바에서도 족자와 수라카르타에서 10월 1일과 2일 사이 이 사태에 가담한 군인들이 상황을 장악하는 과정에서 두 명의 고위 장교가 살해되었다.

한편 나수티온은 이라크 대사관저 화단에 숨어 있다가 10월 1일 아침 6시에야 부러진 발목으로 절룩거리며 집에 돌아왔다. 그는 보다 안전한 국방부로 자리를 옮기는데, 부관이 차를 운전하는 동안 차 바닥에 바짝 엎드려 혹시나 있을지 모를 반란군의 시선을 피하려 했다. 그는 전략예비사령부의 수하르토 장군에게 전문을 보내 자신이 살아 있음을 알리는 것도 잊지 않았다. 정말 우연하게도 이 쿠데타로 나수티온마저 납치 살해되었더라면 자신의 상급자가 한 명도 남지 않았을 뻔한 수하르토 장군은 신속하게 군 통제권을 장악했다. 이를 확인한 나수티온은 수하르토에게 대통령의 행방을 찾으라고 명령했고, 해군사령관 R. E. 마르타디나타와 해병대 사령관 하르토노, 경찰총장 수찝또 유도디하르조에게 연락을 취해 자카르타로 들어오는 모든 육로와 해로를 봉쇄하도록 지시했다.

공군에 아무 명령도 내리지 않은 이유는 공군사령관 오마르 다니 장군이 9월 30일 쿠데타의 동조자라는 정황이 분명했기 때문이었다. 수하르토는 이 명령을 즉시 수행했다. 그는 이 쿠데타를 가장 효과적으로 진압할 수 있는 병력과 지위를 가진 핵심 군 수뇌부 중 한 사람이었는데, 짜끄라비라와 부대의 납치 대상 명단에 그가 포함되어 있지 않았던 것은 실로 불가사의한 일이다.

10월 1일 오후 2시경 반란군 측이 혁명대표부의 발족을 공표했을 때 나수티온은 수카르노가 반란군에게 납치되어 할림 공군 기지의 반란군 본부에 잡혀 있다고 간주했으므로 수하르토, 마르타디나타, 유도디하르조에게 대통령의 구출과 자카르타 치안 회복에 주력할 것과 이를 위해 수하르토를 이 작전의 총사령관으로 삼는다는 내용의 명령을 하달했다. 본의 아니게 모든 매직 카드를 손에 쥐게 된 수하르토에게 나수티온은 자신도 모르는 사이 그 힘을 맘껏 휘두를 명분까지 부여하면서 대권을 향해 가는 문을 활짝 열어준 셈이다.

그런데 수하르토가 작전에 착수하던 순간 할림에서 수카르노의 전문이 날아들었다. 그것은 그날 새벽 사망한 아흐맛 야니 장군의 후임으로 충성파로 알려진 쁘라노토 렉소사무드라 소장을 육군사령관에 임명하니 당장 할림 공군 기지로 출두시키라는 내용이었다.

수하르토는 이 대목에서 반란군의 인질이 되어 있을지도 모를 대통령의 명령을 따를 것인지, 아니면 나중에 반역죄로 처단당할 수 있지만 일단 항명을 택할 것인지 고민하지 않을 수 없었다. 수하르토는 쁘라노토의 할림행을 허락하지 않는 쪽으로 마음을 정했다. 그러면서도 수카르노가 어떤 상태에 있든 그 임명 결정을 절대 철회하지 않으리란 것 역시 예상하고 있었다. 수하르토는 자기 말에 힘을 얻기 위해 나수티온 장군에게 자신의 전략예비사령부에 와줄 것을 요청했다.

나수티온이 도착한 것은 오후 6시경이었고, 그때 수하르토는 마침 사르워 에디 위보워의 부대를 반란군에 대항하여 배치하던 참이었다. 나수티온은 그곳에서 부러진 발목을 처음으로 치료받았다. 자카르타의 치안이 어느 정도 확보되자 마르타디나타는 쁘라노토를 육군사령관으로 임명하는 대통령 명령서를 가지고 전략예비사령부에 들어왔다. 그 내용을 읽은 수하르토는 마르타디나타와 나수티온을 불러 상황을 협의했다.

수카르노 대통령이 쁘라노토를 임명한 경위를 나수티온이 묻자, 마르타디나타는 그와 유도디하르조, 다니 등이 할림에서 수카르노와 회합을 갖고 야니 장군이 타계한 지금 누가 차기 육군사령관이 되어야 할지를 협의한 끝에 선정한 것이라 답했다. 수카르노가 납치 감금되어 있는 것이 아니라 할림 반란군들 틈에서 아무 위협도 받지 않고 자의로 대통령 직무를 수행하고 있다는 공식적인 증언이 처음 나온 것이다. 대통령이 명백히 반란군 편에 섰다는 사실은 나수티온이나 수하르토에게 부담스러운 일이 아닐 수 없었다. 대통령이 자의로 저쪽에서 평소의 권한을 발휘한다면 오히려 수하르토 측이 반란군으로 몰리기 쉬운 형국이었다.

나수티온은 이미 진압 작전이 시작된 시점에 반란군 본부에서 자유의지 여부가 분명치 않은 수카르노의 명령을 받아들일 수 없다며 쁘라노토를 할림으로 들여보내지 않겠다는 수하르토의 의견에 힘을 실었다. 나수티온과 수하르토는 쁘라노토를 불러 이 쿠데타 시도를 완전히 진압할 때까지 육군사령관 임명 수락을 늦춰달라고 설득했다. 쿠데타 상황 한가운데에서 졸지에 영전과 반역 사이의 외줄타기를 하게 된 쁘라노토로서는 실권을 쥔 수하르토의 면전에서 이 요구를 거절할 수 없었다.

이날 수카르노 대통령은 도대체 어디서 무엇을 하고 있었던 것일까? 일각에서 말하듯 9월 30일 쿠데타는 그가 인도네시아 공산당을 이용해 스스로의 입지를 강화하기 위해 일으킨 친위 쿠데타였을까? 아니면 수카르노도 인도네시아 공산당도 모두 군의 소장파 쿠데타 세력에 이용당한 희생자들였을까? 『수카르노의 마지막 경호원』이라는 책에서는 당시 상황을 이렇게 기록하고 있다.

대통령궁이 정체를 알 수 없는 육군 부대에 포위된 후 수카르노는 부인 하르야띠의 집을 들렀다가 할림 공군 기지로 향했다. 아침 9시 반이었고 푸른색 승용차가 수카르노의 관용차를 뒤따르고 있었다. 그 시간 할림 공군 기지는 별다른 훈련도 없는 한산한 분위기였고, 수카르노는 검찰총장 수나리오와 함께 공군작전사령부 건물에서 그를 기다리고 있던 오마르 다니 공군사령관, 레오 와띠메나 장군 등과 만났다. 그들은 수카르노에게 상황 브리핑을 했다.

곧이어 세 명의 육군 장교가 도착했는데, 그들은 비상 만달라 전투사령관 수빠르조 준장과 밤방 수뻐노 소장, 그리고 그때 독립궁을 포위하고 있던 육군전략사령부 소속 다르마뿌뜨라 대대 지휘관인 수끼모 소령이었다.

수빠르조 준장이 안에 들어가 수카르노 대통령을 만나는 동안 다른 두 명은 밖에서 기다렸다. 이는 수빠르조 준장이 이날 벌어진 쿠데타에서 수뻐노 소장보다 더 핵심 인물이라는 반증이었다. 수빠르조는 쿠데타에 대한 대통령의 승인을 요구했고 수카르노는 이를 완강히 거절하며 즉시 전투 행위를 중지할 것을 명령했다고 한다.

수카르노는 말레이시아와 전쟁을 최전선에서 수행하며 기존 군 수뇌부에 불만을 감추지 않던 수빠르조 준장을 숙군 작업의 적임자로 여겼는데, 그 회합을 통해 수빠르조 준장이 쿠데타의 배후임을 짐작했을 개연성이 높다. 장성들의 숙청 필요성을 공감할 것이라 여겼던 수카르노가 쿠데타를 승인하지 않는 것이 의외일 수밖에 없었던 수빠르조는 석연치 않은 표정으로 할림 공군 기지를 떠났다.

일각에서는 9월 29일 밤 수빠르조가 오마르 다니 공군사령관을 통해 수카르노에게 불충한 장성들의 명단을 전달하고 자신이 육군 부대들을 움직일 준비가 되어 있음을 보고했다고도 한다. 그것이 사실이라면 9월 30일 쿠데타는 수카르노의 의지를 담은 친위 쿠데타라는 얘기가 된다. 따라서 할림 공군 기지에서 수카르노와 수빠르조가 만난 것은 쿠데타의 승인 여부 때문이 아니라 그날 새벽 수행된 육군 장성 숙청에 대한 보고를 하기 위한 것이라 보는 것이 타당하다. 한편 수카르노는 수빠르조의 보고를 통해 PKI 당수 아이딧도 할림 공군 기지에 와 있다는 것을 알게 된다.

수카르노는 상황을 보다 정확히 파악하기 위해 육군사령관 아흐맛 야니, 해군사령관 마르타디나타, 경찰총장 수찝또 유도디하르조, 자카르타 수비대장인 제5사단 우마르 위라하디꾸수마 소장 등의 최고위급 회의를 소집했다. 이 회의는 대통령 전용기 조종사인 수산또 공군 대령의 자택에서 이루어졌고, 당시 쿠데타 습격 사건이 벌어진 나수티온 장군 저택과 육군전략사령부를 오가며 분주한 시간을 보내고 있던 위라하디꾸수마 소장을 제외한 다른 사람들은 모두 참석 의사를 보내왔다. 육군전략사령관 수하르토 소장은 회합 소집에 대해 현재 육군사령관 아흐맛 야니 중장이 유고 상태이니 육군의 모든 결정은 육군 차상위 명령권자인 자신을 통해야 한다고 주장했다. 그것은 회의 소집 명령에 대한 명백한 거절이었다.

수하르토의 전언을 들은 수카르노의 얼굴에 실망의 빛이 스쳤고 결국 그가 소집한 회합은 수하르토와 위라하디꾸수마가 참석하지 않은 채 진행되었다. 한편 회의장 밖을 지키던 병사들도 불안감에 귓속말을 나누거나 라디오 방송에 귀를 기울이고 있었다. 고위 장성들이 달려와 비상회의를 열고 있는데 도대체 무슨 일이 벌어지고 있는지 병사들은 전혀 알 길이 없었기 때문이었다. 그들은 그날 12시 정오 운동 중령이 내각 해산과 혁명대표부 수립을 발표하는 라디오 방송을 듣고서야 자신들이 쿠데타 상황 한가운데에 있다는 것을 알 수 있었다. 한편 위험을 느낀 수카르노의 자녀들은 그날 오후 헬리콥터 편으로 반둥으로 소개되었다.

수산또 대령의 집에서 열린 회합에서 수카르노는 쁘라노토 렉소사무드라 장군을 육군사령관 장관에 임명했고 밤방 위자나르코가 쁘라노또를 데리러 갔다. 쁘라노토의 위치를 파악한 밤방은 육군전략사령부에 들러 수하르토를 만났는데, 수카르노 대통령의 위치를 묻던 수하르토는 아흐맛 야니 육군사령관이 없는 현재 육군 지휘권은 수하르토 자신에게 있으며 쁘라노토가 수카르노에게 가는 것을 허락지 않겠다는 의사를 분명히 했다.

그날 오후 6시, 쿠데타를 지지하며 대통령궁을 포위했던 육군 부대들이 할림 공군 기지에 도착했으나 진입 허가를 받지 못해 노변에 늘어서 있어야 했다. 수카르노가 새삼 그들에게 위협을 느꼈던 것이다. 반란군 본부에 자리 잡고 있던 그가 명백히 반란군 측 병력이 분명한 그 부대들을 왜 두려워한 것일까?

측근들은 보고르궁으로 장소를 옮겨 자카르타의 사태 추이를 지켜보자고 권했으나, 수카르노는 우선 쁘라노토 육군사령관 내정자의 도착을 기다려보자고 버텼다. 그러나 오후 8시경 돌아온 밤방이 쁘라노토가 육군전략사령부에 와 있지만 할림 기지 진입이 막혀 있다는 사실과 육군의 모든 실권을 이제 수하르토가 쥐고 있음을 보고했다. 수카르노는 걷어치우라며 역정을 냈지만 밤방은 보고를 마저 마쳐야 했다. 육군전략사령부 소속 부대들이 늦어도 다음 날 아침엔 할림 공군 기지를 공격해올 것이기 때문이었다. 수뻐노 소장과 수끼모 소령의 부대도 항복하라는 수하르토의 최후통첩을 받은 상태였다. 더 이상 시간을 끌면 수카르노도 할림 기지에서 반란군들과 함께 진압당할 상황에 처한 것이다.

수카르노가 보낸 자가용이 여섯 번째 일본인 부인 랏나 데위를 싣고 도착하자 수카르노 일행은 밤 10시 30분경 조용히 할림 공군 기지를 떠나 보고르로 향했다. 그 사실은 곧 수하르토에게 보고되었고 수카르노 일행은 자정이 넘어 보고르궁에 도착했다. 진압 작전 개시를 앞두고 수하르토는 대통령이 있는 적진으로 공격해 들어가야 하는 부담 하나를 덜어낸 것이다.

한편 사르워 에디 위보워의 부대는 국영 라디오방송국과 통일 광장을 탈환하는 등 자카르타의 상황을 신속히 장악했고, 수하르토는 할림 공군 기지에 대한 공격 준비를 시작했다. 나수티온은 9월 30일 쿠데타군을 격퇴하기 위해 해군과 경찰군이 수하르토에게 전적으로 협조하라는 명령을 내렸다. 한편 공군에게는 다니 사령관의 명령에 따르지 않는다 해도 명령 불복종 혐의를 적용하지 않을 것이라는 포고문을 냈다.

수하르토는 쿠데타 수뇌부들과 수카르노 대통령, 공군소장 오마르 다

쿠데타 진압군이 자카르타 시내를 장악한 모습

니, PKI 당수 아이딧이 모여 있던 할림 공군 기지에도 최후통첩을 보냈다. 수카르노와 아이딧이 이곳에 함께 있었던 이유는 아직도 불분명하여 요즘도 인도네시아의 호사가들 사이에선 수카르노와 PKI의 쿠데타 연루 여부에 대한 갑론을박이 벌어지곤 한다. 일각에서는 반란이 일어나자 수카르노와 PKI 당수 아이딧이 가장 가까운 안전한 곳을 찾아 할림 공군 기지에 들어간 것이라 얘기한다. 하지만 모든 것이 그렇게 우연이기만 했을까? 충분한 조율 없이 시작된 이 쿠데타는 수카르노가 보고르궁으로 거처를 옮기고 오마르 다니는 캄보디아로, 아이딧은 중부 자바로 피신하면서 순식간에 붕괴되기 시작했다.

　다음 날인 10월 2일 오후 6시를 기해 할림 공군 기지는 수하르토의 손에 떨어졌고, 이로써 쿠데타는 공식적으로 진압되었다. 대대적인 총격전을 예상했던 수하르토의 병력은 가벼운 교전 끝에 반란군 본부를 간단히 점령할 수 있었다. 수하르토가 보낸 최후통첩에 따라 수카르노가 할림 공군 기지를 떠난 것이 쿠데타의 판도를 완전히 바꾸어놓았다. 대통령이 자기편에 서 있다고 생각했던 쿠데타군은 한순간에 버림받아 고립무원이 되어 제대로 반격도 하지 못한 채 무너져버렸고, 이제 군의 총구는 교도 민주주의 체제를 떠받치는 핵심 기반 중 하나인 공산당을 향했다.

이 사태로 희생당한 육군 장교들의 면면은 다음과 같다.

- 아흐맛 야니 중장(육군사령관 장관/최고작전사령부 참모장)
- 라덴 수쁘랍또 소장(육군사령관 장관 행정 담당 제2차관)
- 마스 띠르또다르모 하르요노 소장(육군사령관 장관 기획 및 개발 담당 제3차관)
- 시스원도 빠르만 소장(육군사령관 장관 정보 담당 제1차관보)
- 도날드 이삭 빤자이딴 준장(육군사령관 장관 병참 담당 제4차관보)
- 수또요 시스워미하르요 준장(육군 장성 실사 및 법무처장)
- 피에르 안드레아스 뗀데안 중위(나수티온 장군 부관)
- 경비단장 까렐 삿쭈잇 뚜분(부총리 J. 레이마나 박사의 공관 경비단장)
- 까땀소 다르모꾸수모 대령(족자 빠몽까스 072 군휴양소장)
- 수기요노 망운위요또 중령(족자 빠몽까스 072 군휴양소 참모장)

족자에서는 072 군휴양소장 까땀소 대령과 참모장 수기요노 중령이 10월 1일 오후 PKI에 납치되었는데, 혁명대표부에 가입하라고 위협받았으나 완강히 거부하여 결국 살해당했다. 이들 역시 자카르타에서 희생당한 장성들과 나란히 9월 30일 쿠데타의 희생자로 이름을 올렸다.

납치된 장성들의 시신은 10월 3일 할림 공군 기지 인근 루방부아야의 폐우물에서 수습되어 10월 5일 성대한 장례식이 거행되었고 피해자 전

루방부아야 시신 수습 현장을 지켜보는 수하르토 장군(얼룩무늬 군복 차림)

원에겐 일계급 특진이 추서되었다.

　이 사태가 공산당의 사주를 받은 쿠데타였고 독립전쟁의 영웅인 고위 장성들을 살해한 것은 비겁한 반역 행위였다는 군의 선전공세가 1965년 10월 초부터 인도네시아 전역을 휩쓸었다. 국민들과 국제사회는 별다른 의심 없이 이 내용을 정설로 받아들였다. 그러나 공산당 당수 아이딧이 10월 1일 할림 공군 기지에 와 있었고 9월 30일 쿠데타 직전에 제5의 군대 창설 문제로 군과 공산당 사이에 첨예한 갈등이 있었던 것도 사실이지만, 이날 쿠데타가 과연 공산당이 저지른 것인지에 대해서는 아직도 많은 이론이 제기되고 있다. 쿠데타에 동원된 것도 공산당 노농적위대가 아니라 짜끄라비라와 대통령 경호부대와 밤방 수뻐노 소장, 수빠르조 준장 등이 지휘하던 인도네시아 육군 정규군이었으며, 대통령 경호단장 운뚱 중령이 라디오 방송을 통해 발표한 혁명대표부 역시 공산주의 색채가 매우 얕은 것이 사실이다.

당시 나수티온이 쿠데타를 맞았던 저택을 개조해 나수티온 장군 박물관이 만들어졌다. 이곳의 큐레이터는 쿠데타 당일 총칼을 든 민간인들이 집을 에워쌌다고 설명한다. 실제로 루방부아야 박물관에는 고문당하는 장성들 주위에 농민군처럼 보이는 사람들이 무기를 들고 환호하는 장면이 실물 크기로 재현되어 있다. 어쨌든 드러난 사실과 전반적인 모양새를 보자면 PKI 세력에 우호적인 군내 호전적 소장파들이 서방 세계에 우호적인 온건한 군 수뇌부를 공격하여 충돌한 것이고, 설령 PKI가 정말로 이 쿠데타에 연루되지 않았더라도 성공했다면 가장 큰 수혜자가 되었으리라는 점에는 이견의 여지가 없다. 실제로 공산당은 쿠데타 연루를 극구 부인했으나 아무 소용이 없었다. 정부와 언론은 모든 것이 공산당의 소행이라고 비난했고, 인도네시아 공산당의 후원국이라 여기던 중국으로부터도 비난의 화살이 쏟아지면서 공산당원들은 물론 일반 화교들까지 전국적으로 학살당하는 지옥도가 펼쳐지기 시작했다.

10월 5일 장성들의 시신을 수습해 장례를 치른 후 군은 물론, 양대 이슬람 단체인 무함마디야와 나들라툴 울라마(NU)는 합동 공세를 펼쳐 인도네시아의 정부와 군 그리고 사회에서 공산당과 좌익 세력들을 척결하기 시작했다. PKI의 지도자들은 즉시 체포되어 처형당했고, 아이딧도 체포되어 1965년 11월 같은 운명을 걸었다.

이 공산당 척결 운동은 무자비한 학살로 자바와 발리를 휩쓸었다. 어떤 지역에서는 군이 민간 조직과 민병대들을 조직해 움직였고, 또 다른 지역에서는 군이 움직이기 전에 민간 자경단들이 먼저 무력을 사용했다. 믿을 만한 통계에 의하면 이 기간에 약 50만 명 정도의 공산당원이나 화교들이 동조자로 몰려 살해당하고 150만 명이 투옥되었다고 전해지나, 일각에서는 사망자만 300만 명 이상으로 추정한다.

9월 30일 쿠데타 희생자들의 장례식에서 눈물을 흘리는 수카르노

이 척결 운동의 결과로서 수카르노 정권을 지탱하던 세 개의 기둥 중하나인 인도네시아 공산당이 다른 두 개의 세력인 군과 이슬람에 의해 완전히 와해되면서 나사콤 체제가 무너져 내렸다.

수카르노 자신도 큰 타격을 입었다. 그는 납치 살해된 장군들의 죽음을 "혁명의 바다에 일었던 작은 파도"라고 일축하며 마지막까지도 PKI를 두둔하려 했으나, 이는 역풍을 불러왔을 뿐이다. 그는 1966년 1월 방송 연설에서 국가가 자신을 따라줄 것을 촉구하며 영향력을 유지하려 시도했고 수반드리오 정보부장은 별도의 수카르노 친위대를 창설하려 했지만, 모두 무위에 그쳤다. 한 시대를 풍미했던 수카르노의 앞길엔 이제 나락으로의 끝없는 추락만이 남아 있었고, 그 추락은 매우 음습하고도 불명예스러운 모습으로 다가오고 있었다.

12장 수하르토의 등극

수쁘르스마르: 모든 권력의 이양

수하르토가 쿠데타 진압에 결정적 역할을 한 것은 분명했지만, 육군 고위 장교들 사이에서는 수하르토에게 전권이 넘어가는 것보다 나수티 온이 지휘권을 유지하며 상황을 통제해주기를 바라는 기류가 강했다.

그러나 나수티온은 그 민감한 시기에 우유부단한 모습을 보였고, 그를 지지하던 세력들은 하나둘 수하르토에게 옮겨가기 시작했다. 10월 2일 수하르토의 정부군은 반란군 진압 승리의 환호를 외치고 있었지만, 정작 국방장관 겸 전군사령관 나수티온 장군은 쿠데타 당일 피격당한 막내딸 이르마로 인해 하늘이 무너져 내리는 상황이었다. 이르마는 10월 6일 결 국 병원에서 치료 중 숨을 거두었다. 그 며칠 사이가 대세를 갈랐다. 그 사이 수하르토 장군은 별다른 방해도 받지 않고 인도네시아의 권력 대부 분을 손아귀에 쥘 수 있었다.

육군사령관의 직위는 수카르노가 임명한 대로 1965년 10월 1일 쁘라 노토 렉소사무드라에게 넘어갔다가 불과 2주 후 수하르토에게 다시 넘 어왔다. 9월 30일 쿠데타 직후 나수티온이 그렇게 하도록 수카르노를 줄 곧 종용한 결과였다. 수카르노는 수하르토에게 신설 사령부인 '법질서 회복 본부' 사령관의 직위를 주려 했으나, 나수티온의 강권에 떠밀려 결국 1965년 10월 14일 수하르토를 육군사령관에 앉혔다. 그 이후에도 수카르노는 쿠데타 당시 짜그라비라와 부대의 납치 대상에서 제외되어 있었던 점, 마치 준비되어 있기라도 한 듯 순식간에 상황을 장악한 사실 등이 의심을 사 군과 정계의 불신을 키웠지만, 정국 주도권을 기어코 뺏기지 않았다.

9월 30일 쿠데타 직후 자카르타의 학생들은 '인도네시아 대학생 행동 연맹(KAMI)'을 조직하고 PKI의 해체를 요구하며 데모를 벌였다. 이 움직임은 유사한 조직들을 규합하더니 곧 고등학생, 회사원, 예술가, 노동자 등 다양한 계층의 사람들을 결집시켰다. 이 데모대는 PKI 해체 외에도 치솟는 물가와 비효율적인 정부에 대해 비난의 목소리를 높였다. 그들은 수카르노 정권의 2인자이며 외무장관이자 인도네시아 정보 기관(BPI)의 수장이었던 수반드리오도 격렬히 비난했다. 'PKI 공산당 해산!' '9월 30일 쿠데타 및 PKI 관련자들을 내각에서 축출!' '물가 인하와 경제 개선!' 이것은 1966년 1월 10일 KAMI를 비롯한 데모대들이 국회 앞에서 발표한 '뜨리뚜라'라 부르는 '국민의 3대 요구'였다.

1966년 2월에도 반공 시위가 줄을 이었다. 수카르노는 수하르토를 달래려는 듯 어깨에 별을 더 달아주면서도 다른 한편으로는 국정 장악의 의지를 여실히 보여주는 새 내각 명단을 2월 21일 발표했다. 그의 내각엔 쿠데타 당일 할림 공군 기지에 모여 있던 소극적 공모자 그룹 중 한 명인 전 공군사령관 오마르 다니의 이름도 포함되어 있었다. 그는 쿠데타 지지 성명까지 냈던 인물이었다. 수카르노는 이에 그치지 않고 나수티온 장군을 국방장관에서 해임하면서 군과 각을 세웠다. 국민들은 즉시 이 내각을 '게스따뿌(Gestapu) 내각'이라 이름 붙였는데, 이는 9월 30일 쿠데타(GErakan September TigAPUlu)에서 차용한 신조어였다.

사실 나수티온에겐 1965년 12월 일생일대의 기회가 찾아왔었다. 모

인도네시아 대학생 행동연맹(KAMI)의 시위 모습

하마드 하타가 물러난 후 오랫동안 공석이던 부통령직을 제의받았던 것
이다. 수카르노는 추락 중이었고 수하르토의 입지가 아직 완전치 못하던
시절, 그가 부통령이 되어 일정한 역할을 해낸다면 수카르노의 뒤를 이
어 인도네시아의 두 번째 대통령으로 등극하게 될지도 몰랐다. 그러나
휘하의 많은 장성들과 부관 뗀데안 중위, 그리고 눈에 넣어도 아프지 않
을 막내딸 이르마를 잃은 나수티온이 동력을 잃고 기민한 결정을 내리지
못하는 동안, 마침내 누구도 거스를 수 없는 권력을 거머쥔 수하르토가
1966년 초 부통령의 빈자리를 굳이 채울 필요가 없다는 성명을 내면서
나수티온이 권력의 정점으로 나아갈 천금 같은 기회가 무산되고 말았다.
그러다가 개각을 통해 수카르노가 그를 국방장관직에서 실각시키고 전
군사령관이라는 그의 직위조차 폐지하려 하자 나수티온은 사임을 거부
하며 격렬하게 항명했다. 하지만 이미 엎질러진 물이었다. 물론 그 배경

엔 그를 정적으로 인식한 수하르토의 입김이 서려 있었는지도 모른다.

개각 이틀 후 대규모 시위대가 대통령궁에 몰려들고, 다음 날 새 내각이 임명장을 받는 동안 군인들이 시위대에 발포하는 사건이 벌어졌다. 여기서 목숨을 잃은 학생 아립 라흐맛 하킴은 순식간에 정치적 순교의 아이콘이 되었다. 3월 8일 학생들은 외무성에 쳐들어가 다섯 시간 동안 점거 농성을 벌였다. 그들은 쿠데타로 장군들을 살해한 원흉으로 수반드리오를 지목하고 외무성 벽에 그를 베이징의 주구로 표현하거나 교수대에 매달린 모습을 낙서로 그려놓았다.

수카르노는 자신의 권위를 회복하기 위해 3일간의 마라톤 회합을 기획하고, 그 첫날인 3월 10일 각 정당 지도자들을 설득해 대통령의 권위에 도전하는 학생 시위대에 대한 경고문에 서명하도록 했다. 이튿날인 3월 11일 독립궁에서 전체 각료 회의를 열었는데 학생들에 의한 반정부 시위가 계속되던 중 정체를 알 수 없는 부대들이 독립궁 외곽에 집결하자 위험을 느낀 수카르노와 수반드리오, 그리고 여타 장관들은 즉시 회의장에서 나와 헬리콥터를 타고 보고르궁으로 피신했다. 그런데 바수키 라흐맛, 아미르 마흐뭇, 모하마드 유숩 등 수하르토를 지지하는 장성들이 보고르궁에 나타나 수카르노로부터 '수쁘르스마르(Supersemar)'라 불리는 대통령 명령서를 반강제로 받아냈다.

이 문서는 수카르노가 수하르토에게 "치안과 안녕, 정부와 혁명의 지속적 안정을 담보하고 (수카르노 개인의) 안전과 권위를 보호하는 데 필요하다고 생각되는 모든 조치를 취할 것"을 명령하는 것이었다. 정치적 백지수표와 같은 이 문서를 실제로 누가 작성했는지, 당시 소문처럼 정말 장성들이 수카르노의 머리에 총을 겨누고 서명을 강요했는지의 여부 등은 아직도 역사적 논란거리다. 이 명령서를 받아 든 수하르토는 3월 12일 즉시 PKI를 불법으로 규정하여 금지·해산시키는 동시에 군의 자카르타 시내 퍼레이드를 통해 위용을 과시하며 시민들의 열렬한 갈채를 받았다. 훗날 수하르토는 자서전에서 당시 자신이 학생 시위대와 긴밀한 연대를 형성하고 있었으므로 수카르노가 자주 자기를 찾아와 시위의 중단을 부탁하곤 했다고 밝혔다. 3월 18일 그는 수반드리오 외무장관과 차이룰 살레 부총리를 포함한 다른 14명의 각료들을 "보호한다"는 명목으로 체포했다. 수하르토는 이에 그치지 않고 수카르노에게 충성을 바치는 고위 장성들을 공산당원 또는 공산주의 옹호자라는 혐의로 체포하면서 결과적으로 수카르노의 권한과 영향력을 크게 축소시켰다. 수카르노가 수하르토에게 써주었다는 수쁘르스마르 사령장은 이제 수카르노 자신의 숨통을 조이는 올가미가 되어 있었다.

3월 27일 수하르토와 수카르노가 조율한 새 내각이 발표되었다. 수하르토 역시 세 명의 부총리 중 한 명으로 내각에 발을 디뎠다. 그는 국방·치안 담당 부총리로서 공산주의의 발호를 막는 일을 맡았고, 족자의 술탄 하멩꾸보워노 9세는 경제·재정 개발 담당 부총리로 경제 문제 해결을, 아담 말릭(Adam Malik)은 사회·정치 담당 부총리로 외교 부분을 맡았다.

4월 24일 수하르토는 인도네시아 민족당 당원들을 대상으로 한 연설에서 인도네시아의 젊은이들이 군과 힘을 합쳐 고쳐나가야 할 세 가지 일탈 행위에 대해 언급하는데, 그 내용은 다음과 같았다.

1. PKI 공산당의 극좌 극단주의와 인도네시아 국민들 간의 계급 투쟁을 부추기는 행위
2. 수반드리오 외무장관이 실권을 쥐고 있던 시절 인도네시아 중앙정부국(BPI)의 '인형술사'들이 주도하고 그 이익을 독점하던 정치적 기회주의
3. 의도적으로 경제적 혼란을 불러온 경제모험주의

새 내각은 수카르노의 의지와는 정반대로 중국에 등을 돌리고, 인도네

나수티온 장관(왼쪽)과 수하르토 장군(오른쪽)

시아-말레이시아 대결 정책에 종식을 고했다. 수카르노는 이제 아무런 실권도 영향력도 없는 허수아비 대통령이 되었다.

수하르토는 수카르노의 충복들을 정부에서 몰아내고, 그 일환으로 9월 30일 쿠데타에서 장군 납치 살해 임무를 수행했던 짜끄라비라와 대통령 경호부대를 해산시켰다. 고똥로용 국회에서도 수카르노 충성파나 친공산주의자들을 쫓아냈고, 대통령 간선기구인 임시국민자문의회(MPRS)에는 친수하르토 인사들이 대거 유입되었다. 새 MPRS는 6월 20일부터 7월 5일까지 보름간 열렸는데 여기서 결의된 첫 번째 사안은 압둘 하리스 나수티온 장군을 의장으로 추대하는 것이었다. 앞서 게스따뿌 내각이 출범하면서 실각했던 나수티온이 이제 군복을 벗고 정치가로 화려하게 복귀하는 순간이었다.

MPRS는 수카르노 주변의 보호 장치들을 하나하나 허물어 무방비 상태로 만들었다. MPRS는 수쁘르스마르 문건도 공식 인준했는데, 이 결정을 절대 번복할 수 없다는 조례까지 통과시켜 퇴로를 차단해버리는 용의주도함을 보였다. 또한 PKI 활동과 마르크스 이념 교육을 금지했고, 수하르토가 다시 개각을 단행해 작금의 정치·경제 상황에 대한 수카르노의 책임을 묻는 청문회를 개최하며, 수카르노의 '종신 대통령'직을 철폐하고, 대통령이 국정을 운영할 수 없는 상황이라면 수쁘르스마르 문건의 소유자가 대통령직을 인계받을 수 있도록 한다는 매우 노골적인 의도가 엿보이는 결정들도 통과시켰다.

하지만 수하르토는 이 MPRS 결의를 통해 단숨에 수카르노를 하야시키는 것은 주저했다. 일부 국민들은 물론 해병대와 해군, 일부 지역 사단들이 아직도 수카르노에게 적잖은 지지를 보내고 있었기 때문이다. 그는 MPRS의 결의대로 6월 20일 개각을 단행해 자신을 의장으로 하는 5인 집단 지도 체제 상임 통치 기구를 설치하고 아담 말릭과 술탄 하멩꾸부워노 9세도 위원으로 포함시켰다.

8월 11일 말레이시아와의 평화 협정에 서명하면서 마침내 대결 정책이 공식적으로 막을 내렸다. 수카르노의 반대 의사는 철저히 무시되었고, 수하르토는 연이어 국제은행, IMF, 유엔에 재가입을 신청하며 인도네시아를 국제사회로 복귀시키는 일련의 결정들을 빠르게 내렸다. 새 내각은 정치범들을 석방했고 수카르노 시절 데모대에 의해 대사관 건물이 입은 물리적 피해에 대해 미국과 영국 정부에게도 필요한 배상을 했다.

그런 와중에도 수카르노는 자신이 아직 죽지 않았음을 증명하기 위해 안간힘을 썼다. 그해 8월 17일 독립기념일 행사에서 수카르노는 인도네시아가 말레이시아를 인정하거나 유엔에 재가입하는 일은 절대 없을 것이라고 강조했다. 그러나 그것은 성난 군중의 격렬한 시위를 불러올 뿐이었다. 참혹한 쿠데타와 전국적인 공산당 사냥이 일어난 후여서 시위가 일어나도 별반 이상하지 않은 시절이었지만 수카르노의 말 한마디, 행동

저무는 권력과 떠오르는 권력(수카르노와 수하르토)

하나에 시민들이 매번 대규모 시위를 조직하는 것은 어딘가 좀 부자연스러운 일이었다. 인도네시아는 9월 28일 유엔 총회에 참석하는 것으로 유엔 재가입이 기정사실이 되었지만, 그사이 수카르노 반대 시위는 더욱 격렬해졌고, 이젠 그의 잘못된 정책에 대한 비난보다 수카르노 개인을 성토하는 목소리가 높아지기 시작했다. 급기야 수카르노를 재판정에 세워야 한다는 구호가 하늘을 찔렀다.

　1967년 1월 10일 수카르노는 '나왁사라'라고 알려진 서한을 MPRS에 보냈다. 서한에서 그는 9월 30일 쿠데타에 대한 자신의 입장을 밝혔는데, 장군들을 납치하고 살해한 사건은 자신으로서는 예상치 못했던 경악스러운 일이었으며 자신은 인도네시아가 현재 겪고 있는 도덕적·경제적 문제들과 관련해 어떠한 원인도 제공하지 않았다고 주장했다. 이에 격분한 시위대는 수카르노의 교수형을 요구하기 시작했다. 1월 21일 소집된

MPRS 지도자들은 수카르노가 헌법상 규정된 의무를 다하지 못했다고 결론을 내렸고, 2월 9일 고통로용 국회는 나왁사라 서한을 기각하는 결정과 함께 MPRS의 특별 회기 소집을 요구했다.

1967년 3월 12일 시작된 MPRS 특별 회기에서 수카르노에 대한 탄핵이 결정되었다. 탄핵 사유는 다음과 같았다.

1. 9월 30일 쿠데타를 방조하고 PKI 공산당의 국제공산주의 의제를 지지함으로써 헌법을 위반함.
2. 경제 문제를 도외시함.
3. 무분별한 여성 편력으로 국가적 '도덕성 타락'을 야기함.

인도네시아 독립선언의 영웅이자 전쟁과 외교를 통해 네덜란드로부터 국가의 독립과 영토 확장을 가져온 거인 수카르노는 이렇게 치욕적인 방식으로 대통령직을 잃고 대통령궁을 떠나야만 했다. 네덜란드 식민 당국을 상대로 독립운동을 하며 온갖 고초를 겪은 그였지만, 한동안 권력의 절정에서 온갖 영광을 누린 끝에 하야한 그가 겪게 될 새로운 고초는 너무나도 고통스럽고 뼈아픈 것일 수밖에 없었다.

역사 속으로

수카르노는 얼마 지나지 않아 보고르에서 임시 가택연금 상태에 들어갔고 대통령 대행으로 수하르토가 임명되었다. 그 이듬해인 1968년 3월 27일 수하르토는 인도네시아의 제2대 대통령으로 정식 취임한다. 그리고 실각한 수카르노는 군의 폭력에 시달리기 시작했다.

당시 수카르노에 대한 군의 감정을 가늠해보려면 9월 30일 쿠데타를 되짚어보지 않을 수 없다. 9월 30일 쿠데타는 수카르노에게 유고가 발생할 경우 확고한 입지를 확보하기 위해 PKI 당수 아이딧이 군내 공산주의 옹호자들을 움직여 여섯 명의 반공주의 장성을 살해한 사건이라는 것이 그간의 정설이었다. 그래서 쿠데타가 실패한 후 학살 수준의 대대적인 공산당 소탕이 인도네시아 전역을 휩쓴 것이다. 쿠데타가 일어나기 약 2개월 전인 1965년 8월 4일 당시 수카르노는 약한 심장마비를 일으켰는데, 이것이 아이딧에게 경각심을 주어 수카르노가 병이나 발작으로 쓰러지기 전에 공산당 반대파들을 숙청해야 한다는 강박감을 발동시켰는지도 모른다.

하지만 세월이 흐르고 1998년 수하르토가 실각하자 일각에서는 수하르토가 자신의 보신과 정권욕을 위해 정적 제거 차원에서 역쿠데타를 도모하여 수카르노에 대한 정치적·물리적 암살을 총지휘했다는 주장도 조심스럽게 나왔다. 1999년 오랜 옥살이를 마치고 출소한 라티에프 대령은 쿠데타 주역 중 한 명으로서, 당시 수하르토가 처음부터 쿠데타에 깊숙이 연루되어 있었다는 취지의 발언도 했다. 물론 인도네시아군은 이 가설을 인정하지 않는다.

일각에서는 길크라이스트 문건에 언급된 서방의 지원을 업은 쿠데타를 미연에 방지하기 위해 수카르노와 PKI가 공조해 장군들을 납치, 살해했다고도 주장한다. 이 주장은 수카르노가 10월 1일 할림 공군 기지에서 아이딧을 비롯한 주모자들과 긴밀한 연락을 취했다는 점에 근거를 둔다. 그런데 정권을 잡을 당시 수하르토는 이 사실을 알고서도 인도네시아 독립에 기여한 수카르노의 업적을 감안해 수카르노의 연루 사실을 용의주도하게 은폐했고, 모든 책임을 PKI에게 뒤집어씌워 수카르노의 업적이 훼손되는 것을 막았다고도 한다. 이것이 당시 군이 일반적으로 이해하고 있던 9월 30일 쿠데타의 정황이었다. 말하자면 군의 입장에서 수카르노는 전우들을 납치 살해하도록 만든 반역자일 뿐이었던 것이다. 그러한

9월 30일 쿠데타 연루 혐의로 1966년 사형 선고를 받는 수반드리오 전 외무장관

정황은 수카르노가 실각한 후 가장 저명한 독립유공자이자 인도네시아 현대사에 거대한 족적을 남긴 지도자, 그러나 이젠 모든 실권을 잃은 한물간 노인에게 최소한의 예우도 없이 군과 장성들이 윽박지르고 타박했던 태도에서도 미루어 짐작할 수 있다.

대통령 탄핵안이 MPRS 의회에서 처리되자 수카르노는 48시간 내에 대통령궁에서 퇴거하라는 통지를 받는다. 수카르노의 자녀 대다수는 어머니인 파트마와티의 집에 가 있었고, 사환들에게 마지막 지시를 내린 후 이틀간 짐을 쌌지만 미처 준비가 덜 된 둘째 날에 수카르노는 들이닥친 군인들에게 등 떠밀려 대통령궁을 떠나야 했다. 그는 러닝셔츠 위에 옷도 제대로 갖춰 입지 못한 채 마지막 남은 작은 폭스바겐 승용차에 허겁지겁 올라타 끄바요란바루에 있는 파트마와티의 집으로 향했다.

다른 여인들에게 수없이 새장가를 들면서 멀어진 본처 파트마와티의 집에 돌아온 수카르노는 처음엔 참으로 서먹하고 참담했을 것이다. 그가 하는 일이라곤 하루 종일 멍하니 앉아 있다가 고작 화단 식물들의 잎사귀를 쳐주는 것이었다. 그는 폐도 안 좋았고 특히 신부전증을 앓아 늘 약을 먹어왔지만 대통령궁을 떠난 후엔 약을 구할 수 없었다. 대통령궁에 남겨놓고 온 약들을 군인들이 모두 폐기 처분해버린 상태였다.

군것질할 돈도 없을 만큼 수카르노나 남은 사환들은 극도로 궁핍해졌다. 그가 자주 외출해 주민들 앞에 얼굴을 보인다는 소식을 접한 수하르토 측 장교들은 이를 불쾌히 여겨 어느 날 파트마와티의 집에 트럭을 몰고 와 수카르노를 막무가내로 싣고 보고르로 옮겨버렸다. 한때 그와 연대했던 나수티온의 MPRS가 그의 보고르궁 연금을 결정한 것이다. 연금 기간 동안 적절한 진료나 약품은 공급되지 않았고, 심지어 수의사가 진료를 맡았으므로 수카르노의 건강은 더욱 악화되었다.

어느 날 딸 라크마와띠가 방문하자 수카르노는 병세가 깊어진 자신을 자카르타로 보내달라고 부탁하는 편지를 친필로 써 라크마와띠 편으로 수하르토의 쫀다나 저택에 보냈다. 오래 숙고 끝에 수하르토는 자카르타 행을 허락하지만 파트마와티의 집 대신 위스마 야소(지금의 가똣 수브로토 거리 사뜨리아 만달라 군사 박물관)에 머물게 한다. 그러나 자카르타로 돌아온 그는 더욱 가혹한 군인들의 감시와 통제를 받았다. 자기 방에서 나오는 것조차 금지되었고, 그가 무엇을 하건 군인들은 큰소리를 치며 닦달을 했다. 음식 포장에 사용된 신문 조각을 읽는 것조차 호통을 치며 금지했다. 수카르노는 매우 더럽고 누추한 방에서 지내며 비타민과 수면제 외에 정작 그의 망가진 신장이나 합병증을 치료할 약품을 전혀 공급받지 못했다. 일주일에 세 번 투석 치료를 받아야 할 신부전 환자에게 투석은커녕 필요한 약도 공급하지 않았으니, 이루 말할 수 없는 고통이었을 것이다.

말년의 수카르노

그가 위스마 야소에서 고통받고 있다는 소문이 파다하게 퍼지자 그를 구하려는 움직임도 있었고 실제로 그의 숙소를 뚫고 들어가 그를 빼내려 던 일단의 부대도 있었다. 그러나 수카르노는 자신이 도망가면 동족상잔의 전쟁이 일어날 거라며 탈출을 거부했다고 전해진다.

1970년 초 수카르노는 라크마와띠의 결혼식 참석을 위해 파트마와티의 집에 가는 것을 허락받았다. 그가 도착한 것을 알고 인파가 몰려 이름을 연호했지만 손을 들어 화답하려는 그를 군인들이 제지해 급히 집 안으로 끌고 들어갔다. 아직도 그를 추앙하는 사람들이 있다는 것이 군 수뇌부의 신경을 건드렸고, 이후 군인들은 그의 일거수일투족을 더욱 감시하고 통제했다. 2월에 접어들자 수카르노의 병은 더 심하게 깊어져 잠을 못이룰 정도의 고통에 비명을 질렀지만 경비병들은 모른 체할 뿐이었다.

이 소식을 접한 모하마드 하타도 수하르토에게 관용을 청하는 편지를 보냈다. 그는 오랜 친구이자 파트너였던 수카르노가 말년에 그토록 고통받는 것을 그냥 두고 볼 수만은 없었다. 그는 수카르노를 만나게 해달라는 서한을 수하르토에게 보냈는데, 쉽지 않을 거란 예상과 달리 곧바로 허락이 떨어졌다. 위독해진 수카르노는 위스마 야소에서 가톳 수브로토군 중앙병원으로 옮겨진 상태였다. 하타가 병실을 방문했을 때 수카르노는 이미 사람을 분간할 수 없을 만큼 병세가 위중했다. 그러나 마침내 하타를 알아본 수카르노는 북받쳐 흐느껴 울었다. 하타 역시 인도네시아 독립운동과 독립전쟁의 선봉에서 함께 싸웠던 수카르노가 그렇게 군인들에 의해 뒷방에 내쳐져 죽어가도록 방치되어 있다는 사실에 가슴 아파했다.

하타가 돌아간 지 얼마 되지 않아 1970년 6월 21일 수카르노는 숨을 거두었다. 1945년 독립선언 당시 도착이 늦어지는 하타를 기다려 그가 온 후에야 선언서를 낭독하러 나섰던 것처럼, 죽을 때도 하타를 먼저 만난 후에야 비로소 돌아올 수 없는 길을 떠난 것이다.

기록에 따르면 6월 20일 토요일 밤 8시 30분 수카르노는 급격히 상태가 악화되어 사람을 알아보지 못했고, 다음 날 새벽 3시 50분 혼수상태에 들어간 후 아침 7시에 세상을 떠났다고 한다. 진료팀이 마지막 순간까지 수카르노를 회생시키기 위해 모든 노력을 다했다고 기록되어 있지만 그 진위는 하늘만 알고 있을 따름이다.

사실 수카르노의 건강은 1965년 8월부터 쇠락하는 중이었다. 그는 오래전부터 신부전증을 앓아 1961년과 1964년에 오스트리아 빈에서 치료를 받은 적도 있었다. 현지 전문의들은 왼쪽 신장 절제가 필요하다고 진단했으나 수카르노는 전통 방식의 치료법을 선택했다. 영원히 살 수 있는 사람은 없겠지만 돈과 권력만 있다면 신부전증 정도의 병은 잘 달래고 치료하면서 얼마든지 국가원수로서 화려한 인생을 살아갈 수 있을 거라고 생각했을 것이다. 불과 5년 후 이 병으로 숨을 거두리라고는 아마 상상도 하지 못했을 것이다. 그러나 인생의 반전이란 그렇게 불행한 쪽으로 굴절되기도 하는 법이다. 그의 시신은 다시 위스마 야소로 옮겨졌고, 진료팀 주치의인 마하르 마르조노 박사와 부주치의인 육군소장 루비오노 꺼르또빠띠 박사가 검안한 후 사망을 선고했다.

수카르노는 생전에 보고르의 바뚜똘리스 궁전에 묻히길 희망했으나 정부는 동부 자바의 도시 블리따르를 장지로 택했다. 인구가 밀집한 자카르타나 보고르에서 수카르노의 장례식이 열려 수백만의 인파가 조문하게 되는 상황은 수하르토 정권에 큰 위협이 되리라 생각했을 것이다. 이 결정은 1970년 제44호 대통령령으로 내려져 시행되었다.

수카르노의 시신은 사망한 다음 날 장지로 옮겨져 다시 그다음 날 어머니의 무덤 옆에 묻혔다. 수카르노의 장례식은 M. 빵가베안 장군이 집전했고 정부는 7일간의 애도 기간을 지정했다. 수하르토 정권은 국민들이 수카르노의 장례식에 참석하지 못하도록 막았지만, 사람들은 그의 시신을 보려고 5킬로미터씩 줄을 섰고 해산을 강요하는 군인들과 맞서거나 해산된 후 다시 모여들기도 했다. 그동안 수카르노를 가열하게 비난하던 신문들도 1970년 6월 21일 모두 찬양 일색으로 돌아섰다. 그의 무덤은 인도네시아에 이슬람교를 전파한 아홉 명의 선구자인 왈리송오의 무덤 못지않게 지금도 수많은 자바인의 순례지가 되고 있다.

수카르노의 대통령 재임 기간은 1945년 8월 18일부터 1967년 3월 12일까지 23년이었고, 그 기간 중 제12대 외무장관 겸 종신 대통령을 역임한 것은 1959년 7월 9일부터 1966년 7월 25일까지 약 7년간이었다. 그가 재임하던 기간 중 수딴 샤리르, 아미르 샤리푸딘, 모하마드 하타, 압둘 할림, 무하마드 낫시르, 수끼만 위르요산조요, 윌로뽀, 알리 사스뜨로아미조요, 부르하누딘 하라합 등의 총리들이 있었고, 모하마드 하타와 하야 직전 수하르토가 부통령을 역임했다.

　이슬람 수니파였던 그가 모든 공과를 떠나 인도네시아 현대사에 거대한 족적을 남긴 것만은 분명한 사실이다. 그의 장녀 메가와티 수카르노뿌뜨리가 오랫동안 수하르토 정권에 맞서 강력한 야당인 민주투쟁당을 이끌어 오늘에 이르면서, 수카르노는 사망한 후 오히려 더욱 꾸준하고도 긍정적인 인기를 누리고 있다.

에필로그 :
수하르토 정권, 그리고 험난한 민주 시대

수하르토의 등극

수카르노가 무대에서 사라지자 인도네시아는 수하르토의 독무대가 되었다. 그는 수카르노의 다른 두 지지 기반이었던 군과 이슬람 세력을 이용해 가장 강력한 지지 기반이었던 공산당을 완전히 와해시키면서 냉전 시대 반공 전선의 총아로 세계 무대에 데뷔했다. 이때 수십만에서 수백만에 달하는 화교와 인도네시아인이 공산당 지지자로 몰려 처형당했다. CIA가 이 사태를 일컬어 "20세기에 벌어진 가장 처참한 집단 학살"이라고 보고했음에도 미국과 서방 국가들은 수하르토의 '신질서(Orde Baru)' 정부를 전폭 지원했다. 극도로 가난할 뿐만 아니라 통합이 거의 불가능하리만큼 이질성이 큰 사회에서 어떻게든 안정을 유지해내는 수완을 발휘하면서 분명한 반공주의 노선을 표방한 수하르토가 그들에게는 신뢰할 만한 파트너였던 것이다. 수하르토 임기 동안 인도네시아가 괄목할 만한 산업화와 경제 성장뿐 아니라 보건, 교육, 생활 수준 등 각 부문에서 눈에 띄는 향상을 이룬 것 역시 부인할 수 없는 사실이다.

수하르토는 직무대행 시절부터 '반 수카르노화'라 불린 사회 운동을 전개해 전임 대통령의 업적과 영향력을 철저히 씻어내려 했고, 정권 초창기부터 군 주도의 강력한 중앙집권 정부를 구성하여 1970~1980년대

비교적 높은 국민적 지지를 누렸다. 그러나 훗날 국제투명성기구는 수하르토 정권을 전 세계에서 가장 부패한 정권 중 하나로 지목하였고, 재임 기간 동안 수하르토가 150~350억 달러(약 16~38조 원)에 이르는 금액을 유용하거나 횡령했다고 밝혔다. 실제로 그의 자녀들은 임기 동안 모두 인도네시아 굴지의 재벌이 되었다. 도를 넘은 권위주의와 만연한 부패는 필연적으로 국민적 불만을 불러왔고, 때마침 전 세계를 강타한 외환 위기에 인도네시아 경제가 치명상을 입자, 1998년 5월 수하르토는 하야할 수밖에 없게 된다.

수하르토와 그의 32년 집권기에 대한 이야기를 풀어가려면 앞서 살펴본 수카르노의 일대기보다 훨씬 더 두꺼운 책을 써야 할 터이지만, 여기서는 주요 인물과 사건들만 간략히 소개하고자 한다.

수하르토 치하의 2인자들

우선 수하르토 재임 기간 중 부통령을 역임한 6인의 면면을 살펴보는 것만으로도 신질서 정권의 기조가 어떤 식으로 흘러갔는지 미루어 짐작할 수 있을 것이다.

- 스리 술탄 하멩꾸부워노 9세(1973~1978): 족자 술탄, 초창기 수카르노 정부의 요직 역임.
- 아담 말릭(1978~1983): 독립선언일 전 수카르노와 하타를 렝가스뎅끌록으로 납치했던 청년 열성당원들 중 한 명. KNIP 부의장, 1962년 서파푸아 이양 협상 인도네시아 단장, 통상부 장관, 교도 민주주의 정착부 장관, 외무성 장관 역임. 수카르노 하야 후 유연하게 수하르토 정권으로 갈아타 1971년 유엔 총회 의장, 1977년 국민자문의회(MPR) 의장 등 역임.
- 우마르 위라하디꾸수마(1983~1988): 육군 대장, 부참모총장 역임.

– 수다르모노(1988~1993): 육군 중장 역임.

– 뜨리 수뜨리스노(1993~1998): 육군 대장, 참모총장 역임.

– 바하루딘 유숩 하비비(1998.3.~1998.5.): 과학기술 분야 관료 역임.

첫 10년 동안 차례로 부통령직을 맡은 족자 술탄 하멩꾸부워노 9세와 아담 말릭은 독립전쟁 때부터 활약한 인물들로, 수카르노 정권의 마지막 내각에서 수하르토와 함께 부총리를 맡았으며 훗날 국가영웅의 칭호를 받는다. 이들은 절대 권력을 쥔 수하르토조차 함부로 하지 못한 중량급 정치인이었으므로 일정 부분 영향을 주고받으며 상호 견제할 수는 있었다. 하지만 이 시기 군의 절대적 지지를 등에 업은 수하르토는 정적은 물론 술탄, 국가영웅, 이슬람 세력 전체를 압도했다.

권력을 완전히 거머쥐었다고 생각한 수하르토는 더 이상 속내를 숨기지 않았다. 내리 15년간 군 수뇌부 출신을 부통령에 앉힌 것에서도 그런 사실을 확인할 수 있는데, 이는 정권이 철권통치로 돌아섰다는 것과 군이 권력의 핵심에서 거대 정치 세력으로 성장했음을 의미하였다. 그러한 교만의 절정에서 1997년 태국발 외환 위기가 전 세계를 강타했다. 가장 큰 타격을 입은 인도네시아는 비틀거리기 시작했고, 이듬해 3월 경제 관료 출신인 하비비를 부통령으로 세워 사태를 수습하려 했으나 상황은 이미 크게 기울어진 뒤였다. 일곱 번째 대통령직 연임이 이루어진 지 불과 두 달 만에 대대적인 반정부 시위와 훗날 '자카르타 폭동'이라 불리게 되는 도시 빈민의 광범위한 약탈 행위로 수도 자카르타가 전쟁터를 방불케 하는 무정부 상태가 되고 수많은 인명과 재산이 파괴되자, 수하르토는 국내외의 비난과 압박에 떠밀려 하야하지 않을 수 없게 된다. 그가 권좌에 오른 지 32년 만의 일이었다. 그때 그는 권좌에서 밀려나 비참한 말로를 걸어야 했던 수카르노를 머릿속에 떠올렸을까?

동티모르 합병과 독립

수하르토 재임 중 이루어진 동티모르 합병은 인도네시아가 서파푸아 합병 후 유일하게 영토를 확장한 큰 '업적'이었지만, 그 과정과 결과는 전 세계적인 비난을 불러일으킬 만큼 잔혹했다.

1975년 '카네이션 혁명'에 성공한 포르투갈은 포르투갈령 티모르를 식민지 상태에서 해방시킬 것임을 선포했다. 당시 티모르 섬의 동쪽 반은 수백 년간 포르투갈 식민지였고, 서쪽 반은 인도네시아 영토에 속해 있었다. 1975년 선거에서 좌파 정당인 동티모르독립혁명전선(프레틸린)과 티모르민주연합(UDT)은 지역 엘리트들과 연대하여 최대 정당을 이루어 포르투갈로부터의 독립에 앞장섰다. 인도네시아와의 합병을 주장했던 정당인 티모르국민민주협회(아포데티)에 대한 지지는 미미했지만 인도네시아로부터 전폭적 지지를 받았음은 두말할 나위 없다.

인도네시아는 프레틸린이 공산주의자들이라 주장하며 동티모르의 독립은 인도네시아에 분리주의와 공산화를 불러올 것이란 우려를 밝혔다. 1975년 8월 11일 발생한 UDT 쿠데타 배후에는 프레틸린과 UDT 사이를 이간질한 인도네시아 군 정보기관의 개입이 있었다고 전해진다. 쿠데타가 촉발한 내전이 한 달가량 계속되어도 포르투갈은 아무런 조치도 취하지 않았고, 이에 고무된 프레틸린은 11월 28일 일방적으로 '동티모르 공화국(Democratic Republic of East Timor)'의 독립을 선언했다.

그러자 9일 뒤인 12월 7일, 인구 68만 명의 이 작은 나라에 인도네시아군이 침공해 들어갔다. 이번에도 뒤에는 미국, 호주, 영국의 비호가 있었다. 서방에서는 프레틸린이 집권할 경우 동티모르의 공산화는 물론 인도네시아와 동남아시아 전체의 민주주의 방어선이 무너질 것이라 우려하고 있었다. 그해 베트남과 캄보디아가 공산화된 사건도 엄청난 강박으로 작용했다. 서방 국가들이 외면하는 사이 1975년 12월부터 1979년

독립 찬반 투표를 위해 줄을 선 동티모르 시민들

11월까지 살해된 동티모르인은 12만 명에 이르는 것으로 알려졌다. 이러한 학살은 인도네시아군뿐`아니라 합병에 찬성하는 현지 민병대에 의해서도 자행되었다. 그럼에도 동티모르인들은 저항을 멈추지 않았다. 1991년 11월 주도(州都) 딜리에 위치한 산타크루즈 묘지에서 장례식에 참석한 300여 명의 민간인이 학살당하는 사건이 벌어졌다. 이 사건의 영상이 세상에 공개되면서 인도네시아는 국제적 비난에 직면해야 했다.

수하르토 하야 후 동티모르는 유엔 관리하에 독립 의사를 묻는 국민투표를 1999년 8월 30일에 실시했다. 투표일 전후로 앞서 언급한 민병대들이 참혹한 유혈사태를 일으켜 5천 명가량의 민간인이 목숨을 잃기도 했다. 그럼에도 투표는 강행되었고 유권자의 99퍼센트가 참여해 그중 3분의 2 이상이 독립을 지지했다. 이처럼 압도적인 투표 결과가 발표되었지만 이에 불복한 세력이 또다시 2천여 명의 동티모르인을 살해하고 기간산업을 파괴하는 등 보복 행위를 저질렀다. 우여곡절 끝에 1999년 10월 인도네시아 국민자문의회(MPR)는 동티모르 병합 법령을 마침내 폐기하였고, 동티모르는 유엔의 관리 기간을 거쳐 2002년 5월 독립국가로 출범했다. 그 옛날 인도네시아가 네덜란드로부터 독립하면서 큰 희생을 치러야 했던 것처럼 동티모르 역시 결과적으로 전체 인구의 20퍼센트 가까이 희생한 끝에야 마침내 독립을 되찾은 것이다.

도서 이주 정책

신질서 정부가 주도한 도서 이주 정책은 자바와 발리 같은 인구 밀집 지역의 빈민들을 서파푸아, 깔리만탄, 수마트라, 술라웨시와 같이 인구가 적은 지역으로 이주시키는 것이었다. 정부는 이주민들에게 개간할 토지를 불하해주었다. 이는 자바의 과잉 인구와 빈곤 문제를 해결하고 건실한 노동력에 일자리와 기회를 제공하면서 동시에 인구가 적어 개발이 지지부진한 지역에 노동력을 공급한다는 목적도 있었다. 하지만 다른 한편으로는 '불온한' 지역에 대량의 이주민을 들여보냄으로써 원주민 비율을 떨어뜨려 분리·독립운동의 움직임을 위축시키려는 의도가 숨겨져 있다는 비난도 일었다.

이 정책이 일정한 긍정적 효과를 거둔 것도 사실이지만, 원주민 사회에 유입된 초대를 받지 않은 이주민들이 현지에 뿌리내리기 위해 폭력 집단이나 이권 집단이 되어 원주민들과 갈등과 충돌을 일으킨다는 논란도 피할 수 없었다. 실제로 이 정책에 적극적으로 호응해 다른 지역으로 이주해 간 암본인, 마두라인들이 현지에서 벌어지는 사건 사고에 연루되는 경우가 많았고, 1998년 자카르타 폭동 이후 전국을 휩쓴 인종 간, 종교 간 유혈 분쟁에서 상대편의 목을 베어 정글에 매달아놓았던 깔리만탄 원주민 다약족과 이주민 집단 마두라족의 충돌은 매우 충격적이었다.

검은 토요일과 메가와티의 등장

수카르노의 아우라는 수하르토 정권이 막바지를 향해 가던 1996년 또다시 되살아났다. 정치적 라이벌의 등장을 허용치 않았던 신질서 정부는 그동안 정권을 지지해온 인도네시아 민주당이 노선을 바꿔 선명 야당으로 돌아서자 국회 부대변인인 수리야디의 분파와 PDI 당수인 메가와티 수카르노뿌뜨리의 분파를 이간질해 PDI 지도부를 무너뜨리려 했다. 1996년 6월 20일에서 22일 사이 수마트라의 메단에서 열린 전당대회에서 정권의 사주를 받은 수리야디 분파가 메가와티를 당수직에서 몰아내자 메가와티와 추종자들은 격렬한 시위를 벌이며 저항했는데, 이 시위는 인도네시아 전역으로 번져 자카르타에서도 데모대와 공권력이 충돌하기 시작했다.

정부는 사태를 더 이상 악화시키지 않겠다는 메가와티 측의 맹세를 받은 후 그 지지자들의 PDI 당사 점거를 허용하는 선에서 절충하려 했다. 그러나 때마침 자카르타에서 열린 아세안 고위급 협상에 맞추어 주요 연사들을 당사로 초청해 민주포럼 토론회를 조직하면서 메가와티가 국내외 언론의 주목을 받자 정권은 공개적으로 불만을 표했고, 7월 27일 경찰, 군 및 수리야디의 지지자라고 자처하는 사람들이 당사로 밀어닥쳤다. 이 과정에서 메가와티의 지지자 여러 명이 죽고 200명 넘게 체포되어 국가 전복과 혐오 확산 죄로 재판에 회부되었다. 이날은 '검은 토요일'이라 불리며 신질서 정부가 민주주의와 개혁 세력을 대대적으로 탄압한 날로 기록되었다.

메가와티는 수카르노가 세 번째 부인 파트마와티에게서 얻은 장녀로 이 사건을 통해 유력한 지도자로 성장하여 몇 년 후 인도네시아 5대 대통령이 되었다. 메가와티가 이끈 투쟁민주당(PDI-P)은 2014년 7대 대통령으로 선출된 조코 위도도의 소속 정당이기도 하다.

외환 위기와 수하르토의 하야

수하르토 정권 말이었던 1997년, 인도네시아는 외환 위기로 큰 타격을 입었다. 같은 시기에 극심한 가뭄과 산불이 깔리만탄과 수마트라를 휩쓸었다. 루피아화의 가치가 곤두박질치는 가운데 수하르토의 공금 유용과 보호주의 정책에 대한 월드뱅크, IMF 등의 조사가 진행 중이었으므로 다급한 국제 원조를 얻어내는 것이 여의치 않았다. 발등에 불이 떨어진 상태에서 1998년 3월, 수하르토는 국민자문의회(MPR)에서 또다시 대통령으로 선출된다. 일곱 번째 연임이었다. 위기 상황에서 그의 강력한 리더십이 더욱 필요하다는 논리였다. 그러나 국회가 새 임기를 승인하자마자 또다시 반정부 시위가 전국에서 터져 나왔다. 그 과정에서 경찰과 군이 뜨리삭티 대학생들에게 발포하여 여러 명이 사망했고 뒤이어 벌어진 대대적인 반정부 시위와 자카르타 폭동으로 5월 21일 마침내 수하르토는 하야하고 말았다. 유숩 하비비 부통령이 그의 대통령직을 승계했다.

하비비 대통령의 가장 큰 임무는 경제 안정 프로그램에 대해 IMF와 국제 금융 기관의 지지를 끌어내는 것이었다. 그 일환으로 그는 신속하게 정치범들을 석방하고 언론과 집회의 자유를 허용했다. 또한 수하르토 대통령의 잔여 임기를 채우는 동안 조속히 차기 대통령 선거를 준비하면서 자신은 과도기 국가 지도자로서 소임을 다했다. 1999년 10월 간접 선거로 치러진 대통령 선거에서 500명의 국회의원과 200명의 지명의원으로 구성된 국민자문의회(MPR)는 '구스두르'라는 별명으로 불리며 오랫동안 나들라뚤 울라마의 의장을 지낸 지도자이자 국민각성당 당수인 압두라흐만 와히드를 대통령으로, 메가와티 수카르노뿌뜨리를 부통령으로 선출했다. 와히드 정부는 민주화와 경제 발전을 동시에 추진했으나 그 정책들은 연속적으로 실패했고 지역적·인종적·종교적 분쟁이 확산되는

대통령직 하야 선언문을 읽는 수하르토

것을 막지 못했다. 동부 자바에서는 과격 이슬람 단체와 주민들이 마녀 사냥 하듯 흑마술사 수백 명을 살해했고, 중부 술라웨시 빨루와 뽀소에 서는 많은 교회와 이슬람 사원이 불탔다. 아쩨, 말루꾸의 도서들, 서파푸 아 등의 상황은 더욱 가혹했다. 동티모르의 독립 찬반 투표 이후 벌어진 동티모르인들과 민병대의 충돌로 수많은 인명이 스러진 것도 와히드 대 통령 임기 중이었다.

　의회가 지속적으로 와히드 정권의 무능을 지적하고 2001년 초부터 수 천 명의 학생 시위대가 의회로 몰려가 대통령이 연루된 부패 스캔들을 비난하는 가운데 결국 와히드 대통령이 탄핵되자 부통령 메가와티가 그 해 7월 23일 대통령으로 취임해 와히드 대통령의 잔여 임기를 채웠으나 재선에는 실패했다. 2004년 군 장성 출신인 수실로 밤방 유도요노는 인 도네시아의 고질적인 부패를 뿌리 뽑을 적임자라는 대중적 기대를 얻어 첫 번째 직선 대통령이 되었고 2009년 재선되었다. 이명박 정부 시절 원세훈의 국정원 요원들이 한국을 방문 중이던 인도네시아 특사단 일행의 랩톱 컴퓨터를 호텔에서 훔쳐 나오다 적발된 사건은 유도요노 대통령 재임 기간에 벌어진 일이다. 집권 초기의 강력한 부패 척결 의지와는 달리, 임기 중 센추리 은행 사건을 비롯해 초대형 비리 사건들이 연이어 벌어지면서 유도요노 정권은 인도네시아를 더욱 깊은 부패의 수렁 속에 빠뜨렸다는 비난을 받았다.

2014년 대선에서는 조코 위도도가 수하르토 대통령의 사위이자 특전사령관 및 육군전략사령관을 역임한 그린드라당 당수인 쁘라보워 수비안또를 꺾고 대통령에 선출되었다. 그는 수라카르타 시장과 자카르타 주지사를 역임하면서 청렴한 이미지와 서민 우선 정책, 그리고 검증된 행정 능력으로 인도네시아 민중에게 큰 인기를 얻었다. 그는 인도네시아 역사상 중앙정부 고위직이나 군 출신도 아니고, 부호나 정치 엘리트 가문 배경도 갖지 않은 첫 번째 서민 대통령이다. 문재인 대통령이 2017년 11월 인도네시아를 국빈 방문해 조코 위도도 대통령과 정상회담을 한 바 있다.

맺는 말

인도네시아 역사에 한국인들이 본격적으로 등장한 것은 1940년대의 일이다. 태평양전쟁 당시 일본군과 함께 인도네시아 땅을 밟은 한국인들은 군무원이나 위안부로 왔기 때문에 유럽인 수용소 간수로 일하다가 종전과 함께 전범의 굴레를 쓰고 교수형을 당하거나 고향으로 돌아가지 못한 채 무심한 역사의 수레바퀴 밑에서 하나둘 현지에서 세상을 등진 경우가 대부분이다. 물론 일본 군영을 이탈해 민간에 스며들었다가 독립전쟁이 벌어지자 인도네시아 편에 서서 총을 들고 싸운 이들도 있었다. 이미 잘 알려진 양칠성 말고도 분명 여럿이 있었을 것이고, 그 거친 세월을 끝내 살아낸 한국인 위안부 생존자들의 애끓는 이야기들도 언젠가 빛을 볼 날을 기약하며 각처에 파묻혀 있을 것이다.

그 후 한국인들이 인도네시아와 다시 인연을 맺은 것은 최계월 회장이 1962년 한국 정부의 지원을 받아 현지에 KODECO를 설립하고 깔리만탄에서 원목 사업을 시작하면서부터라고 알려져 있다. 그 이전에도 알려지지 않은 교류와 방문이 더 있었을지 모르지만, 수카르노 시절 분명 북한과 더 긴밀한 관계를 유지했고 한국 영사관이 처음 설치된 것이 수하르토가 실권을 잡은 후인 1966년 12월, 대사 관계로 승격된 것이 1973년 9월이니, 이 시기엔 KODECO 관계자들과 매우 제한된 소수의 한국인만이 인도네시아 땅을 밟을 수 있었을 것이다.

한국 기업들이 본격적으로 인도네시아에 들어오기 시작한 것은 1980년대 중반부터다. 봉제, 가방, 신발 산업의 한국 내 생산 기반이 무너지면서 몇몇 대기업 연락사무소들만 자카르타를 중심으로 운영되던 인도네시아에 한국 업체들이 폭포수처럼 쏟아져 들어왔다. 1990년대엔 전자, 물류, IT 등이, 2000년대 들어서 철강, 유통, 문화 부문까지 거의 전 산업 분야의 한국 기업들이 인도네시아 땅을 밟았다. 현지 동포 사회 인구는 3만 명에서 5만 명을 헤아리며 자카르타를 비롯해 도시별로 운영되는 한인회가 각자 속한 집단과 사회의 이익을 대변하고 있다.

초창기에 인도네시아에 진출한 개인과 기업들은 누구 할 것 없이 많은 우여곡절을 겪었지만, 현지 사회와 교민들의 생활에 가장 결정적인 변화를 가져온 것은 1998년 자카르타 폭동이었다. 사건의 표면은 독재자 수하르토를 하야시킨 반정부 민주화 운동이었지만, 그 뒷면에는 약탈과 방화가 난무하는 지옥도가 펼쳐지고 있었다. 늘 순박하기만 할 것 같던 인도네시아인들은 무정부 상태 속에서 불과 일주일도 안 되는 기간에 자카르타 전역에서 화교들과 그들의 재산을 공격했고, 그 와중에 최소 1,200명 넘는 사망자가 발생했다. 주요 상업 지역들은 철저히 파괴되었고 많은 화교 여성들이 겁탈당한 후 살해되었다. 근세에 화교들은 인도네시아 땅에서 그런 일을 이미 몇 차례 겪었지만, 그것을 처음 본 한국 교민들에게 인도네시아가 그 이전과 똑같아 보일 리 없었다. 한국인들은 그 폭동속에서 신속히 국외로 탈출하거나, 생명을 위협하는 약탈자들에게 비록 외모는 비슷해 보일지라도 자신이 절대 화교가 아니라는 사실을 증명해야 했다. 당시 필자가 살던 자카르타 북부 짜꿍의 주택가 입구엔 수천 명의 폭도가 모여 진입을 시도했고, 경비원들이 모두 도망간 상태에서 그들이 놓은 불길이 단지 초입의 상가들을 모두 집어삼키고 주택가를 향해 맹렬하게 너울거리며 도로를 넘어오려 하고 있었다. 폭동 이후 한국 교민들 대다수가 주택가를 떠나 군대 규모의 경비원들을 고용한 아파트 단지로 이사해 들어갔다.

한편 20세기 말부터 인도네시아를 노리던 테러 공격은 모든 이들의 문제가 되었다. 그중 제마 이슬라미야(JI)라는 호전적 이슬람 단체는 아랍 테러 조직 알카에다와 연계해 2002년과 2005년 발리 폭탄테러, 2003, 2004, 2009년 자카르타 폭탄 테러를 자행했다. 2016년 1월 14일 대낮에 벌어진 자카르타 자살 폭탄 테러에서는 인도네시아인 1명과 캐나다인 1명, 그리고 테러범 자신을 포함해 모두 7명이 목숨을 잃었고 20명이 부상을 당했다. 이슬람국가(IS)는 이를 자신들의 소행이라 주장했다. 인도네시아 당국은 현재도 적극적으로 잠재적 테러 용의자 검거에 나서고 있고, 언젠가부터 자카르타 대형 몰과 아파트 입구에서 철모에 군견까지 동원한 경비원들이 출입하는 차량들을 검색하는 모습은 일상이 되어버렸다.

하지만 이 모든 것에도 불구하고 한국 기업들과 교민들은 인도네시아에서 한 시대를 풍미하며 현지 경제와 사회의 일정 부분을 담당하게 되었고, 이제 그 몇 번째인가의 세대 교체기를 맞고 있다. 그사이 많은 인도네시아인이 여행이나 유학, 연수 또는 취업을 위해 한국행 비행기를 타며 양방향 교류가 시작되었지만, 한국인 여행자들은 무비자나 도착비자로 인도네시아에 입국하는 반면 인도네시아인들은 적지 않은 시간과 노력을 들여 간단치 않은 심사를 거쳐야만 한국 방문비자를 받을 수 있는 불평등을 겪는다. 현지 동포 사회가 다양해지는 과정에서 피치 못할 양극화가 발생해 크게 성공한 사업가부터 현지인 사회 밑바닥에 스며들어 눈물 젖은 빵을 씹으며 재기를 꿈꾸는 불법 체류자까지 그 스펙트럼도 점점 더 넓어지고 있다. 처음 인도네시아 땅을 밟을 때부터 하루속히 인도네시아로 귀화하겠다고 벼르는 한국인들은 한 명도 없지만, 세계적으로 일고 있던 자국민 우선주의는 인도네시아에도 어김없이 불어와 사업가들이 자신의 현지 사업과 재산을 지키기 위해 부득이 인도네시아 국적을 따는 것은 이제 당연하고도 자연스러운 추세가 되었다. 그런 맥락에서 분명 예전엔 일정 부분 천대받았던 인도네시아인과의 국제결혼 커

플들이 속속 출현하면서 향후 동포 사회를 여러 방면에서 주도할 차세대의 주축으로 주목받고 있다. 한편 한국인 아버지들이 끝내 책임지지 않고 현지에 남기고 간 혼혈 자녀들의 문제는 동포 사회가 지닌 어두운 그늘이기도 하다.

세계를 향해 부는 한류는 인도네시아 젊은이들의 마음도 사로잡았고 매년 아이돌 그룹의 공연은 물론 한국문화원이나 한인 단체, 기업들이 후원하는 문화 행사, 한국 식품전, 한복 패션쇼, 한류 전시회 등이 자카르타에서 열리고 있다. 현지 대학교로 진학하는 동포 자녀들이나 한국에서 오는 유학생들도 점차 많아지는 추세이고, 국립 인도네시아 대학교를 비롯한 인도네시아 전국 4개 주요 대학에 한국어학과가 설치되어 유창하게 한국어를 구사하는 졸업생들을 배출하기 시작했다.

매번 개정되거나 입법되는 인도네시아의 각종 법령과 규칙들은 외국인들과 외국 기업들을 더욱 구석으로 몰아세우지만, 역설적으로 한국과 인도네시아의 거리는 점점 더 가까워질 수밖에 없다. 아시아에서 중국과 인도를 제외하면 가장 많은 인구를 가진 나라, 전 세계를 통틀어 가장 많은 무슬림 인구를 가진 나라, 그래서 2017년 사드 배치 문제로 중국 시장이 닫혔을 때 수많은 한국 기업이 대안을 찾아 다급히 문을 두드렸던 거대 시장 인도네시아는 한국이 가깝게 지내야 할 당위성을 최소한 백 개쯤 가지고 있는 나라이다.

그럼에도 교민을 제외한 대다수의 한국인 입장에서 인도네시아는 여전히 베트남, 태국을 지나 한참 더 가야 하는 적도 너머 미지의 나라일 뿐이다. 모르긴 몰라도 발리가 인도네시아에 있는 섬이라는 사실에 화들짝 놀랄 사람도 있을 것만 같다. 그러니 어떤 이들에게는 이 책이 담은 인도네시아 현대사가 자카르타 어느 식당에 몇 시까지 가서 식사를 하면 10만 루피아짜리 바우처를 준다는 정보만큼의 가치도 없을 수 있다. 현지에서 영위할 사업에 도움이 될 만한 팁 역시 이 책 어디에서도 찾기 힘들 것이다. 하지만 이 책을 읽은 독자에게 어느 날 마주친 인도네시아의 도로와 건물, 광장의 이름이 갑자기 어떤 의미를 갖고 다가온다면, 어떤 경로로 우연히 알게 된 인도네시아 사람의 야릇한 정서를 이해하는 데 조금이라도 도움이 된다면, 그래서 인도네시아를 좀 더 깊이 알아보려는 계기가 될 수 있다면, 필자는 그 무엇보다 큰 보람을 느낄 것이다. 어디에서나 그리고 누구에게나 그렇듯, 인도네시아 역시 우리가 아는 만큼만 그 문을 열어 우리를 맞아줄 것이다.

참고문헌

이 책을 집필하면서 많은 자료의 도움을 받았다. 일반 단행본과 인도네시아 정부에서 펴낸 자료집 외에 온라인 자료도 많이 참조하였는데, 특히 위키피디아 인도네시아어 판의 세부 항목에 기술된 역사적 사실과 인물에 관한 설명이 큰 도움이 되었다. 암뻬라 국가자료원 자료 중 구하기 힘든 『모하마드 하타 회고록』을 아버지의 서재에서 찾아준 리나에게 큰 빚을 졌다.

단행본 및 기관 발행 자료

◦ Adams, Cindy, 『수카르노: 자서전 *Sukarno: An Autobiography*』, Bobbs-Merrill, 1965

◦ Anderson, Benedict, 『혁명의 자바 섬: 강점기의 항전 *1944~1946 Java in a Time of Revolution; Occupation and Resistance 1944~1946*』, Cornell University Press, 1972

◦ Brown, Colin, 『수카르노 *Sukarno*』, Microsoft Corporation, 2007

◦ Fic, Victor M., 『1965년 10월 1일 자카르타 쿠데타 해부 *Anatomy of the Jakarta Coup: 1 October 1965*』, Abhinav Publications, 2004

◦ Hatta, Mohammad, 『모하마드 하타 회고록 *Mohammad Hatta Memoir*』, Tinta Mas Jakarta, 1979

◦ Kresna, Adi, A., 『수디르만: 인도네시아군의 아버지, *Soedirman: Bapak Tentara Indonesia*』, Mata Padi Pressindo, 2011

◦ Nasution, Abdul Haris, 『인도네시아 국군 *Tentara Nasional Indonesia*』, Ganaco, 1963

◦ Poesponegoro, Marwati Djoened & Nugroho Notosusanto, 『인도네시아 민족사: 일제강점기 이후 인도네시아 공화국 *Sejarah nasional Indonesia: Jaman Jepang dan zaman Republik Indonesia*』, Balai Pustaka, 1992

◦ Salim Said, 『권력의 기원: 수디르만 장군과 1945~49 인도네시아 군부의 정치 참여 Genesis of Power: General Sudirman and the Indonesian Military in Politics, 1945~49』, Institute of Southeast Asian Studies, 1991.

◦ Sir Woodburn Kirby, 『대일본 항전 III War Against Japan III』, Naval and Military Press, 2009

◦ 『수카르노의 특별한 인생 Kisah Istimewa Bung Karno』, Kompas, 2010

◦ 『인도네시아 독립 30년 30 Tahun Indonesia Merdeka : 1945~1949』, 인도네시아 국무부(Sekretariat Negara Republik Indonesia), 1975

◦ 『인도네시아 공화국 민족영웅 명부 Daftar Nama Pahlawan Nasional Republik Indonesia』, 인도네시아 국무부(Sekretariat Negara Republik Indonesia), 2012

온라인 자료

◦ 내스티 발리 http://www.nasty-bali.org

◦ 데일리 인도네시아 http://www.dailyindonesia.co.kr

◦ 버르디까리 온라인 http://www.berdikarionline.com

◦ 블로그스팟 스자라끼따 http://sejarahkita.blogspot.com

◦ 오케존 뉴스 https://www.okezone.com

◦ 위키피디아 https://www.wikipedia.org

◦ 이만브로또세노의 블로그 http://blog.imanbrotoseno.com

◦ 인도네시아 문화관광부 http://www.kemenpar.go.id

◦ 한인포스트 http://haninpost.com

◦ 까스꾸스 포럼 https://www.kaskus.co.id

◦ 꼴륵또르스자라 워드프레스 https://kolektorsejarah.wordpress.com

사진 출처

출처를 따로 밝히지 않은 사진들은 저작권이 소멸된 퍼블릭 도메인이며, 많은 사진 자료를 위키피디아 인도네시아판과 영어판, 네덜란드 국립문서보관소의 아카이빙 사이트(http://www.gahetna.nl), 네덜란드 교육부의 지원으로 구축된 문화유산 컬렉션인 'Memory of the Netherlands'(https://www.geheugenvannederland.nl)에서 가져왔다. 크리에이티브 커먼스 규칙이 적용된 것들은 CC표기에 따라 아래와 같이 표기한다.

◦ 120쪽, 위키피디아, 저작자: TROPENMUSEUM, CC BY-SA 3.0

https://bit.ly/2Q7dFEP

◦ 272쪽, NA, 저작자: 미상, CC BY-SA 3.0 NL,

http://proxy.handle.net/10648/69ffbd92-1ad9-102f-a76c-003048944028

◦ 274쪽, NA, 저작자: 미상, CC BY-SA 3.0 NL

http://www.gahetna.nl/en/collectie/afbeeldingen/fotocollectie/zoeken/weergave/detail/start/1/tstart/0/q/zoekterm/RMS

◦ 362쪽, 위키피디아, 저작자: Richard Jones, CC BY-SA 2.0

https://en.wikipedia.org/wiki/Grasberg_mine#/media/File:Grasberg_pano_(3200491589).jpg

◦ 364쪽, 위키미디어, 저작자: NichollasHarrison, CC BY-SA 3.0

https://commons.wikimedia.org/wiki/File:Free_West_Papua_Protest_Melbourne_August_2012.jpg

◦ 392쪽, NA, 저작자: Jacques Klok, CC BY-SA 3.0 NL

http://proxy.handle.net/10648/6b19321c-1ad9-102f-a76c-003048944028

◦ 426쪽, NA,저작자: 미상 ,CC BY-SA 3.0 NL

http://www.gahetna.nl/collectie/afbeeldingen/fotocollectie/zoeken/weergave/detail/q/id/abbdc0b4-d0b4-102d-bcf8-003048976d84